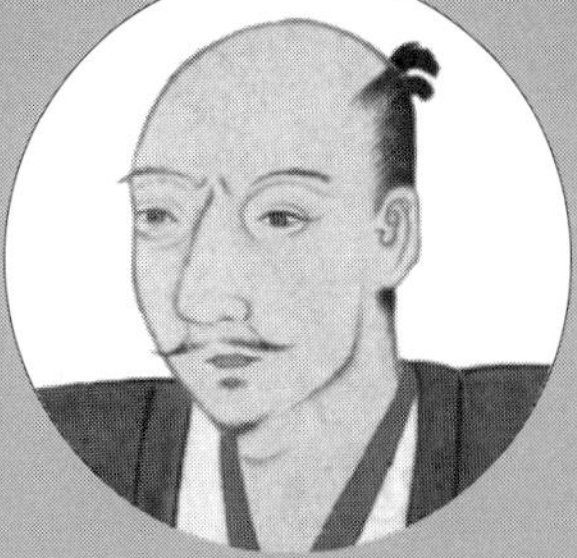

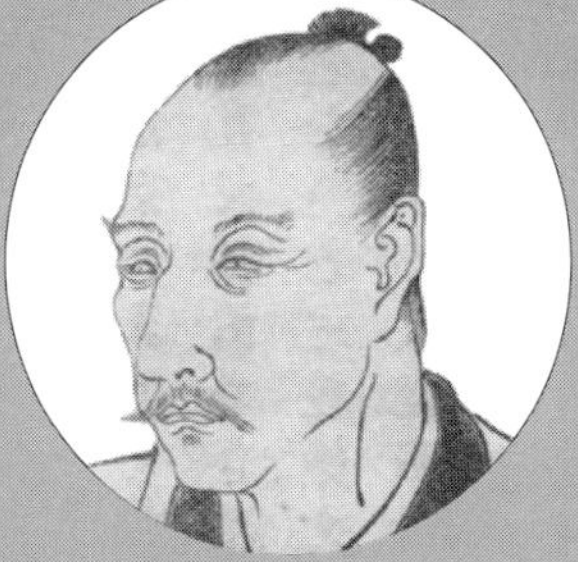

堀新・井上泰至＝［編］

信長徹底解読

ここまでわかった本当の姿

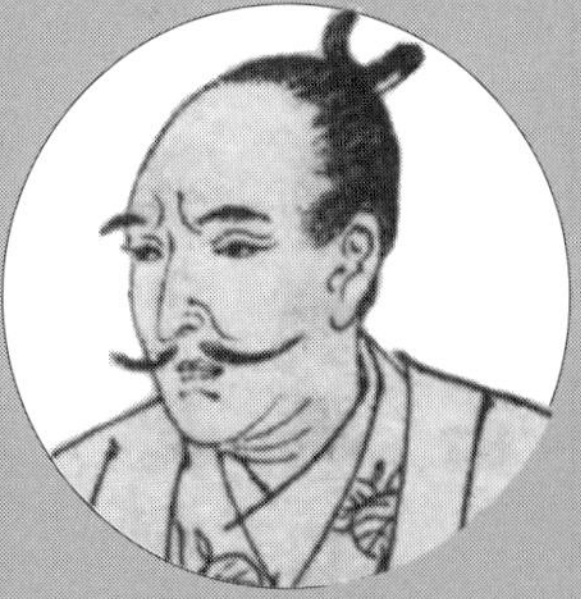

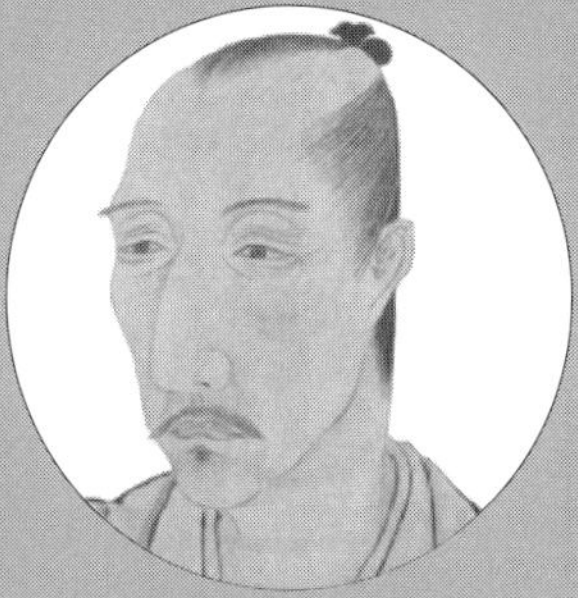

文学通信

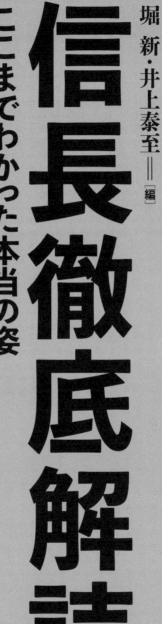

【目次】

本書の読み方

本書『信長徹底解読』は14のトピックを立て、「実像編」は歴史学の側から、「虚像編」は文学の側から、それぞれ成果を持ち寄り論じる構成となっています。14のトピックで捉えきれない部分は、歴史学側から5つのコラムで補っています。本書に登場する作品は、おおむね付録「信長関連作品目録」「信長関連演劇作品初演年表」で一覧にしています。適宜ご覧いただければと思います。

概要紹介

第1章　若き日の信長と織田一族【実像編】では亡き父・信秀《のぶひで》から織田家を引き継いだ若き信長と、彼を取り巻く一族の様子に焦点を当て、織田家のなかで信長が孤立した原因はどこにあったのか、その状況をいかに打開したかを探ります。**【虚像編】**では牛一『信長公記《しんちょうこうき》』、甫庵『信長記《しんちょうき》』、遠山信春『総見記《そうけんき》』を中心に読み比べながら、若き日の信長の文芸的展開を考察し、近世期の読み物において史実はいかに虚構化されていったのかをたどります。

○コラム　太田牛一と『信長公記』では信長に仕えた太田牛一によって書かれ、史料的価値が高いとされる『信長公記』。本書でもたびたび引用されるこの史料の構成・成り立ち・主だった写本について紹介します。

第2章　今川義元と桶狭間の戦い【実像編】では合戦の背景と経緯を概観し、両軍の布陣や地理を手がかりとしながら、桶狭間《おけはざま》の戦いに迫ります。信長軍の劇的な勝利をもたらしたものは果たして何だったのか、どこまでが計算されたものでどこからが偶然だったのか。合戦の実像を跡づけます。**【虚像編】**では桶狭間において信長軍に勝利をもたらしたとされ、近年史実ではないとされている「迂回奇襲説」がいつから登場したものなのか、そして近世・近代を通じていかに流布したのかを考察します。

第3章　美濃攻め【実像編】では信長や斎藤道三《さいとうどうさん》らによって残された書状、花押《かおう》の形状や変化に注目しつつ、二人の出会いから美濃攻めにおける詳しい動向、さらには攻略の原動力を探ります。**【虚像編】**では秀吉の墨俣一夜城の築城などによって印象づけられる美濃攻めの「伝説」が、近世の信長記物・太閤記《たいこうき》物を通してどのように描かれてきたのかを明らかにしつつ、信長と美濃の地、そして道三との関係がいかに語られてきたかを考えます。

第4章　堺と茶の湯【実像編】では天下人である信長が、なぜ喫茶行為であり、遊芸にすぎない茶の湯を重視したのか、堺のまちと商人との関わりを検討しつつ、戦国・織豊期《しょくほうき》における茶の湯の歴史を堺の歴史と絡めて論じます。**【虚像編】**では今や京都のイメージが強い茶の湯について、当時の堺での盛り上がりを振り返り、織田家と茶の湯のかかわり、さらには信長の茶会でのふるまいが茶人らにどのように記録され受けとめられたのかを見ていきます。

第5章　信長と室町幕府【実像編】では信長による傀儡《かいらい》との見方がされてきた室町幕府将軍の足利義昭《あしかがよしあき》について、近年の研究動向をふまえて、単なる傀儡説にはおさまりきらない両者の関係を再考します。**【虚像編】**ではこの関係性の描かれ方の変遷を、牛一『信長公記』、甫庵『信長記』、『総見記』を通覧しながらたどり、義昭を利用し、国内を手中に収めようとする信長像の萌芽を見出していきます。

○コラム　信長とフロイスではイエズス会宣教師のルイス・フロイスの目に映った信長のさまざまな姿、その出会いから数々にわたる面会を、織田政権とイエズス会の蜜月を象徴するエピソードをまじえて紹介します。

第6章　元亀の争乱【実像編】では信長の生涯でもっとも苦境に立たされたといわれる元亀《げんき》の争乱にスポットライトを当て、反信長勢力との抗争の発端・長期化・終息の経緯を考察し、それぞれの要因について明らかにしていきます。**【虚像編】**では『新撰信長記』と『増補信長記』の争乱記事を確認し、両書を受けて江戸中期に書かれた遠山信春『総見記』において何が増補され、増補によって何がもたらされたのか、時代背景とともに検討します。

第7章　本願寺と一向一揆【実像編】ではそもそもなぜ信長と本願寺は互いを敵対視するようになったのか、衝突に至るまでの経緯をたどり直しつつ、必ずしも一枚岩ではなかった本願寺と一揆側の実態を探ります。**【虚像編】**ではこの衝突において無名の百姓たちが本願寺側の主役に躍り出る点に着目し、信長記物が一揆の様子をどのように捉えてきたのか、歴史叙述の主役が統治する側から統治される側に移る過程を見つめます。

第8章　長篠の戦い【実像編】では武田氏を撃破したといわれてきた効果的な鉄砲術、いわゆる「三段撃ち」が近年ほぼ否定されている研究史をふりかえりつつ、戦いに至るまでの経緯や両軍の判断の分かれ目といった論点を整理します。**【虚像編】**では同じく織田軍の鉄砲を用いた新戦術を取り上げ、この定説がどのように生まれ、明治の陸海軍の参謀本部や徳富《とくとみ》蘇峰《そほう》にまで普及した様子をたどりながら検証します。

○コラム　長篠合戦図屏風では信長が関わるいくさを描いたこの合戦図屏風《かっせんずびょうぶ》のそれぞれの所在一覧を示しつつ、その構図や制作にあたって参考とした文献や政治的な背景を紹介します。

第9章　中国攻め（摂津播磨を含む）【実像編】では登用した秀吉の活躍によって進んだ中国地方への領土拡大が、実際には数々の失敗が重なり、戦線が危機に瀕していた状況であったことを見ていき、その要因を探ります。**【虚像編】**では複数の信長記物に描かれたこの当時の合戦について見ていきながら、秀吉の活躍がどのように記され、どのような描写が簡略化されたかに注目し、信長伝説における中国攻めの位置づけを再考します。

○コラム　洛中洛外図屏風と安土図屏風では京都市中と郊外、そして信長の居城とその城下町が描かれた二つの屏風を取り上げ、それぞれの屏風に込められた思いと、信長の所有から離れた作品がたどった道のりを紹介します。

第10章　信長の城【実像編】では信長が生まれた勝幡城《しょばたじょう》から近世城郭の嚆矢《こうし》とされる安土城《あづちじょう》にいたるまで、近年の発掘調査によって明らかになった成果と照らし合わせつつ、信長がほぼ一〇年間隔で居城を移した理由とそこから見える権力のあり方について考察します。**【虚像編】**では数多くの城の名で彩られた信長の物語がいかに描かれてきたか、清《きよ》須城《すじょう》と安土城を中心に、後世の随筆や名所図会などに記されたその姿を読み解いていきます。

第11章　信長と女性【実像編】では信長の母土田御前や妹お市をはじめ、信長とゆかりが深く、重要な役割を果たした女性たちとそれぞれの印象的なエピソードを、残された数少ない史料を掘り起こして紹介します。**【虚像編】**では信長をめぐる物語に数多く登場する濃姫に焦点をあて、本能寺の変において信長と最期まで闘う勇婦としての虚像が生まれるまでの経緯と受容の様相を明らかにします。

第12章　信長と天皇・朝廷【実像編】では時代状況に応じて二転三転する信長と天皇・朝廷の関係に関する学説をふりかえりつつ、牛一『信長公記』の「不正確さ」、さらには朝廷勢力が残した文書を検討しつつ、双方の実感を浮き彫りにします。**【虚像編】**では第二次世界大戦のさなかに連載された吉川英治《よしかわえいじ》『新書太閤記』から出発し、徳富蘇峰、頼山《らいさん》陽《よう》、本居宣長《もとおりのりなが》、新井白石《あらいはくせき》らの著述を紹介しながら、「勤皇家」信長像の淵源にさかのぼります。

第13章　武田攻め（長篠以降）【実像編】では武田攻めの契機となった長篠合戦をふりかえりつつ、その七年後に甲斐国・武田家を滅ぼすにいたるまでの両陣営の動向を詳しくたどり、信長の東国支配実現までの経過を追います。**【虚像編】**では牛一『信長公記』、甫庵『信長記』におけるこれらの記述を読み解きながら、勝者の側から事態がどのように描かれたのかを考察し、さらに武田方の軍書『甲陽軍鑑《こうようぐんかん》』からの視点にも触れます。

第14章　明智光秀と本能寺の変【実像編】では光秀の出自から武将としての飛躍、そして本能寺での反逆から山崎合戦での敗北までの動きを追い、近年明らかになった彼と国衆たちとのやりとりを丹念に読み解くことでその実像を浮かび上がらせます。**【虚像編】**では日本史の転換点ともいえる本能寺の変を起こした光秀の動機と信長との関係性が、江戸時代の軍記類や演劇にどのように描かれたかを概観し、当時の人々が事件をどうとらえたかを探ります。

○コラム　信長の肖像画では約三〇点ある信長の肖像画のうち、制作年代が明らかな四点を取り上げ、描かれた容貌や服装が示すものとそれぞれの共通点を中心に紹介します。

織田信長略年譜

西暦	和暦	年齢（数え年）	事項
一五三四	天文三	一	五月　織田信秀の三男として尾張国勝幡城に生まれる。
一五四九	天文十八	十六	二月　斎藤道三の娘帰蝶（濃姫）と婚礼をあげる。
一五五二	天文二十一	十九	三月　信秀が死去し、家督を信長が相続。
一五五四	天文二十三	二十一	四月　清須城に入城。
一五五六	弘治二	二十三	四月　道三、実子義龍に敗れる。八月　実弟信勝の軍と稲生原で対決し、勝利。
一五五九	永禄二	二十六	三月　尾張国内を統一。
一五六〇	永禄三	二十七	五月　桶狭間の戦いで今川義元を破る。
一五六七	永禄十	三十四	八月　岐阜城を攻略、美濃国を併合。十月　美濃国加納に楽市令を発布。
一五六八	永禄十一	三十五	九月　将軍候補の足利義昭とともに上洛。十月　義昭、第一五代室町幕府将軍に就任。
一五六九	永禄十二	三十六	四月　イエズス会宣教師ルイス・フロイスにキリスト教の布教を許可。
一五七〇	元亀元	三十七	一月　五ヶ条の条書発給、義昭に「天下」を委任させる。九月　大坂本願寺が蜂起。 十二月　勅命により浅井長政・朝倉義景と和睦。
一五七一	元亀二	三十八	九月　比叡山延暦寺を焼き討ち。
一五七二	元亀三	三十九	この年、義昭に十七ヶ条の異見書を提出。十二月　三方ヶ原の戦いにおいて武田信玄が織田・徳川連合軍を破る。
一五七三	天正元	四十	二月　義昭が信長に反旗を翻し挙兵。四月　義昭を威嚇し講和。七月　義昭、再蜂起し、信長によって追放される。天正と改元。十二月　正親町天皇の譲位を申し出る。
一五七四	天正二	四十一	三月　東大寺所蔵の名香「蘭奢待」を切り取る。九月　伊勢一向一揆と激突し鎮圧。
一五七五	天正三	四十二	五月　長篠の戦いで武田勝頼を討ち破る。八月　越前一向一揆を鎮圧。
一五七六	天正四	四十三	二月　安土城に居城を移す。
一五八〇	天正八	四十七	閏三月　勅命により本願寺と講和。
一五八一	天正九	四十八	二月・三月　京都で馬揃えを挙行。十月　羽柴秀吉、鳥取城を兵糧攻め、開城させる。
一五八二	天正十	四十九	三月　武田氏を滅ぼす。五月　朝廷が信長に三職推任。六月　本能寺の変。

序

歴史と文学の共謀

——五十五年の夢、五十年の夢

井上泰至・堀　新

■歴史小説家・小泉三申の「明智光秀」像

小泉三申《さんしん》という歴史小説家の走りがいた。本名は策太郎、南伊豆の漁村に生まれ、新聞人として出発した頃は、思想的立場を超えて、幸徳秋水《こうとくしゅうすい》らと交わり、やがて相場師として名を馳せ、政治家となってからは政友会系に属し、政界の仕掛け人となった。プロレタリア作家として出発した林房雄を転向させたことでも知られ、林は民族派として戦中・戦後活動し、三島由紀夫の兄貴分の役割を演じていくこととなる。三申のその転変自体、興味を惹かれるが、明治三十年、三申二十五歳の時、史伝のシリーズ物の一つとして『明智光秀』を書いた。

歴史小説のジャンルが形成されていない時代のことで、「史伝」と名付けて売り出されてはいるが、三申にとっては生活のための仕事でもあったろう。江戸の軍記物『明智軍記《あけちぐんき》』を大方はなぞっている。ただし、三申のこの仕事が、昨秋岩波文庫の一冊に連なって刊行されたのは、時好に投じた為ばかりではない、と思う。

主殺しの烙印を押され続けてきた光秀を、家臣思いで、教養があって、忍耐強い善人として捉える流れは、本書の本能寺の変の虚像編に詳しくあるように、江戸の、特に演劇からある。ハイブロウな漢文史書の世界

序　歴史と文学の共謀　井上泰至・堀　新

では、儒教の忠義の観念から悪逆の汚名を背負わせてきたのとは対照的なこの水脈が、明治になると漢文訓読体の史伝にすくい取られていったわけである。こうした「善人」光秀への百八十度の転換は、司馬遼太郎の『国盗り物語』まで引き継がれてゆくから、三申の存在はその転機として重要な役割を果たしていたことになる。しかし、それだけではない。

三申の光秀像を決定づけたのは、『明智軍記』に伝える、光秀遺作の詩偈《しげ》である。

逆順二門無し 大道心源に徹す
五十五年の夢覚め来テ 一元に帰す

三申は、最後にこれを引いて、本能寺の変は光秀の正当防衛であり、モラルで光秀を批判するなら、主君の天下を簒奪《さんだつ》した秀吉・家康はどうなるのか、と結んでいる。今歴史家で、この詩偈を、また光秀の正当防衛説を相手にする人はいないだろう。にもかかわらず、三申は、史学にも通じる重要な視点をもたらしてくれている。

■史学と文学の視点から見えてくるもの

彼の見方は、倫理の枠に囚われていない。戦国は弱肉強食の、君臣・親子・兄弟でも殺し合う「暗黒時代」である一方で、実力のある者は、実力行使で人の上に立つ時代でもあった、というものである。平時の、あるいは今日の観点から自由になることではじめて、光秀の真価が見えてくる、と。このあたりの、水際立った現実感覚に、三申が文学者になど収まりきらず、現実の世界に打って出て、「賭け」をして歩く、その原点を見る思いがする。彼が描いた光秀の行動について実否の究明よりも、戦国当時の感覚に沿って見ようとする、この一点において、史学と文学は高い結びつきを得るのである。

そういう目で見ると、本書の実像編は、後世の視点を問い直し、当時の視点を再現することに注力を置いている点で、三申と変わりない。また、三申のような視点に立って虚像編を読むと、虚像はそれが作られた当時の意識の反映であると同時に、史実に「必然」を見ようとした結果の産物であることが見えてくる。例えば、編者二人が担当する、信長と天皇の関係などが象徴的だ。信長は天皇を利用したから悪だ、いや天皇に忠誠を尽くしていたから善だ、いや天皇をも簒奪しようとしていたから進んでいた、といった後世の価値観による、変に合理的必然性を持たせた裁断には注意が必要だ。むしろ、信長と天皇はお互いに利用しあう関係にあって、その中でどのような綱引きがあったのか、に焦点を当てる見方こそ、現実的で生産的な議論となることが、実像・虚像双方を読むことで見えてくる。

今日の視点や価値から史実を判断し、推論していく危うさは、虚像によって照らされる。

■「敦盛」の演出に見る信長像／戦国の精神

ここにもう一つ例を挙げよう。信長が桶狭間に向かう折、「敦盛《あつもり》」を舞ったという、有名な『信長公記《しんちょうこうき》』首巻《しゅかん》の一節である。鷲津《わしづ》・丸根《まるね》両砦も今川軍に攻略されつつある急報を受けてのことである。

此時、信長敦盛の舞を遊ばし候。人間五十年、下天の内をくらぶれば、夢幻のごとくなり。一度生を得て滅せぬ者のあるべきか、と候て、螺《かひ》ふけ、具足よこせよと仰せられ、御物具《おんもののぐ》めされ、たちながら御食をまいり、御甲《おんかぶと》をめし候て御出陣なさる。

こう牛一は鮮やかに、信長は伸るか反るかの決戦に先頭切って駆け出した、と書き残している。本書の桶狭間の実像編では、信長に周到な情報収集などあったのではなく、戦国武士の強い気性がなさしめた、感情にまかせた突撃であり、幾つかの偶然が重なって今川義元《いまがわよしもと》を倒すことができたとする。今信長が本当に「敦盛」

を舞ったか、その実否は問わない。コラムにあるように、『信長公記』首巻は本編と違って「随筆」的な色が濃いから、脚色の可能性も頭の隅には置いておくべきだ。

問題はそれより、信長が舞った「敦盛」は、「舞（幸若舞）」であって、「謡（能）」ではなかったという点である。今年の大河ドラマ「麒麟がくる」を例外として、近年のドラマで、信長は必ず「敦盛」を荘重な「謡」で舞うが、これは大佛次《おさらぎじ》郎《ろう》の新歌舞伎「若き日の信長」（昭和二十七年十月初演）での演出が決定的だった。当時海老蔵だった十一代目市川団十郎を念頭に置いた宛て書きで、後に市川雷蔵を始め映画やテレビドラマにもなり、定着しているが、信長が悠長にも見える「謡」を舞っていたというのは、作られた「伝統」に過ぎない。様式化した近代以降の史劇としての新歌舞伎には、「謡」の重々しさこそが必要だったのである。

信長が舞ったとされる「幸若舞」は、今YouTubeで観ることができるが、そこからは群舞・合唱そして、強く舞台を踏む、力感とスピードのある芸であったことが見て取れる。どうせはかない命ならと討って出るのに、「謡」の悠長なリズムではいけない。そういう目で『信長公記』首巻を読み直してみると、信長は普段から、「敦盛」しか舞わなかったと伝え、他方織田方を血祭にあげて、初戦の勝利に沸いている今川方は、連れて来た能役者にであろうか、再三「緩々と」「謡」を舞わせていたと記す。信長の「幸若舞」と今川の「謡」の対比には、やはり脚色の匂いも付きまとうが、今問題はそこにはない。

明日をも知れぬ戦国の世で、ただ不安に慄くことこそは負けを意味する。命を相対化して軽々と大博打を打ってみせる戦国の精神こそ、今我々は一番理解しにくくなっているのかも知れない。そのことに気づかせてくれる点で、史学と文学は「共謀」が可能なのである。

信長の場合、実像も虚像も『信長公記《しんちょうこうき》』から出発する。そこでは、信長は「大うつけ」で家臣の信望はないが、舅斎藤道三《さいとうどうさん》の援助はあった。たとえば、家老平手政秀《ひらてまさひで》の切腹は、史学では「離反」と受け取られているようだが、文学では忠告のための自死とされる。道三との会見における信長の異様な風体も、史学では軍事的合理性と派手好みから解釈されるが、文学では、道三を油断させる計略に過ぎず、対面の時には正装に早変わりしている。江戸時代、信長の「異常さ」は基本的に認めてられていない。信長は実人生でも、孤独であったようだが、一般の考え方からかけ離れるこの人物は、解釈する側の人間観・社会観を照らし出す「鏡」となっているのだった。

1 若き日の信長と織田一族

谷口克広×湯浅佳子

実像編

▼谷口克広（戦国史研究家）

父信秀の死によって織田弾正忠家の跡を継いだ時、信長はまさしく逆境の中にあった。外敵だけではない。近親・近臣も敵ばかりだったのである。その原因はどこにあったのか、また彼は、どのようにしてその状況を打開したのだろうか。

尾張の雄・織田信秀の死

信長の父信秀《のぶひで》の死について、牛一『信長公記《しんちょうこうき》』首巻は次のように伝えている。

備後守《びんごのかみ》殿（信秀）疫癘《えきれい》御悩みなされ、さまざまな御祈祷、御療治候といへども御平癒なく、終《つい》に三月三日御年四十二と申すに御遷化《せんげ》

ここには月日だけで年の記載がないが、『定光寺年代記《じょうこうじねんだいき》』など信憑性の高い史料から推測して、天文二十一年（一五五二）のことと思われる。

信秀は傑物だった。その出身は、織田家とはいっても傍流で、守護代の老臣にすぎない。代々「弾正忠《だんじょうのちゅう》」を称したので、のちに「弾正忠家」と呼ばれている。若くして父信貞《のぶさだ》の跡を継ぐとたちまち勢力を伸ばし、

守護代家を凌ぐほどの実力を蓄えて、尾張国人の多くを従わせるまでになった。尾張の兵を率いて、長い間、北方美濃の斎藤道三《さいとうどうさん》、東方の今川義元《いまがわよしもと》とも互角に戦いを繰り広げてきたのである。

ところが天文十七年三月、信秀は今川義元の軍と三河小豆坂《あずきざか》で戦って敗れた。その敗戦によって三河の支配地を失い、さらに尾張国内に今川氏の侵略を許すようになったのである。こうした中で彼は病に倒れた。

天文十九年あるいは二十年と思われる十一月五日付けの、美濃土岐次郎《ときじろう》宛て織田寛近《とおちか》書状があるが、その文中に「備後守（信秀）病中ゆえ」という文言がある（『村山文書』）。先に引用した牛一『信長公記』首巻からも読み取れるが、信秀の死は突然のものではなかった。遅くとも前年から病臥していたことがわかるであろう。

信秀には十二人もの息子がいた。長男・二男は妾腹だが、三男の信長と四男の信勝（系図類には「信行」と載っている）は正室の腹である。五男以下はまだ幼いから、弾正家の跡取り候補は、第一に信長、第二に信勝、この二人に絞られていた、と考えてよかろう。

牛一『信長公記』首巻を見ると、信秀はずっと以前から跡取りを定めていたように思われる。いうまでもなく三男の信長である。信秀は古渡《ふるわたり》城に移る時、それまで居城にしていた那古野城《なごやじょう》を信長に譲っているのである。これは、信長を跡取りと認定したものと判断してよかろう。

ただ注意しなくてはならないのは、この記事が首巻の冒頭にあるため、信長がごく幼い時に那古野城を譲られたものと誤解されがちであることである。連歌師谷宗牧《そうぼく》は、天文十三年十一月、つまり信長が十一歳の時、那古野城で信秀に対面している（『東国紀行』）。牛一『信長公記』首巻によると、信長は十三歳の時（天文十五年にあたる）古渡城で元服したとあるから、その直前に那古野城を譲られたと考えるのが自然ではなかろうか。

信勝への権限の分与

信長は父が死んだ時十九歳、経験不足は否めないものの、政務面・軍事面などでまったく力を発揮できないという年齢でもない。しかも、早めに跡取りに定めているのならば、家中こぞって信長を盛り立ててゆくのが、弾正忠家の進むべき道であろう。

しかし実際には、跡取り信長に弾正忠家の権限を独占させず、弟の信勝にも分与するという形が見られる。それも信秀の生前から、そのような動きがうかがわれるのである。

信勝の初見文書は、信秀生前にあたる天文二十年九月二十日付けで、熱田社座主《ざす》憲信に対し笠覆寺《りゅうふくじ》の参銭（賽銭）徴収権を認めた判物である（『密蔵院文書』）。この文書中に「備後守（信秀）ならびに三郎（信長）先判の旨に任せて」とあるのは、つい九カ月前の前年十二月二十三日、信長が同じ憲信に笠覆寺別当職と、それに付随する知行や参銭徴収権を安堵しているからである（『密蔵院文書』）。つまり、熱田社に対する統治権が、この九カ月の間に信長から信勝へと移行したと考えられるのである。

さらに天文十九年か二十年と思われる、四月十日付けの賀藤左助《かとうさすけ》（加藤元隆）宛ての信長判物では、熱田西加藤家の元隆に愛知郡大瀬古《おおせこ》の余五郎《よごろう》という者から座を買い取ることを認めているのだが、文中に「委細勘十郎《かんじゅうろう》（信勝）理《ことわ》り申し候条、別義なく申し付け候」という文言がある（『加藤家文書』）。なんらかの形で信勝が関係しているのだろう。病中の信秀に代わって熱田に支配権を振るっているはずの信長が、「信勝が言う通りに」などとわざわざことわっているあたりに、信勝の権限を無視できない事情を見取ることができる。

これら文書による二例から、信秀の生前に、信勝が弾正忠家の領域内に独立的な権限を父から認められていたことが知られるであろう。

さて、信秀が死去して、信長の奇行で有名な万松寺《ばんしょうじ》での葬儀が行われる。この葬儀における信長の奇行について、筑紫の客僧の「あれこそ国は持つ人よ」という言葉は後世の創作であろうが、信長が異装で現われたこと、行儀を失した態度をとったこと、それと対照的に信勝が「折目高なる肩衣《かたぎぬ》・袴めし候て」参列したなどという様子については、おおむね太田牛一《おおたうしかず》の記述の通りだったと考えてよかろう。その葬儀の記事のすぐ後に、次の文がある。

末盛《すえもり》の城勘十郎公（信勝）へまいり、柴田権六《ごんろく》（勝家）・佐久間次右衛門《じえもん》、このほか歴々相添へ御譲りなり

村岡幹生《むらおかみきお》氏は、ここで信勝に譲られたものは「家督」である、と断じており、信秀の晩年から信長・信勝の分割相続へと話が進んでおり、それを確認したという意味である、ととらえている（村岡二〇一一）。だが、このフレーズは、信秀が最後に居城にしていた末盛城を、一部の老臣を添えて信勝に譲った、という解釈でよいのではないだろうか。すなわち、ここで譲られたのは末盛城であり、譲った主体は新家督の信長ということであろう。織田弾正忠家の権限の分与には違いないが、あくまでも家督は信長一人なのである。

「大うつけ」に対する老臣の拒否反応

早くから弾正忠家の跡取りと決められていたのにかかわらず、信長は父から相続した権限を弟の信勝に分与せざるを得なかった。その原因はどこにあったのだろうか。

村岡氏は、信秀と今川義元との間で和睦交渉をめぐって、和睦派の信秀と対今川強硬派の信長との対立にその因を求めている（同氏前掲論文）。たしかに信秀の死没の前年あたりから、織田・今川間に和睦の動きが見られる（『近衛文書』ほか）。しかし、それをめぐる父子間の対立の様子については、良質史料のどこにも見出すことはできない。

信長が信秀の持っていた権限を独占できなかったのは、父信秀の意思というよりも、家中、特に老臣たち

の中に信長支持者が少なかったためではないだろうか。老臣たちは尾張国人として、それぞれかなりの勢力を保持している。病床にあって信秀は、そうした老臣たちの意向を斥け切れなかったのだと思う。

なぜ老臣たちが信長を支持できなかったのか。その理由は、むかしからいわれている信長の「大うつけ」（「大だわけ」とも）にあったと思う。若い頃の信長の「大うつけ」についてはあまりにも有名で今さら取り上げるような話題ではなさそうだが、とかく誤解を伴って解釈されがちなので、ここであらためて分析してみたい。

信長の「大うつけ」について書かれている唯一の史料は、太田牛一の手に成る『信長公記』首巻である。そこには、「信長十六・七・八までは別の御遊びは御座なく、」とあって、信長の日常生活の様子が具体的に描かれている。彼が斎藤道三の娘（「濃姫」「帰蝶」と呼ばれている）と結婚したのは十六歳の時というから、この観察記録はおよそ結婚後、家督相続までの間ということになる。当時としては立派な成人の時期である。

牛一は、「ここに見悪《みにく》き事あり」とことわって、次のような信長の「大うつけ」ぶりを紹介している。

・町を通る時、人目をもはばからず、栗・柿・瓜をかぶり食い、餅も立ちながら食べ歩く。

・人に寄りかかったり、肩にぶら下がったりして、まともに歩くことをしない。

この様子だけを取り上げると、まさしく問題児の行動といえるが、牛一は「別の御遊びは御座なく」という前置きの後に続けて、朝夕の馬術・水泳・弓・鉄砲など武術の稽古、のみならず兵法の勉強にも熱心だったことを述べている。特に竹槍を使っての実戦練習の結果、槍は長いほうが有利と考えて、三間柄《さんげんえ》・三間半柄の槍を採用したという研究成果についても触れている。牛一の観察によると、青年信長は決して「大うつけ」だけではないのである。

そして、次の記載がある。これについては、はたして「大うつけ」の一面なのかどうか、とらえ方が分かれるところである。現代文に直して紹介しよう。

その頃の信長の格好は、湯帷子《ゆかたびら》（単衣物）の袖をはずし、半袴《はんばかま》をはき、腰に火打ち袋などさまざまなものをぶら下げ、髪は茶筅髪《ちゃせんがみ》を紅糸《くれないいと》・萌黄糸《もえぎいと》で巻き立て、太刀は朱色の鞘である。そればかりか、雑兵《ぞうひょう》の武具まで朱色で統一した

この一節を牛一は長槍作戦に続けて記しているから、信長の兵法の一環ととらえているようである。単衣物《ひとえもの》の袖をはずしたり、半袴を着けたりするのは、動きやすさのためと考えられるし、髪を無造作に結うのは、無駄を省くためといえる。袴に付けた火打ち袋などは、よく用いる道具なのだろう。信長の合理主義が象徴的に表現された風体といえよう。ただ、茶筅髪を巻いた紅糸・萌黄糸、太刀や雑兵たちの武具の朱色というのは、単に信長の派手好みにすぎない。彼は若い頃から華やかなことが好きだったのである。

ともかく、武術・兵法に著しく興味を示しながら、合理主義を貫こうとするあまり、時には行儀を失する振舞いもあった。これが若い頃の信長の実像であった。このような信長の姿を見て、老臣たちはどのように感じたであろうか。決して「無能な男」と否定したわけではなかろう。言うなれば、「何をするかわからない男」に対する拒否反応だったのだと思う。

孤立状態の中にあって

織田弾正忠家の家督を継いだものの、一族・老臣に拒否反応を示す者が多く、信長は孤立状態の中にいた。信長の老臣といえば、主席の林秀貞《はやしひでさだ》、次席の平手政秀《ひらてまさひで》、いずれも尾張の国人として並々ならぬ勢力を持った者たちである。信長が那古野城を譲られた時から、家老として付属させられていた。ところが平手は、信長が家督を継いだ翌年閏《うるう》一月十三日、切腹して果ててしまった（『高野山過去帳』）。原因は、信長に失望したからともいわれている。そして、もう一人の林の心も、主君の信長から離れてゆく。

このような孤立状態の中で信長は、以前より励んでいた独自の親衛隊の育成を続けていった。『信長公記』

首巻には、次の文が書かれている。

かように攻一仁《せめいちにん》に御成り候へども、究竟《くっきょう》（屈強）の度々の覚えの侍衆七、八百甍《いらか》を並べ御座候の間、御合戦に及び一度も不覚これなし

「攻一仁」とは周囲が全部敵になって、集中攻撃を受ける状態のことである。そうした中で信長は、自分の子飼いの兵より成る軍隊を作り上げていったのである。

その軍隊は、家督相続後早々に活躍した。天正二十一年四月、信秀の生前より今川氏に通じていた山口教《のり》継《つぐ》が露骨に反逆してきたのである。信長は親衛隊のみ八百ほどの兵を率い、赤塚《あかつか》の地で山口軍と戦った。これが織田弾正忠家家督としての信長のデビュー戦であった。

信長が華々しい戦果をあげたのは、この年八月にあった萱津《かやつ》の戦いである。敵は清須《きよす》の又代（守護代の代官）坂井大膳《さかいだいぜん》たちの勢力。この戦いで信長は、守山の叔父信光《のぶみつ》、信勝の老臣柴田勝家などを指揮し、清須軍に対して圧倒的勝利を収めた。この勝利によって、織田弾正忠家の新家督信長は、父信秀に劣らない戦闘力を持った男であることを、家中のみならず尾張全域に認められるようになったものと思われる。

斎藤道三との交流

国内では孤立状態だった信長だが、国外に力強い味方がいた。隣国美濃の戦国大名、岳父の斎藤道三である。大叔父織田玄蕃允《げんばのじょう》（秀敏）は、信長にとって数少ない信頼できる親族の一人だが、道三がその玄蕃允に宛てた一通の書状がある。日付けは六月二十二日、「御札拝見申し候」という文言から始まっているから、玄蕃允が道三に送った手紙の返書であることがわかる（『熱田浅井家文書』）。

道三の返書によると、玄蕃允は弾正忠家の家中がまとまらず、ひどい状態になっていることを嘆いたようである。それに対して道三は、私も気遣っている。捨て置くわけにはゆかないから、今後我々が一緒に相談

することにしよう。これから何度も使者を立てて様子をうかがうことにする、と応じている。そして道三は、信長と玄蕃允に対する次のような心遣いで手紙を締めくくっている。

　三郎殿様御若年の義に候。万端《ばんたん》御苦労もっともたるべく候

三郎殿様、つまり家督である信長がまだ若いため、あなたが何かとご苦労していること、よくわかります、という労わりの言葉である。戦国の梟雄《きょうゆう》、後世「まむし」と呼ばれる斎藤道三のイメージはここにはない。道三はそろそろ六十歳、玄蕃允も信長の大叔父だから似たような年配だろう。老人同士、交流を重ねるうちに親近さを抱いたのかもしれない。

二人の老人が手紙をやりとりして、若年の「三郎殿様」の心配をし合ってから二カ月後、信長は弾正忠家の総大将として萱津の戦いで清須軍に大勝利を収める。勝利の報を聞いた二人は、それぞれ安堵の胸をなで下ろしたのではなかろうか。

この時点では、まだ信長と道三、婿と舅との顔合わせは実現していない。彼らの会見、有名な聖徳寺《しょうとくじ》の会見については、『信長公記』首巻には「四月下旬の事に候」とあるだけで、行われた年の記載はない。しかし、タイミングからいって、次の年すなわち天文二十二年のことと思われる。

この会見の前には、「大うつけ」と評判されている信長を「笑いものにしてやろう」と考えていた道三だったが、逆に圧倒される思いをして信長に対する認識を新たにしたとされている。しかしこの会見は、単なる婿と舅との顔合わせだったとは思われない。

信長の父信秀と道三が五年前に行った講和協議では、単に領土協定と信長・道三娘の婚姻についてだけだった。それが、この時の信長と道三との会見によって、織田・斎藤の軍事同盟にまで発展したものと思われる。この翌年一月の村木《むらき》砦《とりで》攻めの時、信長が美濃から援兵を派遣してもらっていることから、それをうかがう

ことができる。すなわち、この会見以後、斎藤道三は信長を支える強力な存在になってくれるのである。

尾張の敵対勢力の克服

道三との会見から三カ月後のこと、清須城内でたいへんな事件が起こった。尾張守護斯波義統《しばよしむね》が、守護代織田彦五郎《おだひこごろう》に殺害されたのである。このクーデターの陰の立役者は、又代の坂井大膳の一派である。義統の一子岩龍丸《がんりゅうまる》（のちの義銀《よしかね》）は外出していて難を逃れ、そのまま那古野城に入って信長に保護を求めた。守護の正統な後継者を手元に置くことによって、信長は大義名分を手に入れることができた。信長は早速、柴田勝家の軍勢によって清須軍を攻撃させている。

目の上のたんこぶだった守護を倒したものの、坂井大膳には清須勢力をまとめ切る力はなかったようである。それで一計を案じた。信長の叔父信光に近づき、彦五郎と並べて守護代に立てるという条件で味方にしようとした。当時信光と信長は結び付いていたから、二人の関係を断ち切るのも目的だったのだろう。

しかし、信長と信光側はこの策の上手《うわて》をいった。天文二十三年四月二十日、承知したふりをして清須城に入った信光は、やにわに軍勢を引き入れて城を乗っ取ってしまったのである。彦五郎はその場で討ち取られ、大膳は城から逃走してしまった。信長はそれまでの居城那古野城を信光に譲り、自らは清須城に移るのである。

斎藤道三との同盟だけでなく、叔父信光の協力も、反対勢力の多い信長にとって大きな支えになっていた。しかし、その後、突然逆風にさらされる。天文二十三年十一月の信光の横死と弘治二年（一五五六）四月の道三の戦死である。

それを機に、弟信勝の巻き返しが見られるようになる。信長の直轄地である篠木三郷《しのきさんごう》を押領するなど、兄を無視した行動に出るのである。

弘治二年八月二十三日、信長・信勝兄弟の軍勢は稲生原《いのうはら》で衝突した。信長方は信長自ら率いる七百の軍勢に対し、信勝方は家老柴田勝家の一千、林美作守《みまさかのかみ》（秀貞の弟）の七百、二倍以上の兵力だったという。しかし、兵力では劣るものの信長軍は果敢な攻撃によって敵を圧倒し、最後、信長自らが敵の主将の一人美作守を討ち取ることによって勝敗を決した。

この戦いの勝因はどこにあるのだろうか。第一には主将の気迫である。信長は自ら先頭に立って軍を指揮しているのに対し、信勝は居城に居座ったまま代理に戦を任せている。はじめから戦国武将としての自覚が違うと言わざるをえない。第二には親衛隊の活躍ぶりである。主将の命令一下、一丸となって敵に突進した結果の勝利であった。

大勝利にもかかわらず、信長は信勝を殺さなかった。母親が信勝の助命を嘆願してきたからである。それのみならず、あからさまに反逆してきた家老の林秀貞の罪を問うこともしなかった。信長としては、弾正忠家を自分の下に一本化したかったのであろう。

しかし二年後、信勝が再び反逆の動きを見せた時、ついに信勝を殺害した。長かった兄弟の争いに最後の結着を付けた後、信長の尾張平定は急速に進んでゆく。

●参考文献
奥野高廣「三郎殿様」（『日本歴史』二三九、一九六八年）
谷口克広『織田信長合戦全録　桶狭間から本能寺まで』（中央公論新社、二〇〇二年）
谷口克広『天下人の父・織田信秀　信長は何を学び、受け継いだのか』（祥伝社、二〇一七年）
村岡幹生「今川氏の尾張進出と弘治年間前後の織田信長・織田信勝」（『愛知県史研究』一五、二〇一一年）

1 若き日の信長と織田一族

虚像編 ▼湯浅佳子（東京学芸大学教授）

史実の虚構化という視点から、近世期における若き日の信長伝の文芸的展開について考察した。小瀬甫《おぜほ》庵《あん》『信長記』は太田牛一《おおたうしかず》『信長公記』のように信長に近接した書き方をせず、人物評価を重視し理念を主張する。また武辺咄や故事の引用があることから、仮名読み物としての性格を有する。続く『総見記』はその性格をさらに強めている。さらに上方絵本読本『絵本太閤記』は、典拠の改変に工夫を凝らした娯楽読み物として展開していく。

「百将伝」の信長

『本朝百将伝』（二巻二冊、明暦二年（一六五六）刊、林道春伝賛）は、道臣命《みちとみのみこと》から豊臣秀吉までの武将百人の画賛である。そこに織田信長が載る。

織田の信長は、姓は平氏、尾州より出て江州を取る。源の義昭に奉して以て将軍と為る（ママ）。朝倉を撃ち、浅井を滅し、其の子信忠をして武田勝頼を攻め殺さしめ、諸州其の指揮に帰す。遂に明智に弑《シイ》せらる。

（国会本『本朝百将伝』坤、24オ、賛、原文漢文）

信長は、鎧に竜の兜《かぶと》を着し、日の丸の扇を持ち畳に座す。左に永楽通宝《えいらくつうほう》の紋を縦に三つ連ねた旗が立ててある。口ひげを生やし、太眉、大きな目で、威風を備える。

この『本朝百将伝』（『本朝有像百将伝』とも）には、『本朝武将伝』（明暦三年刊、一冊）、『本朝百人武将伝』（四巻一冊、宝永七年（一七一〇）刊）、『百人武将伝』（無刊記、一冊）など数種の改版があり、後世にもよく読まれたようである。このうち『本朝百人武将伝』の賛は次のように改められている。

織田信長《をたののふなが》（花押）四十九さいにて死。
信長《のぶなが》は、平相国清盛《へいしやうこくきよもり》の末《すへ》也。小松三位《こまつのさんゐ》平資《たいらのすけ》盛が子、越前織田庄《ゑちぜんのおたのしやう》の神職《しんしよく》のものにやしなはれ、織田権太夫《ごんのたいふ》親真《ちかまさ》と号《かう》す。ちかまさがこうゐん、越前《ゑちせん》の国主斯波武衛《こくしゆしはふゑ》が家老《からう》と成。親真より信長までは十八代也。信長父《ちゝ》の名を信秀《ひで》と云《いふ》。尾州《ひしう》なごやの城《しやう》に住《ちう》す。信長十四さいより此かた、数度の軍《いくさ》に功《こう》有て、つゐに将軍と成、天正九年六月二日、明智日向守《あけちひうかのかみ》むほんにて本能寺《ほんのうじ》にて死《し》す。

（国会本『本朝百人武将伝』巻三、17オ）

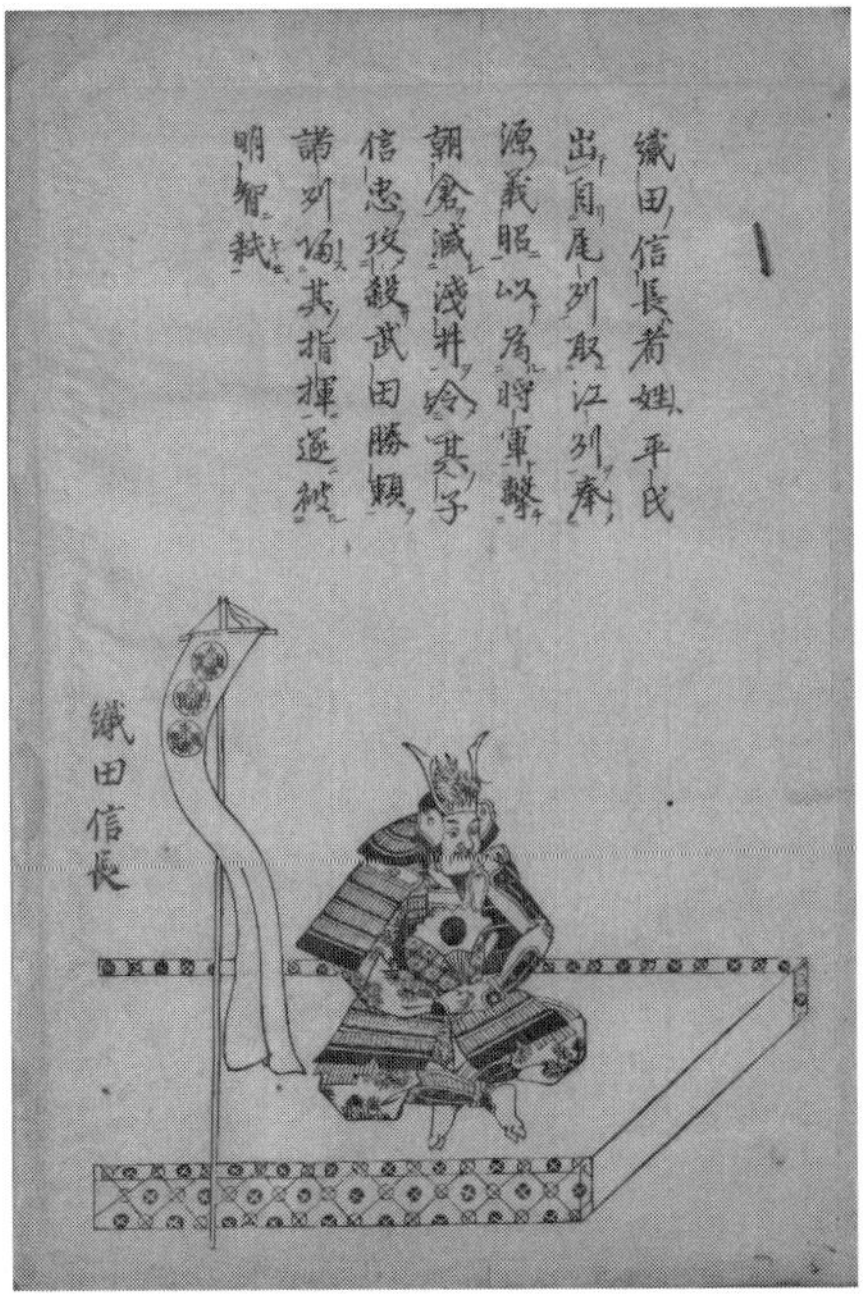

図１『本朝百将伝』（国立国会図書館蔵、亥－183）

信長が平清盛の後胤であることは、小瀬甫庵『信長記』（十五巻）にも記されるが、織田権太夫親真の由来などは『織田系図』（一冊）や、遠山信春《とおやまのぶはる》『総見記』（二十三巻、貞享二年（一六八五）奥書、元禄十五年（一七〇二）刊ほか、『織田軍記』『織田治世記』とも）に似た記述があり、影響関係が考えられる。織田平氏説は、信長が政略のため名乗ったことによるとされるが（『国史大辞典』「織田氏」）、右のような百将伝シリーズの刊行により、近世期にすでに流布していたと思われる。

本稿では史実の虚構化という視点から、近世期における信長伝の文芸的展開について、太田牛一『信長公記』（十五巻または十六巻）、甫庵『信長記』、『総見記』や名所記、年代記をもとに考察する。

織田信秀と信長

尾張の名所記『尾張大根』（二巻二冊、写本、寛文十二年（一六七二）跋、専隆著、内題「尾張名所記」）に、織田信秀と信長についての記述が散見する。「名古屋の御城は、そのかみ、平相国清盛公より廿代のこうゐん、織田備後守、天文年中に要害をかまい、嫡男吉法師を入れまいらせる」（巻上「御城」）、「天文十八（ママ）己酉年に、備後守殿逝去し給ふ。法名桃巌《とうがん》とぞ申ける。此万松寺におゐて葬礼有。嫡子三郎信長殿、其外の人々御供申され、焼香之儀式など有。委細『信長記』に見えたり。（略）此近きあたりなる政秀寺《せいしゅうじ》と云ふは、備後守の忠臣平手中務太輔政秀《ひらてなかつかさたいふまさひで》といつし者、備後守逝去後、信長につかへけるが、事ゆへ有て、自害して失にき。信長ふかく思召入られ、かくて一寺を建て、彼いみ名を用、政秀寺と号給へり」（『仮名草子集成』第八巻より、巻上「万松寺付政秀寺」傍線部と鉤括弧は論者）とある。傍線部のように、本書は牛一『信長公記』もしくは甫庵『信長記』を参照したと思われる。

織田信長の基本的史料とされる牛一『信長公記』には、永禄十一年（一五六八）の上洛から本能寺の変の天正十年（一五八二）までの十五年間を編年体で一年一帖ずつまとめた十五巻と、上洛以前の事跡を記す「首巻」とがある。なお、「首巻」には牛一自筆本がなく、金子拓・和田裕弘らにより、十五巻本との関わりや成立経緯等が検討されている。本説で扱う若き日の信長伝はこの「首巻」に載る。

「首巻」は、まず尾張国八郡を領する織田一族の人々について述べる。上四郡に織田伊勢守（信安、岩倉織田氏）、下四郡に織田大和守（達勝）がおり、清須城の武衛（斯波義統《しばよしむね》）を守護する（清須織田氏）。この大和守の下に、織田因幡守（信友）・織田藤左衛門（寛故《とおもと》）・織田弾正忠《だんじょうのちゅう》（信長父信秀）の三人の奉行がいる。信秀は尾張国端の勝幡《しょうばた》に居城する。そこには西巌《さいがん》・月巌《げつがん》（信長祖父信貞）・与二郎（信長叔父信康）・孫三郎（信光）・四郎二郎（信実）、右衛門尉（信次）の人々がいる。代々武士の家柄で、「備後殿は取り分け器用の仁《じん》にて、諸家中の能き者と御知音《ごちいん》になされ」たと、父信秀が有能で人脈も広かったとする。

続けて、小豆坂合戦で信秀の守備する三河の安城が今川勢に奪われたこと、天文十三年の美濃国攻めの際に、信秀が斎藤道三から逆襲を受け、多くの尾張勢が犠牲となったこと、同十七年、信秀が大垣城へ救援に行った留守中に、古渡《ふるわたり》の新城が同族の清須衆から攻撃を受けたことなど、信秀が近隣国の今川氏・斎藤氏だけでなく同族の織田一族とも絶えず抗争を続けていたことが記される。

この牛一『信長公記』をもとに加筆編集して成ったのが小瀬甫庵『信長記』である。初版は早稲田大学図書館蔵の古活字版（十五巻八冊）で、慶長十六年（一六一一）末から十七年五月以前の刊行とされる（柳沢二〇〇九）。

『信長記』の冒頭「興亡」には、信長が天下統一をする以前の歴史として、保元の頃より天下争乱の世が四百年有余続いた末、越前国に落ちた足利義昭が尾張国の信長の噂を仄聞するまでの話が記される（巻一「興亡」「光源院殿御最後事」「義昭公潜落南都給事」）。信長が登場するのは次の「信長公御先祖事」からで、ここでは牛一『信長公記』の記事を基本としつつ、信長が「誠に尩弱《おうじゃく》の家に生れ」ながら「天下一統の功を立玉ひし」（早大本、巻一「信長公御先祖事」13ゥ、原文片仮名）こと、信長がただ人ではない証しに、平清盛から二十一代目の後胤《こういん》であるとする。また父信秀については、「武勇智謀優長の[人]にて御座ければ、名を知れたる者をは、遠近となく昵近《ちかづ》け、手にしたかへ玉ふて、軍功を励し、悪逆無道の徒党等を討平け、兆民《ちょうみん》を撫育《ぶいく》せんと思慮を被廻より外の事は更に在まさす」（15ゥ、□は欠字）との評価が新たに加えられている。甫庵『信長記』には、信長父子についての由来、身上、武将としての評価を牛一『信長公記』以上に確かに記そうとする意図があるといえる。

うつけ者として・英雄としての信長

甫庵『信長記』に天下をとる大器人と評される信長であるが、反面、若年の頃に「うつけ者」との評判があったと二書には記される。

牛一『信長公記』天文二十一年（一五五二）三月三日、父信秀が亡くなり、その葬儀時に次のような話がある。「信長、御焼香に御出づ。其の時の信長公御仕立、長つかの大刀、わきざしを三五《みご》なわてにまかせられ、髪はちやせんに巻き立て、袴《はかま》もめし候はで、仏前へ御出であつて、抹香《まっこう》を、くはつと御つかみ候て、仏前へ投懸け、御帰り。御舎弟勘十郎《かんじゅうろう》は、折目高《おりめだか》なる肩衣《かたぎぬ》・袴《はかま》めし候て、あるべき如くの御沙汰なり。三郎信長公を、例の大うつけよと、執〱《とりどり》評判候なり」と、信長の尋常でない振る舞いと、弟勘十郎（信勝）の、嗜みよく礼に叶った作法が対照的に記される。ところが「其の中に筑紫《つくし》の客僧一人、あれこそ国は持つ人よと、申したる由なり」と、筑紫の僧から予言めいた評言があったという。

甫庵『信長記』も、この話を引き、信長の挙動を「言語道断の儀式なり」（巻一「織田備後守殿病死之事」21ウ）と批判する。その一方で、信長が市川大介や橋本一巴《はしもといっぱ》、平田三位《ひらたさんみ》から弓・鉄炮・兵法を習い、近習の若人を集め竹槍で戦わせ、槍を三間半柄とし、終日武芸に励んでいると、信長に勤勉な一面があったことも併せて記している。

筑紫の客僧の他に、うつけ者と言われる信長を大器人と見立てた人物に、斎藤道三《さいとうどうさん》がいる。富田の聖徳寺で道三と対面した時の信長の様子を見て、猪子兵介が「どう見ても上総殿は馬鹿者です」と申し上げると、道三は、「無念なことだ、我が子らは必ずあの馬鹿者の家臣となることだろう」と答えた、との話が『信長公記』首巻、甫庵『信長記』（巻一「平手中務太輔清秀致極諫令自害事」）にある。

両話を比べると、牛一『信長公記』の方が詳細である。異体のなりでやってきた信長は、聖徳寺に着くと屏風を引きめぐらし、茶筅髪を生まれて初めて折り曲げに結い直し、いつ染めおいたのか誰も知らない褐色の長袴を着け、小刀、これも人に知らせず作りおかれたのを差して現れた。この様子を信長の家中衆が見て、「さては信長はうつけぶりをわざと作っておられたのか」と肝を潰し、次第に事情を諒解していった。信長はするすると御堂に来て、縁に上がったところで、斎藤家の家臣、春日丹後《かすがたんご》と堀田道空《ほったどうくう》が迎え、「はやくお出で下さい」と申したのだが、信長は知らん顔で斎藤家の諸侍が居並ぶ前をするすると通り、柱にもたれている。しばらくして、屏風を押しのけて道三が現れたが、信長はこれにも知らん顔でいたのを、堀田道空がさし寄って「これが山城殿でございます」と申すと、「そうか」と言って、敷居の内に入り、道三に礼をし、そのまま座敷に座った、とある。うつけの様子ながらも事態を弁え、相手の意表を突くように振る舞う信長に道三がふり回される様子が、こと細かに、どこかユーモラスに描かれている。甫庵『信長記』ではその部分が簡略化されており、牛一『信長公記』にあった信長や道三の描写の面白さが読み取れなくなっている。

牛一『信長公記』は、信長の境遇や言動を詳細に記そうとする。弘治二年（一五五六）五月二十六日、信長家老の林佐渡守（秀貞）とその弟林美作守《はやしみまさかのかみ》（通具）らが、信長の弟勘十郎《かんじゅうろう》を立てようと謀反を図る。続けて信長の異母兄の三郎五郎（信広）も謀叛を企てる。こうして身内も敵対する状況にある信長を、牛一『信長公記』は「御迷惑なる時、見次《みつぐ》者は稀《まれ》なり。か様《よう》に攻一仁《せめいちにん》に御成り候へども、究竟《くっきょう》の度々の覚えの侍衆七、八百甍《いらか》を並べ御座候の間、御合戦に及び一度も不覚《ふかく》これなし」と、父信秀死後の信長は孤独な立場であったが、屈強の侍衆が揃っていたので不覚の戦はなかったと述べる。

さらにもう一話、信長家臣の平手政秀（甫庵『信長記』では清秀）が諫死を遂げる話をあげる。これはもともと牛一『信長公記』に、天文二十一年（一五五二）の父信秀葬儀の次話に、「さる程に平手中務丞、上総介信長公実目（注・真面目）に御座なき様体《ようだい》をくやみ、守り立て候験《しるし》なく候へば、存命候ても詮《せん》なき事と申し候て、腹を切り、相果て候」と、短く付けられた話であった。それを甫庵『信長記』では「平手中務太輔清秀致極諌令自害事」の章を立て、大幅に加筆増補している。それによると、信長と平手の子息五郎右衛門《ごろうえもん》と名馬をめぐるトラブルがあり、主従不和となる。そこで清秀は、自らの不善を反省し、信長への諫め方が正しくなかったことや、子五郎右衛門の不義を顧み、奥深い忠義心から信長へ五箇条の諫言を進上する。この清秀の行動を甫庵『信長記』は「誠に人の臣として君を諫むへき例とも成へきは此諫書《かんしょ》そかし」（巻一、24ゥ）と評する。信長はこの諫言を忘れたわけではないが、しかし二十歳にも満たない年齢ということもあり、いよいよ我意を振る舞ったので、ついに清秀は一年後に自害し果てる。信長は後悔し、過ちを改めて善を行い、軍功を積んで世の無道を平らげ、天下統一の仁政を施そうと、しばらく蟄居して深慮し、自ら清秀の法要をとり行う。人々は皆「あら〳〵しき男には打て替たる御風情哉、如何様にも此大将は唯人にはあるましい」（25オ）と挙って噂する。清秀についても「諫議、大夫の官職に当る人は、天命に誓ても必人欲の私を去へし（略）諫様ほと意味の深かるへき物はなし」（25オウ）と語り合う。こうした登場人物らの評言から作品に教訓性が加られ、清秀の忠義からの諫言が信長の善君主への成長の契機となったことが強調される。甫庵『信長記』は牛一『信長公記』ほどに信長に寄り添った書き方をせず、人物評価に筆を費やしている。信長の描写をとおして書き手の理念が主張されるのである。

　石田善人は、牛一の「畏怖すべき主君に対する限りない親近感」により牛一『信長公記』が成されたとする。一方甫庵『信長記』については、松田修に「信長伝記の構成を借りて、儒学的理念を宣揚する」ことが目的であったとの論がある。また甫庵『信長記』に武辺咄《ぶへんばなし》的要素を見る位田絵美の論や、多数の漢籍引用が当時流布した抄物『管蠡抄《かんれいしょう》』（十巻一冊、菅原為長編、『博覧古言』とも、写本ほか元和頃古活字版ほか）からの孫引きとの鈴木望の指摘がある。これらは、牛一『信長公記』「首巻」から甫庵『信長記』へと信長伝の文芸的性格が変化したこと、日記風記録から仮名読み物へと展開したことをうかがわせる論として興味深い。

『信長記』後の信長伝

牛一『信長公記』と甫庵『信長記』を受け、遠山信春《とおやまのぶはる》『総見記《そうけんき》』が成される。松林靖明によると、本書は織田信長の軍記的伝記を集大成させたもので、牛一『信長公記』、甫庵『信長記』のほか『新撰信長記』『増補信長記』に拠るという。

冒頭には、織田氏の系図家伝を記し、信長を「戦国《せんごく》の世を治《をさめ》て天下一統《とう》の功《こう》を立て、陪臣《ばいしん》の家に生《うま》れながら丞相《せうじやう》二品《ほん》の位に列《れつ》す」「前代未聞《みもん》の名将《めいしやう》なり」（内閣文庫本、巻一、1オ・6ウ、原文片仮名）とする。また、幼少時には「気象《きしやう》異《い》相にして、世の常の人にかはりけり」（7オ）とあり、十七・八歳時には周囲から「織田信長は類《たぐい》なき大うつけ者」（8オ）と噂されたと記す。このように人物を明確に評し記すことは『信長記』でも既に行われていた。

『信長記』の場合は、儒教的理念や人物批評が導き出されていたのだが、『総見記』ではその性格が後退し、むしろ人物描写そのものに叙述の力点が置かれるようになる。信長の言動について例をあげると、「信長公異風《いふう》なる御《ん》挙動《ふるまい》、日を逐《お》ってさかんになり、加之《しかのみならず》御心立ても揃《そろ》はずして、行儀作法《ぎやうぎさはう》もさながら狂人の如し」（巻一、16オ、傍線部論者）というような強い表現のほか、平手政秀の諌死を偲び「河水を立ながら御足にて蹴《け》かけ玉ふて、「平手、是を呑《のめ》よ」との玉ひ、双眼《さうがん》に御涙《なみた》を浮《うか》べ玉ふ事多し」（17オ）といった信長の心情描写が加えられるなど語り口調の表現が施される。また、章段を多く設けて話のまとまりをつけたり、織田信長中心の構成を目指したりする。仮名読み物としての性格をさらに強めているといってよい。

『総見記』以降の信長一代記としては、上方絵本読本『絵本拾遺信長記《えほんしゅういしんちょうき》』（前編十三編、後編十編、享和元（一八〇一）～文化元年（〇四）、丹羽桃渓・多賀如圭画）があるが、これには若き日の信長に関する記事はない。むしろ、家康の事跡を中心とする年代記『武徳編年集成《ぶとくへんねんしゅうせい》』（九十三巻、元文五年（一七四〇）序、木村高敦撰）、豊臣秀吉の一代記の上方絵本読本『絵本太閤記《えほんたいこうき》』（七編八十四冊、寛政九（一七九七）年～享和二年（一八〇二）刊、武内確斎作、岡田玉山画）や、名所記『尾張名所図会《おわりめいしょずえ》』（前編七巻、後編六巻、岡田啓作、野口道直撰、小田切春江画、弘化元年（一八四四）～明治十三年（八〇）刊）に、信長に関する記述を見ることができる。

年代記『武徳編年集成』の信長評は必ずしも称賛だけではない。「其《その》行跡放蕩たりといへとも、生得大《たい》度《ど》・潤達《じゅんたつ》・剛果《ごうか》・勇鋭《ゆうえい》にして、且住国は帝都に近し。功業年あらずして天下に及ばんか。惜哉、常に心を用ること謀略に在て、譎詭《しょうき》多く、然《しか》も酷烈《こくれつ》に失すと云」（板本、巻二、21ゥ、原文片仮名）と、天下一統を成し得なかった訳にも言及している。

『絵本太閤記』には、「生得聡明麗利《しやうとくそうめいれいり》にして、信秀《のぶひで》の寵愛《てうあひ》大方《おほかた》ならず」「良将《りやうしやう》の器《き》備《そな》はり給ひ」（初編巻二「信《のぶ》長高祖《ながのかうそ》」7ゥ8オ）といった信長への称賛の文言で貫かれている。また、信長の常軌を逸したうつけ者としての言動は、実は世間の目を欺くための深計であったことが平手政秀の諫死の際に明かされるという話へと作り変えられている。『絵本太閤記』は、基本とした甫庵『信長記』等の話をいかに巧みに作り替えるかという創作面に工夫を凝らした娯楽読み物といえるだろう。また『尾張名所図会』においては、後編巻二「聖徳寺旧地」に、『総見記』から斎藤道三が信長を試す逸話をほぼそのまま引用し、当地の由来譚とする。

以上のように、信長伝は近世期の軍書、文芸書に様々に描かれ続ける。その中で甫庵『信長記』は、歴史の文芸化を初めて成した作品として意味を持つのである。

●参考文献
朝倉治彦『仮名草子集成』第八巻（東京堂出版、一九八七年）「尾張大根」
石田善人「『信長記』の成立とその意義」（岡本良一編『織田信長のすべて』新人物往来社、一九八〇年）
位田絵美「『信長記』改訂の意図」（『名古屋大学国語国文学』七三号、一九九三年十二月）
奥野高広・岩沢愿彦『信長公記』（角川ソフィア文庫、一九九七年）
金子拓「『信長記』の諸伝本と系統」（『織田信長という歴史『信長記』の彼方へ』勉誠出版、二〇〇九年）
鈴木望「甫庵本『信長記』に引用されたる『管蠡抄』―付『童蒙先習』に引用の『管蠡抄』について―」（『軍記と漢文学』和漢比較文学叢書　第十五巻、汲古書院、一九九三年）
松田修「『信長記』論」（『松田修著作集』第一巻「新版日本近世文学の成立　異端の系譜」右文書院、二〇〇二年、初出一九六一年十一月）
松林靖明「『総見記』」（『戦国軍記事典　天下統一篇』和泉書院、二〇一一年）
柳沢昌紀「信長公記と信長記、太閤記」（『信長公記を読む』）
和田裕弘「信長公記の諸本」（堀新編『信長公記を読む』吉川弘文館、二〇〇九年）

●コラム

太田牛一と信長公記

▼堀 新

信長公記《しんちょうこうき》の作者太田牛一は大永《だいえい》七年（一五二七）に尾張国に生まれ、慶長《けいちょう》十八年（一六一三）加賀国で死去した。牛一の子孫が「牛」を通字としているため、「うしかず」と読む可能性が高い。織田信長の右筆《ゆうひつ》ではなく、弓衆《ゆみしゅう》として仕えた。後に丹羽長秀《にわながひで》の与力《よりき》となったともされ、信長死後は豊臣秀吉に仕えた。慶長三年頃から信長・秀吉の軍記を執筆していたらしく、その一つが信長公記である。

信長公記は信長の死後十数年を経て原型が成立したものであるから二次史料である。しかし軍記物語としては群を抜いて史料的価値が高く、一次史料に準じる内容と評価するのが一般的である。

信長公記は二部構成からなる。永禄《えいろく》十一年（一五六八）の上洛前の若き日の信長を描いたものを首巻《しゅかん》と呼ぶ。年紀はほとんどなく、年代順にも並んでおらず、随筆風にまとめられている。そのなかでも桶狭間の戦いについて詳しい記述がある。なお桶狭間の戦いの年紀を天文《てんぶん》二十一年（一五五二）とする誤りがあるが、これは後世の書写者の誤りともされる。

これに対して本編ともいうべき巻一～巻十五は、上洛以降を一年一冊ずつにまとめたもので、まるで業務日誌のように年代順に淡々と記事が並ぶ。「日記」（メモ）にもとづいてまとめたらしく、日付や人名もおおむね正確である。長篠の戦い、安土宗論《あづちしゅうろん》、本願寺退去等は特に詳しく記されている。その一方で改元、正親町《おおぎまち》天皇の譲位問題や三職推任など朝廷の動向については触れていない。

首巻と本編はもともと別の作品であるが、江戸時代の写本に両者を一括するものが若干あった。これは牛一の意図とは無関係なので、首巻を含む「信長公記系」、本編のみの「信長記系」という分類には意味がない。明治十四年（一八八一）に刊行した我《が》自刊我書《じかんがしょ》（叢書名）の底本が首巻・本編一括だったこともあり、以後の『改訂史籍集覧』、『戦国史料叢書』、角川日本古典文庫いずれも踏襲している。

太田牛一は生涯にわたって加筆・修正を重ね、献呈先の池田家に忖度した改変もあるが、おおむね事実に執着した執筆態度を守った。そのため複数の自筆本（首巻を除く）が伝来し、それぞれ若干記述が異なる。本編が揃った自筆本は、建勲《たていさお》神社所蔵「信長公記」と池田家文庫所蔵「信長記」（巻十二のみ他筆）である。両者の書名が異なっているうえ、ともに表紙と題箋は後世の他筆と思われるので、原題は不明である。ただし、本史料をもとにした小瀬《おぜ》甫庵《ほあん》「信《しん》長記《ちょうき》」がベストセラーとなり、「信長記」と言えば甫庵「信長記」を指すようになってしまった。そこで甫庵作品と区別して「信長公記」と呼び習わしてきたが、これが原題とは限らないので問題はある。しかし、自筆本の「信長公記」と「信長記」、写本の「安土日記」「織田記」「太田《おおた》和泉守《いずみのかみ》日記《にっき》」など様々な書名のうち、いずれが正しいかを断定することは現段階では無理である。無用の混乱を避けて、従来通り信長公記と呼ぶのが適切であろう。

　信長公記の写本七〇強のうち、最も重要なのは尊《そん》経閣《けいかく》文庫所蔵「安土日記」である。これは巻十一・巻十二に該当する部分のみの残闕《ざんけつ》本であるが、信長を「上様」と呼び闕字《けつじ》にするなど、信長死後からあまり経過しないうちに執筆された古態を示すと考えられている。他本では巻九（天正《てんしょう》四年）にある安土城天主の記述が、「安土日記」では巻十二（天正七）

池田家文庫本・巻９「安土御天主之次第」（岡山大学附属図書館蔵）

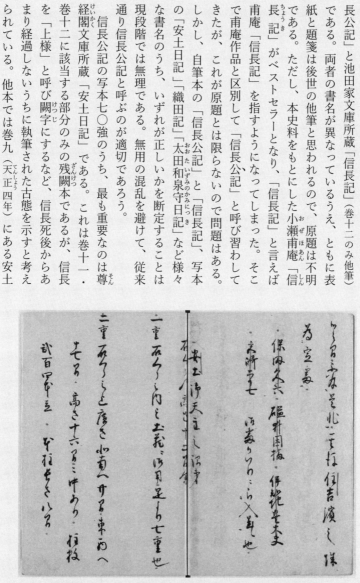

該当部分にある。下層から上層への記述順など、天主完成の際に見学した牛一の体験が反映した記述と思われる。また天正七年（一五七九）の岡崎信康《おかざきのぶやす》事件の原因を「逆心の雑説」と記すが、多くの伝本は信康事件そのものに触れていない。

他の写本では、天理大学図書館所蔵「信長記」が注目されている。これは寛永《かんえい》年間（一六二四〜四四）前半に出雲国松江藩主堀尾《ほりお》忠晴《ただはる》が命じて書写させたものである。特に首巻に他本にはない記述があり、完成前の未定稿とみる説もある。「桶狭間の戦い」で触れたように、信長が清須城出陣前夜に軍議を開いたとある。常識的に考えて軍議を開くのが当然であり、一見天理本の信憑性を高めているようにも思われる。しかし、軍議とそれに続く酒宴部分は文章表現まで甫庵「信長記」に酷似しているのが気にかかる。これは天理本（の親本）が甫庵「信長記」に影響を与えたとされることが多い。しかし、全体的には天理本と甫庵「信長記」の相似性は他本と大差なく、首巻のごく一部のみ酷似しているのは不自然だろう。むしろ天理本は慶長十六年刊行の甫庵「信長記」を参考にして、一部を改変して書写したものと考えるべきであろう。

他に巻十五末尾に他本にはない記述のある尊経閣文庫所蔵「信長記」も注目されるが、詳細は桐野作人・金子拓両氏の研究にあたられたい。なお刊本で最もよく利用される角川日本古典文庫は、建勲神社本の写本である陽明文庫本を読み下したものである。詳細な脚注と年表もあり便利だが、刊行後五十年を経て修正すべき点も少なくない。良質な底本にもとづくテキストの刊行が望まれよう。

●参考文献
金子拓『織田信長という歴史』（勉誠出版、二〇〇九年）
金子拓編『『信長記』と信長・秀吉の時代』（勉誠出版、二〇一二年）
桐野作人「『信長記』諸本と長篠合戦・信康事件・本能寺の変」（『歴史読本』二〇〇七年八月号、新人物往来社、二〇〇七年）
堀新編『信長公記を読む』（吉川弘文館、二〇〇九年）
和田裕弘『信長公記』（中央公論社、二〇一八年）

2 今川義元と桶狭間の戦い

堀 新×湯浅佳子

奇襲は、戦争劇のドラマだ。桶狭間《おけはざま》もそう考えられてきた。小が大を倒す面白さ、意外な戦術等々。しかし、実際は偶然の産物であったらしい。幾つかの偶然の重なりが、結果としてドラマを生んでいく。それを謎解きしていくのは、奇襲の物語より面白い。そして、偶然の話が、やけに筋の通った奇襲のドラマに化けていく過程も。そうまでこの戦いが注目されるのは、信長の存在が天下に聞こえた最初だからでもあるが、倒された今川義元《いまがわよしもと》が、上洛して天下を輔弼《ほひつ》するには、最有力の存在だったからである。

2 今川義元と桶狭間の戦い

実像編 ▼堀 新

正面攻撃の勝利という、一次史料による分析が謎を深めている。今川軍が伊勢方面へ船で向かうことを知り、面目を潰された信長は怒りの正面攻撃を決行する。思いがけない信長の出陣に、義元も最前線へ進んだために最悪の結果となった。お互いに予測しない相手の動きが重なった、偶然の要素が大きい勝利だった。それを義元本陣の位置、武者舟、塗輿《ぬりごし》を手がかりに検討する。それらは義元の軍事行動の目的をも浮き彫りにする。

はじめに

永禄《えいろく》三年（一五六〇）五月十九日の桶狭間の戦いは、奇襲作戦ではなく、正面攻撃による勝利という評価が確立している（藤本二〇〇三）。ただし迂回は否定するが、今川義元本陣へは結果的に奇襲・急襲だったとする説もまだある。このような見解の相違は、織田信長と義元がどのようなルートを辿って進軍したのか、そもそも彼らがどのような考えで戦場に臨んでいたのかという問題に行き着く。そこで本稿は、これらに重点を置いて合戦の実像を跡づけたい。

なお合戦の経緯については太田牛一『信長公記』が最も重要な史料である。詳細はコラム「太田牛一と信長公記」を参照していただきたいが、最も簡便な陽明文庫本を主にしつつ、これとは異なる記載のある天理本も織り交ぜて使用したい。

合戦の背景と経緯

まず合戦までの大まかな背景を確認しておこう。

駿河守護の今川氏は、伝統的に西進策をとっていた。義元は駿河・遠江両国を支配し、天文《てんぶん》十八年（一五四九）に三河国岡崎城主松平広忠《まつだいらひろただ》（家康の父）が暗殺されると同城を接収し、さらに安祥城《あんじょうじょう》を攻略して三河国を支配下に置いた。その後嫡子氏真《うじざね》に家督を譲って駿河・遠江支配を委ね、義元自身はさらに西進した。

いっぽう尾張国は守護斯波《しば》氏の勢力が衰え、清須織田家と岩倉織田家が両守護代として実権を握った。信長の父信秀は清須織田家の三奉行（家老）の一人に過ぎなかったが、国内の武士団を支配した。家督を継承した信長は、永禄二年に尾張国を統一した。

しかし鳴海城主山口教継、沓掛《くつかけ》城主近藤景春が信長に背き、大高城も今川家臣の朝比奈泰能《あさひなやすよし》が入城した。今川軍は着々と尾張侵攻を進め、信長も丹下・善照寺・中島・鷲津・丸根に砦を築いて対抗した。このような信長の自衛策が今川軍の出陣を招くが、さりとて信長から合戦を仕掛けたとは言えないだろう。

今川軍は永禄三年五月十日に駿府を出陣し、義元は十七日に尾張国沓掛城に入城した。今川軍の松平元康（後の徳川家康）は十八日夜に大高城へ兵粮を入れ、翌十九日早朝に丸根砦を攻撃した。この今川軍の動きは織田方にも読まれており、十八日に鷲津・丸根砦から清須城の信長へ援軍要請があったが、信長は家臣と雑談するだけだった。天理本は国境で一戦する決意を述べる信長に対し、家臣は一致して籠城を主張したが、信長はこれを退けたとする。軍議があった方が自然だが、この部分は小瀬甫庵『信長記』に影響された改変であろう。後述するように軍議はなかったと思われる。

十九日早朝に鷲津・丸根砦の注進を受け、信長は敦盛の舞を舞った後、小姓衆五騎を従えて出陣した。主従六騎は一気に熱田神宮まで駆け、ここで雑兵約二百が追いついた。熱田神宮から丹下砦を経て善照寺砦に到着し、戦場の様子を一覧したが、集まったのは二千足らずだった。ここで中島砦の守将千秋季忠と佐々隼人正が今川軍先鋒に突撃し壊滅した。信長の目を意識した突撃だが、何か作戦や勝算があるわけではない。いわば戦国武士の心性である。

義元は四万五千とも二万五千とも言われる大軍を率いて、午刻に桶狭間山に布陣した。この後義元は大高城へ向かう予定だった。信長は制止を振り切って中島砦へ移り、さらに中島砦から出撃した。信長は家臣たちに「敵は徹夜で行軍して戦った「くたびれた武者」であり、我々は新手である」と述べたというが、これは誤解である。

甫庵『信長記』は、この後信長勢は義元本陣後ろの山へ忍び寄り、不意に本陣を急襲したとする。甫庵以降の軍記は、信長勢は善照寺砦で二手に分かれ、秘かに相原・太子ヶ根を迂回して桶狭間に到ったとするようになる。大軍に勝利した理由は正面攻撃よりも奇襲攻撃の方が説得的で面白いから、創作が史実を押しのけて流布していく。

『信長公記』には、織田軍が中島砦から「山際」へ真っ直ぐ進んだところ、にわかに豪雨となったとある。そして空が晴れ、突撃する織田軍に対し今川軍は水をまくるように後退し、武具や幟・指物に義元の塗輿まで捨てて敗走した。未刻頃に信長は義元本陣に追いつき、攻めかかった。義元の旗本は義元を囲んで退却したが、織田軍が四、五度攻めかかり、ついに義元を討ち取った。今川軍は総崩れとなって駿河へ敗走し、大高城にいた松平元康は三河国岡崎城を回復し、この後今川から離反して信長と同盟する。

義元本陣と信長勝利の要因

以上が桶狭間の戦いの概略であるが、わずか二千の織田軍がなぜ二万とも四万五千ともいわれる今川軍に勝利できたのか判然としない。今川軍の大半が非戦闘員であるから実質的な兵力は互角であるからとか、あるいは緒戦の勝利で今川軍は乱取りに出かけていてその隙を信長勢が急襲したという説があるが、いずれも問題がある（堀二〇一〇）。また、雷雨に紛れて先鋒に気づかれなかったとされることも多いが、雷雨は山際へ前進した後である。一般論で言えば、総大将が陣頭指揮をとる旗本中心の機動力に、地の利もある。しかしこれだけでは不十分だろう。

そこで鍵となるのが義元本陣の位置である。午刻に今川軍は桶狭間山に布陣したが、これは桶狭間周辺の丘陵地一帯を指す（藤本二〇〇三）。最も標高の高い六四・七m地点が義元本陣であろう（小島一九六六）。以下これを「山頂」と呼ぶ。未刻に義元を始め多くの将兵が命を落としたが、義元最期の地や七ツ塚など戦没者に関わる伝承地は「山頂」周辺に点在し、このあたりが最後の本陣地であろう。しかし義元本陣は午刻から未刻までずっと「山頂」周辺にあったのではない。義元本陣の候補地として漆山・生山・名古屋短期大学付近・石塚山の四ヶ所があるが（高田二〇〇七）、このうち一つが正しいのではなく、時間の経過によっていずれも正しいこともありうる。

雷雨後の織田軍との戦闘は四、五回あるが、これは敗走しながらであり、それなりに長い距離を義元本陣は移動したはずである。従ってこの間は「山頂」からかなり最前線（中島砦）近くへいったん前進し、その後敗走して「山頂」付近に戻ったのである。そう考えたとき、「山頂」周辺の名古屋短期大学付近・石塚山は午刻や最後の本陣地であろう。そして信長率いる織田軍が突撃した時点では、漆山にあったとされる（藤井二〇〇八）。

ここで一つの疑問がわく。すなわち、義元は「山頂」からなぜ大高城ではなく中島砦方向（漆山）へ前進したのかということである。これを直接的に示す史料はないが、考えられるのは信長の出陣である。通常で

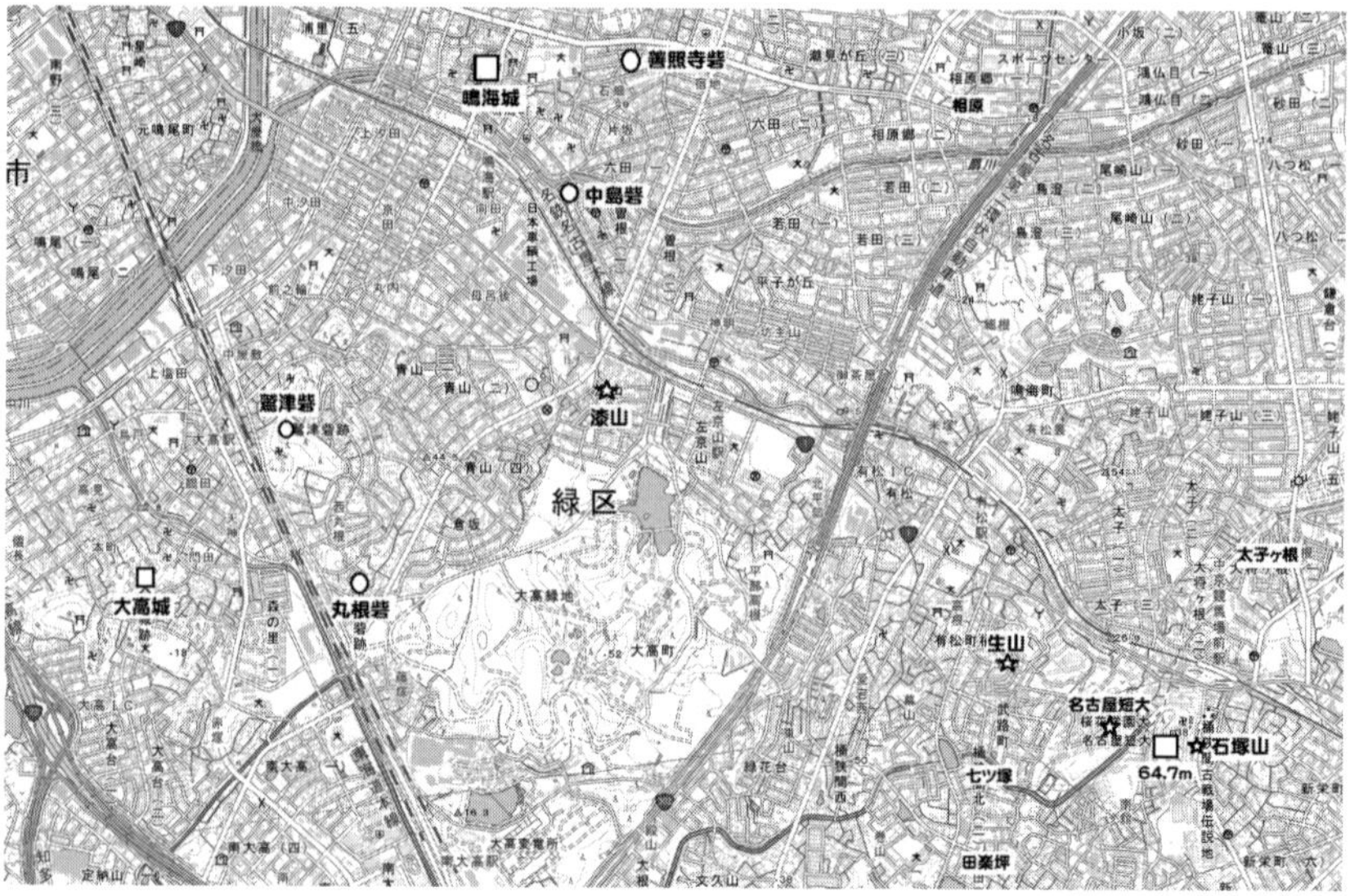

桶狭間関係地図（地理院地図に加筆）　○：織田方の城砦、□：今川方の城砦、☆：義元本陣候補地

あれば総大将は鷲津・丸根砦救援のために前夜のうちに出陣するが、信長は翌日に出陣してきた（藤本二〇〇八）。思いがけない信長の出陣を、義元は信長を討ち取る好機と考え、方針を変更して中島砦をよく見渡せる漆山に布陣したのではないだろうか。

一方信長も、最初から義元の首を狙っていたのではない。中島砦を出撃する際には、目の前の今川軍を「くたびれた武者」と勘違いしている程度である。もしも義元本陣が近くにあると知っていれば、「打ち捨てにせよ」だけでなく、「義元の首だけを狙え」と命じていただろう。また一日遅れての出陣も用意周到な作戦ではなく、大高城下に集結した武者舟千艘が原因ではないか。後述するように、信長を無視した伊勢・志摩への侵攻を知り、面目を潰された信長は激怒し、急遽出陣を決めたのである。三方ヶ原の戦いの徳川家康と同じである。これならば軍議もないし、わずか五騎しか従わないのも道理である。善照寺砦と中島砦で家臣の制止を振り切ったのも、作戦ではなく怒りにまかせての正面攻撃だろう。

信長勢の怒濤の勢いにひるんだ今川軍先鋒が後退して総崩れとなり、追撃するなかで義元の塗輿を見つけ、信長は初めて義元本陣が近いことを知った。そして義元本陣を見つけて総攻撃を命じ、思いがけず義元の首を取ったのである。義元本陣の接近という偶然も重なった結果、下手な小細工も特別な作戦もない信長の正面攻撃が運良くあたったのである（山本二〇一五）。この勝利を「合理的」に説明しようとして虚像を捏造したのが小瀬甫庵以下の軍記作者であり、それを真に受けたのが陸軍参謀本部である。近代的な合理性や必然性に過剰に拘泥すれば、現代の歴史研究も同じ轍を踏むことになるだろう。

武者舟・塗輿と義元の軍事目的

では今川義元はどのような考えで戦場に臨んだのであろうか。それを直接述べた史料はないが、大高城下に集結した武者舟千艘と、義元の塗輿がそれを考える手がかりとなる。

まず研究史を振り返ろう。かつては当然のように上洛目的とされていたが、それは二次史料にもとづくという理由で否定され、三河征服説、尾張征服説、東海征服説などが主張された（堀二〇〇二）。かつて筆者も義元の官歴が足利尊氏と同じであるという指摘（新行一九七五）に従って上洛説を主張したが（堀二〇一一）、義元の官暦に誤りが判明し、上洛説は支持されなくなった。近年は鳴海・大高両城に対する織田方の封鎖解除を目的とした尾張侵攻とみる論者が多い（平野二〇一六など）。しかし、この説の提唱者とされる藤本正行氏自身も指摘するように、封鎖解除だけが目的ではなく、境目紛争はお互いの領土拡張策が衝突した結果起きるものである（藤本二〇〇八）。直接的契機のみを見て戦国大名の意図を論じることに問題がある。そこでこれらの説が根拠とする次の史料（『古文書集』八、原漢文）の内容を検討しよう。

珍札披見《ひけん》、本望に候、仍《よっ》て去年は太神宮御萱米《かやまい》料の儀仰せ越され候間、斟酌《しんしゃく》申し候といえども、春木方達て申され候故、披露に及び返事の旨申し入れ候、遠州の義は去年申され候分に候条、是非に及ばず候、参州の事は領掌候、但し三州手始めこれを落とせしめ候、相残り候国々の儀（傍線①）、同前に仰せ越さるべく候、将亦近日義元尾州境目に向かい進発候（傍線②）、芳《よ》き時分に聞こし召し合わさるべき事専要に候、（以下略）

これは桶狭間の戦い直前の三月二十日に、今川一族の関口氏純が伊勢神宮外宮への萱米料供出要請に答えたものである。萱米料は国単位で要請されており、今川氏は遠江国については去年と同じく拒否し、三河国については了承したようである。この書状のうち、義元の軍事目的を直接示すというのが傍線②である。しかし、これは前述した直接的契機に過ぎない。これまで自らは尾三方面へ出陣しなかった義元が大軍を率いて出陣したのである。それには周到な準備と相当な決意があったとされ、尾三国境地域の衝突解決のためだけとは考えがたい（有光二〇〇八）。直接的契機に加えて「その先」があると考えるべきだろう。

また傍線①であるが、「相残り候国々」は遠江を指すというが（柴二〇一九）、疑問である。この前で遠州をあげながら、ここで遠州と明言しない理由はない。素直に読めば、遠江・三河以外の国を指すであろう。そこで注目されるのが、伊勢神宮が義元に志摩国人の「無道」を訴え、関所停止と神領回復を要請し、それに応じて今川水軍が弘治元年（一五五五）に伊勢・志摩を侵攻したことである（長谷川一九九八・岩田二〇〇八）。これを踏まえれば、「相残り候国々」は伊勢・志摩を含む東海地域を指し、義元の視線は尾三国境の先を見据えていたのである。

そうすると、義元が大高城下の黒末川口に武者舟約千艘を集結させていたが意図がよくわかる。武者舟の詳細は不明であり、また千艘という数量には誇張もあろうが、かなりの今川軍を乗せる予定であった。その行き先は伊勢・志摩で間違いないだろう。義元は神領回復を大義名分として、少なくとも伊勢・志摩征服を意識していたのである。そして尾三国境は鳴海城・大高城の封鎖解除をするのみで、当面は尾張国内へそれ以上の深入りは予定していなかったであろう。結果的に、これが信長と義元の運命を変えたのである。

次に義元の塗輿を検討しよう。塗輿は身分格式の高さを示すものであるから、義元はその特権を誇示し、信長とその家臣団に圧力をかけるため塗輿に乗って出陣したという見解がある（小和田二〇〇四）。近年は塗輿を沿道へのアピールも兼ねた軍事パフォーマンスとする説もある（大石二〇一八）。しかし義元は桶狭間に鞭を携行しており、乗馬していた。そもそも塗輿御免は「洛中の大路」での使用許可であり、東海道を塗輿に乗って進んだことは疑わしい。天文年間以降の将軍は洛中でも乗馬が多く（『惟房公記』）、参内や三好邸御成などにしか乗輿していない。将軍は摂関家や門跡寺院から輿と輿舁《かき》を借用していた程である（二木二〇〇三）。

では東国での使用状況はどうか。永禄二年に塗輿御免となった長尾景虎（上杉謙信）は、在京中も帰路にも塗輿を使用した形跡はない。そして永禄四年の関東出兵時には乗馬し、関東管領拝賀による鶴岡八幡宮参詣時のみ網代《あじろ》輿（塗輿と混同カ）に乗ったという（『上杉年譜』他）。また関東公方足利藤氏が小八葉《こはちえふ》の車（網代車）に乗車し、景虎は乗馬ともいう。藤氏は昔の公方が使用した古い車と牛飼いの子を探し出さなければ乗車できなかった（『鎌倉管領九代記』）。塗輿御免の栄典は、洛中に居住して初めて実用的な意味をもつのではないか。塗輿・網代輿を問わず、戦国大名と家臣団や沿道への圧力・アピール効果を想定できそうにない。

これに対して義元は乗輿に並々ならぬ意欲をもっていた。義元が東海地方で乗輿する可能性があるとすれば伊勢神宮参拝であろう。しかし足利藤氏と長尾景虎の場合、それぞれ古河公方と関東管領への拝賀であり、義元が神領回復の報告に参拝するのとは事情が異なる。結局、洛中以外には義元が塗輿に乗る場所も目的もないのである。

ところで義元など国持大名の塗輿御免には、将軍義輝の許可が必要である。義元は将軍と交渉したうえで軍事行動を起こしたのである。その当時の状況は、永禄元年十二月に将軍義輝が帰京し、翌永禄二年に織田信長、長尾景虎、斎藤義龍が相次いで上洛している。塗輿御免は景虎と松永久秀（永禄四年）である。義元もこの流れにある。もちろん桶狭間から一気に上洛というのではなく（堀二〇一〇）、軍事行動の流れ次第である。また義元自身が将軍に取って代わる下剋上ではなく、この後の信長と同じく「天下再興」のための上洛であった。「天下再興」は義昭追放の直前まで信長の行動を拘束しており、実権掌握は必ずしも下克上（幕府滅亡）や将軍任官を意味するものではなかった（堀二〇〇九）。

おわりに

桶狭間の劇的な勝利は、いくつかの偶然と戦国武将の心性が原因であった。それは、①義元が大高城から武者舟による伊勢・志摩侵攻を目指したこと、②信長は尾張素通りに激怒し、軍議もなく突然出陣したこと、③思いがけない信長の出陣に、義元は作戦を一時変更して鳴海城方向へ前進したこと、④信長は目前の今川軍をくたびれた武者と誤解したまま、家臣の制止を振り切って正面攻撃したこと、であると考える。今川軍の油断（酒宴）はその事実を確認できず、天候の変化は事実としても、劇的な勝利の象徴表現だろう。千秋・佐々と同様に、信長に計算された作戦はなく、戦国武将の心性にもとづく軍事行動が勝利を呼んだのである。

義元の軍事行動の目的は、まずは尾三国境の封鎖解除であるが、続いて武者舟千艘で伊勢・志摩への侵攻も当初から予定していた。そして義元は状況の変化を想定して複数のプランを準備していたはずである。従って客観情勢を考慮しつつも、義元の意識に即して議論することが重要である。義元が東海地方の先に京都をも見据えていたことは否定できないだろう。義元の本気度を正確に捉えることは難しいが、「その時」のために塗輿を用意していた。そして義元が最終的に目指す上洛は、将軍に取って代わる下剋上ではなく、それを支え補佐するためのものである。しかしそのはるか手前で、義元は躓《つまず》き討死したのである。

●参考文献
有光友学『今川義元』（吉川弘文館、二〇〇八年）
飯塚恵理人「熱田神宮と能役者」（『椙山女学園大学研究論集』二九、一九九八年）
岩田康志「今川義元の永禄三年西上作戦と神宮式年遷宮」（『皇学館史学』二二、二〇〇八年）
大石泰史『今川氏滅亡』（KADOKAWA、二〇一八年）
小和田哲男『今川義元』（ミネルヴァ書房、二〇〇四年）
小島広次『今川義元』（人物往来社、一九六六年）
柴裕之「桶狭間合戦の性格」（黒田基樹編『今川義元とその時代』、戎光祥出版、二〇一九年）
新行紀一『一向一揆の基礎構造』（吉川弘文館、一九七五年）
高田徹「桶狭間古戦場を歩く」（『織豊期研究』九、二〇〇七年）
橋場日月『新説桶狭間合戦』（学習研究社、二〇〇八年）
長谷川弘道「戦国大名と伊勢神宮」（『国史学』一六〇、一九九六年）
平野明夫「桶狭間の戦い」（渡邊大門編『信長軍の合戦史』、吉川弘文館、二〇一六年）
藤井尚夫「桶狭間合戦」（『信長と織田軍団』、学習研究社、二〇〇八年）
藤本正行『信長の戦争』（講談社、二〇〇三年、初出一九九三年）
藤本正行『桶狭間・信長の「奇襲神話」は嘘だった』（洋泉社、二〇〇八年）
二木謙一『武家儀礼格式の研究』（吉川弘文館、二〇〇三年）
堀新「桶狭間の戦い」（三鬼清一郎編『前田利家の時代』、NHK出版、二〇〇一年）
堀新「信長公記とその時代」（同編『信長公記を読む』、吉川弘文館、二〇〇九年）
堀新『天下統一から鎖国へ』（吉川弘文館、二〇一〇年）
堀新『織豊期王権論』（校倉書房、二〇一一年）
山本博文『東大流よみなおし日本史講義』（PHP研究所、二〇一五年）
国土地理院「桶狭間の戦いの古戦場」https://www.gsi.go.jp/chubu/tokusetsu-minichishiki3-4.html

2 今川義元と桶狭間の戦い

虚像編

▼湯浅佳子（東京学芸大学教授）

近年、桶狭間《おけはざま》合戦の史実ではないとされる信長の迂回奇襲説について、近世・近代における信長伝の生成と展開という視点から考察した。小瀬甫庵《おぜほあん》『信長記』は太田牛一《おおたうしかず》『信長公記』「首巻」を迂回奇襲に書き換えることで信長の英雄伝を描いた。以降、迂回奇襲説は、『本朝通鑑《ほんちょうつがん》』等の歴史書に取り入れられたほか、『総見記』『絵本太閤記』等の軍書や文芸書に享受され、近世・近代をとおして流布した。

信長の攻撃法

桶狭間の戦いとは、永禄三年（一五六〇）五月十九日、織田信長が駿河《するが》・遠江《とおとうみ》の有力大名の今川義元《いまがわよしもと》を尾張国《おわりのくに》の桶狭間（愛知県豊明市）にて敗死させた戦いである。

近年、藤本正行より、従来定説であった、信長が今川義元に察知されずに迂回し奇襲に成功したという「迂回奇襲説」を否定する説が出された。それによると、「迂回奇襲説」はじつは小瀬甫庵『信長記』より作られた虚説で、唯一の合戦記録である太田牛一『信長公記』を読み解くことで「正面攻撃説」が史実であることが分かるとし、「桶狭間合戦は、牛一によれば、戦国大名どうしの平凡な境界争いに端を発したもので、信長も別に奇襲を行ったわけではなかった」（一〇六頁）とする。その後、黒田日出男から新説が出され、桐野作人による考察が行われている。

藤本が迂回奇襲を説くとした参謀本部『日本戦史』と徳富蘇峰《とくとみそほう》『近世日本国民史』のうち、後者の内容は次のとおりである。

> 信長は若干兵を善照寺に留め、多くの旗幟を建て、疑兵を張り、敵軍を牽制し、約二千人を率ゐ、迂回して奇襲を企てた。（略）此日は例年に珍しき炎熱で、正午前後、信長の将さに義元の陣に近かんとするや、午前より太陽の側に点在したる一小黒雲が、たちまち満天の黒雲となり、須臾にして大風大雨、西北より来り、石片を抛つ如く、今川勢を打つた。信長は其の稍霽るゝを待ち、午後二時頃、突喊して、太子ケ根山を下つた。（略）義元は敵の来襲とは気附かず、味方の同士喧嘩かと思うた（一九七頁〜一九九頁）。

司馬遼太郎の歴史小説『国盗り物語』の桶狭間合戦も当説に基づいており、ネット上でも「日本三大奇襲」の一つとして扱われている。

では、桶狭間の戦いは、近世・近代をとおしていかに記されていったのだろうか。阿部一彦は、牛一『信長公記』・甫庵『信長記』『総見記』の各書に攻撃法に関する独自の叙述があり、『松平記《まつだいらき》』『伊東法師物語《いそくほうしものがたり》』『武徳大成記《ぶとくたいせいき》』『武家事紀《ぶけじき》』『武功夜話《ぶこうやわ》』の軍書が右三書の説を利用・展開しているとする。本稿では、阿部の指摘をふまえつつ、牛一『信長公記』「首巻《しゅかん》」と『信長記』、そしてそれ以降の歴史書・軍書・文芸書に記される信長伝について、虚像の生成と展開という視点から考察する。

『信長公記』から『信長記』へ

太田牛一『信長公記』は、信長をめぐる記録として一次史料に準じるものとされる。これをもとに再編集されたのが小瀬甫庵『信長記』である。以下、甫庵『信長記』が牛一『信長公記』「首巻」の桶狭間合戦をどのように改変しているのか考えてみたい。

牛一『信長公記』によると、永禄三年五月十八日夕刻、清須城の信長へ、鳴海《なるみ》の丸根山《まるねやま》・鷲津山《わしづやま》の砦を守る佐久間大学《さくまだいがく》（盛重）・織田玄蕃《おだげんば》（秀敏）より、「今川義元が十八日夜に尾張の大高城に兵糧を入れ、十九日朝には砦を攻撃する様子」との知らせが届くが、その夜は軍議なども行わず雑談ばかりであったので、家老衆は信長を侮って帰宅した、とある。

これについて甫庵『信長記』では、丸根城の佐久間大学から今川襲来の通報を受けた信長が、「よく知らせてくれた」と、使者に褒美をやって帰す。すると再び丸根から決意の意向が信長に届く。そこで信長は急ぎ軍議を開く。林佐渡守（秀貞）より、敵は四万五千、味方は三千足らずなので、一旦は敵の攻撃を避け、城の通行困難な場所に通し、そこで戦ってはどうかという案が出される。しかし信長は「たとえ名将であっても、名城を誇れば合戦すべき時を失し、死すべき所を逃れたりすれば、自滅してしまうものだ」と諭し、「他国勢が自国に侵入すれば、大将の心も臆し、士卒の気勢も弱って、予想外の事態が起きるものであるから、必ず国境の外で合戦すべき」との父の遺訓には背けないという。そして、幸若《こうわか》「敦盛《あつもり》」の「人間五十年、下天の内を比ふれは、夢幻の如くなり、一度生を受滅せぬ者の有へきか」（早大本、巻一、36ゥ）を舞うと、皆一同興に入る（「義元合戦事」）。信長が林佐渡守の進言を退ける話は、甫庵『信長記』で新たに作られたもので、父命を重んじる信長の信念と「人生五十年」の舞が、周囲の志気を高揚させることとなる。

牛一『信長公記』では、「人生五十年」の舞の後、信長はすぐに鎧を着し、立ちながら食事をとり、兜を着けて出陣する。小姓五人を連れ熱田まで馳せ、午後八時頃、上知我麻《かみちかま》神社前から東を見ると、鷲津・丸根城が陥落したと見えて煙がみえたと、熱田までの信長の挙動を詳しく記す。この部分、甫庵『信長記』では、牛一『信長公記』にはない熱田神宮での出来事が中心となる。熱田に到着した信長が社に参詣、祈祷すると「丹誠、神にや通しけん、内陣に物の具の音して、物冷しく聞へたり」（巻一「義元合戦事」37オ）とあり、信

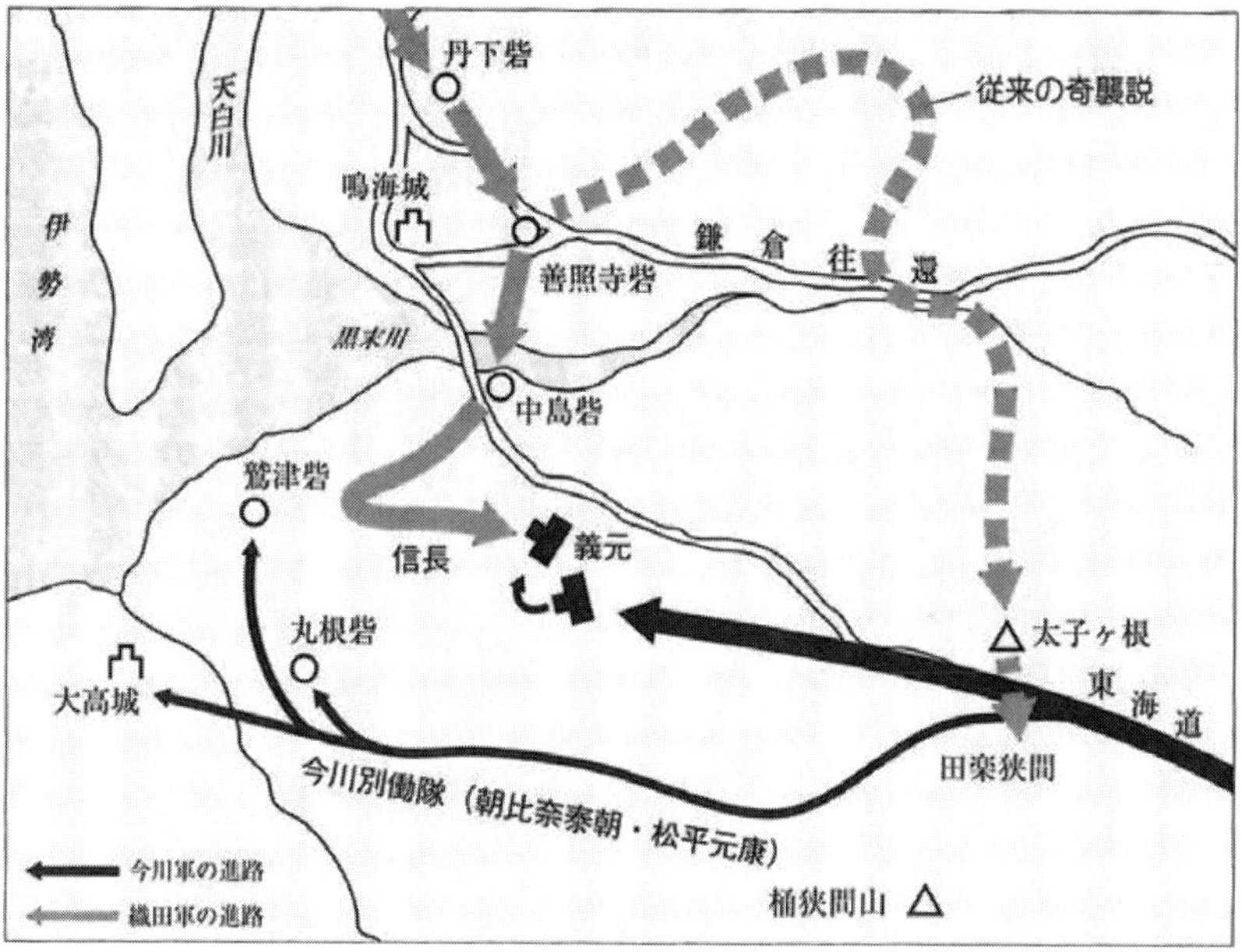

図１　桶狭間の戦い
（日本史史料研究会監修、渡邊大門編『信長軍の合戦史 1560－1582』吉川弘文館、二〇一六年より）

長が奉納した願文が引用される。その後、白鷺《しらさぎ》二羽が旗先に飛来、信長に神仏の加護が下るという霊験譚が描かれる。

熱田から中島まで、『信長公記』では、①熱田→丹下砦《たんげとりで》→善照寺《ぜんしょうじ》と進む。そこで信長は、今川勢が桶狭間山で休息していることを知る。②今川義元は、五月十九日の正午、北西へ向けて兵を備える。鷲津・丸根城を陥落させ、大高城に陣し、信長勢の佐々隼人正ら五十騎ほどを討ち、謡をうたって満足している。③信長は、家老らが止めるのも聞かず、二千足らずの人数で中島に移る。なお中島から先に出ようするのを、家臣らが強く止める。信長は、「あの武者（注：今川兵）、宵《よい》に兵粮《ひょうろう》つかひて、夜もすがら来たり、大高へ兵粮を入れ、鷲津・丸根にて手を砕き、辛労してつかれたる武者なり。こなたは新手《あらて》なり。其の上、「小軍にして大敵を怖るゝことなかれ、運は天に在り」此の語は知らざるや。懸らばひけ、しりぞかば引き付くべし。是非に稠《ねり》倒し、追い崩すべき事、案の内なり。分捕《ぶんどり》なすべからず、打捨てたるべし。軍《いくさ》に勝ちぬれば、此の場へ乗つたる者は、家の面目、末代の高名たるべし。只《ただ》励《はげ》むべし」と告げる。④そこへ、前田利家らが手に手に敵の首を持ち帰る。信長は、その者らへも同じことを言い聞かせる。

一方、甫庵『信長記』では、①熱田→笠寺《かさでら》の東の細道→善照寺の東山の狭間を進んだところで、信長は兵の勇気を励ます。②今川勢は鷲津・丸根を落とし、山際から佐々隼人正（政次）らを襲撃し首を取ったので、義元は喜び酒宴を催す。③信長が中島に移ろうとするのを、林佐渡守らが制止する。信長は、「彼の凶徒等、終夜大高城へ兵糧入るゝのみならす、今朝、鷲頭・丸根両城にて兵とも皆疲れぬへし。大将も勝に乗て、帯ひほ解て伏すらん。味方は亦《また》城ともおとされ機を失ひ、殊に大軍なれは、思侮て、よも平にかゝらんとは思ひもよらし。角油断して居ける所を、不意に起て合戦をせは、なとか勝すと云事なからん。「以寡勝多」とは、只《ただ》加様《かよう》の時を得るのみなり。是天の与る所にあらすや。然れは、此合戦には、分捕高名すへからす、一向軍功を専にすへし」と理を極め、義を励し、例の大音声にて仰けれは、尤《もっとも》なりと人々思入たれは、夜の明たるやうに心も晴れてそ見へたりける」（巻一「義元合戦事」39オウ）。④そこへ、前田利家らが手に手に敵の首を持ち帰る。信長は、「すは首途はよきそ、敵勢の後の山へをしまはすへし。去程ならは山際まては旗をまき、忍ひより義元か本陣へかゝれ」（39ウ）と下知する。すると、簗田《やなだ》出羽守《でわのかみ》が、「敵の後陣は先陣也。是は後陣へかゝり合ふ間、必大将を討事も候はん」（39ウ40オ）と進言し、急がせる。

傍線部が牛一『信長公記』と文意の異なる箇所である。第一に、③「不意に起て」、④「敵勢の後の山へをしまはすへし」との迂回奇襲としての文言がある。第二に、信長の台詞が牛一『信長公記』に比べ多くなる。また、③「理を極め、義を励し、例の大音声にて仰けれは」それに聞き入る家臣たちという劇的な設定、臨場感を表す表現等が新たに加えられる。③林佐渡守《はやしさどのかみ》や④簗田出羽守（政綱）など、牛一『信長公記』にはない人物名を描くのも、場面を想像しやすくするための具体化を計った改変であろうか。

義元滅亡の場面については、牛一『信長公記』に、①信長が山際まで軍兵を寄せたところ、「俄に急雨《むらさめ》、石氷を投げ打つ様に」敵のほうに降りつける。味方へは後ろのほうから降りかかる。沓懸の峠下の楠の大木が雨に打たれて東へ倒れる。あまりのことに、人々は熱田大明神の神軍かと言い合う。②「空晴るゝを御覧じ、信長鑓をおつ取つて、大音声《だいおんじょう》を上げて、「すは、かゝれ〳〵」と仰せられ、黒煙立てゝ懸かるを見て、（注：敵は）水をまくるが如く、後《うし》ろへくはつと崩れたり。弓、鑓、鉄炮、のぼり、さし物算を乱すに異ならず、今川義元の塗輿《ぬりごし》も捨てくづれ逃《のが》れけり」③五月十九日、信長より「「（義元の）旗本は是れなり、是れへ懸かれ」と御下知あり」午後二時頃、東へと攻めかかる。「初めは三百騎計り真丸《まんまる》になつて、義元を囲み退きけるが、二、三度、四、五度、帰し合ひ〳〵、次第〳〵に無人《ぶにん》になりて、後には五十騎計りになりたるなり」信長も馬から下りて若武者と先を争い、火花を散らして戦う。負傷者や死者は数えきれないほどである。④「服部小兵太、義元にかゝりあひ、膝《ひざ》の口きられ、倒れ伏す。毛利新介《もうりしんすけ》、義元《よしもと》を伐ち臥せ、頸《くび》をとる」⑤毛利の手柄は、先年清須城で斯波義統が誅殺された時に義統の弟の命を助けた冥加であると、人々は噂する。

一方甫庵『信長記』は次のようである。①「折節、黒雲頓《こくうんにはか》に村立来て、大雨頻《しきり》に熱田の方よりふり来り、石氷を投くることくにして敵勢へ降かゝり、霧海をたゝへて暗かりけれは、殊《こと》に寄る味方さへ敵陣に近くをも覚束《おほつか》なき程なれは、敵は曽《かつ》てしらさりけるも理なり。②彼（注：今川）か陣取し上なる山にて旗を張せ、「各をり立てかゝれ」と下知し玉へは」（40オ）織田造酒丞《おだみきのじょう》（信房）らが進み出る。その時、森三左衛門尉《もりさんざえもんのじょう》（可成）が、敵は猛勢、下馬して進めばその間に敵は準備をするだろうから、馬で攻めかかるのがよいでしょうと進言する。信長は承知し、「「さらは我を越せや者とも」とて、馬上に鎗をつ取、真先に進み玉ふ形勢は、十高祖《こうそ》・

百《(注：張)》長良《ちょうりょう》が怒を発せし勢ひも、是には争て勝るへき」（40オウ）と、敵中に馬を入れて攻撃すると、敵は慌て騒ぐ。

④「斯《かかり》し処に義元は、屏風引廻し、毛氈《もうせん》をしかせ、緩やかにして在々ける処を、服部小平太さしかゝり、角そと名乗りたれは、「意得たる」と云侭に、さすか最後そよかりける。打物抜て、小平太か膝の皿をそわつたりける。尓し処に、「毛利新助」と名乗出て戦けるか、其まゝつきふせ、遂に頸を給てそ出たりける」（40オウ）。

①には嵐の表現が加わるほか、今川方の状況説明も加わる。②では、山上からの襲撃と森三左衛門尉《もりさんざえもん》の進言という新たな設定があり、源義経の鵯越《ひよどりごえ》の場面を彷彿とさせる信長の攻撃の勇猛さが『史記』の引用で引き立てられている。④では、悠然とした義元の姿がある。甫庵『信長記』には、情景や人物の具体的な描写、書き手の説明、古典の引用が加えられている。

なお甫庵『信長記』では、牛一『信長公記』の③信長が義元の本陣を見つけ攻め入る場面が省略されている。これは、甫庵『信長記』①ですでに信長が今川義元の本陣に狙いを定め攻め入ろうとしているので、③は殊更不要だったのだろう。藤本正行は、牛一『信長公記』を根拠に「追撃中に敵の旗本を捕捉した信長は、ここで初めて義元に狙いをつけ、ついに倒した」というのが史実であるとする（藤本一九九七）。それとは異なる甫庵『信長記』の迂回奇襲説は、計略的で勇猛な英雄としての信長を描くためには効果的であった。

では、甫庵『信長記』後の歴史書・軍書・文芸書において迂回奇襲説はどのように展開するか、次に考えてみたい。

伝承の展開

甫庵『信長記』を利用した歴史書に林羅山《はやしらざん》編『織田信長譜《おだのぶながふ》』（一冊、明暦四年（一六五八）刊）がある。ただし「時に信長、之（注：今川の油断）を察し、俄に来て義元か本陣を攻め之を撃つ。義元狼狽戦死す」（8ウ、原文漢文）と、今川勢の不意を突く攻撃とあり、甫庵『信長記』にいう迂回説は記されない。長井定宗編『本朝通紀』（全五十五巻、元禄十一年（一六九八）刊）は、これをほぼ踏襲する（後編、巻二十四、7オ）。林述斎・成島司直編『徳川実紀』（五一六冊、文化六～天保十四（一八〇九～四三）年成）には、永禄三年、今川義元、駿河・遠江・三河の軍四万騎を率い尾張に発向《はっこう》、「其身は桶狭間に着陣し、陣中酒宴を催し勝ほこりたるその夜、信長暴雨に乗じ、急に今川が陣を襲ひけるにぞ、義元あえなくうたれしかば、今川方大に狼狽し前後に度を失ひ逃かへる」（第一編、巻二「永禄三年」）と、これにも迂回説はない。織田長清『織田真紀』（十五巻、享保二年（一七一七）刊）も牛一『信長公記』に拠る。

しかし、この他の近世期の歴史書・年代記類の多くは甫庵の迂回奇襲説に則っているようである。林羅山・林鵞峰《がほう》『本朝通鑑』（全三一六巻、寛文十年（一六七〇）成）には、「時に黒雲天を覆て、大雨乍《たちま》ち降る。信長、密《ひそか》に義元か陣後に廻る。義元、酒を飲て興に乗す。且つ雲雨晦冥《うんうかいめい》を以ての故に敵の来るを知らす。信長既に義元の幕辺に近ついて、旗旌《きせい》を張て、鬨《とき》の声を揚く」（続編、巻一九三「永禄三年」内閣本、15ウ16オ）と、おそらくは『信長記』に基づいた説である。『武徳編年集成』（九十三巻、元文五年（一七四〇）序、木村高敦撰）は「本陣の虚なる所を後の山陰に廻り、不意に発して有無の勝負を決すへき」（板本、巻四、19オ、原文片仮名）、柳原紀光編『続史愚抄』（八十一冊、寛政十年（一七九八）成）は「信長風雨を侵し閑路《かんろ》を経、急に陣下に迫る」（巻四十九、永禄三年五月、内閣本、22オ、原文漢文）、頼山陽『日本外史』（二十二巻、文政十年（一八二七）成）も「信長乃ち旗鼓を伏せ、山を循て馳せ、桶峡《おけはざま》に至り義元の営を瞰視す。（略）馬上に槍を揮ひ、衆に先じ馳下る」（巻十三）と、いずれも甫庵『信長記』の迂回奇襲説を取る。

では、軍書や文芸の類ではどうか。羅山の『織田信長譜』を利用した浅井了意《あさいりょうい》『本朝将軍記《ほんちょうしょうぐんき》』（十六巻十七冊、寛文四年（一六六四）刊）は、平仮名絵入の仮名草子である。「義元《よしもと》をはじめ諸卒《しょそつ》心をゆるめ居たる所に、信長《のぶなが》うしろにまはりてよせらるゝ。折ふし大雨ふり、霧おほひて暗《くら》かりければ、山際《やまぎは》までは旗《はた》をまきて忍びより、山上にて旗《はた》の手をおろし、信長真前《まつさき》にすゝみ、おめいて馬を入給へば、敵思ひもよらざりければ、あはてふためき」（巻十一「織田信長公」東博本、13オウ）と、『信長記』により迂回奇襲を記している。

　遠山信春『総見記』（二十三巻、貞享二年（一六八五）奥書、元禄十五年（一七〇二）刊）には、「信長公御軍謀《ぐんほう》に、敵《てき》の先手の大軍を、皆本道へ遣過《やりすこ》して、当方の御人数はひそかに山の陰《かげ》を隠《かく》れ廻行《めぐりゆき》て、義元の本陣え一同にどつと突掛《つきかゝ》り、切崩《きりくづ》さんとの御　謀《はかりこと》なり。（略）しのんで山際《ぎは》を廻らせ玉へば、俄《にはか》に急雨降《むらさめふり》来て、石なんどを投《なく》る如く、敵の顔《かほ》へ風吹《ふき》かく。（略）是れ只事にあらず、熱田大明神の神軍《かみいくさ》・神風かなんとゝ云ふ程なれは、味方の大勢廻《まは》り来《く》る物音《のをと》、少しも敵へ聞えず。角て雨の晴間《はれま》を御覧《らん》じ、晴《せい》天に成るとひとしく、信長公鑓追《やりをつ》取《とつ》て真先《まつさき》に進《すゝ》ませ玉ひ、掛《かゝ》れ々々と大音あげて下知し玉ふを」（巻三、7ウ・9ウ、内閣本、原文片仮名）と、牛一『信長公記』を基本としつつ甫庵『信長記』の迂回奇襲説を取り入れている。

　なお『総見記』では、今川義元の最期の場面に新たな脚色がある。信長家臣の毛利新助《もうりしんすけ》（良勝）が義元の首を捕ろうとすると、「義元組伏《くみふ》せられて、早刀《はやかたな》にて切《る》事も叶ひ玉はす、新助が人指《さし》ゆびにかつはと嚼《くひ》付き、終に其指《のゆび》をくひ切り玉ふ。新助本《もと》よりしたゝかなる者なりければ、指《ゆび》をくひ切られながら押付《をしつ》け、義元の頸《くび》を取る」（10ウ）とある。義元が新助の指を嚼み切るというこの話は、後述の『絵本太閤記』のほか、成島司直『改正三河後風土記』（四十二巻、天保八年（一八三七）成）巻七「尾州桶狭合戦付今川義元討死事」にも継承される。ちなみに、司馬遼太郎の歴史小説『国盗り物語』では、義元の首が歯噛みをして、口中に新助の人差し指が入っていたと、義元の執念の凄まじさをさらに際立たせている（第三巻「風雨」）。なお右三書ともに迂回奇襲説である。

　上方絵本読本『絵本太閤記《えほんたいこうき》』は、言うまでもなく豊臣秀吉の一代記で、信長は常に、秀吉と密接に関わる人物として記される。出陣前に信長が熱田神社に祈誓すると、社壇内に轡の音が鳴り、白鷺二羽が飛行する。ここまでは『信長記』からの引用なのだが、さらに、じつはそれは藤吉郎（秀吉）が味方勢を勇気付けるため仕組んだ演出であった、とする（初編巻六「信長出張桶狭間」）。信長には藤吉郎が常に行動を供にする。今川勢の襲来時、「信長は深《ふか》き軍慮《ぐんりよ》ありて、必勝《ひつしやう》の戦《たゝかひ》を心にこめ給ひ、少《すこ》しも驚《をどろ》き騒《さわ》ぎ給はず」、酒宴を催して「敦盛」を舞う（巻五「今川義元屯桶狭間」18オ、19ウ）。この時信長が冷静だったのには実は訳があり、今川勢を分散させ本陣へ切り込む策を以前から考案し、鳴海表の七箇所に砦を築いていたのだった、と、奇襲作戦が計画的であったとする。このように『絵本太閤記』には、「じつは」方式で原話を独自解釈し新たな話を創出する方法がある。信長の作戦を実現するべく、木下藤吉郎《きのしたとうきちろう》や柴田勝家《しばたかついえ》、池田勝三郎《いけだかつさぶろう》（恒興）、前田犬千代《まえだいぬちよ》（利家）などが登場して働き、事をうまく進めていく。やがて信長の策略どおり、今川勢二万余騎は二つに分断され、右往左往に分散する（巻六「柴田池田斬敵将」「前田犬喜代血戦勇力」）。そして今川義元の本陣がわずか一千余りとなったところを、「信長は間道《かんどう》を経て義元《よしもと》の後《うしろ》へまはり」（巻六、11オ）、そこに突然嵐が吹き付けてきたのを、木下藤吉郎が、これぞ熱田明神の神風と兵を励まし、先頭となって義元の本陣に切り込む（巻六「今川義元討死」）という筋となる。信長の役割を藤吉郎が行っているのである。その後の義元最期の場面までは、基本的に『総見記』に拠る。服部小平太《はつとりこへいた》（一忠）が義元の太股を鎗で突くと、義元が小平太の片足を斬る。毛利新助《もうりしんすけ》が義元に組み付き、短刀で脇腹を刺し通すと、義元は新助の左指を嚙み付くが、新助に首を斬られる（巻六「今川義元討死」）。

数ある挿絵も『絵本太閤記』の見どころである。桶狭間合戦関連の挿絵は見開きで八図あり、うち「信長《のぶなが》間道《かんだう》に進《すゝ》んで義元《よしもと》を討《うつ》」（巻六、4ウ5オ）は、山中の間道を行進する隊列の図、「今川義元討死《いまがはよしもとうちじに》」は、横なぐりの驟雨の中、本陣の幕を背景に、信長の兵に囲まれる今川義元の図（同、11ウ12オ）、「信長《のぶなが》大に今川の軍《いくさ》を

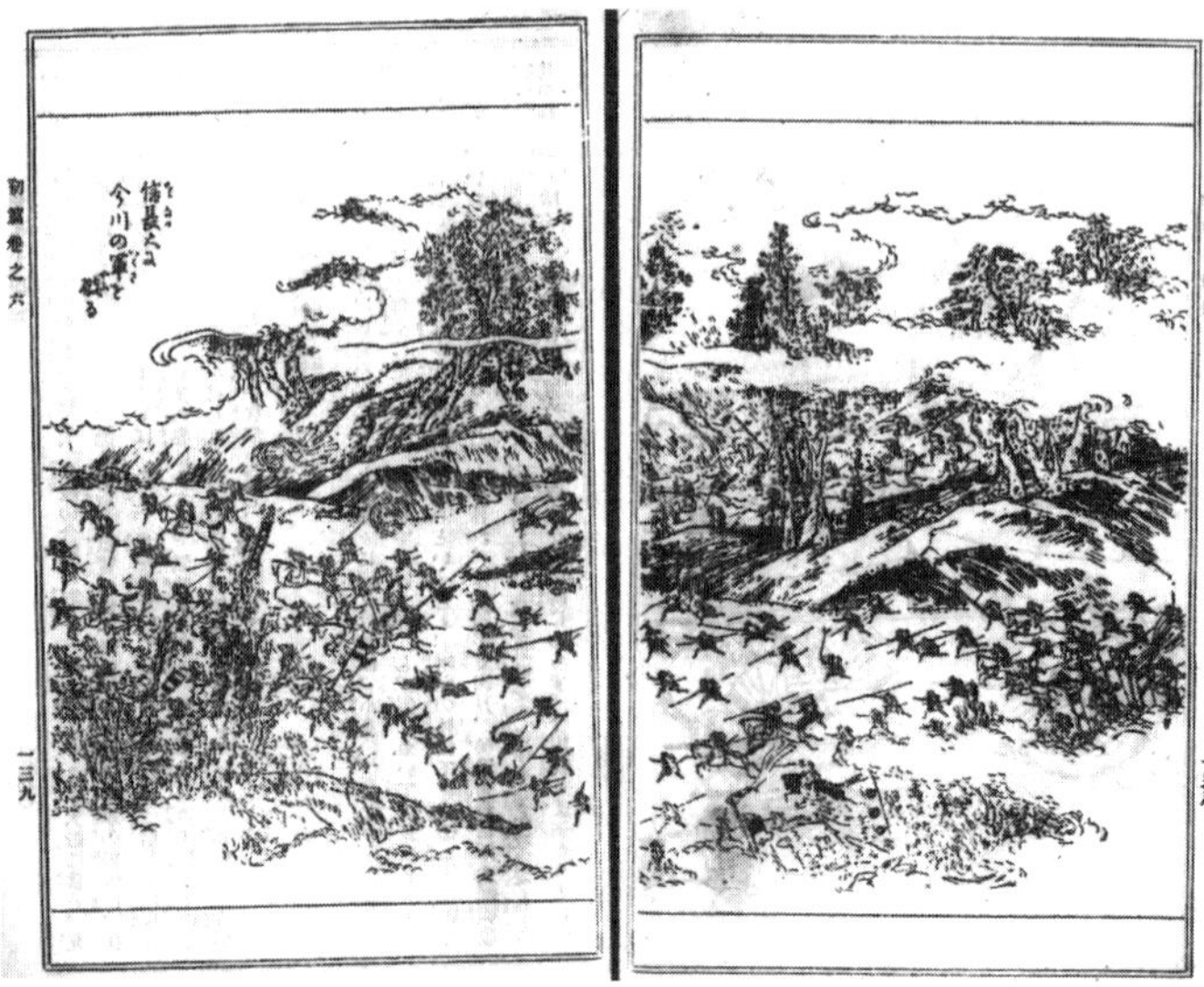

図２　『絵本太閤記』（有朋堂文庫より）

図３　『尾張名所図会』前編（国文学研究資料館　三井文庫旧蔵資料より）

破《やぶ》る」（同、13ウ14オ）は、右上の山から信長勢の群れが左下へと、おそらくはその先にあるであろう今川の陣へと駆け下りる図で、明らかに迂回奇襲説を絵画化している（図2）。

なお、同じく絵本仕立ての『尾張名所図会』（前編七巻、後編六巻、岡田啓作、野口道直撰、小田切春江画、弘化元年（一八四四）～明治十三年（八〇）刊）にも、「桶狭間《おけはざま》陣中《ちんちう》に今川義元《よしもと》酒宴《しゆえん》の図」（前編巻五、74ウ75オ）、「其二　尾張勢乱入《らんにふ》の図」（75ウ76オ）（図3）、「其三」（76ウ77オ）、「其四　義元最期《さいご》の図」（77ウ78オ）と、連続で見開き四図を載せる。このうち「其二」から「其四」図を横に並べてみると、右上の山上から左下の今川本陣へと、信長兵が丘を駆け下り攻め入る構成になっている。

明治期の草双紙『今川義元桶狭間合戦』（二巻、東京辻岡屋文助刊）には、「潜《ひそ》やかに山《やま》の麓《ふもと》に従《した》がつて馳《は》せ、桶狭間《おけはざま》の絶頂《ぜつちやう》に攀上《よぢのぼ》り（略）馬《うま》にうちまたがり、鎗《やり》をひねつてまつしくらに山上《さんしやう》よりして義元《よしもと》が旗下《はたもと》目掛《めかけ》て斬入《きりいつ》たり」（7ウ8オ、国文研本）と、山上からの奇襲攻撃を描く。また講談本『太閤記』は、戦の前に木下藤吉郎が「鳴海《なるみ》表《おもて》の裏街道《うらかいどう》を山伝《やまづた》へに越《こ》へて」今川の陣に近づき、雨で溜まった泥水を山から流し、本陣を探し当てたという藤吉郎の智謀話へと展開させている（巻三「今川義元殿中」、第十四席）。信長ではなく木下藤吉郎を主役とした点は『絵本太閤記』からの影響がうかがえる。

その他、浮世絵や、桶狭間村の絵入板本『桶狭間合戦縁起』（名古屋市博物館他蔵）、『桶狭間村合戦記』（鶴舞中央図書館蔵）等の写本の由来を調べてみるのも、近世から近代へと信長伝承が展開していく様相や背景を探る手立てとなろう。桶狭間の戦いにおける信長は、英雄として、近世から近代の文芸へと描かれ続けている。

2. 今川義元と桶狭間の戦い × 虚像編

●参考文献

阿部一彦「「桶狭間の戦い」論の新展開―『信長公記』の変容と『武功夜話』」、「『信長公記』と『信長記』―信長伝説の発生と展開―」（『近世初期軍記の研究』和泉書院、二〇〇九年、後者論文初出一九九六年三月）
奥野高広・岩沢愿彦『信長公記』（角川ソフィア文庫、一九九七年）
神郡周『信長記』（上、古典文庫、現代思潮社、一九八一年）
桐野作人「桶狭間合戦の論点―正面攻撃説の再検討―」（堀新編『信長公記を読む』吉川弘文館、二〇〇九年）
桐野作人「再考・桶狭間合戦―天理本・個人蔵本を中心に―」（『『信長記』と信長・秀吉の時代』勉誠出版、二〇一二年）
黒田日出男「桶狭間の戦いと『甲陽軍艦』―『甲陽軍艦』の史料論（2）」（『立正史学』一〇〇号、二〇〇六年九月）
参謀本部編『日本戦史　桶狭間役』（八尾書店、一八九九年）
徳富蘇峰『近世日本国民史』第一「織田氏時代前篇」（民友社、一九一八年）
日本史史料研究会監修、渡邊大門編『信長軍の合戦史　１５６０‐１５８２』（吉川弘文館、二〇一六年）
藤本正行「桶狭間合戦―迂回・奇襲作戦の虚実」（『信長の戦国軍事学』洋泉社、一九九七年）
桃川燕林講演、今村次郎速記『太閤記』巻三「今川義元殿中」（文事堂、一八九七年）

信長の天下取りのステップには、幾つかの段階がある。桶狭間《おけはざま》はデビュー戦、岐阜攻めは上京への足掛かりであることは間違いない。ただし、信長の後の成功から逆照射して、岐阜での天下布武や麒麟《きりん》のアイコンを過大評価するのは、危険かも知れない。秀吉までが、美濃で活躍したと話が膨らむくらいだ。一方、実力主義に見える信長が、舅斎藤道三《さいとうどうさん》の権威を使っていたらしいことは面白い。思えば彼は、尾張守護の斯波《しば》氏の権威も利用していた。信長をただ革命的で反権威的な人間を考えるのは、かなり危ういのである。

3

美濃攻め

土山公仁×丸井貴史

3 美濃攻め

実像編

▼土山公仁（元岐阜市歴史博物館学芸員）

道三から信長へ。信長は舅道三の遺産と言ってよい美濃を攻略する過程で、「麒麟」の「麟」の字をデザインした花押を使い始める。しかし、斎藤家を離反する美濃衆の側から見れば、親子で殺し合った経緯こそが、「麒麟」の到来を後押しする結果となったか。

はじめに～道三の予言と遺言～

天文《てんぶん》二十二年（一五五三）四月上旬、聖徳寺《しょうとくじ》（一宮市尾西）で娘婿、信長と会見した斎藤道三は帰路、茜部《あかなべ》（岐阜市）で「自分の子供はたわけ（信長）屋敷の門外に馬を繋ぐことになるだろう」という予言めいた感想をもらした。これは、『信長公記』の首巻に記されており、道三が信長の資質をするどく見抜いた逸話として広く知られている。しかし、そう単純に理解してよいのだろうか。この時点で、信長は清須《きよす》の守護代家と対立し、織田弾正家内部でさえ十分にまとめきっていない。かたや道三は守護土岐《とき》氏を追い払い、名実ともに美濃国の主として絶頂期をむかえていた。その道三が斎藤家のいく末にネガティヴな発言をするとは到底思えないのである。また、なぜ、道三が側近にもらしたひとことが『信長公記』にとりあげられることになったのかも考えておく必要がある。後者については、この時、道三の傍らにいた猪子《いのこ》兵介《ひょうすけ》が後に信長に仕えることになり（二代説もある）、兵介が信長に話したのではないかという模範回答が準備されている。しかし、最初の疑問については到底納得できる回答を探すのは困難だろう。

道三と信長のかかわりでいえば、道三が嫡男義龍《よしたつ》との最終決戦を迎える前日、鶴山（岐阜市、『信長公記』『江濃記《ごうのうき》』より新しい軍記物では鷺山になっている）で認めたという遺言状の話もある。道三の遺言状は京都の妙覚《みょうかく》寺《じ》や大阪城天守閣にあり、かつて岡山の池田家に仕えた斎藤家の子孫にも伝来した。妙覚寺本は紙質、書体、日付と署名の位置関係が他の道三文書と全く異なり、大阪城天守閣本は花押《かおう》に問題がある。しかし、道三の遺言状が複数作られ、『江濃記』にも登場することは注目してよいと思う。『江濃記』は斎藤道三の二代による国盗りを伝えるとともに、道三とは血縁のない守護代斎藤家の人物たちの系図上の位置づけもほぼ正確である。細かい論証をする余裕はないが、美濃に関する部分については『信長公記』と斎藤家に関するなんらかの情報ソースによって成立したものと考えられる。『江濃記』に記されている道三遺言状は以下の通りである。

態申送候意趣ハ、美濃国ノ儀者、織田上総介被任存分候条、譲状対信長相渡候、為其手合明日下口之出勢眼前也、其方身上之義ハ如契約、京妙覚寺ニ上リ出家最也、一子出家スレバ九族生天ト謂ヘリ、山城入道ハ明日遂一戦令打死者也、法華妙躰ヲ持テ五躰不具トモ。成仏モ又何疑カ可有哉

卯月十九日　道三入道

児参

妙覚寺本や大阪城天守閣本では「実や捨てたに、此世のほかハなきものを、いつくかつゐの住家なる」という辞世の和歌風のものが加わるが、これは謡曲『西行桜《さいぎょうざくら》』からの引用である。この引用部分を除いても、

3種類の道三遺言状の中で『江濃記』がもっとも短く、もし道三の遺言状なるものが実在したとするならば、その原型に一番近かったと思われる。『江濃記』でもうひとつ注目されるのは、宛先が道三の末子である斎藤新五郎であったという記述だ。後に述べるが、斎藤新五郎は永禄八年（一五六五）には信長の幕下にあり、武儀《むぎ》郡から加茂《かも》郡にかけて二千百八十四貫文の知行をあてがわれている。岡山の池田家に仕えた斎藤家はその子孫だ。

それが歴史的事実であるかどうかは別として、道三の予言や遺言状がかなり早い段階で広く知られるようになったことは確かであろう。それらは、信長にとって美濃攻略の大義名分であったとともに、斎藤家の旧臣たちにとっても、斎藤家を見捨てて信長に転仕する際のいわば精神安定剤になっていたといってよいのではないだろうか。信長の美濃攻略は目に見える武力という形だけでなく、目に見えない病原体のように「道三から信長へ」という共同幻想の浸透という形で広がっていったのである。

永禄三年の三国同盟

弘治《こうじ》二年（一五五六）四月、斎藤道三と義龍が争った長良川《ながらがわ》の戦いの際、信長は道三を救援するため、大良（羽島市正木町大浦）に侵出し、そこから三十町ばかり先で斎藤方と戦ったことが『信長公記』に見える。しかし、斎藤義龍が健全なうちは信長も美濃に手を出せない状況で、信長の美濃攻略は永禄四年五月十一日、斎藤義龍の急死によって本格化すると一般的には考えられている。永禄三年（一五六〇）、桶狭間《おけはざま》合戦の余勢をかって西美濃に侵入したという『総見記』の記述は信用できないが、この頃から信長が美濃攻略を進めようとしていたことがわかる史料がある。永禄三年七月廿一日付の六角承禎条書である。この史料は六角承禎（義賢《よしかた》）が嫡男義弼《よしすけ》（四郎・義治）と斎藤義龍の娘との縁組に対して家臣たちに不満を伝えた全十四条からなる長大なもので、道三の父・長井新左衛門尉《しんざえもんのじょう》についての記述があり、道三による二代国盗り説の根本史料として知られているものでもある。今回引用するのは次の一条である。

一　越前とハ不通ニなり、斎治（義龍）申合対様成へからす、殊揖斐五郎拘置、入国内談之由候、尾州ニ急与可有馳走由、美濃守（頼芸）殿江申談由候、然者、彼両国より濃州へ出張之時、当方働可有如何候哉、美濃守殿すてゝさへ有へきニ、当国出勢何と被存候哉、越州・尾州其覚語手宛有へく候、其上此方働一切不可成事候、旁以天下之ほうへん此時候事

道三によって国を追われた最後の守護頼芸《よりなり》を保護していた六角氏と頼芸の弟、揖斐《いび》（土岐）五郎光親を抱え置いていた越前の朝倉氏、そして尾張の織田氏が濃州への出兵を協議していたことがわかるのである。斎藤道三の時代にも、近江と越前、越前と尾張が手を結んで美濃に攻め込んだことはあったが、今回は三国で歩調をあわせて美濃に介入する計画があったのである。近江と越前が美濃に軍事介入する大義名分はそれぞれが縁辺もあり保護している土岐一族の美濃への復帰である。尾張にとっての大義名分は信長が斎藤道三の娘を正室に迎えていたことだろう。さらに、前述した斎藤新五郎利治もこの時点で信長が保護していた可能性もある。

守護土岐氏の復権をめざすのか、義龍に殺害された道三の政権をひきつぐのか、まさに同床異夢の同盟である。三国による美濃への武力介入は実現されなかったが、信長はその準備をすすめていた形跡がある。

奥野高廣著『増訂織田信長文書の研究』吉川弘文館一九八八（35　以下信長文書については同書で振られた番号を記す）の高木貞久宛書状である。

市橋して御物語、誠令祝着候、弥々御馳走可畏入候、猶彼口上申含候、恐々謹言、

四月廿四日　　　　　　　　信長（花押）

高木直介殿

3. 美濃攻め × 実像編

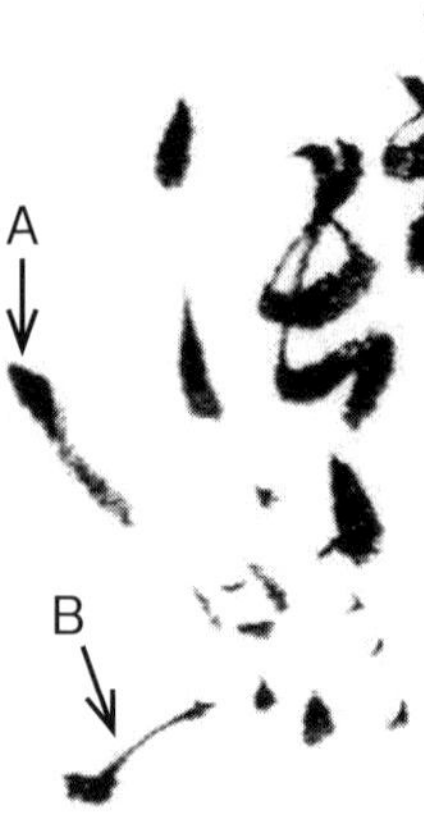

図1

揖斐郡池田町を本拠とする市橋長利を通じて大垣市上石津町を本拠とした高木貞久が信長に内応してきたことを示す史料で、『信長文書の研究』では永禄六年に比定されている。この花押は信長が天文二十一年から永禄八年「麟」の字花押を使いはじめるまで、使い続けた「信長」をデザインしたものであり、連続的な形状の変化を追うことができる。この前後の年代の確かな花押を並べてみたのが図2であり、図1のAとBはもともと一本の線であったが、永禄五年にはAは二点、Bは三点で構成されるようになり、永禄六年以降はBの左端がAの左端より、左へ突き出す形が一般的になった。図1の花押は永禄三年九月のものより古様で永禄三年四月のものと考えたいのである。市橋長利の内応はさらに先行することになるので、永禄三年桶狭間合戦の前には信長が美濃攻略を静かに進めていたことがうかがえるのである。

三国同盟を結んだ六角氏と朝倉氏がどの程度武力介入を真剣に考えていたかはわからないが、それぞれに保護されている頼芸や光親にとっては美濃に復帰するため一縷《いちる》の望みをそれに賭《と》していただろう。年代は確定できないが、羽島市の毛利家に伝わった揖斐光親の書状は永禄三年の三国同盟に関するものと思われる。

雖未申候、染筆候、仍一城調之儀ニ付て、至境目左京亮差越候之處、種ゝ馳走之由、祝着候、殊今度尾州衆出勢之刻、可出陣之由尤候、旁重而可申候、猶須藤孫三郎可申候、恐々謹言、

八月十七日　光親（花押）

毛利小三郎殿

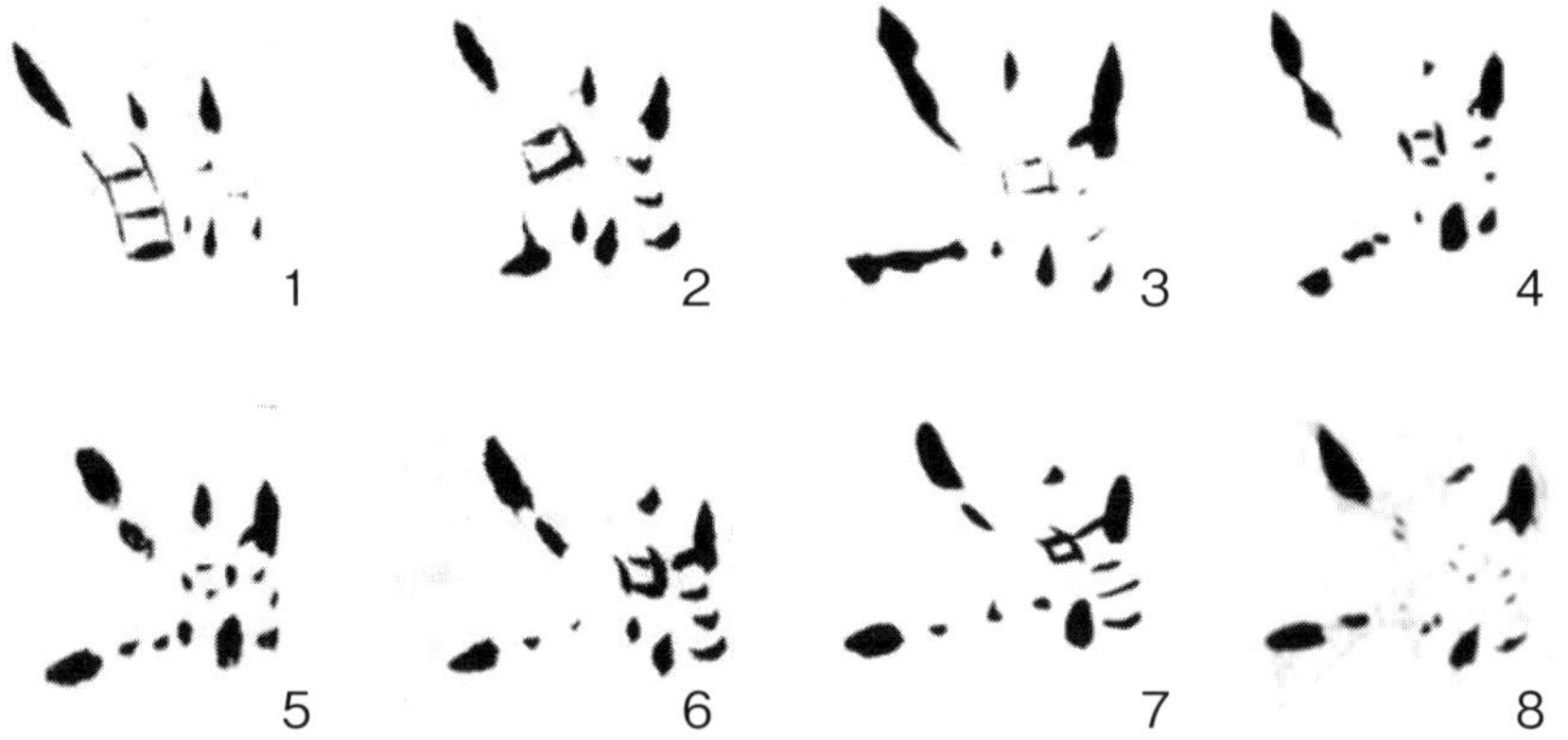

図2

1	弘治４年１月 27 日	23	2	永禄元年 12 月	26
3	永禄３年９月	27	4	永禄４年６月	29
5	永禄５年３月 17 日	31	6	永禄６年 11 月	40
7	11 月 13 日	51	8	７月２日	47

なお、このタイプの花押で、永禄７年以降の年号が記された信長文書は存在しないため、型式学的に最終のものと思われるものを７として掲げた。８は本文で触れた国枝氏宛の書状である。

天文年間にも信長の父、信秀が美濃に出兵したことはあったものの、いずれも道三に支援された土岐頼芸は信秀と敵対する立場であり、光親が信秀の出勢《しゅっせい》を祝着《しゅうちゃく》と喜ぶはずはないからである。

なお、越前と信長の連絡には、揖斐郡池田町を本拠地としていた国枝古泰が関わっていたことが次の史料からも明らかになる。

国枝古泰宛書状（四七）

越州之儀御馳走本望候、此方之事、更以不可有別儀候、弥彼方可然様御調尤候、猶市橋申含候、右之趣懇御取成簡要候、恐々謹言、

七月二日

信長（花押）

国枝少兵衛尉殿

『信長文書の研究』では、永禄七年に比定されているが、花押の形状だけで考えると永禄五年もしくは六年がふさわしい。なお、揖斐郡揖斐川町徳山を本拠地とする徳山貞兼も比較的早い段階で信長に内応している。こちらは原文書が残っておらず、花押

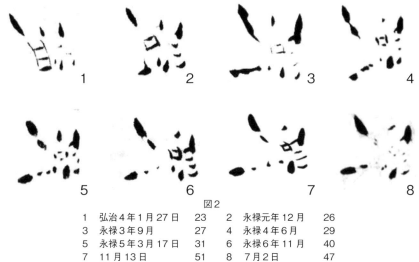

の形状からの年代比定はできないが、徳山地区が西濃と越前を結ぶルート上にあることは注目してよいと思う。

徳山貞兼宛判物写（四六）

此表之事、種々馳走由候、甚以辛労候、弥可被入精候、猶明院・滝川可申伝候、謹言、

六月廿一日　　　　信長花押

徳山次郎右衛門殿

永禄年間の比較的早い段階で在地にとどまりながら信長に応じていった美濃の土豪たちが西美濃に多いこと、特に高木氏を除くと、光親の旧領に隣接している事、国枝氏に関しては明らかに越前と信長を結ぶ役割を果たしていたことが偶然だとは思えない。朝倉氏のもとに保護されていた揖斐光親が旧知の土豪たちに声をかけることによって、尾張と越前を結ぶルート上に信長の勢力が秘かに浸透していったと思われるのである。

永禄四年の美濃攻め

永禄四年五月十一日、義龍が急逝した。『信長公記』によれば、信長はその二日後、美濃へ出兵している。但し、義龍の死去を知った信長が急ごしらえで出兵したわけではないだろう。同年三月、美濃に接する尾張葉栗《はぐり》郡では緊張が高まっていた（『剣光寺《けんこう》文書』）。義龍重病の情報が信長のもとにもたらされていたかどうかはわからないが、たまたま準備期間中に義龍が死去してしまったと考えた方がよいのではないだろうか。

『信長公記』では信長は五月十三日かち村（海津市平田町勝賀）に陣をすえ、翌日、墨俣（大垣市墨俣）から出撃してきた長井甲斐守《かいのかみ》・日比野下野守を森辺口（安八郡安八町森部）で撃退し、墨俣城《すのまたじょう》を占拠した。続いて、二十三日には、井口から出撃した斎藤方と十四条（本巣市十四条）で戦っている。朝合戦では信長の弟、瑞雲

院が戦死するほどの敗勢だったが、続いて軽海《かるみ》（本巣市軽海）での戦いは勝敗はつかず、二十四日朝、信長は墨俣城へ帰り、同城を引き払ったという。

一連の戦いで、信長の当初の狙いは井口と西濃をむすぶ拠点、墨俣だったことは確かだ。斎藤方が墨俣から迎撃し、森部で戦ったことは理に適っている。しかし、次に斎藤方が兵を進めたのが十四条だったのは何故だろう。墨俣から井口をめざすのであれば、境川《さかいがわ》（旧木曽川本流）北岸を東上し西部口（岐阜市）に向かうか、長良川沿いに合渡《ごうど》（岐阜市）から鏡島《かがしま》（岐阜市）を経由するルートも考えられる。にもかかわらず、斎藤方が十四条に布陣したのは信長が井口を目指すのではなくそのまま北上する動きを見せたからではなかったろうか。十四条のすぐ北の軽海が二十三日午後の戦いの主戦場になったことがそれを物語っている。信長がそこを目指したのは、信長に呼応する勢力がその周辺にいたに相違ない。軽海地区に接する真桑《まくわ》地区は井水をめぐって道三の父、長井新左衛門尉の時代から斎藤家と深い関わりがあったことがうかがわれる（『安藤鉦司氏所蔵文書』）。さらにその権益は天正後半期にも引き継がれ、長井直弘なる人物が登場するが、その花押の形は明らかに道三の花押をモデルにしたもので、道三の一族だったと思われるのである（図3）。永禄四年の軍事行動は真桑周辺の信長に内応してきた勢力を救援することが目的だったのではないだろうか。

信長は『信長公記』に記されているように、軽海から墨俣城へもどり、尾張へ退いたのではなく、引き続きその周辺で軍事行動を継続していたことは次の史料からうかがえる。

神戸市場宛禁制（二九）

図3　斎藤道三（上）と長井直安（下）の花押

平野之内

禁制　　神戸市場

一、甲乙人等、濫妨・狼藉之事、

一、陣取、放火之事

一、伐採竹木之事、

右条々於違犯之輩者、速可処厳科者也、仍下知如件、

永禄四年六月日　　（花押）

神戸（安八郡神戸町）周辺は不破光治の所領である。光治の信長への転仕は永禄十年と考えられているが、実際にはこの段階で内応を表明していたのではないだろうか。光治は永禄十一年七月、村井貞勝《さだかつ》、島田秀順とともに義昭を迎えるため越前に派遣されている。これは光治が早い段階から信長と越前の連絡にかかわっていたからではなかったろうか。

『永禄沙汰』に収録される六月六日、瑞龍寺《ずいりょうじ》（岐阜市）からの開善院（飯田市）に宛てた書状に、「尾軍雖犯境、不及差行、令在陣持、長井隼人与此地和談、先以無事堅固」という文言がある。長井隼人は道三の弟で斎藤龍興《たつおき》政権を支え、信長の岐阜入城後も龍興と行動をともにした人物である。しかし、永禄四年五月に信長が美濃に侵入したのは、長井隼人と手を結ぶためであり、長井隼人が龍興と和睦したため、信長はそれ以上の軍事介入に及ばなかったことを瑞龍寺の書状は伝えていると思われるのである。

小牧築城と永禄八年の中濃攻略

永禄六年、信長は小牧へ拠点を移した。『信長公記』によると、信長は当初二宮山（本宮山、愛知県犬山市）に城を築こうとした。家臣たちは山中への移転を迷惑に思っていたところ、信長は小牧への移転案を提示す

る。すると、家臣たちは喜んでそれに応じたという。それは信長の奇特なる御巧であり、はじめから小牧を持ち出せば家臣たちは迷惑だったろうというのが太田牛一の感想である。しかし本当にそうだったろうか。信長は二宮山に城を築きたかったのではないか。家臣たちの反対にあい、小牧に落ち着いたと考えた方がよいのではないだろうか。二宮山はその名の通り、尾張二之宮である大縣神社の本宮がおかれた聖なる山である。

かつて、道三が美濃三之宮である伊奈波神社の本宮がおかれた稲葉山に城を構えたことを強く意識した信長の選地であったように思える。標高も稲葉山が三二九メートルであるのに対し、二宮山は二九三メートルでほぼ匹敵する。信仰の山に城を構えることは、宗教的権威を力でねじ伏せるのではなく、宗教的な力をかりて、地域住民の崇敬を自らのもとへ誘導する手立てでもあった。翌年十月、信長は大縣神社に宛てた制札に中国では皇帝のシンボルである「龍」の字をデザインした花押をすえているのも、神々の力を借りて周辺の地を支配しようという信長の意志があったように思う。

永禄七年二月、竹中半兵衛らが井口城を奪取し、半年間にわたって占拠し続けた。美濃国内が不安定になるという信長にとって絶好の機会が訪れたが、信長は直接的な軍事行動を起こさなかった。信長が美濃への軍事介入を再開したのは、永禄八年七月に犬山城を奪取してからである。『信長公記』によれば、そのきっかけになったのは丹羽長秀を介して加治田（加茂郡富加町）の佐藤忠能が信長への内応を申し出てきたことによる。信長は木曽川を渡り、犬山城の対岸にある鵜沼《うぬま》城（各務原市）からすぐ下流にある伊木山（各務原市）に砦を構え、鵜沼城を開城させ、続いて猿啄《さるばみ》城（加茂郡坂祝町）を落とした。この時、兼山（金山）城（可児市）まで攻略したことは、以下の史料から明らかになる。

直江景綱宛書状案（四八）

其後絶音問候、本意外候、仍先月濃州相働、井口近所取出城所々申付候、然者犬山令落居候、其刻金

3. 美濃攻め×実像編

山落居候、其外数ヶ所降参候条、令宥免候、其上勢州辺迄如形申付候、以直書申候条、不能具候、恐々謹言、

九月九日　　　　　　　　　　　信長

直江大和守殿

御宿所

猶々爾来無音之旨趣、佐々可申入候、以上、

どうやらこの時点では大規模な軍事衝突もなく、信長は現在の各務原《かがみはら》市東部から坂祝町、富加町、美濃加茂市、可児市あたりまで一気に勢力を拡大したのである。但し、文中にある井口近所取出城については残念ながら特定できる史料はない。

『信長公記』によれば、危機感をつのらせた長井隼人が関城（関市）に入り、堂洞《どうぼら》城（加茂郡富加町）には、岸勘解由左衛門、多治見一党を送って加治田城の佐藤忠能に圧力を加えた。それに対して、信長は自ら加治田城救援にむかい、九月二十八日に堂洞城を落城させている。信長出陣の報をうけ、長井隼人が関から龍興が井口から出陣してきたが、信長は正面衝突を避け引き返した。『信長公記』は斎藤方三千に対して、信長方の軍勢は手負いの者を含め七～八百であったと記している。信長の軍勢が分散していたのであろうが、軍勢を再集結させることができれば、一気に斎藤方の本隊を壊滅させる絶好の機会でもあった。しかし、信長がそれを選択しなかったのは、美濃攻めに関しては出来る限り正面からの軍事衝突を避けるという方針があったからだと思われる。また、信長が撤兵しても、斎藤方が加治田周辺の奪回にまでは動かないという確信もあったのだろう。

この後、佐藤忠能に養子として迎えられたのが、冒頭で紹介した斎藤新五郎利治である。同年十一月、信

長は利治に加治田周辺の知行を与えている（『増訂織田信長文書の研究』五六）。信長は中濃を攻略していた九月から麒麟の麟の字をデザインした花押を使いはじめた。麒麟は太平の世に出現する中国の幻想獣で、信長が自らの手で平和な世の中をつくりあげようとする意志を示したものと評価されている。

岐阜入城

永禄九年には、近江の矢島に滞在中の足利義昭から、信長に対し龍興と和睦して、義昭の上洛に供奉するよう要請があった。信長は内諾したものの一向に動く気配を見せず、和田惟政らが数度にわたり信長のもとに派遣されている。義昭の仲介により信長と龍興の停戦がととのい、七月には、翌月、三河・美濃・尾張・伊勢の軍勢が上洛するという噂が畿内にもひろがっている。しかし、信長は動かなかった。『中島文書』には次のような記述がある。

去月廿九日織上當國堺目へ出張候、其時分以外水迫候て、河表打渡、河野嶋へ執入候、即時龍興懸向候、依之織上引退、川縁ニ居陣候、国之者共、限境川詰陣を取続相守候、自出張之翌日、風雨濃水ニ付而、自他不及行候き、漸水引候間、取懇可相果之由、令儀定候之處、去八日未明ニ、織上敗軍仕候、川へ逃入、没溺水候者共不知数候、殘黨於川際少々討候、兵具已下捨候為体、前代未聞候

『中島文書』によれば、八月二十九日信長は美濃と尾張の境目に兵を出し、河を渡り、河野島（各務原市川島町？）に陣を布いた。それに対して、龍興側も出兵し、閏八月八日には信長方を打ち破り、溺死者も数知れずという信長方の大敗だったという。『中島文書』は閏八月十八日付の伊賀（安藤）平左衛門尉定治・延永（日根野）備中守弘就・成吉（竹腰）摂津守尚光・氏家（桑原）常陸介直元の連署状で、宛先は甲斐の恵林寺にいた快川紹喜と推定され、紹喜を通じて武田信玄へ龍興が信長を敗北させた事を伝えるのが目的だった。そのため、戦況をかなり誇張して伝えている可能性が高い。この戦いで戦死した信長の一族や重臣は知られておらず、

『中島文書』が記した川際で少々残党を討ち取った程度の争いであった可能性の方が高いと思う。信長の軍事行動は義昭お声がかりの和睦を一方的に破棄したものであったことは事実であるが、信長が国境へ進出した八月二十九日には義昭が身を寄せていた近江の六角承禎が三好方につき義昭に敵対した日でもある。信長にしてみれば、承禎の動きが不穏だったからこそ、近江へ出兵できなかったのだろう。

なお、『信長公記』には、永禄八年の堂洞城攻めと永禄十年の稲葉山城攻略の間に、四月上旬、加賀見野（各務原市）へ出兵し、新加納（各務原市）に出陣した龍興と対陣した記事がある。しかし、四月が正しいのであれば年代を特定することはできない。

永禄九年の敗北の後、信長は西美濃に所領をもつ稲葉一鉄・氏家卜全《うじいえぼくぜん》・安藤守就《もりなり》に対して調略をすすめた。調略のキーワードは「道三から信長へ」という共同幻想だったろう。『江濃記』も三人の意思決定をかつての道三の意向と結びつけて語っている。

『信長公記』によれば、永禄十年八月、三人が内応を申し出ると、信長は人質受け取りのため村井貞勝らを派遣したが、人質が到着する前に井口城攻めに着手、金華山の西南峰、瑞龍寺山を瞬く間に制圧し、城下を焼き払い、鹿垣を廻らせて本城の龍興を孤立させた。龍興はなすすべもなく降参し、伊勢長島に逃れ、斎藤氏三代にわたる美濃支配はあっけなく終焉をむかえることになった。

信長による岐阜城奪取の日付については、『信長公記』では八月十五日とするが、この時点で信長軍の主力は伊勢長島に出陣しており、（『富士見道記』）、岐阜周辺で信長の禁制が九月に入って出されていることから、九月入城とする説が有力である。

むすびに替えて　~天下布武へ~

城下は焼き払ったものの、稲葉山城の山頂部をほぼ無傷のまま信長は掌中にすることができただろう。信長は禅僧たちが使っていた業界用語「岐阜」を正式な地名として新しい町の建設に着手し、その二か月後には道三から三代にわたって斎藤家に仕えた武井夕庵《せきあん》を登用して、「天下布武」印を使いはじめた。その四文字は、前年に自らが裏切った格好になった義昭に対し、天下（京都）に武家の代表である将軍として（義昭）を配置する（連れていく）、というメッセージでもあったろう。

信長の美濃攻略はラグビーの試合のようなワンチームで相手側のディフェンスラインを徐々にゴールへ向けて押し込むのではなく、敵陣内に信長に与同する勢力を見出し、軍事介入するというパターンですすめられた。武力行使を最低限に抑えることで、美濃攻略後、信長に転仕することになる美濃の土豪たちの精神的軋轢を低いレベルにとどめることもできた。「道三から信長へ」という共同幻想こそが、信長による美濃攻略の原動力だったといえるだろう。

3. 美濃攻め × 実像編

3 美濃攻め

虚像編

▼丸井貴史（就実大学講師）

司馬遼太郎『国盗り物語』『新史太閤記』の影響もあり、信長の美濃攻略は、しばしば秀吉の活躍と不可分のものとして語られる。墨俣一夜城の築城や竹中重治・美濃三人衆の籠絡《ろうらく》は、特に人口に膾炙《かいしゃ》していよう。しかしそこには、史実と異なる内容も多く含まれている。では、そうした「伝説」はどのように生み出されてきたのだろうか。近世の信長記物・太閤記物を通覧してその過程を明らかにするとともに、信長と美濃の地および斎藤道三との関係性にまつわる感傷的なイメージの背景を探る。

信長と道三

美濃という地は、信長との関係性においてしばしば感傷的に語られる。それは言うまでもなく、かつてその国を治めていたのが斎藤道三《さいとうどうさん》という男であったことに起因する。

天文十一年（一五四二）、道三は主君の土岐頼芸《ときよりなり》（「よりのり」「よりよし」「よりあき」とも）を追放して美濃国の実質的な支配者となる。頼芸は尾張の織田信秀《おだのぶひで》や越前の朝倉孝景《あさくらたかかげ》と連携して美濃奪還を試みるが、道三は天文十五年（一五四六）に孝景と、天文十七年（一五四八）に信秀とそれぞれ和睦し、頼芸を再び追放した。そのうち、信秀との和睦の手段として用いられたのが、娘帰蝶《きちょう》（濃姫《のうひめ》）と信秀の嫡子信長との政略結婚であった。道三が美濃を手中に収めたとき、信長はその婿となったのである。

戦国の世にありながら、この舅と婿は互いに信頼を寄せていたらしい。たとえば天文二十三年（一五五四）、緒川《おがわ》城の水野信元《みずののぶもと》が三河の今川氏に攻撃されると、信長はその救援に向かうに際して道三に援軍を依頼し、駆けつけた安藤守就《あんどうもりなり》に那古野《なごや》城の留守居役を任せている。機に乗じて道三が那古野城を奪うなどということは、いささかも危惧していなかったかのようである。また、道三が息子の義龍《よしたつ》と戦って死ぬことになる長良《ながら》川《がわ》の戦いでは、結局間に合わなかったものの、信長は木曽川《きそがわ》を越えて大浦《おおら》まで駆けつけた。そして偽文書の可能性が指摘されてはいるものの、『江濃記《ごうのうき》』によれば、道三はこの戦闘に先だって、美濃を信長に譲るという内容の遺言状を書いていたという。

こうした美濃国をめぐる男たちの攻防を最もドラマチックに描いたのは、かつて大野靖子《おおのやすこ》の脚本によって大河ドラマ（昭和四十八年）にもなった、司馬遼太郎《しばりょうたろう》『国盗り物語』（新潮社、昭和四十一年）であろう。司馬は道三からの国譲り状を受け取った信長の様子を、次のように描写した。

読みおわるなり信長は、

「ま、まむしめっ」

と世にも奇怪な叫び声をあげた。信長は立ちあがった。蝮の危機、蝮の悲愴、蝮の末路、それは信長の心を動揺させた。それもある。しかし亡父のほかはたれも理解してくれる者のいなかった自分を、隣国の舅だけはふしぎな感覚と論法で理解してくれ、気味のわるいほどに愛してくれた。その老入道が、悲運のはてになって自分に密書を送り、国を譲る、というおそるべき好意をみせたのである。これほどの処遇と愛情を、自分はかつて縁族家来他人から一度でも受けたことがあるか。ない。（「長良川へ」）

そして信長はあたかも舅の遺志に応えるかのように、後年、義龍の子龍興《たつおき》から美濃を奪い取るのである。『国盗り物語』において、美濃は単に政治的・軍事的・経済的な要衝という意味のみを持っているわけではない。

3. 美濃攻め×虚像編

斎藤道三肖像画（東京大学史料編纂所蔵）。岐阜市・常在寺にある原本の模本。原本は帰蝶（濃姫）が寄進したものという。
（「国盗り物語をめぐる戦国の武将たち―斎藤道三展」〈昭和 48 年、毎日新聞社主催〉図録）

ところで、その信長による「国盗り」について、司馬は同作の中で以下のように述べている。

美濃攻めには、木下藤吉郎秀吉という尾張の浮浪児あがりの将校が演じた役割がもっとも大きい。（「藤吉郎」）

ここで秀吉の「役割り」として挙げられているのは、いわゆる墨俣《すのまた》（洲俣・洲股・墨股）一夜城の築城と、竹中重治《たけなかしげはる》（半兵衛）および美濃三人衆の籠絡である。美濃攻めにおける秀吉の活躍は、たとえば徳富《とくとみ》蘇峰《そほう》『近世日本国民史　織田氏時代　前篇』（大正七年、民友社）にも、「特に墨俣河畔の砦は、屢々築きて、屢々撤退を余儀なくした。木下藤吉郎が初めて、其の功名を顕したのも、此の砦を防禦し、且つ調略を以て、美濃衆を籠絡したからである」（第八章「天下布武の前程」）と記されているように、近代以降の日本においてほぼ共有されていた認識と言ってよい。では、こうした認識の源流は那辺にあるのだろうか。本章ではこの問題の検討を通して、近世の小説・軍書において信長の美濃攻めがいかに語られてきたかを明らかにしたい。なお、司馬には秀吉を主人公とした『新史太閤記』（新潮社、昭和四十三年）という作があり、美濃攻めに関しても詳細な記述があるため、以下、司馬の認識を窺うに際してはこちらを参照することとする。

墨俣一夜城という「伝説」

まずは墨俣一夜城に関するエピソードの内容を、『新史太閤記』にしたがって略述しておこう。

①墨俣に城砦《じょうさい》を築くことにした信長は佐久間信盛《さくまのぶもり》にその役を与えたが、美濃勢に襲撃され失敗する。

②次いで柴田勝家《しばたかついえ》が命じられるも、夜襲に遭って失敗する。

③三番目に任を担った秀吉は、織田家の正規兵ではなく蜂須賀小六《はちすかころく》ら野武士を動員する。

④秀吉は長屋十棟、櫓《やぐら》十棟、塀二千間、木柵五万本のための材料をあらかじめ設計図どおりに整え、それを水上運搬で現地に運ぶという計画を立てる。

⑤現場では五万本の柵を作って敵の攻撃に備え、さらに信長が小牧山《こまきやま》に大軍を集結させて敵の注意を引きつけた。

⑥秀吉は最初の三昼夜で城の外観を完成させる（「墨俣一夜城」とはこれのことである）。

⑦美濃勢はそれを見て驚き、稲葉山《いなばやま》城へ退却した。

最初に問題とせねばならないのは、そもそもこれが史実であるか否かということであるが、藤本正行が、墨俣城築城をめぐる一連の流れには「信長らしからぬ強引で拙劣な用兵ぶりのみ目につく」として違和感を表明し、さらに「これほど大きな軍事行動が、当時の良質の史料に全く記録されていない」のは不可解であると述べているのをはじめとして、否定的な見解が歴史学の側から提出されている。では、いつからこのエピソードは文献に現れてくるのだろうか。

信長に仕えた太田牛一《おおたうしかず》の手になる『信長公記《しんちょうこうき》』（慶長三年〈一五九八〉頃成）は藤本の言う「良質の史料」のひとつであるが、ここには「永禄四年辛酉五月上旬、（信長は）木曽川飛騨川大河打ち越し、西美濃へ御乱入。在々所々放火候て、其の後、洲俣御要害丈夫に仰せ付けられ」（首巻）とあるのみで、墨俣の要害と秀吉とはまったく関係がない。また、これを参照しながら書かれたという小瀬甫庵《おぜほあん》『信長記《しんちょうき》』（元和八年〈一六二二〉刊）も、「永禄五年」のこととしている点が『信長公記』とは異なるものの、やはり「（信長が）洲俣ニ要害ヲ拵給フ」（巻一之上）と記すに留まっている。

右二書に代表される信長記物には数種の後続作が存するが、そのうち板倉重宗《いたくらしげむね》『新撰信長記』（寛永末年～正保頃成）になると、ようやく墨俣城関係の記事の中に秀吉の名が現れる。しかしその内容は、墨俣に作る予定の要害に一人大将を置きたいと信長が言うと、皆が尻込みする中、秀吉のみが名乗りを上げたというもので、『新史太閤記』の内容とはほど遠い。築城の過程については、要害の普請《ふしん》が始まっても美濃側がそれへの対処方針をなかなか決められず、その長評定の間に完成してしまったことになっており、ここに秀吉は一切関わっていない。さらに後続の松平忠房《まつだいらただふさ》『増補信長記』（寛文二年〈一六六二〉序）では、城を守らせるための人材として秀吉が蜂須賀小六ら野武士の名を挙げはするものの、秀吉も彼らもやはり普請には携わっていない。また、この二書の後に成立した遠山信春《とおやまのぶはる》『総見記《そうけんき》（織田軍記）』（元禄十五年〈一七〇二〉刊）は、この場面に関しては『新撰信長記』とほぼ同内容となっている。すなわち信長記物に属する諸作には、我々の知る墨俣一夜城のエピソードを見出すことができないのである。

では、秀吉の事跡を描いた太閤記物はどうであろうか。『信長記』の作者小瀬甫庵の手になる『太閤記《たいこうき》』（寛永三年〈一六二六〉跋刊）には、「大小の長屋十ケ、櫓《ヤグラ》十、塀《ヘイ》二千間、柵《サク》木五万本」が建築すべきものとして挙げられており（巻二）、これは先に示した『新史太閤記』の④と一致する。しかしこの数を定めたのも普請を主導したのも信長であり、秀吉はやはり要害の大将となるだけである。さらにこの要害は伊勢に造営されたことになっており、「墨俣城」ですらない。ちなみに『太閤記』はこの伊勢の要害が作られた時期を永禄九年（一五六六）としているが、史実における信長の北伊勢攻略は永禄十年、墨俣に砦を作ったのは前述の『信長公記』や『信長記』によれば永禄四年あるいは五年のことであり、いずれとも時期が合わない。このあたり、『太閤記』の記事に何らかの混乱があるように思われる。

　いずれにしても、墨俣城築城と秀吉の関係性はここまで確認されていないわけだが、安永年間（一七七二～一七八一）の成立とみられる写本『太閤真顕記《たいこうしんけんき》』（白栄堂《はくえいどう》長衛《ちょうえ》作カ）に至ると状況は一変する。やや淡白な記述ではあるものの、信長に要害の造営を命じられた佐久間信盛と柴田勝家が相次いで失敗し、それに対して三番目に役を担った秀吉が七日で完成させるという記述が、管見の限り初めて現れるのである。その記述のあり方は、秀吉の合理性を佐久間や柴田と対比的に示すもので、いかにも「軍談家」の筆法であると濱田啓介は指摘する。そして墨俣城築城の功績がひとたび秀吉のものとなった以上、後続する太閤記物諸作がこれに次々と装飾を加えていったことは言を俟《ま》たない。武内確斎《たけうちかくさい》『絵本太閤記』（寛政九年〈一七九七〉初篇刊）では、蜂須賀小六らが普請のため動員されたことや、川の上流であらかじめ建築物を組み立てておいたことなどが新たに書き加えられ、栗原信充《くりはらのぶみつ》『真書太閤記』（嘉永二年〈一八四九〉初篇刊）に至っては、墨俣城に関する記述の量が『絵本太閤記』の数倍にまで増加している。こうした「装飾」によって『太閤真顕記』という「軍談」は「読本」化していったわけだが、それはさておき、司馬がこれらを参照したことはもはや疑う余地がない（『絵本太閤記』は有朋堂文庫、『真書太閤記』は帝国文庫など、近代の叢書にそれぞれ翻刻が収められている）。

　このように見てくると、秀吉による墨俣一夜城の築城という「伝説」は『太閤真顕記』によって生み出され、それ以降の太閤記物において発展させられたものであることが理解されよう。無論その種は、秀吉が墨俣城の大将になったと記す『新撰信長記』（林鵞峰《はやしがほう》『国史館日録《こくしかんにちろく》』によれば、これは著者の重宗が安土の古老から聞き書きしたものであるという）においてすでに蒔《ま》かれていたわけであるが、太閤記物の諸作はそれを改変することで、秀吉の「物語」を新たに生み出したということになる。

竹中重治と美濃三人衆の籠絡

次に、秀吉による竹中重治および美濃三人衆の籠絡について考えてみたい。まずは先ほどと同様に、『新史太閤記』に描かれる内容を確認するところから始めよう。

①秀吉は浪人姿で重治の家を訪ね、信長の魅力を語る。重治は秀吉の言葉に少なからず心引かれる。

②美濃三人衆の一人安藤守就は、酒色に耽る龍興に諫言して閉居を命じられる。守就の娘婿である重治は斎藤飛騨《さいとうひだ》にとりなしを頼むが、かえって嘲罵されたため、目に物見せようと守就と謀って稲葉山城《いなばやまじょう》の乗っ取りを決意する。

③重治と守就の計画は成功し、龍興は城を逐われる。三人衆の残る二人稲葉良通《いなばよしみち》と氏家直元《うじいえなおもと》は、稲葉山城に駐営する二人のもとに援兵を送る。秀吉は三人衆の心がすでに龍興から離れていることを知り、織田方につくよう説得を開始する。

④信長は稲葉山城を売るよう重治に持ちかけるが、重治はそれを拒否する。重治によれば、この反乱は龍興の荒淫を諫めるためのものであり、城はいずれ龍興に返すつもりであるという。

⑤一方の美濃三人衆は、美濃半国と引き替えに稲葉山城を信長に渡すつもりで秀吉と連絡を取り合う。しかし重治が城を龍興に返還してしまったため、三人は美濃に居場所を失い信長に内応した。

⑥重治が栗原山《くりはらやま》に隠棲していることを知った秀吉は、何度も足を運び、織田家に仕えるよう説得する。信

長に好感を抱いていなかった重治は、信長と直接の接触はせず秀吉の与力になることを条件に承諾する。

重治による稲葉山城の乗っ取りは、確かに結果として信長の美濃攻略に結びついていくのだが、本来は重治の個人的な事情に起因するものであり、司馬もそれを「遊び半分」の行為であったと評している。しかしここで注意しなければならないのは、①の場面の直後に司馬がさりげなく「そのあと二、三ヵ月後に半兵衛（筆者注：重治）がひきおこしたとほうもない事件と、藤吉郎の誘いとは心理的に無関係ではないであろう」（「半兵衛」）と記し、周到にこれを秀吉の功績のように描いている点である。信長記物・太閤記物におけるこの事件の描かれ方を見てみると、たとえば『総見記』は重治の動機について「扨其ノ比ノ人ドモ、此ノ半兵衛ハ心アマリニ大様ニテ延《ノビ》々シク、尫弱《ワウジャク》ナル様ニ取沙汰シケリ。重治《シゲハル》是ヲ心ニ懸テ、アハレ隣国《リンゴク》マデモ響《ヒビク》程ノ手《テ》柄《ガラ》ヲシテ諸人ノ耳目《ジボク》ヲ驚《ヲドロ》カシ、我ヲ謗《ソシ》ル者ドモニ思ヒ知ラセントゾ思立ケル」と、完全なる私怨としており、ここに秀吉が関与し得るはずはない。では、秀吉が重治を口説き落とすという話型は何を起点とするのだろうか。

結論から言えば、『総見記』を除く信長記物の諸作には、重治についての言及さえほとんどなく、『太閤記』にも美濃攻めに重治が関与したとの記述はない。やはりこの逸話についても、墨俣城の伝説と同様、『太閤真顕記』が画期となっているらしい。そしてそこで秀吉と重治をつなぐ役割を果たすのが、宇留間《うるま》城主の大沢治《(次)》郎左衛門である。

美濃攻めに従事していた秀吉は、美濃の豪傑として名を知られていた大沢に利を嗅がせ、ついに味方に引き入れる。しかしそれを聞いた信長は、大沢ほどの人物が降伏してくるとは考えがたく、謀略の恐れがあるとして大沢に死を命じる。予想だにしなかった信長の反応に秀吉と大沢は困惑するが、秀吉はひとつの打開策を見出す。信長は常々重治の智謀を讃えており、重治と昵懇《じっこん》の関係にある大沢が重治を寝返らせれば疑い

3. 美濃攻め × 虚像編

も晴れると考えたのである。そして秀吉は自ら諸国行脚の修行者に姿を変え、栗原山にある重治の閑居に赴き談論する。重治は程なくその正体を見抜いたが、秀吉の話に次第に心が揺らいでいく。それに加えて大沢からの説得もあり、重治はついに秀吉に従って墨俣に居を移すことに同意した――。

このエピソードは多少の潤色を加えながら『絵本太閤記』『真書太閤記』にも踏襲されており、司馬はそれらを参照したものと思われる。その上で司馬はこの一続きの話を①と⑥に分割し、重治の稲葉山城乗っ取りをその間に挟み込むことで、秀吉との出会いを重治の「叛逆」と密接に結びつけているのである。こうして秀吉の功績を巧みに強調するあたり、その題名が示すとおり、『新史太閤記』は確かに太閤記物の後裔であった。

ちなみに『太閤真顕記』『絵本太閤記』『真書太閤記』においては、秀吉の思惑どおり大沢は信長に許されているが、それらを典拠としているはずの『新史太閤記』では、大沢を殺すよう命じられた秀吉がその夜のうちに大沢を逃がすことになっている。これは『増補信長記』『総見記』などの信長記物や『太閤記』とも共通する展開であるが、それに比しても「大沢はついに自分の所領を捨て、美濃にも尾張にも居れなくなり、着のみ着のままで美濃から姿をくらましてしまった」(「半兵衛」)と記す司馬の筆は、大沢に対して冷淡である。自らの利のみを考え美濃を裏切った「強欲な男」に、司馬は安寧の地を与えなかった。

このことは、美濃三人衆籠絡の描き方とも無関係ではないように思われる。紙幅の都合で詳述は避けるが、『太閤真顕記』と『真書太閤記』は重治の手跡を真似た手紙を三人に送るのをはじめとして、三人衆籠絡のため秀吉がいかに腐心したかを実に細かく描いている。これは三人衆の価値を秀吉が高く評価していたことを示すためのものであろう。しかしそれに対して『新史太閤記』では、蜂須賀小六を使いに立てて三人衆を歴訪させたとあるに留まる。無論、三人衆の存在感の大きさが十分に強調されているのは確かであるし、『太閣真顕記』『真書太閤記』と『新史太閤記』とでは、秀吉が三人衆と接触するタイミングがまったく異なっているため、一概に比較することはできないのだが、三人に対する秀吉の慇懃《いんぎん》ぶりに関しては、やはり大きな差があると言わざるを得ない。さらに司馬は稲葉山城を信長に売ろうとした三人衆に対し、信長をして「強欲者め」と言わしめたほか、重治が城を龍興に返還した後の彼らを「多少滑稽な存在」と揶揄した上で、「(信長に)人質を送りつけてきて、ほとんど哀訴するように庇護《ひご》をもとめた」と、いささか侮蔑を含んだ描き方をしている。おそらく司馬は、あっさりと美濃を見限る三人衆の態度にどこか大沢と似たところを看取したのであり、それゆえに『太閤真顕記』『真書太閤記』に描かれるほどの価値を彼らに付与しなかったのではなかろうか。司馬文学における倫理について考えるとき、ここに見られる典拠の改変はきわめて興味深いものであるように思われる。

いずれにしても、美濃攻めにおける秀吉の功績として広く知られる墨俣城築城と竹中重治および美濃三人衆の籠絡が、『太閤真顕記』以降の太閤記物によって作られた虚構であったことは確認された。では、なぜそのような「伝説」が作られたのか。無論、太閤記物は秀吉の天下取りを描く物語であるから、秀吉の功績を過剰に演出することは不思議ではない。問題は、なぜ美濃攻めにおいてかくも印象的なエピソードが創作されたのかということである。

池上裕子によれば、秀吉の名が初めて文書に現れるのは、永禄八年(一五六五)のことであるという。すなわちまさに美濃攻めのこの時期に、秀吉は織田家中における有力武将として台頭してきたのである。そうであれば、秀吉の出世と美濃攻めを結びつけるのは決して突飛な発想ではないだろう。天下取りの物語の主人公は、やがて信長から秀吉へと移る。その最初のターニング・ポイントを、秀吉が出世した時期の最大の「事件」である美濃攻めに置くというのが、『太閤真顕記』の作者が描いた筋書きであり、それが『絵本太閤記』『真書太閤記』の流行を経て、司馬遼太郎に至るまで受け継がれてきたということになる。信長の美濃攻めは、秀吉の出世譚に恰好《かっこう》の題材だったのである。

再び信長と道三

こうした虚構は、美濃攻めの集大成である稲葉山城攻略においても生み出された。『信長公記』では、美濃三人衆が信長への降伏を申し出たため（重治とともに彼らが信長に通じていたというのは『太閤真顕記』以降の創作であるので、当然ながら『信長公記』にその記述はない）、信長は人質を受け取るため使者を西美濃に派遣したが、まだ人質も着かないうちに信長は突如兵を出し、そのまま稲葉山城を奪ってしまったと記されている。一方、『太閤真顕記』以降の太閤記物諸作では、秀吉が堀尾茂助《ほりおもすけ》に導かれて稲葉山城内に入り、信長を導き入れて龍興を逐ったことになっている。あくまで美濃攻めの主役は秀吉なのである。そしてこれまた、千生瓢箪《せんなりびょうたん》の馬印の由来譚とともに語られる、今もよく知られた話であることは言うまでもない。

しかし、やはり最後は、美濃攻略を成功させた後の信長について見ておくことにしよう。太閤記物では軍功第一とされた秀吉の処遇ばかりが注目されているが、信長記物を集成した『総見記』の視線はそこではなく、美濃国のその後に対して向けられている。

信長公ハ故《コ》道三入道ノ御聟《ムコ》ナレバ、御縁者《エンジャ》ノ儀也。マサシク斎藤ノ名字ノ絶《タ》ヽン事ヲ深ク歎《ナゲ》キ思シ召テ、タトヘ龍興コソ、其ノ身ノ不義代々ノ積悪《セキアク》ニテ自滅《ジメツ》シテ失ケレドモ、龍興ガ弟ハ正《マサ》シク道三ノ孫ナレバ、助《タス》ケ置テ斎藤家ノ跡ヲ継《ツガ》セントテ、一所懸命ノ地ヲ被二宛《アテ》行一テ、龍興ノ舎弟ヲ助ケオカル。此ノ人後ニハ元服シテ、斎藤新五郎ト云フ。天正十年六月二日、本能寺《ノウジ》崩《クヅ》レノトキ、中将信忠《ノブタヾ》卿ノ御供シテ討死シ玉ヒケルガ、其ノ子孫不リレ絶《タヘ》ケリ。

ここに名の出る「新五郎」は通称であり、諱《いみな》は利治《としはる》。『寛永諸家系図伝』には確かに「織田城介（信忠）につかへ、二条にをひて戦死す」とあるが、系図では道三の子、義龍の弟となっており、龍興は甥にあたる。『総見記』の記述が何に依拠するものかは不明。また、「龍興ガ弟ハ正シク道三ノ孫ナレバ」とは、義龍が実は土岐頼芸の子であるという俗説（『美濃国諸旧記』巻二など）とも共通するもので、その子の龍興も道三と血はつながっていないということであろうが、それにもかかわらず龍興の弟である新五郎が「正しく道三の孫」だというのも理屈が通らないように思われる。

他にもこの記述にはいくつか疑わしい点があるが、それを措《お》いても注目したいのは、信長が道三の血脈を絶やさぬために、新五郎に知行を与えたとされていることである。道三を救おうとするも間に合わなかった信長が、道三を討った義龍の子龍興を逐い、道三がかつて生きた美濃を治める。そして信長が取り立てた道三の「孫」新九郎は、本能寺の変において信長の子信忠とともに戦死する……。

本章冒頭に述べたとおり、信長と美濃の関係性はしばしば感傷的に語られる。その源流は『国盗り物語』よりもはるか以前、遠山信春が信長記物を「軍談」化（井上泰至）した『総見記』、あるいは美濃を信長に譲るという道三の遺書を収める『江濃記』あたりにあるのではなかろうか。ちなみに第三章実像編にも述べられるとおり、その遺書は新五郎に宛てられたものである。

『国盗り物語』の道三は、はじめて美濃の地を訪れたとき、「美濃を制する者は、天下を制することになる」（「美濃へ」）と見抜いた。無論これはフィクションであるが、史実から逆算されたひとつの真実でもあった。近年、「天下」の語は五畿内を指すというのが定説になりつつあるようだが（第五章実像編）、いずれにせよ、道三の婿が美濃を制した直後から用い始める印判には、「天下布武」の四字が確かに刻されていたのである。

●参考文献

池上裕子『日本の歴史15　織豊政権と江戸幕府』（講談社、二〇〇二年）
井上泰至「読み物的刊行軍書の展開―遠山信春の軍書制作」（『近世刊行軍書論』、笠間書院、二〇一四年）
神田千里『織田信長』（ちくま新書、二〇一四年）
桐野作人『織田信長』（新人物往来社、二〇一一年）
谷口克広『織田信長家臣人名辞典』（吉川弘文館、一九九五年）
中村幸彦「『絵本太閤記』について」（『中村幸彦著述集』第六巻、中央公論社、一九八二年）
濱田啓介「『絵本太閤記』と『太閤真顕記』」（『近世文学・伝達と様式に関する私見』（京都大学学術出版会、二〇一〇年）
藤本正行『信長の戦国軍事学〈新装版〉』（洋泉社、一九九七年）

4 堺と茶の湯

吉田　豊×石塚　修

「おもてなし」とは、本来ゴージャスなものである。茶の湯文化の出発点である足利義政《あしかがよしまさ》の隠居所、銀閣寺の立派さだけ見ても、それはたちまち了解できる。観月《かんげつ》用に建てられた銀の光は、侘しさからほど遠い。足利将軍の凋落とともに、三好・松永・信長といった新しい権力者と、新しい茶人によって、茶道具を中心にブランド化が進んでゆく。成り上がりのイメージで語られる信長の「名物狩り」の実態や、父信秀《のぶひで》からの名物蒐集、信長自身のおもてなしぶりを確認するにつけ、彼の文化理解力・発信力はなかなかのものだったようだ。茶の振る舞いは、権力の振る舞いの一面である。信長を成り上がりとだけ見ると、中世と近世は断絶してしまうが、実態はそう単純なものでもなかったのである。

実像編

▼吉田　豊（元堺市博物館学芸員）

信長による茶会は、足利将軍家が蒐集《しゅうしゅう》した「東山御物《ひがしやまごもつ》」などの唐物名物茶器《からものめいぶつちゃき》を重視するものであった。喫茶行為であり遊芸に過ぎないはずの茶の湯において、なぜ高級な茶道具が必要とされたのか。天下人である信長までが、なぜそれを重視したのか。当時、日本中の金銀の大部分が集まる港町といわれた堺のまち、そして武野紹鷗《たけのじょうおう》・今井宗久《いまいそうきゅう》などの堺商人との関わりのなかでそのことを考えてみたい。

貿易都市堺と唐物

堺でなぜ、茶の湯が盛んにおこなわれたのか。その理由についてこれまでも言われてきたのが、唐物《からもの》を中心とする高級な茶道具を入手しやすいことである。堺のまちの中心部からは、他の都市よりもずっと多く、貿易陶磁が集中して出土している。そのなかには、茶道具として使われたと思われるものもかなりある（増田二〇〇六）。歴史的な堺のまち、現在の堺市堺区の中心部のほぼ全域が、堺環濠《かんごう》都市遺跡（周知の埋蔵文化財包蔵地）として範囲指定され、試掘調査や発掘調査などの調査件数がすでに千箇所を超えており、日本最大の中世都市遺跡であり、世界レベルでも注目されるべき遺跡である。

京都が応仁の乱以降しばらく衰退しているのに対して、堺は逆に、応仁の乱を契機に遣明船《けんみんせん》貿易が本格化している。遣明船派遣には十年に一回という制限が中国側から課せられていたが、日本と明の中継貿易の拠点となった琉球へも堺商人はかなり渡航しているようである。文献史料でそれを直接示すものは少ないが、そのルートでの唐物入手もおこなわれたと推測される。

一五四九年に鹿児島に来航したザビエルは、そこですぐにマラッカの長官に宛てて、堺は日本の金銀の大部分が集まる港町であるとして、堺に商館を造ることを勧めている。鹿児島は、堺商人が琉球に向かう航路の中継地でもあることから、ザビエルは堺情報を知ったのであろう。

また一方で、高価な茶道具を買うことのできる豪商が、堺に集住した時期だったこともあるだろう。応仁の乱後の京都の復興にも、堺商人の財力が使われている。たとえば一休宗純《いっきゅうそうじゅん》の呼びかけにこたえて大徳寺の復興にあたった尾和宗臨《おわそうりん》たちは、堺の貿易商人であった。遣明・琉球貿易の後、南蛮《なんばん》貿易も始まり、さらなる遠隔地貿易によって堺にもたらされるヨーロッパや東南アジアの文物は、三好《みよし》や織田《おだ》などの新しい武家権力にとって魅力的なものであった。

しかし、最初に唐物の名物茶器を数多く蒐集したのは、堺商人ではなく歴代の足利《あしかが》将軍たちであった。三好、織田時代から少し遡ってみよう。

東山御物と名物茶器

三代将軍足利義満《あしかがよしみつ》が最初に遣明使・遣明船を派遣した応永八年（一四〇一）から、四代義持《よしもち》、六代義教《よしのり》など代々の将軍家には唐物が蒐集された。しかしその多くは、八代義政《よしまさ》時代の財政難で売却放出することになる。皮肉なことに、蒐集者よりも売却者の名前として、それらは「東山御物《ひがしやまごもつ》」と呼ばれている。東山御物という表現が最初に使われるのは、千利休《せんのりきゅう》の高弟で堺の茶人山上宗二によって天正十五年（一五八七）頃に成立した茶書『山上宗二記《やまのうえそうじき》』であると思われ、そこには「東山殿御物」と記されている。

義満・義持・義教・義政などの御所で使われる掛軸などの絵画に選ばれるべき中国画家の等級、あるいは将軍の御成《おなり》時に将軍家同朋衆《どうぼうしゅう》・唐物奉行《からものぶぎょう》等が先方での座敷飾りとして選ぶ唐物茶道具等の価値などを、水《すい》墨画家《ぼくがか》で同朋衆の能阿弥《のうあみ》、孫の相阿弥《そうあみ》らが十五世紀後半から十六世紀前半にかけてまとめた一種の辞書が『君台観左右帳記《くんだいかんそうちょうき》』である。作者別、器種別に、上・中・下、重宝・五千疋・千疋等にランク付けされており、一種の売り立て目録のような面も有していた。

将軍家に上皇が行幸《ぎょうこう》する例もあり、永享九年（一四三七）に後花園天皇が左大臣家（六代将軍義教邸）に行幸しているが、その時の能阿弥による記録とされる「室町殿行幸御餝記《むろまちどのぎょうこうおかざりき》」が残されている（『群書類従』帝王部など）。そこには「御茶湯所之御違棚」が記されており、その棚に喫茶用具が飾り付けられている。このころ既に、喫茶が饗応のなかで大きな位置を占めていたことを知ることができるのである。

『君台観左右帳記』も『山上宗二記』も一種の名物記であるが、この二書成立の間、ほぼ信長の活躍期であるが、そこで所蔵者を地域別に記した茶の湯名物記がいくつか作られている。ここでは活字化されているもののうち三点を取り上げ、名物の全点数、および堺・京・奈良・大坂の所蔵者が所蔵する点数、さらに信長の所蔵点数を数えて比較してみたい。

①『清玩名物記《せいがんめいぶつき》』全四百十四点、うち堺八十八点、京七十六点、奈良二十四点、大坂二十一点であり、信長二点、信長の父（信秀）二点である。ほとんどが天文末年（一五五五）までの天文年間の情報に基づくものとされる（『茶道学大系』第十巻、茶の古典）。

②『唐物凡数《からものおよそのかず》』全四百二十二点、うち堺二百八点（七十五人）、京三十六点（二十四人）、奈良三十六点（十一人）、大坂二十六点（十三人）であり、信長十八点である。元亀年間（一五七〇～七三）頃の編纂とされる（同志社大学『文化情報学』四号）。

③『天正三年名物記』全三百五十八点、うち堺百六十点（六十三人）、京七十二点（四十人）、大坂十五点（十五人）、奈良は記載なしであり、信長四十点、同御家中分三十四点である。信長のもとで、天正三年（一五七五）七月から翌年二月頃までに編纂されたらしい（同志社大学『文化情報学』三号）。

以上によれば、堺商人所持の名物が多いこと、信長が元亀・天正にかけて急速に名物を蒐集していることがわかる。

また、本稿で何回か引用している『山上宗二記』は、地域別一覧ではなく、また名物茶器所蔵者の所在地を書いていない場合も多いので概数でしかないが、全約二百十二点、うち堺七十一点（二十六人）、京七点（六人）、大坂三点（三人）ほどである。京都商人のおこなう茶の湯に対する対抗意識が極端に強いことが、この数字からうかがえる。あるいは、堺で流行し始めた新しい侘《わ》び茶（侘び数寄《すき》）に合う道具に対する偏重もうかがえるなど、当時の茶の湯界が分かる唯一に近い同時代史料ではあるが、読解する場合に注意が必要な書物である。

これらの名物記によって、三好など新興の有力武将や、武野《たけの》紹鷗《じょうおう》などの豪商が数多くの名物を入手していたことが分かる。織田信長の茶器蒐集の主な対象も、東山御物であったらしい。これには、茶器における伝来の重視がある。たとえば刀剣、絵画、仏像（彫刻）などは、伝来以上に作者が重視されるが、それ以外の工芸品では伝来を重視するものが多い。特に茶道具の場合、東山御物であることを初めとした伝来の重視が、現代に至るまで続いている。

堺商人と三好・織田

堺のまちの中心部には住吉大社の御旅所《おたびしょ》（開口《あぐち》・宿院《しゅくいん》）が古代からあり、大社最大の祭礼である住吉祭《すみよしまつり》の神輿《みこし》が今でも渡御《とぎょ》してくるように、堺は住吉大社とともに発展し、南北朝時代も住吉大社とともに南朝方の拠点となった。

そのため、北朝方の山名氏清《やまなうじきよ》、さらには大内義弘《おおうちよしひろ》に支配され、その時期に和泉守護所《いずみしゅごしょ》も和泉府中から堺に移された。しかし、それを引き継いだ細川氏の和泉上下守護家は普段は京都におり、堺には代官を置くものの、商業都市としての運営は会合衆《かいごうしゅう》などの自治組織に任せることが多かったため、商業自治が発展した。

細川氏に比べると、次の三好氏は堺との関係が直接的であった。「天王寺屋会記」に記された三好氏が参加した茶会は、長慶の長弟の三好実休《みよしじっきゅう》が、若くして戦死している割に二十一回と多く、その弟の安宅冬康《あたぎふゆやす》十五回、その他に三好康長《やすなが》十一回、松永久秀《まつながひさひで》十回などである。堺は三好氏の支配拠点の一つであり、三好氏の中心的経済都市であったので、関わりは深い。

堺の会合衆は、永禄十一年（一五六八）の信長上洛戦で、三好三人衆などに味方して反信長方となっている。会合衆の初見記事は、『蔗軒日録《しゃけんにちろく》』文明十六年（一四八四）条であり、堺の「総社三村祀《そうしゃさんそんし》」（開口神社）祭礼の頭人《とうにん》を会合衆が司るとあるように、伝統的な有力町人によって構成された宮座組織を母体とするものであった。会合衆は、昭和初年の『堺市史』などで「かいごうしゅう」と読まれていたが、戦後になって豊田武氏が『堺―商人の進出と都市の自由―』などで、語源は寺院の集会《しゅうえ》にあり「えごうしゅう」と読むのではないかとする新説を出された。それがしばらく有力であったが、それを支持する史料はなく、かいごうしゅうが正しい（吉田一九九八）。

信長による堺支配は、今井宗久《いまいそうきゅう》や松井友閑《まついゆうかん》を介したものであり、三好期に比べて間接的なものであったが、引き続いて堺を経済都市として重視した。

信長が所持した茶器は、二百三十五点ほどが知られている。このうち、商人から購入等したものが九十点ほどで最も多く、その過半数が堺商人、次いで京商人からが多い。武家からは七十点ほどであり、死後の移動や服従による進上、敗者からの取得などである。商人が仲介することも多い。三好氏は、名物茶器を多数所持していたが、そのうちかなりのものが信長のところに行ったようである。三好宗三《そうさん・そうざ》（政長）九から十点ほど、三好実休八点ほど、松永久秀八から十点ほどである。また、寺社からは三十点ほど信長に行ったが、下間《しもつま》氏など本願寺関係からが多い（竹本二〇〇六）。

『山上宗二記』の名物記部分の最初に「大壺」（葉茶壺）が立項されているが、その初めがどちらも当初「東山殿御物」であった三日月の壺と松島の壺であり、その伝来が記されている。三日月の壺はまず興福寺が所持、次に日向屋《ひゅうがや》道徳、下京の袋屋、そして三好実休所持時の戦乱に河内高屋城《たかやじょう》で六つに割れた。それを堺の千宗易《せんのそうえき》（利休《りきゅう》）がつぎ立て、三好老衆（三人衆か）が三千貫で太子屋《たいしや》（名物記③によれば堺の太子屋宗喜）に質入れし、それが信長に渡った。割れて後も名物の威光が増しており、代金は五千貫とも一万貫ともいう。

松島の壺はまず三好宗三所持となり、子息政勝が武野紹鷗へ売り、娘婿の今井宗久が信長へ進上した。天下無双とされたこの二つの壺とも、本能寺の変の直後に安土城で焼失したようである。

織田信長と関わりのあった畿内《きない》・周辺の主な戦国大名の所持した名が知られている茶器で、所持数が多いのは松永久秀五十九点、越前朝倉《あさくら》氏三十二点、三好宗三三十一点、三好実休三十一点、細川晴元《ほそかわはるもと》二十三点、近江六角《ろっかく》氏二十二点である。三好氏など畿内で活躍した大名が多い。少し遠方では、美濃斎藤氏九点、駿河今川氏九点、美濃土岐《とき》氏四点などである（竹本前掲書）。

道具重視の茶の湯

堺商人にとって茶の湯は、趣味（娯楽・遊芸・教養）であり、当時の流行でもあった。『山上宗二記』にも、「諸大名は申すに及ばず、下々洛中洛外、南都、堺、ことごとく町人以下まで、御茶湯を望む」とある。

しかし、堺商人は新奇なもの、舶来ものに飛びつく趣味人ばかりではない。同じく新奇な文化でもあったキリスト教を知ろうとする堺の町民が少なく、容易にキリシタンになろうとはしなかったとイエズス会宣教師報告に出てくることも、それを示すものであろう（吉田二〇一八）。商売のためこの世での信用を重んじ、来世を重視するキリシタンになる者はほとんどいなかったという堺商人が、趣味だけで茶の湯をしたとはとても思えない。やはりそこには、高価な茶道具が絡むと思われる。

商品としての茶道具には、値段が変動する高価な動産として、金銭投機の対象としやすい面もあったのだろう。当時は、そのような投機の対象となるものがほとんどなかった。珠光《しゅこう》が一休《いっきゅう》からもらった圜悟《えんご》の墨蹟《ぼくせき》を、利休はのちに千貫文で購入している（『宗湛《そうたん》日記』）。珠光茶碗は若いころから利休が所持していたものだが、千貫文で三好実休に譲っている（『山上宗二記』）。

改めて、茶の湯とは何であろうか。まず飲食物として、衣食住などの生活文化としての一面がある。一五七五年に来日したポルトガル人で日本語が堪能になったジョアン・ロドリーゲスは『日本教会史』で、「客人を茶でもてなす風習は、日本ではきわめて古くて、それをしないわけにはいかなかったので、その古い風習に、当世風の方法をもって客人をもてなす新しい様式、新しい礼儀、新しい礼法、茶の招待に適した鄭《てい》重《ちょう》さが加わっているのを見た時、人々は容易にそれに親しみを持った」と記している。

茶がイエズス会宣教師《せんきょうし》たちも含めて広く飲まれていたらしいことは、イエズス会巡察師《じゅんさつし》ヴァリニャーノが定めた「客のもてなし方規則」に、茶は身分の高い来客用、一般の来客用、日常用の「三種類確保しなさい」とあり、日常用は「品質の低いものを用いなさい」とあることによって、また南蛮文化館本の南蛮屏風《なんばんびょうぶ》に描かれた修道院の内部で、司祭が同宿《どうじゅく》に教えを施《ほどこ》しているところに、右側からもう一人の同宿が紅い天目台《てんもくだい》に茶碗をのせて運んでくる場面を描いていることなどによって分かる（スムットニー二〇一六）。

次に、日常的な喫茶行為であったり趣味としての喫茶であったりするだけでなく、茶の湯、茶数寄《すき》、ということになると、芸能・芸術との関わりが生じるであろう。まず芸能であるが、客が満足するような点前《てまえ》を亭主《ていしゅ》は心掛け、それを磨く技芸という部分がある。さらに茶の湯の特色は、そこに出てくる道具に一種の芸術性、精神性をみいだすことにもある。

趣味であり流行でもあった茶の湯ではあるが、信長・秀吉のような支配階層にまで浸透して、日本の歴史にいくばくかの影響を及ぼしてきた面がある。また、高級美術品でもある茶道具類を現代まで守り伝え、日本の伝統文化の保護に貢献してきた一面もある。書・画・和歌・連歌・俳諧などの芸術、陶芸・染織などの工芸、能狂言・音曲・歌舞伎・香・花などの芸能と比べて、少なくともこの時代においては道具の比重が大きい趣味であった。

なぜ、道具が重視されたのか。茶はまず喫茶であり、それは当初は薬用であったり健康のためだったりした。やがて、闘茶《とうちゃ》といった娯楽性を帯びることもあったが、それも喫茶の一種ではあった。美味しいお茶を飲む工夫がされてきた。そこに加えて、点前重視の茶の湯が整えられていく。利休の時代に、釜《かま》・風炉《ふろ》以外の茶道具を全て、客の前に運び出してからお茶を点てるやり方(運び点前)になっていく。客の前でするので、清潔感が重視された。

運び点前よりも少し前の時代になるが、外国にもほとんどみられない道具重視の茶の湯がなぜ生まれたのだろう。室町将軍が御成《おなり》の時、同朋衆《どうぼうしゅう》が同行・先行して座敷飾りを整えることがおこなわれた。道具を重視する茶の湯の成立は、蒐集された貴重な唐物名物を見せびらかし、権威を示すための工夫として喫茶をしたといった面が大きい。それに加えて、先述した東山御物《ひがしやまごもつ》に代表される伝来を尊ぶ思考である。いまふうにいえば、ブランド志向とでも言うのかもしれない。なお将軍の大名屋敷への御成は、江戸時代においても秀忠《ひでただ》や家光《いえみつ》などによって盛んにおこなわれた。

4. 堺と茶の湯 × 実像編

臨済宗《りんざいしゅう》の歌僧である正徹《しょうてつ》が記し、宝徳二年（一四五〇）頃までに成立した歌論書である『正徹物語』に、歌数寄《うたすき》に対して茶数寄がいるという。また、道具を整える茶数寄、喫茶を楽しむ茶呑み、ただ茶をがぶがぶ呑む茶くらいがいるという。数寄はもともと好きと同義であるらしい。趣味として好きなものということであろう。和歌・連歌《れんが》を中心とする公家《くげ》社会などで当時主流であった歌数寄に対して、茶数寄が一定の地位を占め始めたことが分かる。この後そう遠くない時代に、数寄といえば歌数寄よりも茶数寄をいう時代が来るのである。

『正徹物語』では、早くから道具が重視されたことも分かる。茶数寄とは、茶の具足《ぐそく》を綺麗にして、建盞《けんさん》・天目《てんもく》・茶釜・水差《みずさし》などの茶具足を心の及ぶほどたしなみ持ちたる人であり、歌においても、硯《すずり》・文《ぶん》台《だい》・短冊・懐紙などうつくしくたしなんで、何時も一続《ひとつぎ》（当座の続き歌）などを詠み、会所《かいしょ》など整えている人は茶数寄のたぐいであるとする。和歌における硯や文台などの道具も貴重であるが、茶の湯における茶道具の比重が、この後ずっと大きくなっていくのである。

信長の名物蒐集

信長の茶の湯の特徴は、何といっても名物の蒐集《しゅうしゅう》である。彼がそれを意識したのは牛一『信長公記』などによると、松永久秀が永禄十一年（一五六八）十月信長に降参した際につくも茄子《なす》の茶入を献上したこと、同じ時に今井宗久も松島の壺と紹鷗茄子を献上したことからであろう。ただし、先述の名物記①『清玩名物記』に、「織田弾正《だんじょう》」が二点、「織田上総《かずさ》」が二点の名物を所持していることが記されているが、天文末年から永禄五年までの情報を基に編集されたものであることから、久秀・宗久の献上以前にも数点は持っていたようである。

その後信長は、永禄十二年の四月頃、丹羽長秀《にわながひで》と松井友閑《まついゆうかん》の二奉行に命じて、京都で名物茶器の蒐集をおこなわせている。上京大文字屋《だいもんじや》の初花肩衝《かたつき》、祐乗坊《ゆうじょうぼう》の富士茄子、法王寺の竹茶杓《たけちゃしゃく》、池上如慶《いけがみじょけい》の蕪無花入《かぶらなしはないれ》などの名物が集まり、その代価として多額の金銭が与えられている。そして、元亀元年（一五七〇）には、堺の名物を一覧したいと友閑に触れさせ、堺の友閑屋敷に集められた名物を信長は見て、その中から津田宗及《つだそうぎゅう》の菓子絵、薬師院の小松島茶壺、油屋常祐《あぶらやじょうゆう》の柑子口《こうじぐち》（花入）、松永久秀の鐘の絵を召し上げ、多額の金銀を遣《つか》わしている。

著名な「名物狩り」であるが、これは当時の用語ではなく、昭和戦後になって称されたものらしい。昭和三十七年刊行の『図説茶道大系』第二巻で、永島福太郎氏が「名物狩り」という項目を立てられたのが最初のようである。そこに「信長が名物狩りという、いっせい採集を強行したことにやや疑問を感ずる。（中略）洛中および堺の名物狩りということがあったか、あやしいものとなってくる。（中略）権力者信長のもとには、続々と名物が集まってくるのである。（中略）進献せられたことが、名物狩りなどと誤り伝わったといえるかもしれない。いまそれを伝える文献も、実は確実なものとはいえないのである」と記している。

信長にすれば名物蒐集・購入であっても、相手からすれば強制的な召し上げと捉《とら》えられることもあろう。当時の時代背景も含めて、購入の依頼・強制の両面から考えなければいけないことであろう。また永島氏の指摘のとおり、用語として、誤解を招く弊害も大きいように思う。

「名物狩り」に対して、「御茶湯御政道《お(ん)ちゃのゆごせいどう》」は豊臣秀吉の書状に実際に記された言葉であり、原文には「御茶湯御政道といへども、我等ハ免し置かる」とあり、「ゆるし茶湯」ともある。信長の政権内、家臣団において御茶湯は御政道、すなわち禁止されており許可制であったが、信長から御道具を下賜され、それを使って御茶湯をおおやけに開催することを我等（秀吉）は許された、という。

信長は天正十年（一五八二）六月に死去するが、その年の十月という時期に秀吉が手紙で書いた文言であり、どこまでが信長の意図したことなのか、もし信長が生きていたとしたらどうだったのかなどは分からない。それよりも、秀吉の一時的な宣伝といった面もあったと思われる。その後政権を握った秀吉は、北野大茶会の開催などをみても分かるように、むしろ茶の湯に制限を課さず、唐物名物を所持しなくてもできる侘《わ》び茶（侘び数寄）についても、それを進める方向に利休とともに動いたように思われる。

秀吉・利休の侘び茶

本稿で茶の湯（茶数寄）と言っているのは、日常的な喫茶ではなく、高級な唐物による座敷飾りを拝見する行為を伴う喫茶である。それは、東山殿での能阿弥《のうあみ》などの影響を受けて珠光《しゅこう》が奈良や京で始め、下京茶の湯として珠光の養子である宗珠《そうしゅ》がおこなおうとしたものである。しかし宗珠はそれほど唐物名物を持っていたわけではなく、むしろ「市中の陰」といわれるような風情の喫茶だったらしい（『宗長日記』『二水記《にすいき》』）。

これに対して、同じ珠光の弟子のなかでも、大和国の有力武将古市播磨《ふるいちはりま》は名物を三十種ほど持っており、堺の鳥居引拙《とりいいんせつ》も三十種ほど持っていたという（『山上宗二記』）。引拙は、珠光の次男とも天王寺屋津田宗達《そうたつ》の父親・宗伯《そうはく》と同一ともされる人物であり、宗二は珠光・引拙・紹鷗・利休を名人としている。津田宗達の名物所持数は三十種以上であった。この他にも堺では茶の湯者として、誉田屋宗宅《こ(ほ)んだやそうたく》や空海（俗名島右京）などが活躍したが、茶の湯者として認められるには名物が必要な時代であった。そのような茶の湯を大成したのが、六十種ほどの名物を持つとされた武野紹鷗《たけのじょうおう》である。

武将においては、堺と関係が深い三好氏などが、名物を積極的に蒐集し茶の湯をおこなった。『山上宗二記』に名物所持数を記しているのは、先述した古市播磨と堺商人達の他には、武野紹鷗に次ぐ五十種ほどを所持したという三好実休《みよしじっきゅう》がいる。こうして、名物を中心とする茶の湯は、信長にまで引き継がれた。信長の名物所持数を『山上宗二記』は記していないが、先述の名物記③に寄れば四十点であり、家中分を加えれば七十四点である。

　それに対して、秀吉は名物蒐集もおこなったが、利休とともに侘び茶（侘び数寄）もおこなった。唐物名物を中心とする従来の茶の湯は、限界を迎えていた。本能寺の変での唐物名物の焼失は、大きな区切りとなったであろう。名物にこだわらず、開放的な茶屋での茶の湯なども好んだ秀吉の趣向も影響しただろう。

　利休・秀吉以前の侘び茶とは、名物道具を持たない貧しい者がおこなう喫茶である。しかし、庶民の茶とはそのようなものであり、わざわざ侘び茶と呼ぶ必要もないはずである。それを変えたのが利休たちであったが、名前は侘び茶のままであったために混乱もある。ただ、同時代用語としては侘び茶ではなく侘び数寄であり、その違いはあったかもしれない。

千利休銅像　堺市博物館前庭（筆者撮影）

　従前の侘び茶との相違点は多いが、一つには唐物《からもの》から和物《わもの》への移行であり、たとえば千利休や山上宗二が長次郎《ちょうじろう》と始めた樂《らく》茶碗の創始である。そしてもう一つは、珠光が言ったとされる「藁屋に名馬をつなぎたるがよし」であり、「月も雲間のなきはいやにて候」などという美意識の進化や多様化である。

　堺商人による茶の湯は、三好・織田・豊臣期に急速に盛り上がり、京都を凌駕《りょうが》して全国の中心になった。そこでの堺商人は、三宅《みやけ》・野遠《のと》屋《や》・紅粉屋《べにや》などの伝統的な会合衆ではなく、武野紹鷗・今井宗久・千（田中）利休などの新興商人が中心であった。しかしその後、利休の家を継いだ道安のいわゆる堺千家だけでなく、これらの新興堺衆の多くが堺を離れ、一部は没落した。茶の湯の中心は古田《ふるた》織部《おりべ》・小堀遠州《こぼりえんしゅう》・片桐石州《かたぎりせきしゅう》などの武家に移り、あるいは京都の三千家などによって今日に伝えられることになった。

本稿で筆者は、戦国・織豊期の茶の湯の歴史を、堺の歴史と絡めて試論として提示してみたが、通説とはかなり異なる茶の湯史になったことにご留意いただきたい。

●参考文献

桑田忠親『武将と茶道』（人物往来社、一九六四年。のち講談社文庫、一九八五年）
神津朝夫『山上宗二記入門』（角川学芸出版、二〇〇七年）
スムットニー裕美『茶の湯とイエズス会宣教師―中世の異文化交流―』（思文閣出版、二〇一六年）
竹内順一・矢野環「名物記の生成構造」（『茶道学大系』第一〇巻、淡交社、二〇〇一年）
竹本千鶴『織豊期の茶会と政治』（思文閣出版、二〇〇六年）
谷晃「珠光から紹鷗へ」（『講座日本茶の湯全史』第一巻、思文閣出版、二〇一三年）
永島福太郎「名物狩り」（『図説茶道大系』第二巻、角川書店、一九六二年）
増田達彦編『茶道具拝見―出土品から見た堺の茶の湯―』（堺市博物館、二〇〇六年）
吉田豊「堺中世の会合と自由」（『堺市博物館報』第十七号、一九九八年）
吉田豊「中近世の金銀都市堺―天下人・茶の湯・史跡観光―」（『堺市博物館研究報告』第三三号、二〇一四年）
吉田豊「日比屋了珪と堺のキリシタン」（『大阪春秋』第一六九号、二〇一八年）
ロドリーゲス著・土井忠生他訳『日本教会史』上巻（岩波書店、一九六七年）

4 堺と茶の湯

虚像編

▼石塚　修（筑波大学教授）

堺は、いわゆる「わび茶」の大成者として知られる千利休の出身地である。彼は津田宗及《そうぎゅう》・今井宗久《そうきゅう》らとともに信長の茶堂を務め、茶の湯界から政治界への足がかりをつくった。そのことが豊臣秀吉との親交とも結びつき、その結果、利休の切腹という形での結末となる。茶の湯というと、いまや京都というイメージが強いが、当時は堺も有力な中心地であり、江戸時代にはいっても茶の湯における堺の地位はけっして低くなかったことを、ここであらためて見ていきたい。

「名物狩り」とは

織田信長と堺、そして茶の湯という三題噺となれば、「名物狩り」は避けては通れまい。

この「名物狩り」については、

牛一『信長公記《しんちょうこうき》』元亀元年「名物召し置かるゝの事」

　さる程に、天下に隠れなき名物堺にこれ在る道具の事

天王寺屋宗及　一、菓子の絵　薬師院《やくしいん》　一、小松島、油屋常祐《あぶらやじょうゆう》　一、柑子口《こうじくち》　松永弾正《だんじょう》　一、鐘の絵。

　何れも覚えの一種どもに候、召し置かれたきの趣、友閑、丹羽五郎左衛門御使にて、仰せ出ださる。違背《いはい》申すべきに非ず候の間、違儀《いぎ》なく進上。則ち代物金銀を以て仰せ付けられ候ひき。

甫庵『信長記』巻三「泉州堺津名物の器召寄せらるゝ事」

同（＊元亀元年）四月朔日に和泉の国堺浦《さかいのうら》にて、富める者共が求め蓄へたる名物の道具共、御覧あるべしとて、友閑法印、丹羽五郎左衛門尉長秀に仰付けられけり。両人承つて、堺の南北触れしかば、所持の者共、此の度奉らではとて持参る程に、いくらともなく集りけり。信長卿一一御覧あつて、勝れたるを留置れしは、…則ち応じたる貨《あたひ》より遙に過分に玉はりしかば、三人の者共は、頓《にはか》に徳付たるやうにぞ見えたりける。松永弾正も鐘の絵を進上申しけり。

『織田信長譜』

四月信長泉ノ堺ノ富人ノ名器古画ヲ尋ヌ。……

とそれぞれ記されている。

この「名物狩り」とは、『角川茶道大事典』によれば、「勢威に任せ唐物名物茶器を買い上げること。永禄十二年（一五八九）上洛した信長が上京茶人に対して行ったのをはじめ、元亀元年（一五七〇）、堺衆にも行い、多くの名器を収集した。（『信長公記』）（泉澄一）」とされている。牛一『信長公記』に「違背申すべき非ず」とあったり、「狩り」という言葉から、どうも信長の強圧的な印象と相まって、やみくもに強制的に接収したかのように思われがちである。しかし、竹本千鶴『織豊期の茶会と政治』（思文閣出版　二〇〇六・二八四頁）によれば、

従来より、織田信長による名物茶器の蒐集《しゅうしゅう》は、「名物狩り」という通称の広まりと共に、恣意的で強圧的に接収行為と認識されてきた。しかし、そうではなく、信長は、統一政権形成の過程で茶湯による饗応の場を政治の場に転用するための室礼を必要とし、自らのものさしで名物茶器を厳選したのである。信長のものさしとは、現存している史料から推察すると、①「名物」としての価値が知れ渡っているも

の、②「異相」など信長の好み、③由来の伴った名物茶器、という具体像を想定できる。この中でも、信長はことさら、③由来の伴った名物茶器を重要視したと考えられる。つまり、道具の説明が不可欠という茶会の作法に準じて、茶会にしつらえた名物茶器の入手経緯や由来を語り聞かせることにより、信長は茶会に招待した客を威圧し、織田政権への服属を客の視覚にうったえることが効果的であると考えたのではなかろうか。

という考えが示されており、これが最新のとらえ方のようである。

また、『今井宗久茶湯日記』（永禄十三年四月朔日）には、

当津にこれ有る名器共、信長様御覧あるべきとて、松井友閑老を以て触られ、今日彼の宅にて御覧あり、宗久道具の内、松嶋の壺、菓子の絵召し上られ候、翌二日御前にて宗易《そうえき》手前にて薄茶賜り、其後、御服、銀子多分に賜り候也

と召し上げられた当事者であるはずの今井宗久が書いているので、本人も納得のうえで差し出し、その対価も十分に支払われ、けっして強奪ではなかったことがわかる。さらに、ここで「宗久道具の内」と書かれていることにも注目すべきである。「名物狩り」以降、堺の茶の湯が衰退してしまったかのように受けとめてはならないのである。当時の堺衆の所蔵していた名物道具は、信長の「名物狩り」程度では到底枯渇する点数ではなかったということを示している。『山上宗二記《やまのうえそうじき》』によれば、「一　堺武野紹鷗名人也、名物ノ道具六十種所持ス…一堺津田宗達ハ台子ノ飾リ一世楽、名物卅種所持ス…一　三好実休ハ名物ノ小茄子・三日月ヲ初テ、其外五十種程名物所持ス、実休阿波・河内両国ノ主也…」とあり、堺の天王寺屋津田宗達《そうたつ》は30点、武野紹鷗《じょうおう》にいたっては60点と（今井宗久は武野紹鷗の娘婿で紹鷗の道具を相続し、のちに紹鷗の実子の宗瓦と相続争いにもなる）、阿波・河内の二国の領主であった三好実休《じっきゅう》の50点と比較しても遜色のないほどの名物道具を持って

おり、堺衆全体では、どれほど名物道具を所蔵していたかが窺《うかが》える。信長は武力にものいわせれば、それらを根こそぎ奪い取ることもできたかもしれないのにもかかわらず、彼が所望したのは、『信長公記』にも書かれている3点にすぎない。

さきほどの竹本氏の説では、信長は名物道具を目利きして入手したということであり、堺から「名物狩り」で入手した点数を考えても、また、竹本氏が「信長は政権発展過程において平均的に名物茶器を蒐集していたといえよう」と指摘するように、信長は名物だからと言ってむやみにほしがっていたわけではないようである。では信長には、名物を目利きするほどの茶の湯への造詣があったのか。

たとえば江口浩三『茶人　織田信長』（PHP研究所、二〇一〇、五三～五四頁）には、

また、信長が尾張時代に茶の湯に精通していたとは思えないから、名物茶道具の本格的な価値に気づいたのは上洛以降のことだろう。にもかかわらず、なぜ、これらの道具が選ばれたのだろうか。……信長に茶道具の価値や茶の湯の位置をアドバイスした人物を考えておく必要がある。その一人として堺の茶人・今井宗久を候補として挙げておきたい。…さらにいち早く信長に臣従した松永久秀もその一人であるとしてよいだろう。……信長の茶の湯世界に参入する意思表示―「名物道具収集宣言」だったと考えられるからである。

とあるが、この見解は一般人がイメージする信長と茶の湯との関係として常識的なものであろう。はたして尾張時代の信長の茶の湯はどの程度であったのか。

織田家の名物所持

信長の父である信秀は、永禄年間ごろまでの名物所蔵を記録する『清玩名物器《せいがんめいぶつき》』によれば、「篠耳杓立《しゃくたて》」と「牧谿《もっけい》・山市《さんし》（青嵐《せいらん》）」を所持していた。また、信長自身も「古銅水ツキ　合子」を持っていた。また柴田

勝家が天正九年二月信長に直訴して拝領した信秀伝来の姥口釜もある。

尾張の田舎大名とついついイメージしてしまいがちな織田家だが、茶の湯の名物を4点もすでに所持していたのである。さて、この記述を4点「も」所蔵していたのか、それとも4点「しか」なかったと解釈すべきなのか、さらに検討が必要であろうが、茶の湯に全く興味もない田舎大名とは違っていたようである。

「篠耳杓立」とは、唐物荘厳の茶の湯での台子《だいす》の点前で柄杓《ひしゃく》を立てるための道具をいう。茶の湯を知らない方には、そのようなものがなぜ名物に数えられるのか不思議に思われるだろうが、台子の点前では天板には盆にのった唐物茶入、天目台《てんもくだい》にのった天目茶碗、地板には風炉《ふろ》・水指《みずさし》・水こぼし（建水）・蓋置、そして杓立が飾り置かれる。現在はそれらが同じ材質で揃っている皆具が正式とさるが、もともとは唐物を見立てて使用しており、杓立は唐物の一輪挿しのような花入を見立てたものとされる。貴人の前での台子の点前で使用されるという意味で、柄杓立も立派に名物の仲間となるのである。「水次ぎ」は点前で使用した水を水指に補給する薬罐《やかん》のようなもので、これは飾られないが点前の最後を飾る大切な茶道具なのである。

信秀が「牧谿・山市（晴嵐）」を所持していたことはさらに注目すべきである。牧谿は南宋の禅僧画家で日本では玉磵《ぎょくかん》とならび珍重された画家である。なかでも「山市晴嵐」も含まれている洞庭湖《どうていこ》周辺の名勝を描いた瀟湘八景図《しょうしょうはっけいず》は、その最高傑作として日本人に受けいれられ、後世、さかんに描かれる画題となる。たとえば、金沢八景などの地名が現存することからもその流行がわかる。信長もやがて『山上宗二記』で玉磵の瀟湘八景図の最高峰と称された「煙寺晩鐘《えんじばんしょう》」を所持し、天正二年三月三日の茶会で使っている。『山上宗二記』では残念ながら牧谿の瀟湘八景図が紹介されていないが、玉磵「山市晴嵐」は大友宗麟《そうりん》の所蔵となっており、信秀の「牧谿・山市（晴嵐）」も大友宗麟と互角の名物であるとしたら、尾張の田舎者で茶の湯など知らなかったと言い切れるだろうか。ちなみに、「名物狩り」で信長が所望した「菓子の絵」は、『山上宗二記』で「御茶湯之絵ノ頂上ト云ハ此五種ノ絵也」とされ、珠光《しゅこう》、鳥居引拙《とりいいんせつ》、紹鷗《じょうおう》（『清玩名物記』では、その後天王寺屋宗閑）、そして信長と伝来した趙昌筆の「菓子絵」で（「菓子絵」は薩摩屋宗忻所持の七種絵もあり、いずれも信長の所持になる）、信長は父親の名物以上の名物、掛け物としての最高峰を求めていたことになる。

さらに織田家は信長の没後、茶の湯で知られる家柄になっていく。信長の弟、源五郎信益は「源五」の名で天正十一年以降『宗及自会記』に三回登場する。一回目は秀吉と利家に相伴し、天正十三年の二回目は家康の重臣石川数正《いしかわかずまさ》と、同じ年の三回目には信長の次男信雄《のぶかつ》らとの茶会である。信益は後に有楽斎となり茶人として名声をあげ、秀吉のお伽衆の一人にもなっていく。また、『総見記《そうけんき》』を「熟覧反復殆一年」かけて校訂した「織田公ノ庶孫貞置老人」こと織田貞置《さだおき》は有楽の茶道を継承した貞置流の始祖である。

田舎大名信長のイメージ

江戸後期の茶人稲垣休叟の『松風雑話』巻下（『茶事集覧』巻四）には、

信長天下を取り給ふ砌、三好長慶《みよしながよし》の台所人坪内某を生捕り給ふ。元来、庖丁人なれば、誅戮《ちゅうりく》にも及ばず。放囚人にて四五年ありけるが、出頭人菅谷久右衛門に御賄頭《おまかないがしら》市原五右衛門申候は、囚人坪内、三好家の料理人にて、鶴鯉庖丁は申におよばず、七五三饗の膳、何にても公方家の方式存ぜずといふ事なし。其上二人御台所にて召し遣はれ候なれば、最早くるしらぬ事に候。御料理人にいたしては如何と申す。菅谷申上る。信長公尤も成、料理させきこしめし其上出来にて仰せ付らるべしとて、御料理を坪内へ仰せ付く。畏て仕立さし上る。信長公御料理を召上られ、以ての外御気色を変《そん》じ、さん〴〵の塩梅水くさし、中々沙汰の限りなり。さて〳〵にくき次第なり。其坪内頭を刎よと御叱り、其段申しきけ候へば、坪内承りて、左候はば、明朝御料理を今一度さし上げ、夫れにても御意にかなはずは、切腹仕るべしと訟る。菅谷この旨申し上げる。信長公しばらく御思案ありて、さらば、明朝料理申付くべしと仰せ出さる。翌朝坪内また仕立上るに、中々の塩梅風味よき事御感斜めならず。坪内を御家人に召し出さるゝよし仰せ付けられ、其段申し聞候へば、畏て、昨晩の御膳塩梅は御意に叶ざる筈に候、三好家の塩梅に仕立て候、今日は第三通りの塩梅に仕立て候に付き、御意に入り候筈に候。三好家は五代公方家の御仕おきに預り、毎事向上なる家風にして、料理なども至て華奢なることに候ゆゑ、その塩梅昨夜御意に入らず候、今朝の塩梅は田舎風に仕たて候ゆゑ、御意に入り候と申しけるとぞ。

というエピソードが紹介されている。コミック「信長のシェフ」（西村ミツル・梶川卓郎）のモチーフとなっていると思われるエピソードでもある。三好家に仕えていた料理番の坪内某が、信長に料理を調製するが、一度目は口に合わずに殺されそうになったところを、もう一度チャンスをと申し出て、二度目は信長の口に合ったために許される。その理由について、一度目は足利将軍家風に仕立てたためで、二度目は田舎風に仕立てたために気に入ったのであろうと語ったという話である。

そもそも信長と料理という、この取り合わせは、どこから派生してきたのであろうか。その淵源を思わせる出来事が茶の湯の会記の記事から窺える。

津田宗及《つだそうぎゅう》『天王寺屋会記《てんのうじやかいき》』では、天正二年正月二十四日に堺を出立し、二十八日に岐阜に到着して、二月三日朝の茶会では、信長は、玉礀《ぎょくかん》「煙寺晩鐘《えんじばんしょう》」を掛け、蕪無花入《かぶらなしはないれ》を、宗及が「是ハ宗及昨日進上候盆也」と書いている献上した桂欒盆にのせ、台子の点前で、紹鷗茄子《じょうおうなす》に松嶋茶壺という唐物荘厳の茶の湯をおこなっている。さらに、一の膳を甥の信澄に、二の膳を信雄に運ばせ、「御飯の再進　殿様御自身下され候」とあるように、信長自身が給仕について、なんと飯をすすめているのである。これには宗及も「其外、忝き仕合せ、大かたならぬ体に候也」と大感激している。

また、『今井宗久茶湯日記』天正二年三月二十四日昼、相国寺での茶会では、上様手前にて御茶下され、後、高麗茶碗にて友閑老ぅすく点られ各賜り候後、御書院にて、千鳥の香炉初て拝見、……

とあるように、信長自身が茶の点前をしてもいる。『天王寺屋会記』天正元年十一月二十三日にも「信長様御会…信長様御出なされ、自身御しいさせられ候、御衣裳、上に桐の紋の白綾《しらあや》、間に綴織《つづれおり》、下に黄練御袷、青茶の御肩衣、浅黄の御袴、御脇差ばかりにて…」とあり、なかなかの出で立ちであらわれて、自ら茶の湯の接待をしていることがわかる。

こうした信長の態度を金子拓「おもてなしの普及と変化」（『なごみ』二〇一六・四、六三頁）では、

信長の時代における宴会の変化ということで興味深いのは、信長が主賓となる（もてなされる）「御成記」が存在しないことである。…権力形成に御成という儀式を重視しなかった信長の政治姿勢を考えるための格好の切り口になるのかもしれない。

とし、宣教師ロドリーゲスが「茶会によるおもてなしの出現、つまり茶の湯の流行と無関係ではないだろう」と当時指摘していたことと深く関わっていると考えている。

また、信長は茶会を賓客をもてなす最良の方策として考えていたからこそ、竹本氏の「明らかに、信長は天正元年から三年までの三年間に、所蔵している名物茶器を集中的に使用しており、そのことは名物を披露、使用することが、名物蒐集の目的のひとつであったことを示唆しているのではないだろうか」という指摘にも見られるように、先の「名物狩り」を行い、それで得た名物を活用した茶会を催すことで、信長らしい人的ネットワーク構築を図ったと想定できる。

茶会（現在の茶事）は、ホスト役である亭主が自ら膳を運ぶのが習いである。実際に信長時代の茶会でも必ずそうされていたかどうかは不明であるが、信長はとてもかいがいしく客をもてなすことが好きな、じつに

まめなホスト、亭主であったようである。またその態度が尊大ぶる当時の貴顕《きけん》らしくなく、今風にいうとBBQを主人自ら焼いてくれる「ホームパーティー」感覚で受けとめられていたのかも知れない。そのことがやがて、『松風雑話』のようなエピソードへと展開していった可能性が高い。

信長は、当時の茶の湯界ではそれほど田舎者ではなかった。しかし、やがて『松風雑話』のエピソードのように田舎大名からの成り上がり者のようにあつかわれてしまう。それは、12章で井上泰至氏が述べているように、徳川政権下での信長への評価の低迷と関わっているのかも知れない。

堺の末路——西鶴作品から

ところで、現代の茶の湯愛好者で、堺へと実地に出かけた経験のある人はどれほどいるだろうか。堺には利休屋敷跡や南宗寺など茶の湯ゆかりの地のほか、芥子餅《けしもち》や肉桂餅、くるみ餅（胡桃の餅ではなく餡がからめてある餅）といった古い形を残す菓子もある。しかし、京都に比べ行かれた人は少ないであろう。それは堺が戦災にも遇い利休当時の面影をもはやたずねることができないからでもあるが、多くの人が堺には茶の湯にまつわる茶道具も京都に比べてきわめて少ないと思い込んでいるからでもあろう。

では信長時代から百年後の堺はどうだったのか。堺は江戸や京都、大坂と比較してみてもけっして引けを取らない資本家の街として厳然と残っていたのである。そのことは井原西鶴の作品からよくわかる。

たとえば、『世間胸算用』巻三「神さへお目違ひ」では、

されば泉州の堺は朝夕身の上大事にかけ、胸算用にゆだんなく、万事に商売うちばにかまへ、表面は格子作りに、しまふた屋とみせて、内証を奥ぶかふ、年中入帳の銀高つもりて、世帯をまかなふ事也。……風俗しとやかに見へて、身の勝手よし、諸道具代々持伝えければ、年わすれの茶の湯振舞、世間へは花車に聞えて、さのみ物の入るにもあらず。年々世渡りをかしこうつけたる所なり、

と紹介されている。信長の「名物狩り」に遇っても、したたかに商人の街として生き続けた堺を、新興の大坂商人たちは、むしろ羨望のまなざしで見ていた。その堺の商売の特徴として「買置き」があげられる。長崎貿易などでも安いときに仕入れ、ストックしておき、高くなったら売るという商法で、きわめて単純であるが資本力が求められるやりかたである。堺がこうした商法で生きぬいてきた根底には、ストックによる価値の高騰を待つという点で名物道具の所持の歴史が影響していると言えるかも知れない。

●参考文献
江口浩三『茶人　織田信長』（ＰＨＰ研究所、二〇一〇年）
千宗室編『茶道古典全集』第六・七・八・十巻（淡交社、一九五六年）
竹本千鶴『織豊期の茶会と政治』（思文閣出版、二〇〇六年）
筒井紘一編『茶の古典』（『茶道学大系10』、淡交社、二〇〇一年）

5

信長と室町幕府

水野　嶺×菊池庸介

将軍を利用して権力を握り、やがて将軍を追放して天下を取る。このような行動は、民主的な今日でこそ、そう違和感がないかもしれないが、江戸時代は現実に、足利同様の源氏将軍を名乗る徳川家の支配にあったのだから、こうした行為は大変な「悪逆」ということになる。信長と足利義昭《あしかがよしあき》の決裂が詳しく書かれず、信長が将軍への敬意を忘れなかったとばかり、江戸の軍記類で書かれるのは、このためである。さて、現実はどうであったか、と言えば、義昭にもかなりの落度はあったらしい。幕末からは、天皇の存在がこの問題に絡んで、別の解釈もされてゆくのだが。

5 信長と室町幕府

実像編

▼水野　嶺（東京大学地震研究所特任研究員）

織田信長と足利義昭。かつて、信長による傀儡との見方がされていた将軍義昭であるが、近年その権力が評価されつつある。両者の関係についても、協力から決裂へと至る政治情勢をみると、協力関係は幕府滅亡の直前までみられる。本章では、そんな両者の関係を追っていくこととする。

信長と室町幕府・足利将軍の今昔

織田信長は足利義昭を室町幕府第十五代将軍に就任させ、その将軍を傀儡化することで、天下統一の第一歩とした。

これが、長く通説的理解となっていた、信長と将軍義昭との関係である。ところが、近年戦国期室町幕府・将軍権力の再検討が進むなかで、義昭がけっして信長のいいなりの将軍ではなかったことが明らかにされている。特に京都・畿内支配における幕府と信長の関係は、訴訟裁許《さいきょ》の在り方などから相互補完的な連合政権であったとの評価がされるまでになっている。また、信長側からの研究でも、義昭との協調路線を説くものがみられるようになる。

本章では、これらの研究を踏まえながら、信長と幕府・将軍との関係をみていくとともに、権力者を取り巻く人々の動向についても追っていくこととする。

「天下」文言の再考

信長による全国統一の象徴の一つとされてきたものに、信長が用いた「天下布武」印がある。近年に至り、この「天下布武」印について、新たな見解が出されている。

それは、「天下」文言の検討から始まった。当時における「天下」文言の用例から、日本全国という意味だけではなく、京都を中心とする畿内といった領域や、将軍・幕府によって実現されている（されるべき）秩序・体制を意味しているということが指摘された。この将軍・幕府政治との関連が考えられる語であるという点が重要になる。

これにより、「天下布武」の意味も変わることとなる。「天下布武」印は使用開始時期が永禄十年（一五六七）と、信長が美濃国平定を成し遂げ、再度義昭上洛への協力を申し出た時期に重なる（信長は永禄八年に一度上洛への供奉を承諾するも、実現していない）。つまり、信長は将軍が五畿内に支配を打ち立てることへの協力を当面の政治目標とし、翌十一年、五畿内を平定し義昭が征夷大将軍に就任するという、この一連の行動こそが「天下布武」であるとされたのである。

こうして、いわゆる信長単独による全国統一への野望というものは、否定されることとなった。こうした研究や義昭期幕府権力の評価により、信長と義昭との関係についても再考の必要性が生じてくることとなったのである。

義昭・幕臣の動向

そこで、義昭の動向を追ってみたい。永禄八年、十三代将軍である兄足利義輝が三好三人衆らの襲撃を受けて殺されると、興福寺一乗院門跡として当時「覚慶《かくけい》」と名乗っていた義昭は、松永久秀に助命され同寺に留め置かれる。しかし、同年七月末に朝倉義景や大覚寺義俊《だいかくじぎしゅん》、幕臣細川藤孝・一色藤長らの協力により、興福寺を脱出し、甲賀の和田惟政《わだこれまさ》の館へと身を寄せた。この後、近江国矢島、若狭国、越前国一乗谷と居所を移し、この間に矢島において還俗し「義秋」を名乗り、一乗谷移座後の永禄十一年四月に元服し「義昭」と改名している。この間における義昭の政治目標は、上洛のうえ将軍になる（「当家再興」）ことであった（『上杉家文書』ほか）。

　このとき、義昭の側近くにあった幕臣の一人に細川藤孝がいる。藤孝は義昭上洛のため奔走するわけであるが、一乗谷滞在中に興味深い行動を見せている。それは、室町幕府儀礼故実書の収集である。細川家に伝来した史資料を収める永青《えいせい》文庫（熊本大学付属図書館寄託）に残される故実書には、永禄九・十年の奥書が記されたものがある。このことから、義輝殺害により急遽京都を離れることとなった藤孝ら幕臣達は、互いに所持していた故実書の書写を行っていたと考えられている。これは、当時幕府儀礼の場が政治的な場であったとともに、儀礼的な秩序が将軍権威の支えとなっていたことにより、幕府儀礼再興の必要があり、そのためにも正確な故実が求められたためである。こうした儀礼書の集積のほかに、藤孝は島津氏・相良氏などへの義昭御内書の副状の発給や（『島津家文書』『相良家文書』）、使者として尾張国の信長のもとへ下向していた（『和田家文書』）。また、後の上洛時においては、和田惟政とともに義昭方の「両大将」とされており（『多聞院日記』）、まさしく重臣といえる立場にあったのである。

　さて、義昭の一乗谷滞在中には、幕臣や大名などを列記した史料が作成され（『永禄六年諸役人附』）、腹案を持ちつつ雌伏の時を過ごしていた。ところで、この『永禄六年諸役人附』後半部には足軽として「明智」の名字が記されていることが知られるが、近年発見された「米田文書」所収『針薬方』奥書にも「明智十兵衛尉」とみえ、明智光秀が永禄九年頃には義昭に従っていたことが明らかになった。

幕府の再興

さて、永禄十一年九月、信長は義昭を美濃国立政寺《りゅうしょうじ》に迎え、京都へと進軍を開始する。同年十月十八日、義昭は将軍に就任し、そのもとに幕府は再興された。義昭の喜びは一入であり、信長へ武勇賞賛と桐紋・二引両の免許の御内書を与える（副将軍への任命は辞退）。その御内書の宛所は「御父　織田弾正忠殿」となっており、破格の様式であることからも、喜びの一端が垣間みれよう。

ところが、信長が十月中に岐阜へ帰国の途につくと、翌十二年正月、義昭は六条本国寺（本圀寺）に三好三人衆らの襲撃を受ける。義昭自身が刀を振るったとの風聞が立つほどの危機であった（『上杉家文書』）。この戦いに際し、牛一『信長公記』には防戦した人物として明智光秀が、救援に駆けつけた者として細川藤孝の名が記されており、義昭のもとでの両者の働きがみえる。

一方、義昭襲撃の報を受けた信長は正月十日に上洛すると、同月十四日・十六日に「殿中掟《でんちゅうおきて》」を定める（『仁和寺文書』ほか）。この文書には信長署判のほかに義昭の袖判が据えられていることから両者の相互約諾であり、殿中における行動や裁許のあり方について幕府法の規定を再確認するための規範であるとされている。こうして幕府内部の規範を定めるとともに、信長は将軍御所として二条城の普請も開始する。

このように、上洛当初、信長は幕府の再興・確立のために尽力する。これは信長の発給する朱印状の文言からもみることができ、永禄十一・十二年段階では信長朱印状は幕府奉行人奉書の効力の補完が主たる機能であった。一方で、権益の保証を求める人々は、幕府と信長の双方へ殺到しており、信長への期待の程がうかがえるのである。

さて、信長は二条城の普請を終え、四月二十一日に離京している。岐阜へと戻った信長は、八月に伊勢攻めに出陣し、十月十二日に伊勢攻めを終え上洛するが、同月十六日義昭との衝突があったとして、俄に下国してしまうのである（『多聞院日記』）。

五ヶ条の条書

明けて元亀元年（一五七〇）正月、信長は義昭に対しての要求とされる「五ヶ条の条書」を発給している（『成簣堂文庫所蔵文書』）。この「条書」は明治四十三年（一九一〇）までその存在が知られず、まさしく両者間で交わされた「密約」とよべるものであった。

その内容は、①諸国へ義昭が御内書を発給する際には信長の書状を添えること、②これまでの命令を破棄し、改めて考え決めること、③幕府への忠節が認められる者へ恩賞・褒美を与えるに際して、幕府の所領がなければ、信長分国中でも上意次第に提供すること、④「天下の儀」を信長に任されたので、誰であっても義昭の判断を仰がず、信長の分別により成敗を行うこと、⑤天下が静謐《せいひつ》であるので、朝廷のことについては怠りなく対応すること、以上五点を求めたのである。宛所は日乗上人と明智光秀である。この両者に共通する点として、共に幕府と信長双方の政務に関わりをもった人物であることが挙げられる。特に光秀は、上洛後から両属的な立場になっていたと考えられている。また、文書の袖には義昭の黒印が捺されており、信長の申入れを義昭が承認した文書と解されている。

従来、この文書は信長による将軍権力の抑制や、また信長が将軍と同等の権限を獲得し、その代行者となったなど、義昭傀儡説の根拠の一つと位置づけられてきた。ところが、義昭のその後の動向をみると、「条書」に記されたような規制を受けていなかったことや、先述した「天下」文言の再検討などの点から、本状の位置づけは近年に至り変化がみられるようになる。たとえば、信長による（実効力を持たない）恫喝と今後の自主的な活動の宣言とするものや、①④にみる外交権と「天下の儀」の委任（＝「天下静謐」のための軍事指揮権の獲得）から義昭と信長による将軍権限の分化とするものである。また、この文書により連合政権構造が、内実として信長単独へと移行し始めるとしたとする説や、信長への「天下」における権限委任により、信長は幕府に京都・畿内の秩序維持を期待したに過ぎないとする見解もある。

こうした信長から義昭への一方的な要求との解釈が根強くあるが、義昭側からも要求が出されていた可能性がある。この「条書」発給時期を境に、信長が諸国の武家に対して発給する文書の作法、すなわち書札礼の一つとして、文書を包む封紙の裏書が省略される形式へと変わる。この変化は義昭から授与された栄典によるもので、この栄典とその後の信長の行動から、信長は管領並の家格待遇を得たと考えられる。つまり、栄典授与に伴い、信長の幕府儀礼における立場が確定し、儀礼への参加形態が変化することから、義昭が上洛以来信長に求めてきた幕府身分秩序への明確な位置づけがされたといえる。さらに、「条書」発給後の信長上洛を義昭は歓待しており、これらのことから信長が義昭側の要求を容れたことによって、幕府体制内での権力の強大化が認められたといえ、「条書」は信長の一方的な要求ではなく、両者の同意による文書であるとも考えられるのである。

畿内の争乱

さて、元亀元年四月、信長は若狭国《わかさのくに》の武藤氏が幕府に叛いたとして、その討伐のため京都を出陣する。この若狭攻めは、武藤氏の背後にいたとされる越前朝倉氏への攻撃も信長の視野にあったようである（『益田家文書』『継芥記《けいかいき》』）。この軍勢には、織田勢のほかに幕臣・公家らが参陣していた。信長は武藤氏を降すと、越前国へ兵を進め朝倉氏への攻撃に移るが、近江浅井氏が朝倉氏に味方したことにより、京都へ兵を退いている。ここに、義昭・信長に対して、朝倉・浅井氏、さらには六角氏が敵対の旗幟を明らかにする。信長は、六月末に朝倉・浅井連合軍と姉川にて戦い、これを破っているが、この合戦には義昭も参陣する予定であった（『言継卿記』）。同年九月、南方から三好三人衆が攻めよせると、義昭と信長は揃って摂津・河内方面へ兵を進める。その最中、大坂本願寺が蜂起し、近江方面には朝倉・浅井氏が再度攻めよせ比叡山に陣を取っているが、これらの背後には前関白近衛前久の存在があったようである（『島津家文書』）。このように元亀元年四月より「元亀の争乱」が始まるわけであるが、戦いの構図は義昭・信長対朝倉・浅井・六角・比叡山・三好・本願寺らであり、信長一人への敵対でないことがわかろう。

　こうして義昭と信長は南北に敵を抱えることとなり窮地に陥るが、各勢力と個別講和を結ぶことで危地を脱している。そして、この講和の中で取り交わされた起請文に興味深い文言をみることができる。それは信長と朝倉義景の講和に際し、朝倉義景から信長に対して将軍への忠節が誓われている点にある。こうした点からも信長の政治的立場がうかがえる。一方で、三好氏との講和後、義昭は小早川隆景《こばやかわたかかげ》に対して三好三人衆を許すつもりはないと申送り（『小早川家文書』）、さらにこの後も継続して毛利氏・大友氏に四国攻めを命じており、朝倉氏とは対照的な扱いとなっている。

　さて、この戦争と和睦という点からみると、幕府における軍勢指揮者は義昭と信長であることが明確であろう。元亀元年当時、義昭には直属軍である奉公衆のほか、畿内の守護などに軍事動員をかけており、二万前後の兵力を有していた（『尋憲記《じんけんき》』『言継卿記《ときつぐきょうき》』）。では、この両者は並列とみるべきなのか。挙兵した本願寺に対して和睦のために発給された勅書には「今度大樹天下静謐のため出陣候、信長同前の処」（『言継卿記』）とあり、両者は並列的に認識されている。しかし、信長が畿内近国において永禄十一年から元亀三年の間に発給した禁制をみると、その全てに「執達如件」という書止文言が書かれ、信長は義昭を上意として奉じるとの姿勢を見せており、当事者間の認識においては主従を明確にしているともいえる。また、この元亀元年における畿内の争乱からは、義昭と信長の軍事的協力は明らかであり、「条書」が両者の関係に深刻な亀裂を入れたものではないことがわかるのである。

十七ヶ条の異見書と幕府の終焉

信長と義昭の関係が終焉に向う一つの要因が、「十七ヶ条の異見書」である。この「異見書」は奈良興福寺大乗院門跡の尋憲の日記である『尋憲記』元亀四年（天正元年・一五七三）二月二十二日条や牛一『信長公記』に記されており、その内容を知ることができる。内容をみると、朝廷への無沙汰や改元費用の滞納、不等な人事・裁許など政治的な案件もあるが、義昭が欲にまみれ武具・兵糧などに優先して金銀を備蓄していることを強く詰っている。諸国からの御礼による銭を隠し置き用立てせずにいる、とたしなめられているのをみると、余程であったのであろうか。こうした欲にまみれ、道理も外聞も無視したような振る舞いが世間にも聞こえ、「あしき御所」と言われていることを自覚し、自省し改めるよう求めたのが、この文書である。従来、この「異見書」は元亀三年九月に義昭に対して提出されたものと考えられてきた。一方で、異なる時期の可能性も指摘できる。

この「異見書」の提出により、義昭と信長との協力関係に決定的な亀裂が入ったとされる（牛一『信長公記』）。ところが、元亀三年九月の時点で両者は袂を分かつ状況にはなかったことが、義昭が徳川家康に対して武田信玄の徳川領国侵攻について状況を問う御内書を発給していることや（「監川利員氏所蔵文書」）、義昭が元亀三年末に信長・家康と信玄の和睦を図るも信玄がこれを容れなかったことからうかがえる（「醍醐寺理性院文書」）。しかし、十二月に三方ヶ原の戦いで武田方が織田・徳川連合軍を破ったこと、江北における朝倉・浅井の軍事行動などを含め、二月十三日に至り信長に対して挙兵する決心に至ったのである（「勝興寺文書」）。以上の点から、「異見書」中にある「雑説」により義昭が京都を退去するとの噂が流れていることや信長が義昭に自省を促している内容を踏まえ、ルイス・フロイス『日本史』に両者の関係が動揺するまでの期間が一ヶ月半と記されていることから、元亀三年十二月末ころに発給されたものとの可能性も指摘できよう。そして、これが義昭の逆鱗に触れたこともあり、決別に至ったのである。

さて、信長は三年十月半ばから四年三月にかけて、岐阜に在城していた。義昭挙兵の報を聞くと京都へ使者を派遣し、義昭の説得を試みるわけであるが（『兼見卿記《かねみきょうき》』『細川家文書』）、この間京都の情勢を信長へ報告していたのが、両属的な立場にあった明智光秀と違い、一貫して幕府奉公衆という立場にあった細川藤孝である。『細川家文書』に残る信長からの書状をみると、藤孝からの知らせは二月半ばころにもたらされたようであり、これは義昭挙兵を受けてのものであろう。同月二十三日の段階で、信長は藤孝に味方する者との連携を頼んでおり、藤孝は義昭のもとから去ったとみてよかろう。

こうして対立関係となった信長と義昭であるが、信長は義昭との間を「君臣」とし、義昭が出した条件を飲み和議に応じる姿勢をみせ、それこそが「天下再興」としており、幕府存続の余地を残し、将軍の否定はしていないのである。しかし、義昭側はこれを拒絶し、今堅田・石山あたりにて配下に挙兵させている。これを受け、信長は柴田勝家や光秀らに攻撃をさせるとともに、本人は三月二十五日に岐阜を出陣し、同二十九日知恩院に着陣する。このとき、藤孝や荒木村重などが迎えに出ている。四月二日から四日にかけ洛外から上京へ放火を行い、四日には禁裏を見舞っている。同日夕刻に講和交渉が始まり、翌五日に勅使が両所へ派遣され、七日に信長の使者として藤孝らが義昭のもとへ参向し和議がまとまった。信長は八日に離京するが、同月二十七日に信長家臣から義昭側近へ起請文が提出され、翌日幕臣から信長家臣へも起請文が出されたことにより和平は正式に締結された。この和平に際して、勅使派遣という形がとられたのは、義昭の対面を保ち、速やかな和平締結を図ったためであろう。

しかし、この和平も長くは続かず、義昭は五月には本願寺へ、六月には毛利氏へ信長と戦いに及ぶとして協力を求める御内書を発給している（『顕如上人御書札案留《けんにょしょうにん》』『吉川家文書』）。七月に再度挙兵し山城国槇島《まきしま》城へ籠城するも同月中に落城、義昭は河内国若江城へ移っている。この後、九月に織田・毛利氏間で義昭の帰京について交渉が持たれ、信長は同意するものの、義昭が信長に人質を要求したため交渉は決裂することとなる。義昭は毛利氏が義昭の西国下向を拒否したために紀伊国へ居所を移し、天正四年まで同国にて過ごしている。この間、大名間和平調停などは行うも、やはりその政治活動は鈍化している。義昭は信長を不倶戴天の敵としてその排除へと舵を切ったことにより、結局は「天下」を失い、室町幕府は終焉を迎えることとなったのである。

●参考文献

池上裕子『織田信長』（吉川弘文館、二〇一二年）
金子拓『織田信長〈天下人〉の実像』（講談社現代新書、二〇一四年）
神田千里『織田信長』（ちくま新書、二〇一四年）
久野雅司編『足利義昭　シリーズ室町幕府の研究〈2〉』（戎光祥出版、二〇一五年）
柴裕之「足利義昭政権と武田信玄」（『日本歴史』八一七、二〇一六年）
末柄豊「細川幽斎と武家故実」（森正人・鈴木元編『細川幽斎―戦塵の中の学芸』笠間書院、二〇一〇年）
堀新編『信長公記を読む』（吉川弘文館、二〇〇九年）
堀新『織豊期王権論』（校倉書房、二〇一一年）
水野嶺『戦国末期の足利将軍権力』（吉川弘文館、二〇二〇年）
村井祐樹「幻の信長上洛作戦」（『古文書研究』七八、二〇一四年）
山田康弘『戦国時代の足利将軍』（吉川弘文館、二〇一一年）

5. 信長と室町幕府 × 実像編

5 信長と室町幕府

虚像編

▼菊池庸介（福岡教育大学教授）

足利義昭が信長を頼り上洛を果たす時、信長は、数多の戦国大名からとくに選ばれた人物として描かれる。上洛時には都人の不安をかき立てるが、それは京都で行った善政の側面を強調することになった。また、信長は最初から義昭を利用して天下を我が手中に収めるという野望を持っていたわけではないが、牛一『信長公記』や甫庵『信長記』、『総見記』には、そのような解釈を可能にするような萌芽がみえる。

はじめに

織田信長と室町幕府との関係の経緯は、次のようにまとめることができる。

永禄八年（一五六五）五月、室町幕府十三代将軍足利義輝《よしてる》が三好三人衆らによって殺害され、奈良興福寺一乗院にいた義輝の弟覚慶《かくけい》（のちの義秋・義昭）は脱出、諸所を転々とした後で越前の朝倉義景のもとに身を寄せ、京都に戻り将軍の座につくことを望む（義輝のあとは、足利義栄《よしひで》が将軍となっていた）が、義景が消極的なために、信長を頼ることにし、永禄十一年に信長が京都に上ることで、義昭は将軍の座につく。その後義昭時代に信長は政権を掌握するが、それを快く思わない義昭と不和になり、ついに元亀四年（一五七三）、信長は義昭を京都から追放し、室町幕府は一応の幕を下ろす。

その後義昭は紀州を経由して備後国鞆《とも》に逃れ、毛利輝元《てるもと》を頼り、なおも京都帰還を狙っていた。一度は毛利方と織田方で交渉に及んだが、義昭の無茶な要求に対し、交渉にあたった豊臣（当時は羽柴）秀吉が立腹し決裂する。本稿はそこまでは触れず、信長が義昭を擁して上洛し、後に追放に至るまでについて、主として牛一『信長公記《しんちょうこうき》』（奥野高広・岩沢愿彦校注、角川ソフィア文庫、一九九九年〈初版は一九六九年〉のものを用い、ルビを加除する等、適宜表記を改めた）や甫庵《ほあん》『信長記《しんちょうき》』（神郡周校注、現代思潮社、一九八一年、上・下二冊のものを用い、ルビを加除する等、適宜表記を改めた）、『総見記《そうけんき》』の記事からうかがえる信長像をみていきたい。

義昭、信長を頼る

牛一『信長公記』の巻一は、足利義輝の殺害事件の記事から始まり（それ以前の信長のことについて記した「首巻」を備える諸本もあるが、他の巻とは別に作られたと目され、ここでは考慮の外におく）、義昭の将軍就任とそれを後見した信長の事跡を記す。このことは、信長の人生におけるこの事跡の重要さを示している。地方の一戦国大名であった信長が、義昭を将軍に擁立した立役者として、換言すれば、将軍という権威を直接的に支える大名として、国内の注目を浴びる存在になったことに他ならないからだ。

その記述は、要点だけを簡略にまとめたものであり、信長の上洛までの種々の合戦も、多くは淡々と記されていて、それゆえに却って真実味を感じさせる。

この一連を後代のものに目を転じてみる。信長の事跡をまとめた代表的な読み物に、甫庵『信長記』や『総見記』を挙げることができるが、これらには文章の肉付けがされ、多くの虚構が見えることは、早くから言われている。

甫庵『信長記』は、序にいうように牛一『信長公記』に基づいており、始めは、永禄年中（一五五八〜七〇）に至る世の興亡、義輝殺害と義昭脱出（牛一『信長公記』よりも分量は増え、章立てがされる）というふうに書き出される。しかし義昭が信長を頼ろうとし、信長が登場した後は、牛一『信長公記』では上洛に向けて信長が進撃を始めるのに対し、甫庵『信長記』では、話が一度途切れ、織田家の興り、現在に至るまでの織田家、信長の合戦譚などの話となり、構成が変わる。新しい人物が出てきたときに、その人物についての由緒を語る軍記物や、後代の実録類に散見される手法である。

さて、義昭が上洛にさいし、信長を見出した経緯を見てみよう。牛一『信長公記』では、次のようである。

> （朝倉義景は）我国において雅意《がい》に振舞ひ、御帰洛の事中々其詞を出だされざるの間、是又公方様御料簡なく、此上は織田上総介信長を偏憑《ひとへにたの》み入られたきの趣仰出だささる。既に国を隔て、其上信長尫弱《わうじやく》の士たりといへども、天下の忠功を致さんと欲せられ、一命を軽んじ、御請なさる。（巻一）

ここでは、なかなか自身の帰洛のために動こうとしない義景に義昭が業を煮やし、ついに信長を頼もうとすることのみが、記される。

これが甫庵『信長記』（巻一之上「義昭公潜に南都を落ち給ふ事」）になると、右の場面の過程で、義昭が信長の助力を得ようと思い至るエピソードが加わる―義昭は、信長の力を借りるのが良いかどうかを占ってみようと、上野中務《なかつかさ》大輔（清信）に相談、上野の助言により、一栢《いっぱく》（朝倉義景に仕えた医師）の末弟で大華という者に吉凶を占わせると、吉と出て、義昭は信長を頼む事に決心する、というものであった―。

実際には、義昭はこれ以前より、信長のみならず、上杉謙信を初めとする諸大名（上杉謙信が最も多かったようだ）に、義輝を殺害された無念を晴らすべく協力を要請する御内書を送っていたことがわかっている。太田牛一や小瀬甫庵がそのような情報を得ていなかったのかもしれないが、いっぽうで信長の事跡を書き残す書としての意識もあり、数多の大名の中から義昭はとくに信長に目を付けたという書き方になるのだろう。甫庵『信長記』の方は、これに占いの結果を盛り込み、義昭が信長を見出したのは天命に沿ったこととした。

このことはまた、今後の義昭と信長の入京を予兆させてもいるのである。

大華は占いとともに、「君、徳を治め、臣、職に任じ玉へば、労せずして天下を治め給ふ。御占かくの如し、則ち御帰洛疑ひあるべからず。若し御心得これに反するときは、必ず其の益無かるべし」と義昭に帰洛のさいの心構えを述べているが、これは甫庵の儒教観による治国論が盛り込まれているのは言うまでもない。そしてまた、このことは、後に将軍に就いた義昭が信長によってその座を追われたことにも結び付く。つまり、作品のごくはじめの段階で、義昭の「御心得」が天の道理に反していることを予言してもいるわけだ。

義昭が占いによって信長の価値を確信するというエピソードは、松平忠房『増補信長記』には継承されないが、信長伝説を流布するのに一役買った『総見記』には受け継がれる。『総見記』では、さらに情報を増やしつつ、このエピソードを取り入れる。まず、朝倉と織田の関係を述べた後で両者の不和を示し（巻六「越州朝倉家由来事附織田朝倉不快事」）、義景の上洛の意志がないこと、さらに義景の長子が死去し義景が呆然としていることや「不慮の雑説」として双方の不信（巻七「新公方濃州御動座事」）を述べ、義昭が義景をどうにもあてにできない状況を説く。

一方信長については、国内の状況を鑑み「公方再興の大義を企て

信長のおかげで上洛を果たした足利義昭は涙ぐむ（宝永三年（1706）楢村長教自序『室町殿物語』巻六・平凡社東洋文庫より転載）。

んにはしかじ、然る時は武門の本望之に過ぎずと真実一途に思召し」（巻六「新公方越州御滞留事附三好松永合戦大仏殿炎上事」）、義昭を美濃に招こうとする。それを受けた義昭は、「戦国の時節、人の心いぶかしければ、安否大切の義」（巻七・前掲章）と思い、大華の卜筮《ぼくぜい》を行うことになる。つまり、義昭と信長が手を組むに至った事情が、信長の義昭を受け入れたいという希望と、それを受けた義昭が信長の人物について占うという、より合理的な説明となっていることがわかる。

信長が義昭という大義の為に上洛する、という姿勢は甫庵『信長記』にも見えるが、『総見記』には、右に示した箇所の少し後にある、近江の浅井の処置をどうするかを家臣と話し合う場面において、次のように記される、原本は片仮名本。底本は国立公文書館内閣文庫所蔵本を用い、適宜表記を改めた。

織田上野《ママ》介信長公、其比岐阜にまし〱て天下一統の大義を心ざし、倩々《つらつら》思案を廻し給ふが、江州は美濃に続いて帝都の道筋也、先づ江州を従へずんば、帝都に旗を立て五畿内を治め難し、畿内治らずんば、天下を一統成り難しとて、家子老臣を集め、江州退治の御相談あり、佐久間右衛門尉信盛進出でて申しけるは、内々の思召し立ち御尤もに存じ奉り候、凡そ士たる者一たび天下を望む事、是れ武門第一の先途に候。（巻六「浅井備前守長政被成御縁者事」）

信長の時代の「天下」の語は必ずしも地理的身分的に日本国内普くという意味ではないが、十八世紀後半成立の『総見記』の、右の引用中の「天下」の語は、「畿内治らずんば」と直前にあることから、国内の土地と人びとを指してよいと思われる。したがって、ここで信長の言う「天下一統の大義」とは、あくまでも義昭を将軍を中心とした、治国を意味している。だが、それに続く佐久間信盛の「凡そ士たる者一たび天下を望む事、是れ武門第一の先途に候」は、少し様相が異なってくる。ここからは、自己の領域を掌握する、というニュアンスがもう少し感じられる。「先途」の意味が少しわかりにくいが、行く末とか、未来というような意味合いであろう。この発言に対する信長の態度は記されないが、この信盛の言に、信長が天下掌握の野望を最初から抱いているとする見方の萌芽を読み取ることは、不可能ではないだろう。このような、国内を手中に収めようとする信長像の兆しは、甫庵『信長記』においても、上洛を果たした信長が、紹巴《じょうは》から二本の扇とともに「二本（＝日本）手に入る今日の悦び」の句を捧げられる所（巻一之上「義昭公御帰洛の事」）にも伺うことができる。

信長の上洛

信長は永禄十一年（一五六八）九月七日に岐阜を出陣、約三週間で上洛を果たす。このような進撃の早さは、信長の行動の素早さ、戦上手といったイメージを作ることになる。さて、京に上った信長に対する洛中の人びとの反応を見てみると、甫庵『信長記』では次のように記される。

京中の貴賤上下、此の信長卿こそ幾程の強敵を打平らげ、国々伐治められし事共を、兼々伝へ聞きしかば、誠に鬼神よりも恐ろしげなるに、今京入りと聞くよりも、こはいかに、いかなる憂目にかあはんずらんと、恐れおのゝく事限りなし。異国より鬼が渡つて、人礫などを打ち、餌食には人をのみすると云ひて、童などが恐るゝよりは、遙に越えてぞ見えたりける。或は丹波若狭隣国へ、有縁無縁を云はず落行くもあり。或は淀の河舟に取乗り、其より遠島に赴くもあり。又其の名も定かなる輩は、妻子家財等、それ〴〵の便りを求め送り遣はし、其の身計りは、御入洛目出たき祝意申上げんとて、己が家々に居けるが、思ふどち寄合ひては、如何なる事にや逢ひなん。若し引かへて安き事も有りてはなど、思残す方もなく、案じ煩うてぞ居たりけるに（以下略）（巻一之下「義昭公御帰洛の事」）

牛一『信長公記』での入京記事は、信長の行動を簡潔に記しているのだが、甫庵『信長記』では、まるで信長が人食い鬼でもあるかのような見方がなされ、都の人びとの混乱ぶりが描かれる。実際の信長入京がどれほど人びとに恐れられていたかはわからない。確かに、京都の外から、行く手に待ち受ける敵を打ち倒しながらやって来るのだから、都人がおののくのも無理はない。なお、甫庵『信長記』は、都人の言（巻一之下同章「寿永の古、木曽が京入りしたる様にこそあらめ」）を借りて、信長の姿に、木曾義仲の姿を重ね合わせている。

しかし、信長は、義仲の再来でも人食い鬼でもない。先掲紹巴の句に付けた「舞ひ遊ぶ千世万代の扇にて」の句を詠み、都に取り戻された平和を言祝ぐことにより、人びとを安心させる。都人は、「息を安め」、信長はまた京都の安定を望み、菅屋九右衛門に自軍を律させる。つまり、信長上京前の都人が抱いた不安を活写することにより、その後の京都への処置、ひいては民を思う信長の人物像が強調されることになる。なお、『総見記』では、この場面に、都人の混乱は描かれていない。

上洛後の義昭と信長――双方の不和まで

上洛後の義昭と信長の関係は、最近の研究でも説かれているように、信長は、義昭を傀儡として将軍の座につかせ、政権を掌握したわけではなく、あくまでも主体は将軍であり、信長はその支援者という立場で、両者の連合政権における政務を取り仕切ろうとしていた。だが、上洛当初は信長を「父」とまで称した義昭との蜜月は、すぐに不協和音が生じる。永禄十二年十月の伊勢攻めの後、報告に義昭の元を訪れた信長が、すぐに岐阜に戻ってしまうこと（牛一『信長公記』にもこの記事はみえる）が、不和の表面化とされている。伊勢大河内城攻略に難渋した信長に対し、おそらく義昭が敵である北畠側との調停に動き、このことによって義昭と信長の力関係のバランスが崩れたためと考えられている。

甫庵『信長記』の大河内合戦の場面（巻二「浅香城降参幷大河内城没落の事」）では、激戦の様が描かれるも、当然、信長の分が悪いようには記されない。敵方が降参し、「誠に其の様哀れに見えければ、此の上はとて身命を助け城をば請取らせ給ひて」と、むしろ有利に描かれる。『総見記』になると、信長は「御思案を廻され、織田掃部助に仰付られ、矢文を射て御曖《あつかひ》の事有り、掃部御使を仕り、和睦の義を申し遣す」（巻八「大河内城攻国可和睦事」）と、信長の発案によって和睦が為されたことにされる。

この合戦後、永禄十三年正月に、義昭と信長の間で取り交わされた五ヶ条からなる条書は、信長が義昭の権限を制限したもので、双方の不和の要因の一つとされているものだが、内々で交わされるような、他の目に触れ得なかったと考えられるものであり、甫庵『信長記』『総見記』いずれもこのことには触れない。むしろ甫庵『信長記』『総見記』の二書は、信長と義昭との不和にいたるまでの種々の経緯は記さず、元亀三年（一五七二）九月に信長から義昭に出した十七条の意見書の話によって、両者の不和を決定的なものとする。甫庵『信長記』は義昭の叛心を「こはそも何事ぞや」（巻六「室町殿御謀叛の事」）と、『総見記』は「こゝに不思議の大変あり」（巻十二「公方家御野心事同信長御諫書事」）と、予想外の、起こるべきでないことが起こったというような書き方をすることで、双方の関係が破綻し大きく世の中が変わることが劇的に示される。

実際は、信長が様々な方面から、義昭を少しずつ圧倒し政権を握っていったということなのだろう。義昭の事跡を記す『室町殿物語』で、信長のことを「此のごろは、公方をもし給はず、をのが被官の会釈にとりなし給ふに付けて、日ごろ思し召す恩謝を忽ちにひるがへして、怨をむすばん事をぞ思し召しける」（巻六「公方へ織田上総介使札の事」）と描くのは、そのことを端的に表している。

義昭追放

義昭は当然激怒し、朝倉や浅井、本願寺などに御内書を出し、信長征伐を試みようとした。だが、信長は、君臣の関係を維持しようとし、義昭との和睦につとめたようだ。牛一『信長公記』では、義昭に人質まで送ったと記す（巻六）が、その甲斐もなく、信長は実力行使に出る。

信長は京都に上り、自軍で京都の周囲を囲み、洛外所々を焼きたて、さらには洛中に侵入し、上京を焼き、将軍御所を取り巻き、義昭は漸く信長と和睦をする。信長の姿勢が、あくまでも将軍への敬意を失っていないことは、甫庵『信長記』や『総見記』まで共通する。甫庵『信長記』での信長による、殷の紂王が臣に討たれたのも万民を救うため、との言（巻六「信長卿攻上らるゝ事」）も、やはり治世に対する大義を掲げる側面が強い。岐阜に引き上げる時には、義昭の二度目の謀叛を想定して大船を作らせるが、義昭の将軍としての振る舞いや、信長への異心を「不義」とし、「重ねて（義昭が）不義を思召し立ち玉はゞ、痛ましながらも討果たすべきぞ」と、ここでも君臣間の関係を重んじた姿が描き出される。

七月に義昭は再度反旗を翻し、宇治槙島《まきしま》に布陣する。甫庵『信長記』は、信長の上洛時と同様、ここでも『平家物語』の面影をにじませ、梶川弥三郎の宇治川先陣の話を盛り込む。甫庵『信長記』では、信長の側に仕えていた武井夕庵《たけいせきあん》が、宇治川の先陣が誰であろうかと言うと、信長は梶川であることを言い当て、その後稲葉伊予入道《いなばいよにゅうどう》が、梶川の心意気を支えようと自ら後ろに続いた話をするのを信長は聞き、一番乗りの私心を捨てた伊予を「天下国家を思ふべき者」と讃え、感状を下している（巻六「室町殿重ねて御謀叛の事」）。ここでもやはり、信長の「天下静謐」の大義を重んじる姿を描くが、『総見記』では、そのような信長像は薄れ、信長の側に仕えていた武井夕庵が、宇治川の先陣が誰だろうかと言うと、信長が梶川であることを言い当て、「皆人不思議」と言い合ったという、どちらかといえば常人離れした軍師像を強めた書き方がされる（巻十二「公方家御退去宇治合戦信長公洛中御仕置事」）。

義昭は降参し、河内若江まで木下秀吉によって送られる。牛一『信長公記』では義昭の惨めな姿を詳述するが、甫庵『信長記』や『総見記』は、簡略な叙述に留めている。信長と室町幕府、とくに足利義昭との関係は、ひとまずここで終わる。京都を追われた義昭は、河内から紀州、そして中国の毛利を頼ることになり、後の中国攻めにつながっていく。

おわりに

牛一『信長公記』、甫庵『信長記』、『総見記』における信長と義昭あるいは室町幕府との関係を記した箇所を通覧すると、信長が最初から足利義昭を利用して、国内を手中に収める野望を抱いていたような書き方はされていない。だが、そのような解釈を可能にさせるような萌芽は確かに存在する。こういった萌芽が後年、徳富蘇峰『近世日本国民史　織田信長』や山岡荘八『織田信長』、そして司馬遼太郎『国盗り物語』等によってイメージが膨らまされ、それが書籍、映画、テレビ等を通じて定着していく。

●参考文献

池上裕子『織田信長』（吉川弘文館人物叢書、二〇一二年）
神田千里『織田信長』（ちくま新書、二〇一四年）
久野雅司「足利義昭政権と織田政権―京都支配の検討を中心として―」（『歴史評論』六四〇、二〇〇三年八月）
谷口克広『信長と将軍義昭』（中公新書、二〇一四年）
堀新編『信長公記を読む』（吉川弘文館、二〇〇九年）

●コラム

信長とフロイス

▼桐野作人

衝撃的な遭遇と異例の厚遇

「この尾張国主（信長）は年齢三十七歳ほどで、背は高く痩せており、鬚《ひげ》は少ない。声はよく通り、軍事的修練に深く没頭し、粗野である。正義と慈悲の業を好み、尊大で名誉を非常に愛する。大いに決断を秘め、戦術に関してはいとも巧みであり、規律や家臣の助言には僅か、或いはほとんど全く従わず、諸人から極度に畏敬されている」

イエズス会宣教師ルイス・フロイス（一五三二〜九七）は、初めて織田信長に会ったとき、その容姿や気性、武将としての能力や特質をこのように描写した。これらの信長評はフロイスが間近で目撃し、伝聞したであろう信長の姿をじつに詳細かつ具体的に叙述したことの一部である。

日本人の史料では、このような具体的な人間描写の叙述にはほとんどお目にかかれない。フロイスの日本人に対する尽きせぬ興味、旺盛な好奇心の賜物であるとともに、イエズス会の教線伸張にあたり、新興権力者である信長の協力・援助を得るため、その情報を集める必要があったともいえよう。

フロイスは永禄六年（一五六三）六月に来日、翌七年十二月、入京を果たした。しかし、キリシタンに寛容だった将軍義輝が殺害されると、反キリシタン勢力によって退京を余儀なくされ、堺や尼崎などを転々としていた。そこへ、信長が足利義昭を擁して上洛してくると、好機到来と判断してキリシタンの理解者である幕臣の和田惟政《これまさ》の仲介により、日本人修道士のロレンソとともに再上京して信長に面会を求めたのである。

二人が初めて遭遇したのは、永禄十二年（一五六八）二月末か三月頃、将軍義昭の二条第造営現場においてだった。そこで、フロイスは衝撃的な場面を目撃する。信長はみずから工事を監督していたが、一人の兵士が戯れに女性の顔をのぞこうとして被り物を上げた。たまたま信長はそれを目撃すると、たちまち兵士の首を刎ねたのである。

初対面にしては何とも凄惨な光景だった。それはともあれ、信長はフロイスとの対面に乗り気だった。

普請場の堀にかかる橋の上で待っていた信長はフロイス一行をそば近くに招き入れた。フロイスは親善のしるしに信長に金平糖《こんぺいとう》入りのガラス瓶と蝋燭数本を贈った。

信長は遠方からやってきたフロイスに興味津々で、年齢や来日までのいきさつ、日本滞在の目的などを詳しく尋ねた。フロイスもまたイエズス会の宗旨を説明したうえで、比叡山延暦寺や禅宗の学僧との宗論、洛中での滞在を認め、諸役を免除する信長からの朱印状の下付、将軍義昭への謁見などを希望すると、信長はそのほとんどを承認した。信長は洛中と信長領国での滞在を認め、諸役を免除する朱印状を与えるなど、会見は上首尾に終わった。さらに信長の勧めにより、将軍義昭もイエズス会に諸役免除の制札を与えている。

信長の態度で興味深いのは、和田を介したフロイスからの贈り物を受け取らなかったことである。その理由として、次のように語ったという。

「国主（信長）は笑って、司祭（フロイス）の側から金銀を贈る必要はなく、司祭は異国人ゆえ、もし彼が許可状のために司祭から金銀を受け取れば、己れについて悪しき香りの評判が流れるのに十分である」

信長は収賄の評判が立たないように贈り物を受け取らないことによって、フロイスに、ひいては世間に対して、公正で廉潔な「王」として振る舞って、自分の評判（外聞）を気にしているのが面白い。

岐阜下向――「すべては予の権力の下にある」

その後、信長はよほど気に入ったのか、フロイス一行を度々引見したという。なかでも、信長が岐阜に帰る前日の四月二十日の対面が面白い。反キリシタンの僧侶、朝山日乗との宗論が信長の前で勃発したからである。

日乗は後奈良天皇から上人《しょうにん》号を授与され、荒廃した禁裏御所《きんりごしょ》の修築による朝廷再興を念願としていた。その点では信長にも重用されており、朝廷、幕府、信長という三つの権門の間で奔走していた。フロイスによれば、日乗は雄弁家で、古代ギリシャの雄弁家、デモステネスのようだったという。その一方で、日乗は熱烈なイエズス会排斥論者で、朝廷を動かして、宣教師の京都からの追放を図ったほどだった。

信長とフロイスの対面の場に日乗も同席していたため、成り行きでフロイスやロレンソとの宗論となった。おそらく日乗が仕掛けたのだろう。とくに争点となったのは霊魂の存在の有無についてだった。その存在を主張するフロイスらに対して日乗は激怒して、「汝は霊魂が存在すると言うのであるから、今ここで私に見せるべきである。そこで私は存在すべき知的物質を見せてもらうため汝のこの弟子(ロレンソ)の首を斬ることにする」と叫び、信長の刀に手をかけて鞘から抜こうとした。信長は立ち上がって日乗を押さえつけ、和田惟政らが刀を奪い取ったので事なきを得たという。もっとも、イエズス会側の主張だから誇張や脚色も多少混じっているかもしれない。

この一件後、信長が岐阜に帰ると、日乗は朝廷に訴えて伴天連《ばてれん》追放の綸旨を得た。そしてこれをもって将軍義昭に迫ったが、義昭はこれを拒絶した。しかし、宣教師を嫌悪する勢力は日乗だけでなく、朝廷や公家にもいたばかりか、日乗が武装した武士を率いて、イエズス会の会堂を襲撃するかもしれないという噂が立った。京都の不穏な情勢を心配したフロイスは岐阜に下って、再び信長を頼ったのである。

フロイスの岐阜下向はよく知られている。それはこの年五月下旬の頃だった。フロイスは柴田勝家・佐久間信盛・木下秀吉の取次により、信長とじつに三度対面している。一度目は岐阜城の山下《さんか》にある信長の居館(現・岐阜公園千畳敷)で会った。信長は四階建ての居館を自ら案内するという異例の厚遇を示した。一階は信長の居所で、おそらく狩野派の手になる障壁画や障屏画で彩られていた。二階は「婦人部屋」、三階は茶室、四階は望楼で、岐阜城下を一望できたという。

案内する信長がフロイスに珍しく謙遜して以下のように語ったという。

「己れの屋敷を見せたいが、他方、私がヨーロッパやインドで見たものと比べれば彼の建築は見劣りするので、そうすることを恥ずかしく思う。しかし、はなはだ遠方から来たのであるから、彼自ら案内役となって我らに披露すると述べた」

フロイスはその著書のなかで信長の性格を詳しく述べているが、その一節に「幾つかのことでは人情味と慈愛をしめした」と述べている。フロイスへの親切と謙遜はこれに該当しよう。

そして、フロイスの岐阜下向をもっとも有名にしているのは二回目の会見のときである。フロイスは本題を切り出して、将軍義昭から宣教師を保護する旨の御内書を発給してくれるよう依頼した。すると、信長はさっそく右筆に命じて、その趣旨の文書を書かせた。そのうえで、重臣たちが列座しているなかで有名な台詞を述べた。

「いっさいは予の力のもとにあるが故、内裏も公方様も意に介するに及ばず、汝は予の言うことのみを行ない、汝の欲するところにいるがよい」

天皇や将軍よりも信長の意志が優越するというのだから、これ以上の言質はない。フロイスは十分に目的を達して満足したのではないか。

その後、信長はフロイスに山頂にある天主への入城も勧めている。フロイスは信長がここで家族や一部の近習とともに過ごしているのを目撃している。近世天守に大名が日常的に居住することはないが、信長は岐阜でも安土でも天主で生活していたことがわかる。

フロイスは岐阜で信長の専制君主的な一面を目撃している。いかにも信長らしい挙動だといえよう。

「彼が僅かに手で立ち去るように合図するだけで、彼らはあたかも眼前に世界の破滅を見たかのように互いに重なり合って走り去るのであり、また、公方様がもっとも寵し、この都で非常な権勢を有する貴人らも信長の前では両手と顔を地につけるのであり、彼らの中に顔を上げる者は一人もない」

信長の振るまいが目に見えるような記述である。決して日本人の記録ではお目にかかれない信長の性向についての具体的で貴重な証言だといえよう。

フロイスは天正四年（一五七六）十二月、後任のオルガンティーノに都教会長の職を譲って畿内から豊後臼杵に移った。それから五年後の同九年二月、折から来日した東インド巡察師のヴァリニャーノに同行して再び畿内にやってきた。

二月二十八日、洛中で挙行された信長の馬揃えにフロイスはヴァリニャーノとともに招待され、来賓席で見学している。このとき、信長はヴァリニャーノから贈られた豪華なビロード製の椅子を家来に高く持ち上げさせ、一度は下馬して座ってみせた。

その後、信長はヴァリニャーノ一行を安土で歓待し、ヴァリニャーノに安土城を描いた屏風（狩野永徳作）を贈呈している。とくに七月十五日の盂蘭盆《うらぼん》会《え》での信長の趣向は有名で、牛一『信長公記』にも描かれた。安土城天主や摠見寺《そうけんじ》に提灯を多数釣らせて一種のイルミネーションにして一行に披露したのである。また信長は城下に造られたセミナリオ（神学校）を訪れて、少年たちが演奏する西洋音楽を興味深げに聞いたこともよく知られている。

フロイスが信長と会ったのはこれが最後だった。ヴァリニャーノの来日と信長の大歓待は織田政権とイエズス会との蜜月が最高潮に達した時期だったといえる。フロイスはそれを目撃し、長く記憶することになった。翌年六月、信長が本能寺の変で最期を迎えたとき、フロイスは遠く肥前口之津でその知らせを聞いたのである。

●参考文献
『十六・七世紀イエズス会日本報告集』第Ⅲ期第３～６巻
松田毅一監訳　同朋舎出版

6 元亀の争乱

桐野作人×井上泰至

戦争の記述は、往々にして敗者に厳しい。敗北の責任を、主将の一人の「暗愚」に求め、残念ですねとわかりやすく語ってみせる。信長最大の危機であった「元亀《げんき》の争乱」の場合、軍記ではみすみすチャンスを逃す朝倉義景《あさくらよしかげ》の無能さによって説明される。実際は、信長と同盟を組んでいたはずの浅井長政《あざいながまさ》の離反が、信長の説明不足によるものだったり、浅井・朝倉と信長の一旦の講和も主役は足利義昭であったりしたことがわかってきている。勅命を重く見、義昭を軽んじて来た従来の史学は、朝廷と信長の関係を重く見る幕末以降の史観に無意識に囚われていたものだったか。

実像編

▼桐野作人（武蔵野大学政治経済研究所客員研究員）

元亀元年（一五七〇）から同四年まで三年余も続いた信長と反信長勢力の抗争を「元亀《げんき》争乱《そうらん》」と呼ぶ。信長の生涯でもっとも苦境にあったといわれる。発端となった越前の朝倉義景《あさくらよしかげ》攻めで浅井《あざい》長政《ながまさ》の離反を招いたのをきっかけに、抗争は畿内全域そして近国にまで拡大した。終盤には東国の武田信玄が西上し、信玄の催促を受けた将軍義昭まで挙兵する。しかし、信玄の死去により信長は危機を脱する。最後は将軍足利義昭を追放し、朝倉・浅井の両氏を滅して元亀争乱は終息する。

信長の将軍権力代行と越前攻めの経緯

織田信長の生涯でもっとも苦境で四面楚歌にあった時期は元亀争乱だといわれる。その時期は信長が越前の朝倉義景を攻めた元亀元年（永禄十三年、一五七〇）四月から、将軍足利義昭を追放したうえで朝倉義景と浅井長政を滅亡させた同四年（天正元年、一五七三）八月までの三年有余である。

この期間、信長は対信長包囲網と呼ばれるほど各所の敵対勢力と戦わなければならなかった。それは朝倉・浅井（以下、越・江と略す）両氏をはじめ、三好三人衆《みよしさんにんしゅう》、近江《おうみ》六角氏《ろっかくし》、松永久秀《まつながひさひで》などの大名や武家だけでなく、比叡山延暦寺、大坂本願寺と近江・伊勢一向一揆など宗教勢力も信長の前に立ちふさがった。その終盤には、武田信玄も西上して信長に挑んだばかりか、信玄に督促された将軍義昭さえも信長に対して二度も挙兵した挙句、ついに信長から追放されて室町幕府が事実上滅亡するという大動乱の時代だった。

多数の大名や諸勢力が関与し、複雑な経緯をたどった元亀争乱のすべてをここで述べるのは紙数の関係で難しい。そのため論点を絞ってみたい。①まず、元亀争乱を信長の立場・視点からとらえ、その発端となった越前出陣の意味と位置づけを検討する。②次に越・江軍と正面から対峙して持久戦となった志賀の陣が「江濃越一和《ごうじょうえついちわ》」という形で和睦に至る過程を再検討する。そのなかで、和睦をいわゆる「勅命講和」とする見方への疑問と、それに関連して、和睦を望んだのは軍事的に不利、劣勢だった信長であるという通説についても検討の余地があると考えている。

元亀争乱の発端は信長が越前の朝倉義景攻めを企てたことである。その経緯を見てみよう。永禄十三年一月、信長と将軍義昭の間で幕府政治の運営について両者の合意が成立した。いわゆる五か条の条書である。その第四条「天下の儀はどんなことでも信長に任されたうえは、たとえだれであろうと将軍の意見をきかずに自分の裁量で成敗する」という一節が注目された。これについて、かつては当該期の幕府政治は両者の二重政権だという評価があった。近年では、信長は「天下静謐《せいひつ》執行権」を委任されたと評されていたり、将軍義昭から信長は「准官領《じゅんかんれい》」の地位を得て幕府秩序に組み込まれたという見方も出てきた。いずれにしろ、信長は将軍権力の代行、とくに軍事動員権を発動できる地位や権限を得た点が重要だと考える。

五か条の条書の発給当日（一月二十三日）、信長は畿内近国や遠国の大名・有力武家に対して上洛を命じる触状を送っている（『二条宴乗日記』）。名目は「禁裏《きんり》御修理・武家御用」である。対象となったのは北畠具《きたばたけとも》教《のり》、徳川家康、三好義継《みよしよしつぐ》、畠山秋高、松永久秀、六角承禎《じょうてい》、浅井長政などの大名や守護のほか、能登、甲斐、淡路、因幡、備前など遠国大名の名代も挙げられていた。信長は将軍権力の代行者という地位を得てからこの触状を諸国へ発給したのである。その意味では両文書はセットで不可分の関係にあったといえよう。

しかし、不思議なことに、この触状の宛所《あてどころ》には越前の朝倉義景の名前が含まれていないのである。義景は近国大名であり、しかも一時期、将軍義昭を庇護した恩人でもあるだけに、信長が上洛要請をしないのは不自然である。書き落としでなく意図的だとすれば、遅くともこの時点で、信長は義景を狙い撃ちにしようとしていたといえるだろう。

なお、後世の軍記物『朝倉家記』には、信長から上洛の催促があったが、義景と重臣たちは信長が当家よりはるかに格下であることを理由にそれを拒絶したと書かれている。その真偽のほどは不明だが、信長が将軍権力を代行する地位を望んだのは、同じ斯波《しば》家中で家格が上の朝倉氏（越前守護代）に対して優位に立ちたいという意識もあったかもしれない。

ところで、信長がかなり早い時期から越前攻めを考えていたのはたしかだと思われる。永禄十二年（一五六九）八月十九日、使僧の朝山日乗《ちょうざんにちじょう》が毛利家にあてた書状案には、信長が阿波・讃岐の三好三人衆か、越前の朝倉氏のどちらかを攻撃目標にしたいという記述がある。このような信長の戦略方針を実現するために、五か条の条書と触状の発給が必要だったという面もあるのではないだろうか。

いよいよ信長が越前に向けて進発するのは四月二十日である。しかも、それは織田勢単独ではなく、将軍権力代行者としての立場から幕府軍を率いるという体裁をとった。それにもかかわらず、信長が表立って朝倉義景追討という大義名分を掲げた形跡はない。のちに信長は毛利元就《もうりもとなり》に対して、「（若狭の武藤友益が）悪逆を企んだので成敗する」という上意があったので出陣したと、その目的を述べている。これはむろん、表向きである。武藤は若狭守護武田氏の四老臣の一人で、朝倉氏と通じていたともいう。信長は越前周辺への出陣さえかなえば、その勢いで一気に越前へ侵攻できると考えていたのだろう。

この奇襲的な越前侵攻は国境の天筒山《てづつやま》、金ケ崎《かながさき》の両城を攻略するなど緒戦は勝利を収めたが、よく知られているように、妹聟である浅井長政の挙兵によって挟み撃ちの危機に陥ったため、信長は急遽撤退を余儀なくされた。俗に金ヶ崎の退き口と呼ばれる敗戦だった。長政（と父久政）の裏切りの原因は諸説あるが、義景が将軍義昭を庇護した恩人であり、当然義昭に対して叛意がないにもかかわらず、信長が越前へ侵攻するのは無名の出師《すいし》で許しがたいという憤りもあったのではないだろうか。これを契機に、越・江の攻守同盟が結ばれたことが元亀争乱を長期化させる最大の要因になったことも間違いない。

志賀の陣と江濃越一和の再検討

次に、②志賀の陣と「江濃越一和」について検討する。その前提として、畿内方面での信長・幕府軍と三好三人衆や大坂本願寺との戦いを見ておきたい。

越前侵攻で苦杯をなめた信長は六月、浅井長政の裏切りに報復するために江北に侵攻して浅井方の横山城を囲んだ。これを機に姉川合戦が起こる。長政は単独で抗しがたいため、朝倉義景の援軍を仰いだ。緒戦で信長は苦戦するが、最後は横山城包囲軍が加わって、越・江軍を敗走させた。

ところが、それから一か月もたたない七月、今度は三好三人衆とその与党が阿波から渡海して摂津に上陸し、野田、福島に要害を築いて立てこもった。これに対して、信長は将軍義昭とともに出陣した。この幕府軍は六万という大軍だったため、三好三人衆方から離反者が続出した。幕府方は根来《ねごろ》・雑賀《さいか》衆の三千挺の鉄砲で銃撃を加えたため、三好三人衆は和睦を申し入れてきた。しかし、信長はそれを許容せず、あくまで攻め潰すつもりでいた。

そこへ信長を驚かす出来事が起こる。九月十二日、野田、福島に近い大坂本願寺が突如として挙兵し、背後から幕府軍を攻撃したのである。『細川両家記《ほそかわりょうけき》』には「信長方仰天也」とあるほどだった。加えて、暴風雨の襲来によって淀川が氾濫して幕府方の陣所の多くが水没してしまった。そのため、信長たちは撤退を余儀なくされる。しかも、本願寺の挙兵からわずか四日後、越・江軍が湖西を南下して近江坂本に迫った。明らかに本願寺や三好三人衆と示し合わせた軍事行動だった。

ところで、本願寺はなぜ突然挙兵したのだろうか。本願寺の法主顕如《ほっすけんにょ》は挙兵の二日前、浅井父子に加勢を求める書状を送っている。おそらく朝倉義景にも同様の書状を送ったと考えられる。すなわち、本願寺はあらかじめ越・江両氏と打ち合わせて、その援軍をあてこんでの挙兵だったということである。それに伴い、顕如は息子 教如《きょうにょ》と義景の一女との婚約も成立させていた。同様に、本願寺は三好三人衆に対しても事前に信長から難題を持ちかけられて苦慮していることを伝えており、三好三人衆とも通じていたことは確実である。さらに江南の六角承禎もともと本願寺と親和的であるうえに、平島公方と呼ばれた将軍義栄《よしひで》をともに擁立した関係から三好三人衆とも懇意な仲だった。

こうして、越・江軍に大坂本願寺、三好三人衆、六角氏を加えた反信長同盟が形成されていた。これは同時に、反幕府＝反義昭の同盟でもあり、その背景には足利将軍家の分裂も影を落としていた。この重層的な対立構図から、将軍義昭はあくまで信長と結び、協調することが自身の将軍権力を維持するために不可欠だと考えていたことに留意しておきたい。一方、朝廷も義昭＝信長側に立ち、「天下静謐」に敵対する本願寺を叱責するとともに早期の停戦を命じるため、勅使派遣を計画した。だが、この勅命講和は実現しなかった。

信長は将軍義昭とともに京都に撤退したものの、正面に三好三人衆と本願寺、背後に越・江軍と六角氏が迫って比叡山に陣取っていたため、挟み撃ちされたうえに尾濃本国と切り離されてしまう窮地に陥った。さっそく九月十六日には越・江軍が比叡山南麓にある織田方の拠点、宇佐山《うさやま》城を攻め、二十日には城将森可成《よしなり》を戦死させている。さらに大津や京都南郊の醍醐、山科に放火している。

信長が将軍義昭を守って帰京したのは二十三日深夜である。そして翌二十四日早朝、逢坂《おうさか》越えで坂本に進軍した。下坂本に陣していた越・江軍は突如現れた織田軍主力に驚いて比叡山の峰々に逃げ上った。これを機に越・江軍と織田軍の対峙が三か月近く続く。志賀の陣である。越・江軍は主に比叡山東側の支峰（蜂が峰・青山・局笠山《つぼかさやま》など）や山頂部、東麓の上坂本に布陣していた。対する織田軍は下坂本以南から穴太《あのう》、田中、唐崎《からさき》、京都側の勝軍山《しょうぐんやま》、八瀬《やせ》・大原まで比叡山をほぼ包囲する形で布陣した。信長自身は宇佐山城に本陣を置いた。そして比叡山の包囲態勢をほぼ完成させて「干殺し」の兵粮攻めを企てた。

そのうえで、信長は次第に優位を広げようとして、反信長勢力の切り崩しに着手する。十一月二十一日、まず六角承禎・義治父子との和睦が成立した。承禎はわざわざ志賀の信長本陣に出向いて信長に礼を述べたほどだった。さらに同日、松永久秀の仲介で、三好三人衆を支えていた阿波三好氏の有力者、篠原長房《しのはらながふさ》との和睦も成立した。『尋憲記《じんけんき》』によれば、この和睦は信長と阿波三好氏（当主三好長治）の和睦であり、その証として久秀の娘と長治（当時、十八歳）の縁組みも成立している。しかも、この和睦では三好三人衆を排除するとあり、同衆の孤立化をもたらすものでもあった。

反信長勢力の離反や分断に成果を収めて優位を築いた信長は比叡山への包囲網をさらに強化する。季節は冬であり、越前・近江国境が豪雪になると、とくに朝倉勢は通路を塞がれて本国への退路を断たれる恐れがある。そのためか、『信長公記』巻三によれば、十月二十日、朝倉方から和睦の申し入れがあった。しかし、信長は一蹴している。これについては、『信長公記』は織田方の史料だとして否定し、志賀の陣は信長が不利だったとする見方もある。しかし、比較的中立の『尋憲記』にも十月二十一日と思われる日、浅井方から「詫言《わびごと》」があったが、信長が同心しなかったとあることから、越・江方から和睦の申し入れがあったのは確実で、同時に信長がそれを拒絶しているのも間違いない。このやりとりをみると、越・江方が不利を、信長が優勢を、それぞれ自覚しているとみるべきだろう。

信長はさらに包囲網を完成させようとした。越・江方は湖西の西近江路だけが唯一、本国とつながる通路である。信長はこれを塞ごうとした。十一月二十五日、堅田《かたた》衆の猪飼野《いかいの》・馬場・居初《いそめ》などの国衆が帰参したのをきっかけに、坂井政尚などの譜代衆が堅田城を固めた。退路を断たれることを恐れた朝倉方はそうはさせじと総力を挙げて堅田城を攻め、多数の死傷者を出しながらも堅田城を奪取した。

これにより、信長の包囲戦略は頓挫してしまった。越・江軍の「干殺し」を断念せざるをえなくなった信長は十二月に入ってようやく和平方針を許容する。ところで、この和平は形勢不利な信長が懇望した「勅命講和」であり、信長は正親町《おおぎまち》天皇の「袞龍《こんりょう》の袖にすがった」という説があった。しかし、和平交渉のいきさつを少し具体的にみれば、そのようには読み取れない。『信長公記』巻三によれば、義景が将軍義昭に懇望したので、義昭が和平に乗り出したが、信長は同心しなかった。ところが、義昭が三井寺まで動座して、信長にしきりに上意を示したために、信長はしかたなく和睦に同意したという。

同書は信長寄りの史料ともいえるが、『尋憲記』など他の史料と付き合わせても矛盾しないから、信長のほうから積極的に和平を望んだわけではないことはたしかである。だから、「勅命講和」は過大評価であり、信長が正親町天皇にすがったというのはありえない。天皇の綸旨《りんじ》はあくまで和平に応じない延暦寺のみに限定して発給されたものであり、信長や越・江方はその対象に含まれていない点は留意すべきである。ちなみに、当時の天台座主《ざす》覚恕《かくじょ》（曼殊院《まんしゅいん》門跡）は天皇の庶兄でもあり、その縁から綸旨発給になったと考えられる。

この和平交渉では、将軍義昭の意向を受けた関白の二条晴良《はれよし》が奔走する。『尋憲記』によれば、晴良はこの交渉がまとまらなければ、高野山に退隠する覚悟で臨んだという。その甲斐あってか、義昭・晴良の周旋には信長も義景・長政も応じた。ところが、晴良がもっとも手を焼いたのは信長でも義景でもなかった。延暦寺がなかなか和平に応じようとしなかったのである。晴良が、綸旨・御内書《ごないしょ》・御下知（関白晴良の周旋文書）・

信長起請文という四点セットを示したにもかかわらず、延暦寺が頑なだったため、晴良もさすがに不機嫌になったという。

ともあれ、十二月十日頃にはおおかた和平の段取りが調った。和平周旋の主体は正親町天皇ではなく将軍義昭であり、実際に周旋したのは関白晴良だといえるだろう。そして、この和平交渉が実質的に決着するのは、信長と義景の起請文の交換によってである。そのうち、義景の信長宛て起請文（十二月十三日付）の存在は知られていた。そのおもな内容は、上意（将軍義昭の意向）に対して別心や疎略がないこと、お互いに敵対する者に通じないことを確認するものである。

そして近年、信長起請文（日付は十二月十三日かその直前と推定）の写しも存在していたことを筆者が明らかにした。これに対する答書が右の義景起請文だと思われる。信長起請文は次のように五か条から成り、重要な内容を示している（今枝直方編『後撰芸葉《ごせんうんよう》』）。

一、山門《さんもん》（延暦寺）のことは佐々木定頼（承禎父）の先例に倣う。
二、浅井長政に非分を申しかけず、城割や撤退を行う。
三、近江にある朝倉・浅井方やその与党の身上・領地はそのままとする。
四、大坂本願寺に対して遺恨はない。
五、今後は義景と深く相談すること。

最後に「上意のために申し談じたので誓約する」と結んでいる。

この信長起請文では、義景だけでなく延暦寺、浅井などの反信長の近江衆、大坂本願寺といった義景の同盟者の本領安堵や安全保障まで含めた包括的な和睦条件を認めている。このことは、畿内・近国における反信長勢力の領袖《りょうしゅう》が義景だったことを示している。同時に、信長、義景とも「上意」を尊重することを誓っていることからも、和平斡旋の主体が将軍義昭だったを示している。

以上、①②の論点を検討した。まず信長の越前出陣の意義を信長の地位上昇（将軍権力代行）との関連で把握するとともに、信長がこの出陣の名分を示さないまま、朝倉氏を攻めたことが浅井長政離反の一因となった。結果として越・江同盟が強固となり、元亀争乱の長期化を招いたことを指摘した。次に「江濃越一和」と呼ばれる志賀の陣の和睦交渉の経緯を再検討した。同陣では信長が不利だったために、和睦を望み、とりわけ「勅命講和」を懇望したという通説に対して、むしろ信長は越・江軍の包囲による屈服をめざしており、決して自分が不利だと認識していなかったこと、また「江濃越一和」を「勅命講和」ととらえる通説は妥当でないことを明らかにするとともに、信長とも義景とも懇意な将軍義昭の意向が大きく作用して和平が成立したことを明らかにした。

●参考文献
今谷明『信長と天皇』（講談社現代新書、一九九二年）
片山正彦「『江濃越一和』と関白二条晴良」（『戦国史研究』五三号　二〇〇七年〈のち、同著『豊臣政権の東国政策と徳川氏』思文閣出版　二〇一七年に収録〉）
金子拓『織田信長〈天下人〉の実像』（講談社現代新書、二〇一四年）
桐野作人『織田信長―戦国最強の軍事カリスマ―』（新人物往来社、二〇一一年）
堀新『織豊期王権論』（校倉書房、二〇一一年）
三鬼清一郎「織田政権の権力構造」（藤木久志編『織田政権の研究17』吉川弘文館、一九八五年）
水野嶺「幕府儀礼にみる織田信長」（『日本史研究』六七六、二〇一八年）

虚像編

▼井上泰至（防衛大学校教授）

軍記の読ませ所は、勝者の戦略にある。信長は、すばやく相手の行動を読み取り、相手の隙を衝き、行動する。対する浅井・朝倉連合軍は、朝倉義景の再三の愚かな判断によって、勝ちを拾えず、滅亡してゆく。この対照の鮮やかな点が、軍記作者の手際と言ってよい。歴史の結論を知っている読者は、「その時歴史が動いた」のだとカタルシスを得るのである。

近江関係の情報収集

わずか三年余りの元亀年間だが、信長の生涯にとってはターニング・ポイントであった。朝倉攻めの最中、浅井の裏切りに遭って、京都に命からがら逃げ帰り、姉川の合戦の後、武田信玄の西上によって最大の危機を迎えるが、信玄の死とともに反転攻勢に出、室町幕府を滅ぼし、浅井・朝倉を滅ぼした。その舞台は多く近江である。

江戸時代前期（十七世紀）において、一般の信長のイメージは、小瀬甫庵の『信長記』十五巻（慶長十六年〈一六一一〉～十七年刊）の影響力が強かったが、読者の不満も強かった。『本朝通鑑《ほんちょうつがん》』の修史事業に勤しんでいた、林《はやし》鵞《が》峰《ほう》の『国史館日録《こくしかんにちろく》』の寛文四年（一六六四）十一月二十六日の記事には、播州姫路城主で蔵書家として有名で、幕府創業史である『御当家紀年録』の編者でもあった榊原忠次が、京都所司代板倉重宗の編纂した『新撰信長記』を持参し、二十年前の寛永末年から正保ごろ、板倉が在京時代、安土の古老から聞き書きした内容を、右筆に書き留めさせた本書を示し、甫庵『信長記』の欠を補うものとして、友人の島原藩主松平忠房が本書を借覧・筆写した、とある。

松平忠房は、『新撰信長記』十四巻などを参照して『増補信長記』二十三巻（寛文二年序）を編纂、両書を受けて、遠山信春『総見記』二十三巻（外題「織田軍記」、元禄十五年〈一七〇二〉刊）が刊行されたことにより、信長の事績の一般におけるイメージは、甫庵『信長記』以来、新たな段階に入るのである。この章では、近江の記事の多い『新撰信長記』の元亀年間の記事の影響を確認しながら、その増補がもたらしたものは何であったかを中心に考える。もちろん主役は信長なのだが、徳川家康も重要な役割を果たす。

『新撰信長記』の編者板倉重宗は、かなり軍書に関心を持っていた。ちょうど『新撰信長記』を編纂していた頃の寛永二十一年（一六四四）二月、軍学者山田道悦の『東照権現記』なる家康の一代記を出版差し止めにしていたのであった。これは今日確認できる発禁本第一号でもある。元亀の争乱は、信長の危機脱出の物語であるが、そこに少なからぬ功績があったのが家康であったという図式も、板倉の軍記編纂とその波及には見てとれる。

家康が畿内に上って信長を援助し、中央政界にデビューしたのがこの時期であったのだ。既に永禄十二年（一五六九年）五月、家康は駿府から逃げていた今川氏真の掛川城を攻略してこれを降伏させ、北条氏康の協力を得て武田軍を退け、遠江国を完全に手中に収める。翌元亀元年には、遠江に浜松城を築いて、岡崎から移り、これを本城としていたのである。

江戸時代、親藩・譜代・旗本による徳川家康の伝記編纂において、関ケ原の戦いはあまり重要ではなかった面がある。この戦いは、中仙道を通った徳川秀忠が率いる徳川本隊が遅参したため、豊臣子飼いの外様大名を主力に戦ったからである。彼等が自らの由緒を求めようとする時は、むしろ姉川・三方ヶ原・長篠・小牧長久手の合戦の方に焦点が当てられる。三河武士の活躍はそこにあるからである。板倉重宗・松平忠房・榊原忠次、そして旗本小林正甫と後に名乗る遠山信春らにとって、元亀の争乱は、家康とそれを支える三河武士の令名の戦の最初と位置付けられる面もあった。

なお、この時期の秀吉について言えば、浅井攻略における彼の活躍は、やはり本格的に歴史の表舞台に出た時期でもあり、浅井滅亡後、長浜で大名となる出世の大きなステップとして見逃せないが、それらは既に本書の姉妹編『秀吉の虚像と実像』の第三章で取り上げているので、そちらに譲り、ここでは、信長対浅井・朝倉の連合軍との戦いに焦点を当てていくこととする。

浅井の「謀叛」と信長の脱出劇

『総見記』は巻九の巻頭「霜台御上洛相撲興行名器見物事」で、東海平定を成し遂げた家康を信長が岐阜に迎え、その武略を讃え、相撲や茶会でもてなす記事から、元亀年間の記述を開始する。特に、信長が家康の武略を褒めるあたりは、『新撰信長記』に直接拠っている。

続いて、注目すべきは、将軍への拝謁の呼びかけに応じない朝倉義景を信長が討伐する際、浅井長政にこれを事前通告するか否か、柴田勝家らに聞かれた際の、『総見記』における信長の返答である（巻九「信長公越州敦賀表御出馬事」）。信長曰く、浅井と縁組の際、朝倉にも「無沙汰」はしないと誓約したのは、私的交際の次元のことであって、朝倉が将軍の要請に応じて上洛しないことから起こった今回の討伐は、公的な問題であるから、事前通告なしに朝倉を攻めても問題はない、かえって事前通告などして浅井を困惑させることもない、と。こうして、信長は家康も「北国見物」のためと称して朝倉攻めに参加させ、まずは敦賀の金崎城を包囲し、守将の朝倉景恒を降参させる。

ところがこの報を受けた小谷城では浅井久政が、起請文を破って不意に朝倉を討った後は、浅井にも攻め込んでくると力説しだす。重臣遠藤喜右衛門は、信長は天下の執権であり、これに反旗を翻すのは御家の滅亡につながると諫言するが、盟約違反を楯に信長と戦うべきと主張してやまない久政とその家来たちの意見を受け、長政も父の命令には反対しがたく、信長への「謀叛《むほん》」を決心する。信長は、公的正義と長政との縁続きの関係の信頼感から、事前通告をしなかったが、久政らはこの事前通告のない盟約違反を関係の断絶と理解した。思惑のズレが、不幸な結果を生むことになったというわけである。

この『総見記』に独自の、戦さの契機についての解釈は、将軍という公的権威・権力を絶対化し、そこから信長の朝倉攻めの正当性を定義し、浅井の私的な動機による「謀叛」の倫理的劣位を示すものであった。これは、江戸幕府が成立して一世紀近く経った時点での政治感覚が投影されたものと言ってよい。

浅井の蜂起に、信長は一旦死を覚悟し、浅井の追撃による敗死や切腹よりは、朝倉への突撃を敢行して討死しようと、家康にまず相談するが、家康は浅井の追撃体制が整わないことを指摘して、しんがりを残しての退却を建言し、自らその役目を名乗り出る。結局信長の提案で、家康が先行して脱出し、琵琶湖畔の舟木の浦・薩摩の浦を経緯して千草越えで美濃津屋に出、三河に帰着することになる。しんがりには木下藤吉郎秀吉が名乗り出て、信長は朽木越を経由して虎口を逃れる。ここには、戦略に秀で、かつ律儀な家康像が印象的に描かれていた。この家康像は、『新撰信長記』を直接引いており、『増補信長記』では忠告はするものの、家康は信長とともに京に逃げ帰っている。『総見記』では、そこに朝倉への突撃を敢行しようとする前のめりの信長像を加えて、家康の度量の大きさをより印象付けていたのである。

姉川の合戦──奇襲を予想する信長

元亀の争乱の山場の一つは、姉川の合戦である。京都と岐阜という信長の拠点を分断する北近江に位置する浅井とそれを支援する朝倉の存在は、何としても排除せねばならない存在であった。

信長は『総見記』において、速攻の将として印象付けられ、浅井はそれに結局対応できなくて敗戦したとされている。まず、鎌刃城については、秀吉の軍師竹中重治の調略が功を奏した記事が載る（巻十「信長公江州発向堀樋口降参事」）が、これは『新撰信長記』による増補である。六月二十一日虎御前山に陣取った信長は、小谷の城下を焼き払い、横山城を包囲すべく一旦引く。その隙を衝こうと浅井長政・遠藤喜右衛門が主張しても浅井久政らが反対する。先に述べたように、遠藤の存在は、信長への反旗を翻す決断の段階から、浅井の危機を予言する存在として焦点化されていた。信長は退却の際のしんがりに入念な用意を行う。

横山城の包囲戦を行ううち、二十三日徳川勢が到着する。炎天の中の参陣を祝着とする信長に対し、家康は横山城の落ちないうちに、敵は野戦を仕掛けてくることを指摘、信長もその覚悟を披歴し、徳川殿と組めばたとえ敵が何万騎あろうと撃破できると応じて共に笑い合う（「徳川殿横山龍鼻表参陣同軍評定事」）。このやりとりも『新撰信長記』からの引用で、武略に長けた家康像が前景化している。

二十六日には浅井の要請を受けて朝倉軍が到着する。二十七日夜の軍議では、翌二十八日野村・三田村へ陣を移し、二十九日明け方信長の本陣を急襲してこれを討ちとる作戦が提言されるが、美濃にいたことのある浅井半助が、信長は「心の早き大将にて、猿猴の梢をつたふごとく、手立をかふる名人」なので、野村・三田村に陣を容易く変えさせるようなことはすまい、今しばらく様子を見るべしと言う。これに対して遠藤が急襲論を主張、信長の反旗を翻す決断をした際の諫言を想起して、長政は遠藤の策を今回は採用する。

しかし、この決断は、浅井半助の予想の方が正しかった。「目ばやき良将」たる信長は、敵陣のかがり火を見て、大寄山の陣を払って翌朝には合戦を仕掛けることを察知し、軍議を開く。家康は、浅井か朝倉のど

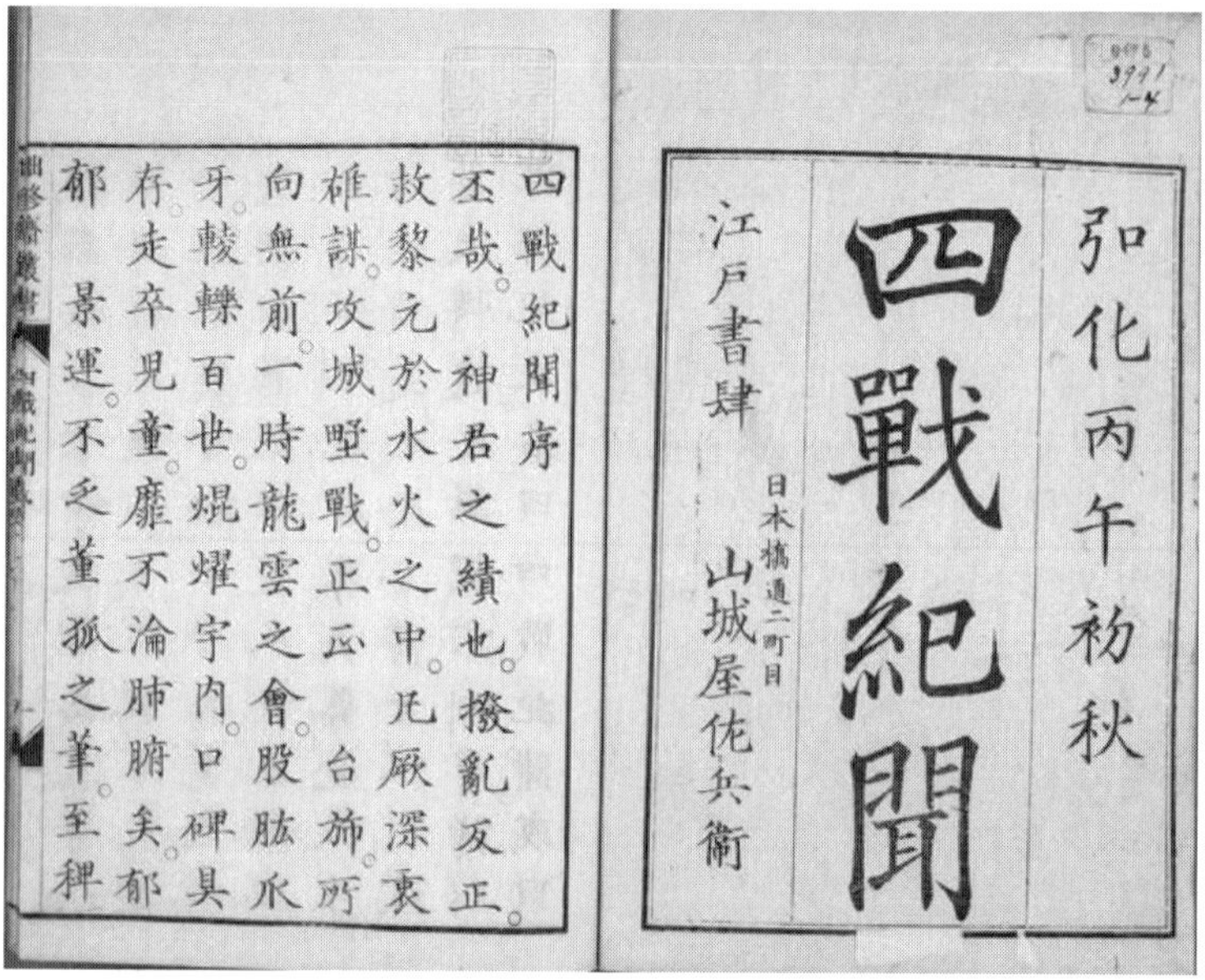

『四戦紀聞』（早稲田大学図書館蔵）

ちらかを担当したいと申し出、朝倉と対する決定がなされる。二十八日早朝、浅井・朝倉から戦闘は仕掛けられ、若き日の本多忠勝の突進や、朝倉の勇士真柄十郎左衛門《まがらじゅうろうざえもん》の討死が描かれるが、榊原康政らの別動隊が朝倉勢を突き崩す活躍は全く描かれない（「江北姉川合戦事」）。榊原等の親藩・譜代・旗本の祖先の活躍の記事は、幕臣根岸直利《ねぎしなおとし》・木村高敦《きむらたかあつ》の『四戦紀聞《しせんきぶん》』（宝永二年〈一七〇五〉序）の出現まで待たねばならない。

　浅井勢は果敢な突進によって信長自身を狙うが、ここでも「目ばやき」信長は、かねて準備していた氏家卜全と安藤守就に側面攻撃をさせて、浅井を総崩れにする。その中で、軍師格で、浅井の滅亡を予見していた遠藤は、竹中重治の弟重矩によって討ち取られている。この竹中の功名や、討ち取られた遠藤の諫言は、やはり『新撰信長記』からの引用だが、浅井半助の諫言・予言と信長の敏捷ぶりは、『増補信長記』にもないオリジナルの記事である。

史実はどうであったかという目で見れば、信用度の高い、『信長公記』では、浅井の攻撃に対し、信長の馬廻りと美濃三人衆がこれを受けて激戦のうえ退けたことと、竹中がかねて遠藤の首を取ると公言していたことのみ記していたものが、このように信長は敵の動きをいち早く察知し、遠藤は御家の滅亡を予見しながら信長の首を取る事に賭けて、竹中に討ち取られたように手が加えられていったのである。この浅井の攻撃が奇襲であったか否かは、太田浩司・桐野作人両氏によって見解が分かれるところであるが、『浅井三代記』(元禄二年刊)や『四戦紀聞』等の軍記・編纂物側の二次史料として使われている点は、検討の余地があるだろう。それらより早い時期に成立した『新撰信長記』による増補を考慮に入れてしかるべきである。

太田は明治の治水工事以前の姉川近辺の地形を想定して、家康の奮闘による織田・徳川軍の勝利という通説を批判しているが、それは甫庵『信長記』に家康隊に配属された稲葉・氏家・安東隊が、弱い朝倉勢を駆逐した勢いで、信長本隊の応援に向かい勝利につながったという記事から発している。さらに、これまで指摘した『新撰信長記』による増補という事実は、徳川史観による通説の成立という見方を、より詳細に裏付ける可能性のあるものと言えよう。

一方、文学的膨らみの意味を問えば、以下のようになろう。『新撰信長記』や『増補信長記』のように写本でのみ伝わった書物と違い、『総見記』は刊行されたので、娯楽的要素を持つ必要があった。濱田啓介の言葉を借りれば、こうした虚構は、事態を脈絡づけ、必然的に推移させるためのものであり、巧緻に伝記を作成し、現象をうまく理由づける点で、現今の歴史小説家と同じ方法をとっていた。ただし、『総見記』が、序文で歴史書を標榜していたことは、この時期の刊行軍書に共通する特徴であった。

信長包囲網失敗の本質その1

元亀の争乱の結節点は、武田信玄の西上とその途上での死である。これによって信長包囲網の主力が失われ、信長は危機を脱して、足利義昭を京都から追放し、浅井・朝倉を殲滅して、元号を天正に改め、天下統一の階段を上り始める。しかし、それまでには信長を討つ好機はいくらもあったというのが、『新撰信長記』とそれを受けた『増補信長記』『総見記』の記述の特徴である。特に、近江関係の記事の増補が目立つ一連の三書の流れの中では、戦略眼があった浅井長政に対し、その足を引っ張って信長討伐の好機を逸した朝倉義景という対比が描かれている。

　姉川の合戦の翌七月、三好三人衆が摂津野田・福島での挙兵したのに対して、八月には信長が摂津へ出兵、ところが九月には大坂本願寺も挙兵して様相は混沌としてきた。このあたりは既に甫庵『信長記』でカバーされているが、この隙に背後から信長を襲うことを建言するのが浅井長政であった。しかし、なかなか義景は重い腰を上げようとしない。長政は、「扨々《さてさて》臆病なる仁と云ひ合ひ、犬死せん事無念さよ」と慨嘆しつつ、再度使者を送って、姉川の合戦でも、義景自身が出馬しなかったことを責め、そのように憶病では滅亡疑いなしと脅す。これを受けて重臣朝倉景鏡《かげあきら》が、信長が大坂を始末した後はこちらに攻めかかってくるのは必定、今こそこちらの兵も勇んでおり、本願寺・三好と信長を挟み撃ちにする好機であるとの進言によって、義景は「理につまり」、浅井と呼応して近江坂本に出馬する（『新撰信長記』巻八「朝倉浅井江州坂本出張之事」『総見記』巻十一「浅井朝倉等坂本出張軍事」）。

　九月から始まった比叡山周辺のこの戦は十二月まで続き、森可成《もりよしなり》・青地茂綱・坂井政尚《まさひさ》ら織田方の武将も敗死している。冬を迎えて足利義昭を通じた勅諚により両者は和睦するが、京の民は、浅井・朝倉が比叡山で越年し、摂津の本願寺・三好と呼応すれば、難なく信長を討てたものをとその無能を笑ったと伝える。これに対して信長は、佐和山で出迎えた丹羽長秀らに向かい、「予が和睦は、猿待の夜の歌なり」、即ち、庚申待の際の歌のような一時のことと言い放って、諸将を笑わせたという（『新撰信長記』巻八「信長與朝倉浅井御和睦之事」『総見記』巻十一「依勅諚浅井朝倉與信長公和睦事」)。さらに、『総見記』では、これに加えて、普段和睦などしない信長が、この時ばかりは早々と和睦したのは、二正面の対陣の長期化は不利とみて、足利義昭に調停を内々に依頼した知略を強調している。

この後、『新撰信長記』による増補は、元亀二年二月の、浅井方佐和山城主磯野《いその》員昌《かずまさ》の寝返りによる岐阜から琵琶湖北岸への通路確保、浅井方の新たな防御線の確保、六月の、北近江の一向一揆と秀吉による鎮圧、九月の、比叡山焼き討ちによる秀吉の動員と、それに伴う横山城の空白を浅井が攻めるも竹中重治の活躍により撃破、元亀三年正月の、浅井方宮部《みやべ》継潤《けいじゅん》の寝返りと国友攻め、三月の信長による小谷出陣と反撃、四月浅井による高島の居黒城攻略、七月再度の信長による小谷攻め等々、信玄西上までの、近江での一進一退が中心であった。

『総見記』巻十二「信長公御父子江北御働虎御前山城構対陣事同宮部城軍事」での、七月の信長による小谷攻めの記述中心は、信長方の拠点として構築される虎御前山城をめぐる攻防にあった。虎御前山は、四方の見通しがきく独立丘陵で、小谷城からわずか五百メートル余りの距離に位置することから、前線基地を築くのに適していた。これを建てられてしまっては、小谷城の陥落は目前のことと危機感を募らせた浅井長政は朝倉義景に援軍を乞う。六月二十八日の城普請の「鍬初め」に対し、七月中旬、朝倉景鏡五千が到着、それでも心もとないという浅井の要請で、義景自身が二万の大軍を率いて到着したのは、普請開始からちょうど一ヶ月後の七月二十八日のことであった。信長は朝倉の陣がまだ取り固まっていないのを見透かし、夜襲を命じる。かくして浅井長政は、義景の動きが緩慢ゆえに、城普請に取り掛からせてしまったことを悔しがる。ここでも、信長の機敏さと、義景の愚鈍さが対比されている。朝倉方からは前波《まえば》吉継《よしつぐ》・富田《とみた》長秀《ながひで》・毛屋猪之助らが次々と投降する始末であった。

以上の経過において、浅井・朝倉の失敗の本質としては、比叡山での越冬をして、信長を本願寺・三好と挟撃しなかったことが焦点化されていた。さらに、朝倉義景の「愚鈍」さは、繰り返し描かれていた。そもそもそれは姉川の合戦の段階から印象づけられており、彼は肝心の戦に自ら出馬しない人物と評され、その暗愚が強調されていたのだった。

信長包囲網失敗の本質その2

こうして元亀の争乱のクライマックス、武田信玄の西上が、元亀三年十月開始される。『新撰信長記』巻十一「武田信玄東美濃へ出張之事」では、事前に信玄は日向源藤斎を使者に送って浅井に、信長を挟撃する戦略を伝える。『総見記』巻十二「武田信玄謀叛事」では、信玄は、信長の縁者ながら「大欲心の法師武者」と位置付けられ、源藤斎は浅井のみならず朝倉や比叡山にも派遣され信長包囲網を構築した、という。信長にとっては最大の危機を迎えるわけだが、信長の敵対者は悪という構図が明確化している。武田方の電撃的な遠江制圧をへて、十二月二十二日三方ヶ原の戦いの武田方の勝利で、この流れはピークを迎える。以下は最終形である『総見記』巻十二の記述によって、整理しておこう。『新撰信長記』からの引用は適宜記す。

元亀四年正月の、三河野田城包囲戦では、信玄は銃撃を受け、そのまま進撃もかなわず、一旦甲州で治療に専念した、という。信長包囲網が完成したと見た足利義昭は、正月信長に反旗を翻し、堅田・石山両城を拠点とするが、信長は柴田勝家・丹羽長秀・明智光秀を派遣して、二月両城を陥落させる。三月には信玄の動きが再度始まり、東美濃の岩村に着陣、これに対して信長も出陣するが、武田軍は東三河に向かう。『新撰信長記』では、武田と織田は瀬戸で戦い、武田が勝ったことを伝えるが、『総見記』はこれを採用していない。信長に不利な記録を割愛したか。

『総見記』では、信長は東三河へ向かう武田勢を深追いせず、下旬、京都の足利義昭を包囲し、一旦和睦する。ただし帰還の折、義昭の再挙兵を意識して、瀬田・矢橋に軍勢を置き、朝妻の港に大船十数艘を用意して京の変事に即応できるよう処置をする。他方信玄は東三河の牛久保に出張、徳川方の酒井忠次が守る吉田城を攻め、これを攻略したならば、徳川への押さえにするとして、自身は上方へ攻め上る戦略であったが、急病により、四月十二日根羽の陣所で亡くなる。

後顧の憂いの無くなった信長は、七月槇島城で再び反旗を翻した義昭を、例の大船を使って三日の出陣、六日の上洛という電撃的な速さで成し遂げ、十六日には槇島を陥落させる。「寛仁大度の良将」たる信長は、義昭の命を助け、三好方へ送らせ、義昭の子義尋を手元に置いて、将軍追放の悪名を避けたという。

朝倉・浅井掃討戦

明けて天正元年、『総見記』では巻十三に移って、朝倉・浅井の殲滅が語られる。秋、浅井家家臣で要衝の山本山城を守る阿閉《あつじ》貞征は離反、小谷城は孤立する。八月、朝倉方も、浅井からの救援要請に呼応すべく、重臣朝倉景鏡・魚住景固を呼び出すがこれ反応せず、自身で軍勢を率いて敦賀に着陣、孤立した小谷を信長軍が包囲する前に応援が欲しいとの要請に応えようとするが、重臣たちは、江北は要害の地にあらず、一敗地にまみれれば、取り返しがつかないから、敦賀に籠って戦うべきで、小谷は名城なので簡単には落ちないと諫言するが、義景は、高橋景業・鳥居景近を寵愛して、忠告を受け入れず出兵を強行する。

大嶽《おおづく》砦は、朝倉勢が陣取った小谷防御網の拠点であったが、八月十二日暴風雨の中、信長自身が虎御前山から討って出て、これを急襲、陥落させる。翌十三日には丁野城も陥落、残るは義景本陣のみという状態になって、刀根坂の合戦となる。信長は夜陰に乗じて義景が退却することを予想して、山上の火のかすかな動きを察知、自ら真っ先に駆けだして追撃を始めた。油断して信長に遅れを取り叱責される配下の中で、若き日の前田利家や佐々成政は、俊敏に信長に付き従う。後の歴史における北陸の主役の紹介を、『総見記』は忘れていない。なお、この信長の急襲の伝達とそれを守れなかった者たちへの叱責は『信長公記』の記事をふまえる。

義景はと言えば、柳瀬の陣で暫時休憩して、ぐずぐず詮議をするところ、山崎吉家が進み出て、そもそも近江への出馬が御運の尽きるところであったと述べて、しんがりを務めることを申し出、義景を逃がそうとする。それでもためらう義景を、一族の朝倉掃部介が諫めて逃がし、自身は踏みとどまって戦う。ここでも義景の「愚鈍」は強調されている。

柳瀬に続いて刀根坂でも追撃を受けて、朝倉軍は主力の大半を失い、十四日義景は敦賀に逃げる。十五日暮には本拠一乗谷に帰るが、守備する兵も少なく、十六日には家族を連れて一乗谷を落ち、大野を指して逃避行を続ける。栄華を誇った一乗谷は炎上、十七日には大野の平泉寺を頼むが、比叡山の二の舞は御免と逆に義景を討とうとする。府中の魚住景固も離反、稲葉一徹の調略で、朝倉景鏡も、十九日に東雲寺に匿っていた義景を偽って山田庄におびき出し、翌二十日早暁これを攻めて自害に追い込む。義景母の広徳院や忘れ形見の愛王丸、その母小少将も捕えられ、丹羽長秀の手によって殺された。『新撰信長記』でも、景鏡の裏切りは伝えるが、義景が景鏡を悪霊となって取り殺すと予言するような『総見記』の物語的な部分は見いだせない。

八月末、信長は浅井攻めに転じる。このあたりは、『秀吉の虚像と実像』第三章に詳しいので略述するにとどめるが、『総見記』で重要なのは以下の記述であろう。信長は妹お市とその三人の娘を救い出した折、何とか長政の一命も助けたいと、二度使者を送って、長政の助命も確約したが、長政は父久政の助命を条件に交渉、久政が既に自害していることを隠した信長の求めに応じて九月一日城を出る。ところが久政がすでに切腹していたことを聞いて、長政は謀られたとして、敵の手に渡り殺されることを避け、自害したとする。

信長はあくまで、妹婿に寛大であり、長政は信長に反旗を翻す決断をした時と同様、あくまで父久政への「孝」に生きたことになる。悲劇はやはり、両者の思惑のズレにあった。

ところが、『新撰信長記』では、久政の命乞いが成功したと思い込んで城から出てきた長政に対し、信長は年来の意趣を忘れてよくも不面目にも投降してきたと櫓から大声で長政を嘲り、してやられたと気づいた長政は、最後の戦いの中、切腹して腸を投げつけ、よくも謀ったな、信長にも思い知らせてやると目を見張り歯がみするところを、家来に介錯される。そして、本能寺の変もこの報いであると伝える。

『総見記』は、甫庵『信長記』に欠けていた、元亀の争乱時の近江関係の記事を『新撰信長記』『増補信長記』によって増補しつつ、軍略上は敏捷で、人格的には寛容な面を持つ信長、愚鈍な朝倉義景、それを悔しがる浅井長政という構図を作り上げた。軍記や歴史小説の面白さは、決断という山場で、成功や失敗の本質を劇的に描くところにあるが、『総見記』の話法もまさにその法則通りだったわけである。この信長の理想化は思わぬ副産物を呼びこむのだが、それは「第12章　信長と天皇・朝廷」を参照されたい。

●参考文献
井上泰至『サムライの書斎』（ぺりかん社、二〇〇七年）
井上泰至『江戸の発禁本』（角川選書、二〇一三年）
太田浩司・柳沢昌紀「浅井攻め」（堀新・井上泰至編『秀吉の虚像と実像』笠間書院、二〇一六年）
濱田啓介『近世小説・営為と様式に関する私見』（京都大学学術出版会、一九九三年）
渡邊大門編『信長軍の合戦史』（吉川弘文館、二〇一六年）

大名同志の天下取りの戦さと違い、一向一揆《いっこういっき》と信長の戦いは、「民衆」と宗教勢力の位置づけの問題となる。そして戦争とはいつの時代もそうだが、目的の違いを互いに認識しないところから始まる。信長が考える新しい「支配」と、宗教勢力と結びついた一揆勢力の「寺内」の論理とは真っ向から対立するものだった。よって、信長によって始められた「支配」の完成期たる江戸時代の軍記では、一揆側の論理は全く否定され、その具体的な相貌は見えない。むしろ架空の軍師まで一揆側に設定して「支配」の論理に組み込んでいる。それが江戸の体制の解体期である十九世紀初頭、「民衆」の顔が見える読み物が生まれてくる。ここに新たな政治の形の兆しがあるのである。

7 本願寺と一向一揆

大澤研一×塩谷菊美

7 本願寺と一向一揆

実像編

▼大澤研一（大阪歴史博物館館長）

信長の最大の敵だったともいわれる本願寺・一向一揆。信長は粘り強く、時には厳しい処断をもって彼らを追い詰めていった。信長と本願寺はなぜ互いを敵とみなしたのだろうか。そして実際には必ずしも一枚岩でなかった本願寺と一揆のズレの実態も探ってみる。

はじめに

信長と本願寺・一向一揆とのかかわりといえば、元亀元年（一五七〇）から天正八年（一五八〇）まで断続的に続いた、いわゆる「石山合戦《いしやまかっせん》」がハイライトである。当時、本願寺は全国に近い規模で教団を展開させ、この戦いには多くの一向衆（宗）が加わった。そしてその軍事的蜂起は「一揆」と呼ばれた（『言継卿記《ときつぐきょうき》』元亀元年九月十二日条）。本願寺が地域・階層を問わず幅広い影響力をもち一揆の動員ができたこと、そして信長は戦いの終結後二年足らずでこの世を去ったことから、「石山合戦」は信長にとって最大かつ最後の戦いというイメージでとらえられることが多いのではなかろうか。

ところで一向一揆という用語については学術用語であり、史料用語ではない。また当時の一向衆は純粋な真宗門徒からのみ構成されたものではなかったことは神田千里氏が指摘したとおりであり、金龍静氏も在地の有力顕密寺院や地侍勢力を糾合した「共同戦線」が一揆の内実だったとみている。これらの指摘は的を得ているが、それゆえに一向一揆の実像および本願寺との関係が捉えにくくなっているのは安藤弥氏が述べたとおりである。そこで、ここでは「石山合戦」を通して信長が相対した本願寺・一向一揆に迫ってみたい。

「石山」と「大坂」

ところで、信長と戦った本願寺は史料上、「石山本願寺」ではなく「大坂本願寺」（『言継卿記』天正四年（一五七六）四月二十九日条など）が正しい。筆者は「石山」がのちに建設された豊臣秀吉の大坂城の異称だったことを明らかにし、それが江戸時代になると広く大坂城の地を指し、さらに同地で先行した本願寺にも遡及して冠せられるようになったと推測した。

そうなると「石山本願寺」に由来する「石山合戦」という呼称も再考の必要が生じてくる。これに対しては、「石山」を大坂に正すと全国規模の戦いが大坂周辺の局地戦とみられ、この戦いの意義が過小評価されるとの意見がある。それに対し、この時代の大坂が全国のなかで中心性をもつようになってきた事実に注目すればむしろ大坂を積極的に用いるべきとの意見もある。この件はさらに、うしろに続く文言は「合戦」が適切なのか「戦争」が適切なのか、という歴史認識・評価の問題へと発展する。これは「一向一揆」にも共通する問題であるが、実像編である本稿ではひとまず史料に従い「石山」ではなく「大坂」を使用することとする。ただしこの件は歴史観にかかわる課題という認識は保持したい。

開戦前夜

本願寺・一向衆と武家の戦いには前史がある。永禄五年（一五六二）から翌年にかけて、三河で守護不入地であった上宮寺《じょうぐうじ》または本證寺《ほんしょうじ》寺内へ徳川家康が介入した（『松平記《まつだいらき》』、「永禄一揆由来」）。また永禄末頃、信長は美濃において本願寺配下の寺内の破却に踏み切り、さらにそれは尾張・伊勢方面にも及んだとされる（『異本反故裏書』）。

これらから一向衆の結集地点として「寺内」が各地で広範で勃興し、武家に対抗する一揆の拠点となっていたことがわかる。これらの「寺内」は在地における剰余経済の留保拠点となっており、領国支配を進める大名にとっては看過できなかったのである。こうした在地の状況が本願寺に対する信長の厳しい姿勢を招く要因のひとつとなったであろう。

永禄一〇年（一五六七）、美濃を征服した信長は「天下布武《てんかふぶ》」の印判の使用を開始し、翌十一年（一五六八）九月、幕府再興を願う足利義昭を奉じて入京を果たした。信長の目的は天下静謐にあり、それを乱す敵対勢力に立ち向うこととなったが、その中心にあったのは三好三人衆であり、それと結んだのが本願寺だった。信長は上洛後まもなく本願寺に五千貫の矢銭《やせん》（軍費）を賦課し（『足利季世記《あしかがきせいき》』）、圧力を強めた。こうした信長の姿勢に本願寺は反発を強めていったのである。

本願寺の「聖戦」

元亀元年（一五七〇）八月下旬、信長は三好三人衆を叩くため大坂方面へ出陣し、天王寺に本陣を構えた。そして九月十二日の夜半、本願寺は信長軍が兵を置いた楼の岸と川口（川崎か）の砦へ鉄砲を打ち込み、蜂起した（『信長公記』）。

本願寺第十一代顕如《けんにょ》が信長の来襲を察知し、門徒へ支援要請をおこなったのは推定元亀元年（一五七〇）八月二十七日付の書状が最初であった（『本願寺文書』）。そこで顕如は「信長此表出張につき、此方儀すでに難儀せしめ候」とすでに影響が発生している状況を述べ、「開山の一流、破滅無きよう、門徒の輩忠節を抽ぜらるべき事、ありがたかるべく候、」と門徒へ忠節、すなわち本願寺（宗祖親鸞木像）の護持を求めた。

翌九月に入ると顕如はその間の事情をより具体に記した書状を発し始める。二日付の近江国中郡門徒中・美濃国郡上《ぐじょう》惣門徒《そうもんと》中宛《ちゅうあて》の書状（『明照寺文書』他）によると、信長は去々年以来、難題を本願寺に持ちかけてきた。本願寺はそれに応じたもののその甲斐はなく、今度は「破却すべきのよし、慥《たしか》に告げ来たり候」という。ここでいう「難題」とは一昨年の五千貫の矢銭賦課を指すのであろう。そして本願寺はその要求に応じたにもかかわらず、今度は本願寺を破却すると告げてきたと述べている。

ここで注目したいのは、「慥に」という表現である。破却すると信長がまちがいなく伝えてきた、といいたげな表現である。この表現だと、逆に実際は破却するとまでは言っていなかったのではないか？と深読みをしたくなるところであるが、一方で蜂起に賭けた本願寺の覚悟が滲み出た表現ともいえよう。いずれにしても、本願寺が急速に危機感を膨らませ、それを門徒らに訴えようとした様子がわかるのである。

そして重要なのは、この九月二日付書状のなかで、本願寺が退転の危機に直面していること、身命を賭して本願寺を守るべきことに加え、それができない場合は破門すること（極楽往生できないこと）、という〝殺し文句〟が示されたことである。信心決定による極楽往生が宗主によって取り消されるというのは教義の戦時運用であった。門徒らへ蜂起を呼びかける際の理屈はこの時に固まったといってよいだろう。門徒にとって守るべきは本願寺であり、その存続を妨げる「仏敵《ぶってき》」「法敵《ほうてき》」（『持光寺文書』、「顕如上人文案巻中」）を退ける必要から門徒たちは蜂起すべし、ということで、この戦いは本願寺にとって「聖戦」の様相を色濃く帯びた戦いとなったのである。

信長の「天下静謐」

本願寺による蜂起の呼びかけはほどなく世間の知るところとなった。『尋憲記《じんけんき》』元亀元年九月六日条には、大坂から諸国に対し一揆を起こすよう指示が出されたとの記述が書き留められており、本願寺と一揆は一体のものとみられていた。そして同九日、三好勢が西方の海老江にいる段階で信長は天満へ陣替えし、大坂辺に相城（陣城）を設けた（『言継卿記』）。十二日の本願寺蜂起時、信長は「仰天」したと『細川両家記』は伝えているが、こうした世間の状況や信長の配陣を考えると、信長はその蜂起を十分予測できていたと思われる。信長が本願寺と戦った理由としては、先に述べたように在地における武家の領国支配との矛盾があった。一方近年、信長政権の性格にかかわって注目されているのが「天下静謐」という信長の政治スローガンである。将軍足利義昭を奉じた信長は元亀年間だけでも三好三人衆に加えて浅井・朝倉両氏、六角氏、武田氏、そして本願寺らと戦った。注目されるのは元亀元年（一五七〇）に朝廷が顕如に和睦を勧めた勅書のなかの「大樹（将軍）天下静謐のため出陣候、信長同前の処」（『言継卿記』）という表現である。つまり義昭、そして信長の出陣は「天下静謐」のためという大義名分が認められたものだったのである。逆にいえばその対抗勢力は天下を乱す不届き者ということになろう。

そして本願寺の立場を複雑にしたのは、永禄二年（一五五九）の門跡成りである。これは本願寺が伝統的国制のなかに組み込まれたことを示しており、その首魁《しゅかい》である天皇の命に背くことは本来できなかったはずである。しかし、本願寺と少なからず結びついた一揆が抱えていた在地での矛盾は収まるところを知らず、さらに信長は本願寺そのものを否定し、「破却」すると脅してきた。こうした状況のなかでは本願寺は蜂起を選択せざるをえなかったのである。相容れない立場による信長と本願寺の戦いは長期に及ぶことになった。

「根切」・「撫切」の事情

元亀四年（一五七三）三月、義昭は反信長勢力に与して挙兵し、武田信玄の伸張もあって信長は厳しい状況に陥った。ところが信玄は病に倒れ、義昭とも和談が成立したことから信長は息を吹き返して浅井長政《あざいながまさ》父子や三好義継《みよしよしつぐ》らを倒し、畿内の反信長勢力は瓦解した。そして本願寺の申し出により天正元年（一五七三）

十一月に和談が成立した。

しかし、停戦は長続きせず、翌二年（一五七四）に入ると大坂近辺で戦いが再開され、同年の長島一向一揆、翌三年（一五七五）の越前一向一揆へと続いてゆく。特に長島・越前の一揆は「根切」「撫切」と表現される、敗者に対する残忍な処断がおこなわれたことでとりわけ注目を集めてきた。そのためその背景については、信長方と本願寺方のあいだに在地門徒レベルまでを覆う信仰上の対立があったとみる説や、戦国時代の戦いにおいてこうした行為は通常のものであったとみる見解が出され、議論されてきた。

一方、こうした虐殺行為については事実上天正二年・三年に限られることが大桑斉氏・播磨良紀氏によって指摘されている。ここではこの点に注目してみたい。

「根切」という用語が実際に使用されたのは長島攻めについて述べた推定天正二年七月二十三日付朱印状（「玉証鑑」三所収文書）が初見である。播磨氏は赦免を受けたにもかかわらず再蜂起した場合に「根切」がおこなわれたとみている。一方、同日付の荒木村重宛《あらきむらしげ》信長黒印状（『徳富猪一郎氏所蔵文書』）によれば、「根切」「撫切」という用語こそ使用されないが、摂津中島を攻めた村重軍は数多を討ち捕ったのち残党を川に追い込み、さらに放火をおこなったという。そして、これは信長が「手強」（強く厳しく）に攻めるよう申付けた結果だとされる。この二つの処断を同質のものをみるのは行き過ぎだろうか。実際信長はその翌八月、朱印状で「大坂根切之覚悟専用」と述べている（『永青文庫所蔵文書』）。これは長島どころか本願寺（門徒を含む）そのものを「根切」にするという意思表明である。すなわちこの時期におこなわれた本願寺方との戦いではいずれも強硬な姿勢が貫かれていたのである。

信長がこうした姿勢で臨んだ背景には当時の彼の立場の不安定さが想定される。義昭と不仲になった信長は義昭を京都から没落させ、その子義尋《ぎじん》を手許に置いて政権としての体裁を整えようとした。しかし、それに立ち塞がろうとしたのが信長と袂を分かった義昭である。義昭は天正二年（一五七四）正月、信長からの帰洛要請を断って六角承禎に忠節を求め、さらに三月二〇日には徳川家康らに「天下静謐」のための馳走《ちそう》を命じ、反信長包囲網の構築に力を注いだ（『織田文書』『別本士林証文』）。そして信長は四月初めには本願寺が「惣張行」（総攻撃）をかけてくるという情報をつかみ、逆に総攻めをおこなうべく用意を進めていたのであった（『古文書纂』）。信長にとって天正二年は大義名分的にも戦いの遂行上も大きな山に差し掛かっていたのである。そこで迎えたのが長島一向一揆との激突であった。

その戦いが終了した直後、信長は九月三〇日付の黒印状のなかで願証寺《がんしょうじ》や下間父子の首を刎ねたことに続けて信長は「一揆蜂起を退治したのは信長一人のためではなく、天下のためにおこなったこと」と述べた（『丹波市所蔵文書』）。信長にとって一揆との対決はあくまでも天下静謐のためであり、そのためにはどんな手段も辞さないという強い思いが伝わってこよう。義昭が同様の大義名分を掲げるなか、信長は自分こそが天下静謐を実現できるということを圧倒的な勝利でもって証明する必要性を強く自覚したのではなかろうか。「少々の損害が出ても、大利を得たことに満足している」という文面はそれをうかがわせる（同前）。

信長は続けて天正三年（一五七五）八月に越前での一揆殲滅作戦を敢行し、そのうえで一〇月に本願寺を赦免する旨を示し和議に臨んだ。この時の赦免は本願寺が詫びたうえで条目《じょうもく》と誓詞《せいし》を出すことで行われたのであった。そして翌十一月には信長は権大納言・右近衛大将に任官し、将軍とならぶ立場を得るにいたった。この一連の動きのなかで信長は軍事的にも社会的にも地歩を固めることに成功したのである。

戦いの終結

天正四年（一五七六）以降、戦場は大坂を中心とした畿内に移った。義昭はこの年、居所を毛利領国の鞆《とも》（広島県福山市）に移し、当地から反信長勢力に精力的に指示を与え続けた。しかし、同五年（一五七七）には雑《さい》賀一揆《かいっき》が分裂・屈服し、翌六年（一五七八）には上杉謙信が没したうえに本願寺も信長の水軍によって西国からの補給路を断たれた。戦況は大きく信長有利へと傾いていったのである。なお、天正六年（一五七八）十月、荒木村重が突如信長に反旗を翻した。信長はこの事態を乗り切るため朝廷を動かし本願寺・毛利氏との和談を探ったが、中川清秀が信長に帰参したため勅への勅使下向は見送られた（『立入宗継文書』）。

その間も信長による大坂包囲網はじわじわと効果をあげ、天正七年（一五七九）以降、兵糧米や一紙半銭の馳走を求める顕如の書状、およびそれらの受け取りの感状が多く発せられるようになる（『長徳寺所蔵文書』）。籠城を続ける本願寺は苦しい状況に追い込まれていったのである。そして天正八年（一五八〇）三月、ついに勅命講和により信長が本願寺を惣赦免とし、本願寺が紀州鷺森《さぎのもり》へ退去することとなった。しかし、宗主顕如の長男教如《きょうにょ》は退去に反対し、八月まで籠城を続けたのであった。

一揆の思想と地域一揆

本願寺そのものの動向は以上のようであったが、そのもとにあった一向衆・一揆については必ずしも常に本願寺と行動を同じくしたわけではなかった。

そもそも本願寺の「傘」の下にあって一向衆が蜂起する場合の理由は何だったのだろうか。神田千里氏が指摘したのは「報謝行」である。「報謝行」は信心が決定すれば極楽への往生が確定するという教説を説いた親鸞と本願寺へ報いる行為のことである。存立の危機に瀕した本願寺を救うのは宗教的恩恵を受けた者の義務（役）として認識されたのである。

一方、十六世紀は近世へと続く「家」の成立がみられた時期とされる。「家」の成立は、宗教教団に対し「家」の存続に対する宗教的保証を求めることになる。とりわけ祖先の死後世界における安寧が現世の「家」存続の条件になると考えられたのであった。本来、本願寺の教説は個人の信心を対象とするものであったが、「家」

意識が高まるなかで極楽往生は個人の問題にとどまらなくなっていた。本願寺はこうした社会や宗教意識の変化への対応も求められたのである。

ところが前述したとおり、一向衆は真宗門徒に在地の有力顕密寺院や地侍勢力などを加えた「共同戦線」だった。それゆえ在地における反信長戦線は現地の政治・経済状況などの影響を大きく受けることになったのである。

和泉国南部から紀伊国北部の事例をみてみよう。天正五年（一五七七）、信長はここを攻めた。当地での反信長戦線は「和泉一国一揆寺内」（『畠山義昭氏所蔵文書』）と表現される、海（貝）塚坊に集結する（『信長公記』）本願寺に近い集団、紀州根来寺とその坊院を構える泉南・紀北の地侍たちの集団、そして紀州北部の雑賀《さいか》衆《しゅう》に大別することができる。ただし、それらの構成メンバーには重複がみられ、連動して行動することもあった。

しかし信長の調略《ちょうりゃく》をうけ、雑賀衆と根来寺は内部分裂した。雑賀衆では五組のうち内陸部の宮郷・中郷・南郷の三組が信長方に与したのである。一方、この時、信長に属したとされる根来《ねごろ》寺《じ》の泉識坊は微妙な動きを見せた。泉識坊は信長に靡《なび》いた雑賀衆のなかの土橋氏が根来寺に保持した坊院である。この泉識坊が同じ坊院の中嶋坊へ宛てた二通の書状によれば、泉識坊は信長勢を数百人討ち取ったとする一方で（三月六日付）、佐久間信盛らの計らいにより安全を確保された（三月十八日付）というのである（『大阪歴史博物館所蔵文書』）。泉識坊は長らく本願寺に与していたことが知られているが、十日ほどの違いで泉識坊は態度を変えたのであろうか。詳細は不明だが、土橋氏の動向など在地の情勢変化や利害関係が優先された可能性はあろう。

また本願寺が紀州鷺森を経て貝塚へ移徙した翌天正十二年（一五八四）十月、岸和田城（城主中村一氏）を攻撃する勢力がいた。それに対し本願寺は「守護地頭」を疎略《そりゃく》に扱うことを禁じた文書を泉南の大坊である真光寺・浄光寺を介してそれらの門徒中に送った（『真光寺文書』）。このことは真光寺らの門徒でそうした行動に及ぶ者が少なからず存在したことを物語る。天正十三年（一五八五）まで泉南では根来寺勢力を軸とする反体制の地域一揆が頻発したのであり、本願寺に連なる人びともそれに加わったのであった。しかし時代は確実に変化しており、すでに体制側に属することになった本願寺の基本姿勢は一揆と一線を画するものしかありえなかったのである。本願寺が一揆を主導する時代は終わりを遂げたのである。

●参考文献

安藤弥「一向一揆研究の現状と課題」（新行紀一編『戦国期の真宗と一向一揆』吉川弘文館、二〇一〇年）
大桑斉「解説　石山合戦編年史料をめぐる諸問題」（『大系真宗史料　文書記録編12石山合戦』法蔵館、二〇一〇年）
大澤研一「「石山」呼称の再検討―豊臣大坂城評価の観点から―」（『ヒストリア』二五四号、二〇一六年）
神田千里『一向一揆と真宗信仰』（吉川弘文館、一九九一年）
金龍静『一向一揆論』（吉川弘文館、二〇〇四年）
仁木宏「宗教一揆」（『岩波講座日本歴史第9巻　中世4』岩波書店、二〇一五年）
仁木宏「権力論・都市論から見る「大坂」―「石山合戦」史観の問題性―」（『ヒストリア』二六〇号、二〇一七年）
播磨良紀「織田信長の長島一向一揆攻めと「根切」」（前掲新行紀一編『戦国期の真宗と一向一揆』）。
山本浩樹「織田期の政治過程と戦争」（織豊期研究会編『織豊期研究の現在〈いま〉』岩田書院、二〇一七年）

7 本願寺と一向一揆

虚像編

▼塩谷菊美（同朋大学仏教文化研究所客員所員）

戦国史の主役は大名・武将と相場が決まっているが、なぜか信長対本願寺の戦いにおいてのみ、無名の百姓たちの一揆が一方の主役に躍り出る。統治する側でなく、統治される側を主役とする歴史叙述を、私たちはどうやって獲得してきたのだろうか。

はじめに

もし、本書が一時代前に出されていたら、本章の標題は「本願寺と一向一揆」でなく、「石山合戦」であったに相違ない。高校の歴史教科書でも、近年流行った映画「信長協奏曲」でも、信長が「石山本願寺」を屈服させたとされている。

だが、実像編にあるとおり、「石山本願寺」がこの世に存在したことは一度もない。「石山」は本来、豊臣大坂城の異称であったが、なぜか遡及的にかつての本願寺の所在地を呼ぶのに用いられ、十八世紀の軍記物によって本願寺の故地として流布した。各地の一揆が「石山本願寺」の護持に立ち上がる「石山合戦」は、物語にすぎない。歴史学の最前線では昨今、「石山」呼称への抵抗感が大きくなっている。

しかし、同時代用語にこだわるなら、七十余年前の戦争は「大東亜戦争」だし、第二次世界大戦以前に「第一次世界大戦」は存在しなかったはずである。ある戦いの名称を決めるとは、その戦いをいかなるものと見なすかという、歴史認識の問題である。「大坂」ならぬ「石山」が獲得してきた歴史認識とはどういうものなのだろうか。

信長と「一揆」の死闘

元亀元年九月二十三日、野田・福島から京都へ急ぐ信長の前に、江口川《えぐちがわ》の急流がたちはだかった。

> 一揆蜂起せしめ、渡の舟を隠置き、通路自由ならず。稲麻竹葦なんどの如く、過半竹鑓《たけやり》を持って、江口川の向を大坂堤へ付いて喚《おめ》き叫ぶといへども、異なる事なし。（太田牛一《おおたうしかず》『信長公記』）

本願寺の「一揆」が蜂起して船を隠したため、川を渡ることができない。もっとも、彼らは密生する植物のように大人数だが過半は竹槍しか持たず、喚き叫ぶだけなのでどうということはない。信長は自ら馬を駆り、先頭に立って総軍に渡河《とか》を命じた。意外にも川は浅く、徒歩の雑兵も難なく渡って京都に着いたが、次の日から水量が増して徒渉《としょう》不能となったので、江口近辺の上下万民は「奇特《きどく》不思議」（神仏のおかげ）と感嘆したという。

「一揆」など騒ぐばかりで何もできないから放っておけばよい、といった文句は軍書によく見られるが、それが本音ならば「奇特不思議」とは言わないはずである。牛一『信長公記』十月二十日条には、近江の「大坂門家」（本願寺門徒）の「一揆」が尾張・美濃間の交通を遮断したが、「百姓等の儀」とて「物の数にて員《かず》ならず」（頭数ばかり多くて役に立たない）、木下藤吉郎《きのしたとうきちろう》らに討伐された。ところが、信長が援軍を送れないこの時をねらって、尾張長島で「一揆」が蜂起し、信長の弟の信興《のぶおき》は「一揆」の手にかかるのを「無念」として、天守へ上り切腹したとある。近江と尾張の「一揆」は連携プレーをする力量を持つが、彼らに殺されるのは武士として「無念」なのである。

約半世紀の後、京都所司代の板倉重宗《いたくらしげむね》は、近江の老僧の語りをもとに『新撰信長記《しんせんしんちょうき》』を作った。それによれば、信長は朝倉義景《あさくらよしかげ》旧臣で信長に降伏した桜田播磨守・朝倉式部太夫《あさくらしきぶだゆう》・富田彦右衛門《とみたひこえもん》を取り立て、越前を治めさせたが、彼らはおごり高ぶり、理不尽な行為を繰り返した。天正二年正月、降雪期を待って「一揆」が蜂起し、八千余騎が「本願寺殿」に派遣された下間筑後守《しもつまちくごのかみ》を大将として、桜田らの三つの城を攻撃した。「かんじき」を履く「一揆の者共」に対し、城中には雪の用意がなく、足が凝《こ》って早々に城を乗っ取られ、落ち行く途中で三百七十余騎が討たれた。旧主の死後九十日で三人とも滅んだのは「天の攻《せめ》」を蒙った「因果」であるという。

現在では桜田は桂田の誤り、威勢を振るう桂田を富田が討ち、富田滅亡後に下間筑後守頼照《らいしょう》が派遣されたと考えられている。老僧の語りにはかなりの誤解や記憶違いがあったようだが、重宗は土地に根付いた「一揆」の知恵や行動力の恐ろしさを聴き取った。重宗にとって「一揆」は、主君を裏切った者たちに「天の攻」を与えるものでもある。天に守られて正義を実現する集団が恐ろしくないはずはない。

軍書は武士が武士に読ませるために作った書物である。兵農分離の貫徹はまだ先のことで、『新撰信長記』に「八千余騎」とあるように、「一揆」も馬を乗りこなしていたが、軍書は治者が「一揆」と対等であったようには描けない。小瀬甫庵《おぜほあん》が『信長記』を作る際に、牛一『信長公記』の「一揆」を削り、秀吉の武将としての評判を高めようとしたことを、柳沢昌紀氏が『秀吉の虚像と実像』で指摘しているが、甫庵はむろん信長についても同じことをしている。百姓らの知恵や行動力を正面から認めたり、恐怖に震えたとしたりするわけにはいかず、逆に「たかが一揆だ。何ということはない」と言い放ってしまうのである。

島原天草一揆（島原の乱）の鎮定後、百姓たちの実力行使は徒党・強訴として厳禁され、「一揆」の語は現実社会から姿を消した。一六五〇年代末には「法度《はっと》の徒党」の認識が全国にいきわたり、次の百年で「強《ごう》訴《そ》」の語も定着する。幕府が「一揆」の語を避け、あえて別語を充てたところをみると、「天」が「一揆」に正義を実現させるとの観念を抱いていたのは、重宗一人ではなかったのだろう。百姓たちは百姓の日常着である蓑笠を着て、百姓の得物《えもの》（得手な道具）である鎌を握り、幕藩制国家の正規構成員としての「御百姓」であることを誇示しつつ、訴願《そがん》を行い仁政を求めるようになる。

牛一『信長公記』の「一揆」は、『新撰信長記』では「一揆の奴原《やつばら》」「一揆ども」のように蔑称を付加されたが、島原藩主松平忠房《まつだいらただふさ》の『増補信長記』では、さらに「凶徒」「賊徒」に置き換えられている。十八世紀に入って刊行された遠山信春《とおやまのぶはる》『総見記』（『織田軍記』）では、牛一『信長公記』より後の諸書で省略された、竹槍を握る無数の「一揆」勢が蘇りはするが、彼らは信長の威に脅え、追討の機会を自ら潰したことになっている。

軍書の性質上、対本願寺、親本願寺の立場が変わっても事態は変わらない。毛利・吉川《きっかわ》の偉業を讃える香《か》川景継《がわかげつぐ》『陰徳太平記《いんとくたいへいき》』では、信長家臣の原田備中守が「大坂勢」を「寄頭《よせがしら》の一揆原共」と侮り、殺される場面で、備中守を討ち取ったのは紀州に脈々と続く「御家人《ごけにん》・在庁《ざいちょう》等」であって「全く土民《どみん》の一揆」ではないことが強調されている。

徒党・強訴禁止と法座の「石山」語り

牛一『信長公記』では本願寺門徒の「一揆」が大書される。江戸時代に入ると、牛一『信長公記』を原点とするいくつもの信長の一代記が作られ、刊行されていく。

しかし、幕藩制下では、本願寺は治者の側に身を置くようになっていた。一揆とともに在った過去は隠されなばならない。東本願寺学問所を代表していた恵空《えくう》は、自筆本の『真本叢林集《しんぽんそうりんしゅう》』では、元亀二年に「尾州長島に一揆起」り、本願寺が大将として下間頼且を下したこと、同五年に「江州北郡に一揆大に起」ったこと、「所々の蜂起みな御門徒の企」てで、「越前・越中の蜂起」もその一であったことを誇っているが、正徳二年（一七一二）に出版した『叢林集』にそれらの記述は一切ない。「大坂御坊退廃の事」の項全体を「太田牛一公の記」に拠り、大坂近辺の戦いに限定して記述するのみである。たった一行、「太田公の記は信長公を権威づけした書物だ」と読者への警告を付加するのが、恵空にできる最大限であった。

それでは一般の門徒はどう考えていたのだろうか。彼らは自身では記録を遺さないが、元来貴顕の宗教でない真宗には語りや絵画による教化の伝統があり、信長との戦いも法座で語られていた。

そうした語りの台本である『石山軍記』は、唱導《しょうどう》台本の常として題や内容が伝本によって大きく異なり、原態の復元は難しいが、天明六年（一七八六）の奥書のある本によって窺ってみれば、享保二年（一七一七）刊『陰徳太平記《いんとくたいへいき》』から本願寺関係箇所を抜き出してまとめたものがもとになっている。それに、宝永八年（一七一一）刊『遺徳法輪集《いとくほうりんしゅう》』や正徳五年（一七一五）刊『本願寺由緒通鑑《ほんがんじゆいしょつがん》』といった宗門書に拠って挿話を付加したものなのである。成立は享保年間前半、作者は不詳だが、西本願寺教団に属する僧侶であろう。

この唱導で初めて「大坂」に代えて「石山」が用いられた。すでに『陰徳太平記』である程度の量がまとまって用いられていたが、まだ数の上では「大坂」の方が多かった。軍書では「切り取る」「取り合う」という語が多用されるように、領主は他の領主の土地を切り取ってわが物にしようとするもの、国の取り合いをするものというのが前提だから、ともに領主である信長と本願寺の戦う理由は考察されない。しかし、甫庵『信長記』や『総見記』など、信長を英主とする書物の刊行後に、毛利・吉川の立場で『陰徳太平記』を作るには、毛利と手を結んでいた本願寺を善玉、信長を悪玉として描き直さねばならない。そこで、信長が西国への対抗拠点として本願寺の寺地を奪おうとし、本願寺が聖地の護持に立ち上がるというストーリーが作られ、秀吉の城下町造成で「大坂」の範囲が拡がる前の、本願寺の建っていた旧「大坂」をピンポイントで表す地名が要請された。「石山」は語の成り立ちからして「護法の聖戦」意識を体現していたが、唱導台本でこれが全面展開したのである。

この唱導台本は軍書をもとにしているだけに、主たる登場人物は鈴木孫市《すずきまごいち》ら武士たちである。「一揆」の語は一度も用いられない。ただ、聴き手の中心が武士よりも庶民だったためだろう、摂州榎並郡下辻村《しもつじむら》の助《すけ》という「御門徒」が信長配下の根本万治《ねもとまんじ》と戦って討ち死にする物語を『本願寺由緒通鑑』から、了西という「俗人」の身に付けていた親鸞筆名号の奇瑞譚を『遺徳法輪集』からとって加えている。三河の了西《りょうさい》らは信長の改宗命令（史実では三河永禄一揆後に家康が改宗を命じた）に従わず、了西は打ち首、石川金吾《いしかわきんご》は釜煎りと決まったが、名号が身替わりとなって切られ、了西は信濃に逃れたというのである。名号の奇瑞は鈴木孫市の息子を主人公とする挿話にも見られ、図らずも、武士の子も百姓も同様に親鸞に護られていることを示す形になった。

絵本読本の「百姓一揆」

十八世紀半ばを過ぎて、唱導台本をもとに実録『石山軍鑑』が作られた。享保の出版統制令で軍書の出版が禁じられており、全六十巻が写本で流布した。講釈師立耳軒《りゅうじけん》の作で、軍書の直系の子孫として治者目線をも継承し、武士たちが華々しく活躍する。地方の「一揆」は、『総見記』に拠る前半部分に顔を出す程度である。

一見すると事実の記録のような書きぶりだが、主君を裏切る「喜怒骨《きどこつ》」を持って生まれた明智光秀《あけちみつひで》が信長をそそのかし、本願寺に寺地を要求させたり、武士を立てれば無益に犬死にする「剣難相《けんなんそう》」のある鈴木重幸《すずきしげゆき》（架空の人物）が、本願寺顕如に請われて軍師となったり、顕如が大坂から鷺森に退去して二年後の天正十年六月三日、織田勢に包囲され、自害しようとしたまさにそのとき、本能寺の変の飛報が届いて本願寺が起死回生を遂げたり（鷺森合戦）、荒唐無稽な物語も満載である。

　庶民がこの大作を読むことは少なかっただろうが、これを種本に浄瑠璃や歌舞伎が作られた結果、話の内容は広く知られた。大坂では十八世紀後半に歌舞伎「帰命曲輪文章《あなかしこくるわぶんしょう》」、人形浄瑠璃『近江八景石山遷《おうみはっけいいしやまうつり》』（初演の翌年に『彫刻左小刀《ちょうこくひだりこがたな》』と改題して完結）、同じく人形浄瑠璃『絵本太功記』（「杉の森の段」は鷺森合戦を題材とする）といった「石山」ブームが起きている。

　このブームを承けて、享和元年（一八〇一）から文化元年（一八〇四）にかけて『絵本拾遺信長記』全二十三巻が大坂で刊行された。当初は秀吉の一代記である『絵本太閤記』とセットで、『絵本石山軍鑑』という書名での出版が計画されていたが、東本願寺が真宗物浄瑠璃の上演や浄瑠璃本出版に禁止をかけることが多かったため、信長の一代記めかした名に改められたようである。絵と文章の割合はほぼ半々で漢字には総ルビが付され、挿絵は丹羽桃渓《にわとうけい》、篠塚富士男氏は二〇一四年十一月二十一日付「筑波大学附属図書館展示ブログ」で、文章は『都名所図会』の作者として有名な秋里籬島《あきざとりとう》とする（籬島でないとする説もある）。

　鈴木重幸率いる「石山勢」の戦い（『石山軍鑑』に拠る）と、諸国の「一揆」の戦い（『総見記』に拠る）とがないまぜになって記述され、信長の強引な「天下併呑《てんかへいどん》」に対抗して、石山近郷の「百姓」や各地の「一揆」が「石山本願寺」に結集するという「石山合戦」像が、ここに成立する。作者は唱導台本を見ていない。治者目線の軍書や実録を見て書いている。要は治める者、治められる者、どちらに目を据えて書くかということである。

　信長は北国の「一揆」を憎み、宗門を破滅させる大義を得るため、わざと「石山」退去を要求して断らせ、本願寺が「天下泰平の計略」を破ったことにしようとする。顕如《けんにょ》が摂津・河内・和泉の門徒に「評定」を呼び掛けると、門徒たちは「愚《おろか》なる土百姓《つちひゃくしょう》」をも人並に扱う「有難き御宗旨」と感激して本山へ急行し、抗戦が決まる。

百姓を侮ったのが信長の失敗であった。蓮如の定めた聖地「石山」を護持し、凡夫を浄土へ導く「活如《いきにょ》来《らい》」顕如を尊崇する（信長に殺させない）という一点で、諸国の門徒が結集する。籠城するのは「或は坊主、或は百姓」で、武士は鈴木重幸・孫市らわずかであるにもかかわらず、兵糧を炊ぐ婆までも命を捨ててかかるため、さしもの信長も切り崩すことができない。

作者は顕如に、信長に仕掛けられた無体な戦いに心ならずも防戦しただけで、「元来国郡を争ふ武家の合戦」ではないと言わせている。作者の考える「石山合戦」は、領土を取り合う武士たちの合戦とは本質的に異なる宗教戦争であった。

「百姓一揆」が蜂起し、「竹鎗」を握る「門徒の男女」が疾駆《しっく》するのは、天明年間に急増した百姓たちの実力行使が影を落としていたのだろうが、現実の直接投影ではない。「一揆」という語や竹槍が姿を消して久しく、竹槍の再登場は、明治維新によって幕藩制の枠内で仁政を要求する形が崩れ、百姓が新政府と全面対決するときを待たねばならない。女性の参加も幕末まで降《くだ》る。作者は竹槍を持つ男女を見たことがなく、織田勢と「一揆」の死闘を描く牛一『信長公記』や『新撰信長記』を読んでもいないが、「一揆」蔑視の『総見記』を通じて、牛一らの「一揆」イメージを受け取っていた。

信長が越前一揆を掃討した際に、山林に隠れた「一揆」を探索し、男女を分かたず殺したという牛一『信長公記』の記事は、『総見記』では「親を捨て子を捨て」て逃げる「一揆」の郷民を非難し、信長の残虐さを誇るような文章となっていた。『絵木拾遺信長記』ではこれが「親を失ひ子を殺され」る立場で語り直される。軍書やその子孫に当たる書物で、逃げる「人民《にんみん》」の大きな挿絵を持つのは、本書ぐらいではなかろう

早稲田大学図書館蔵『絵本拾遺信長記』「越前の人民山林に隠る」

か。

百年前に唱導僧が法座で語り始めたころは、軍書の抜き書きに百姓門徒の話を加えるのがせいぜいであった。十九世紀に入ると庶民が書物を手にし始めるが、彼らの祖先に当たる百姓門徒の姿を読本作者が描こうとしても、そうした資料は遺っていない。読本作者は治者目線の軍書や実録を逆なでに読み、再構成するしかない。

現代の歴史学の知見からすれば、戦国期の本願寺が宗門の意思決定に百姓の男女を関わらせたとは考えがたい。そもそも『絵本拾遺信長記』は架空の軍師の活躍する嘘話なのだが、作者の再構成が牛一『信長公記』や『新撰信長記』に通じることも確かである。圧倒的な人数だけをたのみに、満足な武器も持たず、本願寺護持へのひたすらな思いと、土地に根ざした知恵と行動力をもって、侵入して来る武士たちに迫る。そういういくつもの集団が、本願寺を領袖として結集する。これを織田勢の側から見れば、牛一『信長公記』の恐怖感になるだろう。時代の降る諸本は一揆を蔑視し、逆賊視し、無視するが、『絵本拾遺信長記』は時代の近いそれら諸作を飛び越えて、ひといきに一揆の時代に立ち戻る。

おわりに

東本願寺学僧の恵空ならずとも、知識人は「一揆」に冷淡だったし、庶民の「石山」と知識人の「大坂」は見事なほどに棲み分けがきいていた。

だが、知識人も実は「石山本願寺に結集した百姓門徒の戦い」を知っていた。西本願寺学僧の玄智は、天明五年(一七八五)の『大谷本願寺通紀』顕如伝を「大坂」で通しながら、信長が自分の城を築こうとして本願寺に移転を要求したとするなど、内容的には唱導台本型で記している。恵空の例から推しても、宗門内の知識人は『絵本拾遺信長記』が書かれる前から、それに近い理解をしていたのではないか。宗門外では頼《らい》山陽《さんよう》が『日本外史』を甫庵『信長記』型で叙述し、「一向の賊」「一向の僧賊」といった語句まで用いているのに、真宗の盛んな安芸の人であるためか、最後に鷺森合戦を付加し、別に「読石山軍記」の題で「抜き難し南無六字の城」で終わる勇壮な詩を作っている。

幕末から明治にかけて世直し一揆が盛り上がったが、やがて資産のある者たちを中心とする自由民権運動に移行すると、合法主義・代議制が重視されるようになった。実力行使は時代遅れの野蛮な行為と見なされて、知識人が「大坂」を用い、宗門人が「一揆」に触れたがらない傾向は、大正から昭和に入っても続くことになる。

それでも少しずつ「石山」は下から上へ、芸能から教科書へと這い上がってきた。この架空の地名の獲得までにかかった長い時間を捨て去るよりも、もう一度振り返ってみる方がよいのではないか。私たちは治者目線の史料しか存在しないという限界のなかで、歴史を見ようとしているのだから。

●参考文献

後小路薫「唱導から芸能へ―石山合戦譚の変遷―」（『国語と国文学』六二―一一、一九八五年）
大桑斉「石山合戦編年史料をめぐる諸問題」（『大系真宗史料　文書記録編12　石山合戦』法蔵館、二〇一〇年）
豊岡瑞穂「明治期における石山軍記物演劇の流行と展開―歌舞伎「御文章石山軍記」を中心に―」（『国文学論叢』六一号、二〇一六年）
藤川玲満「享和・文化期の読本と歴史素材」（西日本近世小説研究会編『享和・文化初期読本の基礎的研究』二〇二〇年）
保坂智『百姓一揆とその作法』（吉川弘文館、二〇〇二年）
宮澤照恵「石山合戦譚の成長―勧化本『信長軍記』をめぐって―」（『北星学園大学文学部北星論集』三〇、一九九三年）
藪田貫『国訴と百姓一揆の研究』（校倉書房、一九九二年）

8 長篠の戦い

金子　拓×柳沢昌紀

合戦史に華やかな記憶を残すこの戦だが、桶狭間《おけはざま》同様、信長の成功は必然性より偶然性が高かった。ただし、機敏に戦局を判断した信長の成功は、有名な三段撃ちとは別の戦闘を焦点化する。やがて、徳川体制の安定化に伴い、この合戦の記憶に、譜代・旗本は自分の家の由緒を参入させたいという欲望が、記述を肥大化させてゆく。それは、信長を後景に追いやってしまう結果をもたらした。その中で、信長の戦争の革新性を焦点化させた「三段撃ち」の言説はどう形成されてきたのだろうか。

実像編

▼金子 拓（東京大学史料編纂所准教授）

天正三年に起きた長篠の戦いは、織田信長が鉄炮を効果的に用い武田氏の騎馬軍団を撃破した戦いとして著名であった。しかし近年の研究の進展により見方が変わりつつある。以前より鉄炮戦術について疑問が提起されていたが、最近はそれもあって「三段撃ち」はほぼ否定された。それにともない、武田氏との戦いにおいて信長はいかなる姿勢で臨んだのかについても再考が迫られている。もはや通説的な長篠の戦い像は通用しなくなっているのである。

長篠の戦い研究の動向

このところ、天正三年（一五七五）五月二十一日に起きた長篠の戦いをめぐる研究には大きな波風が立っている。おもな論者は平山優氏と藤本正行氏であるが、平山氏は鈴木眞哉氏の議論の一部にも批判をおこなっており、藤本氏と鈴木氏の学説には重なる点が多いため、平山氏と藤本氏・鈴木氏とのあいだの論争と言ってよいだろう。

論争の要点をごく大雑把にまとめれば、長篠の戦いに対する歴史像を代表し、通説と化していた〝新戦術対武田騎馬軍団〟という構図について、一九七〇年代から批判をおこなってきた鈴木氏・藤本氏の研究が浸透しながら、近年ではこれをほぼ崩すところまで到達していたところに、平山氏による再検証論が提起され、

〝通説を否定する説への批判〟が出現したということである。

この論争の大きな論点は、やはり長篠の戦いの特徴である織田・徳川軍の鉄炮戦術のあり方と、これに対抗する武田氏の騎馬軍団の存在をめぐる問題であった。

激しい議論がたたかわされているなか、筆者にはいずれが是か非かという軍配をあげるような能力はない。議論を勉強して感じたのは、次のような諸点である。

長篠の戦いの特徴とされていた、銃兵が横三列に配置され、交替して射撃するという〝三千挺三段撃ち〟という戦法や、この戦い方が「戦術（軍事）革命」をもたらしたという議論がもはや成り立たないという点は共通していることと、騎馬軍団についても、よく訓練された近代の騎兵隊のような集団は存在しないという藤本氏・鈴木氏の指摘や、戦国合戦における騎馬衆の運用法についてはより慎重な検討が必要だとする平山氏の指摘には納得させられるということである。

なにより批判の応酬の過程で、これまでの研究の流れが整理され、また、長篠の戦いを考えるための史料について、ほぼ出し尽くされたうえで、丁寧な吟味がおこなわれ、異なるばあいもあるもののそれぞれの解釈も示されたことや、戦国時代における鉄炮戦術・騎馬戦術の軍事史的な見方や、織田氏・武田氏の鉄炮運用、武田氏の騎馬衆の存在について、専門家による深い検討がなされ、一般に示されたことは大きな意義がある。少なくとも筆者個人にとっては、たいへん勉強になっているのである。

実は、近年生じている長篠の戦い像の変化は、右の論争にとどまらない。長篠の戦いに至った経緯や、この時期の織田信長の動向のなかでの位置づけといった、歴史の大きな流れのなかに長篠の戦いを置いたときの意味づけにも、再検討が迫られていると言ってよい。ここでは、もっぱらこちらの論点に注目して、長篠の戦いの実像を見てゆきたい。

8. 長篠の戦い × 実像編

長篠城の守備体制

東三河の国衆として武田氏に従っていた作手《つくで》亀山城《かめやまじょう》の奥平《おくだいら》定能《さだよし》・信昌《のぶまさ》父子が、武田氏から離反し徳川氏に属したのは天正元年八月頃のことである。このことが原因のひとつとなって、武田方であった長篠城はほどなく徳川氏に手に落ちた。

徳川氏は長篠城にはしばらく城番（三河五井城主松平景忠）を置き維持していたが、天正三年二月二十八日に奥平信昌が守将として長篠城に配されることになった。この日付を記しているのは、後世に成った記録のなかでも比較的信頼性が高いとされる（信昌子の松平忠明を著者とする説もあり）『当代記』である。『当代記』によれば、三月に信長は近江鎌刃城にあった兵粮二千俵を、「境目城々へ入れ置かるべし」という指示を添えて家康に贈った。これを受け家康はこのうちの三百俵を長篠城に入れたという。

兵粮の提供は、文書からも裏づけることができる。三月十三日付で家康が信長に対し、兵粮の礼を述べた書状を出しているのである（『大阪城天守閣所蔵文書』）。それによれば、家康は「御兵粮過分に仰せ付けられ」たことを謝し、また「諸城御見舞」として、佐久間信盛を派遣してきたことにも「過当至極」と礼を述べている。信長は兵粮を提供しただけでなく、信盛を三河の諸城に派遣し、わざわざ見舞わせているのである。ここから信盛の任務は三河方面の視察もあったと指摘されている。

このとき信長が家康に兵粮を贈ったのは、長篠城をはじめとした「境目城々」が兵粮を必要とする状況になることを予期したからであろう。武田軍がこれらの城々を攻撃してくる可能性がある。これに対ししかるべき量の兵粮を城に蓄えておくことにより、一定期間持ち堪えてほしい、そうした望みが信長にあったと思われるのである。

天正元年に長篠城を奪われはしたものの、翌二年になると、正月から二月にかけ、武田勝頼は織田・徳川領国に攻勢を見せ、正月には明知城（現岐阜県恵那市）などを落とすことに成功した。すでに武田氏の支配下に置かれ、城代として秋山虎繁《あきやまとらしげ》が入っていた岩村城と合わせ、東美濃の一部にすでに武田氏の勢力がおよび、さらに西をうかがっていたわけで、明知城支援に失敗した信長は、家臣河尻秀隆をそこから北西約十五キロの地点にある高野城（現同県瑞浪市）に置き、これに備えた（『信長公記』）。

また武田氏は、同年五月に遠江《とおとうみ》高天神城《たかてんじんじょう》（現静岡県掛川市）の攻撃を開始し、城主小笠原氏助《おがさわらうじすけ》が降伏してこれを奪った。家康は当時京都にあった信長に援軍を求め、信長も岐阜に帰って援軍の準備を進め出発したものの、その準備にやや手間取った。このため、ようやく織田軍が浜名湖付近まで到達したときに落城の知らせを聞き、兵を引き返さざるをえなかった（『信長公記』）。これまた支援の失敗である。

このように武田氏に対しては、本国美濃のみならず、遠江・三河の警戒を怠ることができなかった。二千俵のうち長篠城に三百俵が入れられたとあるほかは具体的にはわからないが、当然他の「境目の城々」にも同様に兵粮が配分されたのだろう。『当代記』では、直前に奥平信昌が守将として入ったこととの関連や、数ヶ月後に長篠の戦いが起きることを結果として知っていたうえで書かれたこともあって、とくに長篠城しか登場しない。しかし客観的に見れば、信長・家康がこのとき長篠城の守りだけを重視していたわけではなかったことにも注意する必要がある。

信長の本願寺攻め

天正三年の三月頃、信長はなぜ家康に大量の兵粮を託し、家康が支配する「境目の城々」に持ち堪えてもらう必要があったのか。

三月初めに上洛した信長であったが、同月中旬頃には、四月六日に河内に攻め入るための陣触を発していたことがわかる。紀州方面に逼塞していたと見られる足利義昭の側近大和孝宗《やまとたかむね》が、三月十五日付で武田氏一族の穴山信君にその風聞を伝えた書状がある（『於曽文書』）。そのとおり信長は四月六日に出陣した（『大外記中原師廉記』ほか）。

このとき信長が率いていた軍勢は一万とも（『宣教卿記』）、二万とも（『大外記中原師廉記』）言われ、すでに数日前に出発していた先勢を合わせればかなりの数になったと思われる。帰陣のおり洛中でその様子をたまたま見物していた薩摩の島津家久は、「十七ヶ国の人数ニて有し間、何万騎ともはかりかたきよし申候」と記している（『中務大輔家久公御上京日記』）。『信長公記』には十万余ともある。これは大げさかもしれないが、そのくらい目を瞠るほどの大軍であったのである。

そのような大軍を率い河内に侵入した信長の目的は何だったのか。『信長公記』によれば、八日に三好《みよし》笑岩《しょうがん》（康長）が籠もる高屋城の攻撃を開始した。さらに天王寺まで陣を進め、大坂本願寺をうかがう。直接攻撃はなかったものの、数度にわたり周囲の耕作地において作毛を薙ぐといった軍事行動をおこなっている。

その後十九日に堺の近くにあった新堀城を落とし、城将香西越後らを討ち取ったことを受け、高屋城の笑岩は降伏を申し出た。そこで信長は高屋城以下河内の諸城を破却し、大坂本願寺を残すのみという状態にして、二十一日に京都に戻るのである。

すでに三月二十二日の時点で、信長は家臣長岡藤孝に対し、「来秋大坂合城」を申し付けていた。丹波船井・桑田両郡の武士を率いて付城《つけじろ》の構築に当たるよう命じたのである（『細川家文書』）。これらのことから、このとき信長の目は大坂本願寺を向いており、秋には本格的な攻撃を考えていたことがわかる。四月の出陣はそれに向けての下準備として、あえて大軍を率い周辺諸城を攻略して威圧するとともに、作毛を薙ぐことにより、相手の兵粮確保をむずかしくさせ、士気低下を目論んだものと推察されるのである。

それを考えれば、家康への兵粮提供は、本願寺攻め最中に背後を武田氏に突かれぬよう、その防備を期待したということになろう。この時点での信長の当面の敵は、あくまで本願寺だったのである。

武田軍の三河侵入

信長の四月河内出陣という情報が、三月の時点で穴山信君に伝わっていた可能性があることは、前述したとおりである。実際勝頼はこの機をとらえたものか、三月下旬、三河足助《あすけ》口に兵を出したとされる。このときは織田信忠が尾張衆を率いてこれに対処した（『信長公記』）。

近年鴨川達夫氏の研究により、従来元亀二年（一五七一）に比定されていた武田氏の三河出兵に関わる一連の文書は天正三年のものであることが論証され、これによって、四月にどのような経路で武田軍が三河に侵入してきたのかが明らかになった。また、この年にあった三河奥郡代官大岡（大賀）弥四郎の謀叛事件があらためて注目され、これも武田軍三河侵入のひとつの契機となったのではないかと指摘されるようになった。

大岡弥四郎の事件とは、三河奥郡二十余郷の代官を務め、当時家康嫡男松平信康を城主としていた岡崎の町奉行であったともされる（『岡崎東泉記』）大岡弥四郎が、武田勝頼に内通し、武田軍の三河侵入に呼応して岡崎城を乗っ取るという計画を企てたものの、それが未然に発覚し、捕えられ処刑されたというできごとである（事件の全体は『三河物語』ほか）。

三月下旬の足助口攻撃に引きつづき、四月十五日に武田軍の先勢が足助城を攻め、城主鱸《すずき》越後守は同十九日に開城した。

これは『寛永諸家系図伝』の記事であるが、武田軍の先勢が三河小丸・安戸（いずれも現愛知県岡崎市）の民家を焼き払い、これを防ぐため出陣した徳川家家臣青山忠門が月輪《あちわ》（阿知和）村（同前）で戦い、五月六日に討死した。武田軍の一部が足助《あすけ》街道を南進し、岡崎近辺まで迫っていたことをうかがわせる。

いっぽうで勝頼率いる武田軍の主力は、先勢と同様かそれに近い経路を通って三河に侵入したという説や、甲府・諏訪・高遠・青崩峠《あおくずれとうげ》・犬居谷《いぬいだに》・平山・宇利峠を経て侵入したとする説がある。史料によっては鳳来寺口から入ったとする説もあって（『大須賀記』）一定しないが、のちに吉田城に向け進軍し、さらに同城の二キロ東方に位置する二連木城《にれんぎじょう》を攻撃したことを考えれば、後者の経路をとったと考えるべきだろうか。

家康は居城浜松にあったと思われるが、武田軍の動きに対応するため三河吉田城に入った。いっぽう信康は、岡崎から南東約十二キロに位置する山中の法蔵寺（現岡崎市）まで出てきた（『三河物語』）。武田軍主力の岡崎攻撃を警戒しての布陣だろう。

弥四郎の陰謀が露見し、信康が法蔵寺まで出てきたこともあり、岡崎を直接攻撃することを断念した武田軍は、家康が吉田城に入ったこともあり、次なる攻撃の標的を吉田城に定めたようである。

兵力において圧倒的に劣勢であった家康は、一度は城から出撃したものの押し戻され、以後は籠城を余儀なくされた。勝頼も吉田城攻撃に深入りすることはなかった。四月晦日に家臣の下条伊豆守に宛てて出した書状には、前日吉田での戦いを有利に進めたことを知らせ、「この上長篠へ一動《ひとはたらき》これを催すべく候」とある（『水野壽夫氏所蔵文書』）。

「一動」とは、「この上」に続けて用いられているから、「（もう）ひと働き」という意味だろう。実際翌五月一日から長篠城攻撃が開始された（『当代記』）。つまりこのときの武田軍の三河侵攻は、長篠城が最終目的ではない。状況がさまざまに変化した結果、前々年奪われ、そのとき離反した奥平信昌が籠もる長篠城に「一動」の矛先が向けられたにすぎない。

両軍激突に至るまで

家康はこの危機的状況にさいし、信長に援軍の要請をおこなっていたことが後世の編纂物に記されている。

これを裏づける文書などは確認できないものの、そうした行動はじゅうぶんに予想される。いっぽう武田軍に包囲された長篠城では、一日から十八日頃まで、断続的に攻撃を受けていたようである（『当代記』ほか）。この間十四日に城内から鳥居強右衛門尉が支援要請のため派遣されたことは有名である（『三河物語』・甫庵『信長記』ほか）。史料によっては、強右衛門尉派遣のきっかけが城内の兵粮欠乏にあったとするものもあるが、三月に三百俵を入れ置かれたことを考えると、問題は兵粮というよりも単純に兵力（の少なさ）にあったのかもしれない。

前述のように、このときの信長は本願寺攻めに重点を置いており、そのために兵粮を家康に贈ったのであった。しかしながら、長篠城、ひいては東三河の危機的状況にさいし、信長は河内から帰陣して六日後の四月二十七日に京都を出発して岐阜に戻り、五月十三日に三河へ向け出陣した。

長篠城を包囲している武田軍に対し、信長はどのような対処を考えていたのだろうか。

『信長公記』によれば、布陣した設楽郷には、「敵かたへ見えざる様に段々に御人数三万ばかり立置かせられ」たという。また、後述する武田軍進軍を受けて信長が立てた作戦（鳶の巣砦攻め）の基本方針は、「御身方一人も破損せざるの様に」というものであった。できるかぎり自軍の損害を抑えたいのである。対本願寺戦を考えての兵力温存策だろう。

そのため、きわめて短期間のうちに、柵（馬防柵）や土塁などの「陣城《じんじろ》」と呼ばれる野戦築城をおこなったのであろうし、いくさが始まってからも織田軍は可能なかぎり柵の外に出ないで戦うという守備的な戦法をとった。

しかしここで勝頼は大きな判断の過ちをおかした。

支援のため三河に出陣してきたはずなのに、右に述べたような軍勢展開のまま動きを見せない織田・徳川軍の様子を前にして、「敵てだての術《すべ》を失い、一段逼迫の躰に候」と、なすすべなく拱手傍観していると受け取り、逆に攻撃の好機ととらえてしまったのである。

家臣今福長閑斎と三浦員久に宛てたほぼ同内容の二通の書状（『武田勝頼書状』『桜井文書』）から右のことがわかるのだが、この二通の書状は合戦前日の五月二十日付である。これにより勝頼は、長篠城包囲に一部の兵（「攻衆七首」）を残し置き、瀧澤川を渡って主力を「あるみ原」まで進め、織田・徳川軍から二十町を隔てた場所に布陣したのである。

これは『信長公記』による記述であるが、著者太田牛一は、「川を前にあて、鳶の巣山に取り上り、居陣候わば、何とも成るべからず候を」と、この勝頼の行動が長篠の戦い敗因のひとつであることを示唆している。

信長も合戦前日の二十日に、長岡藤孝に対して状況を報告している（『細川家文書』）。そこでは、十七日に牛久保まで出てきたこと、十八日に銃兵を敵陣近くまで進めたことが述べられている。内容からすれば、この書状を書いたあとに武田軍の動きに接したのではあるまいか。この動きを見て、信長は、家康家臣の酒井忠次を大将とする別働隊を編成し、鳶の巣砦攻めを命じたのである。

なお右に触れた長岡藤孝とのやりとりのなかで、信長は藤孝に対して鉄炮兵と火薬の支援を要請していたことがわかる。また、大和の筒井順慶もこのとき鉄炮兵を派遣していた（『多聞院日記』）。武田軍との衝突に備え、直前まで鉄炮兵の増強を画策していたのである。

必然ではなかった長篠の戦い

前述のように、織田・徳川軍が「あるみ原」に陣城を築き、もっぱら守備的な布陣をとった。だからといってここで武田軍と長くにらみ合いを続けるつもりでもなかったようである。

というのも、六月十三日付で上杉謙信に宛てた書状のなかで、「兵粮いまだ出来せず候の間、士卒のため まず納馬し候」と述べているからである（『上杉家編年文書』）。信長が三河から岐阜に戻ったのは二十五日のことだが（『信長公記』）、長期滞陣するほどの兵粮の準備が整っていなかったことをうかがわせる。

ある程度の数の援軍を率いて長篠城近くに駐留すれば、武田軍も激突を回避して撤兵するという目論見があったのかもしれない。これは武田方も同様で、藤本氏は、長篠の戦いにおける本格的な攻撃開始時間の遅さを原因に、「武田軍が、あの日あのような状態で戦闘を行う予定ではなかった」のではないかと指摘している（藤本二〇一五）。両軍とも、もともと正面から激突するつもりはなかったのである。

長篠の戦いといえば、鉄炮によるいわゆる〝新戦術〟によって織田・徳川軍が大勝利を収めたという歴史像が浸透し、それが強固になっているので、いかにも信長が最初から馬防柵を構築して鉄炮によって武田軍を撃破しようと企み、武田「騎馬軍団」がその術中に見事にはまったかのように受けとめられがちであるが、実際ここに至るまでの流れを見てみると、結果的にこのような戦いになったということがわかるだろう。

ことここに至ったのには、いくつかの判断の分かれ目がある。大岡弥四郎の陰謀露見による武田軍の攻撃目標変更、吉田城攻めから長篠城包囲への転換、信長の対本願寺重視による兵力温存のための陣城構築などである。最終的に敵情を見誤った勝頼の過ちがそこに重なった。

このいくさにおける信長の戦術を評価したいのであれば、馬防柵構築や鉄炮の効果的な利用ではなく、勝頼の過ちを見逃さず、「あるみ原」に布陣した武田軍を見て、その背後を襲うため鳶の巣砦攻めを即座に決断した、二十日の判断をあげるべきだろう。

本稿脱稿後、ここで述べた論旨をもとに新たに著書を書き下ろし、『長篠の戦い　信長が打ち砕いた勝頼の〝覇権〟』（シリーズ実像に迫る二一、戎光祥出版、二〇二〇年一月）として上梓した。諸般の事情で公表が前後する結果となったことをお断りしておきたい。

●参考文献

金子拓「長篠の戦い後の織田信長と本願寺」（『白山史学』五三、二〇一七年）
金子拓「織田信長にとっての長篠の戦い」（金子拓編『長篠合戦の史料学――いくさの記憶』勉誠出版、二〇一八年）
鴨川達夫『武田信玄と勝頼――文書にみる戦国大名の実像』（岩波書店、二〇〇七年）
鴨川達夫「武田氏にとっての長篠の戦い」（東京大学史料編纂所特定共同研究シンポジウム「長篠・設楽原の戦いを考える」報告、二〇一六年）
柴裕之『戦国・織豊期大名徳川氏の領国支配』岩田書院、二〇一四年（論文初出二〇〇七年・二〇一〇年）
鈴木眞哉『鉄砲隊と騎馬軍団　真説・長篠合戦』（洋泉社新書y、二〇〇三年）
鈴木眞哉『戦国軍事史への挑戦　疑問だらけの戦国合戦像』（洋泉社歴史新書y、二〇一〇年）
鈴木眞哉『戦国「常識・非常識」大論争！　旧説・奇説を信じる方々への最後通牒』（洋泉社歴史新書y、二〇一一年）
太向義明『長篠の合戦　虚像と実像のドキュメント』（山日ライブラリー、一九九六年）
高柳光壽『戦国戦記　長篠之戦』（春秋社、一九六〇年）
平山優『敗者の日本史9　長篠合戦と武田勝頼』（吉川弘文館、二〇一四年）
平山優『検証長篠合戦』（吉川弘文館、二〇一四年）
藤本正行『信長の戦争『信長公記』に見る戦国軍事学』（講談社、二〇〇三年、初刊一九九三年）
藤本正行『長篠の戦い　信長の勝因・勝頼の敗因』（洋泉社歴史新書y、二〇一〇年）
藤本正行『再検証長篠の戦い「合戦論争」の批判に答える』（洋泉社、二〇一五年）

8 長篠の戦い 虚像編

▼柳沢昌紀（中京大学教授）

長篠の戦いは、設楽原において、織田軍の鉄砲三千挺・三段撃ちの新戦術が武田の騎馬軍団に大打撃を与えた戦いとして知られていた。しかし設楽原という地名も、新戦術も、良質な史料には見いだせない。この「定説」は、いつ、どのように作り出され、公認されて、広く知られることとなったのであろうか。様々な逸話の形成過程をたどりつつ、検証してみたい。

鉄砲三千挺・三段撃ちの新戦術を創作

長篠の戦いと言えば、織田軍の鉄砲を用いた新戦術、すなわち三千挺の鉄砲を千挺ずつ横三段に備えて、各段が交替で一斉射撃をすることで、武田の騎馬軍団を打ち破った画期的ないくさとして著名であった。しかしながら現在では、この新戦術はほぼ否定されている。

新戦術を最初に記したのは、小瀬甫庵の『信長記』であった。甫庵『信長記』は太田牛一の『信長公記』をもとにして書かれたが、『信長公記』には、この新戦術のことは記されていない。鉄砲の挺数も「三千挺」ではなく、「千挺ばかり」であった。『信長公記』の自筆本のうち、池田家文庫本には「三千挺ばかり」とあるが、藤本正行が指摘したように、「三」は「千」の字の右肩に小さく加筆されている。後世に甫庵『信長記』

を見た誰かが、訂正のつもりで加筆したのではないかと考えられている。また、甫庵『信長記』には、信長が「兼《カネ》テ定置《メヲカ》レシ、諸手ノヌキ鉄炮《テツハウ》三千挺《チヤウ》ニ、佐々《サツサ》内蔵《クラノ》助、前田《マヘダ》又左衛門尉、福富《フクトミ》平左衛門尉、塙《バンノ》九郎左衛門尉、野々村《ノヽムラ》三十郎、此ノ五人ヲ差添《サシソヘ》ラレ、敵《テキ》馬ヲ入来ラバ、際《アヒダ》一町マデモ鉄炮打スナ、間近《マヂカク》引請《ヒキウケ》、千挺宛放《ハナ》チ懸《カケ》、一段宛《ダンヅヽ》立替《タチカヘリ》々々打スベシ、敵猶強《テキナヲツヨ》ク馬ヲ入来ラバ、チツト引退《ヒキシリゾキ》、敵引バ引付《ヒツツイ》テ打セヨ」と命じたことが記されているが、『信長公記』にそのような記事はない。

牛一は信長の側近であったが、甫庵はそのような立場にはなかった。また、火縄銃は発射準備に時間を要し、個人の技量等も異なるため、千人に一斉射撃を行わせるのは合理的なやり方とは思えない。鉄砲三千挺・三段撃ちの新戦術は、小瀬甫庵の創作であったと考えて良かろう。

牛一『信長公記』と甫庵『信長記』を比べてみると、違いはほかにも認められる。一つは鳥井《とりい》強右《すねえ》衛門《もん》と小栗《おぐり》ノ某《それがし》の話が付加されていること、もう一つは家康の三百挺の銃隊の活躍である。

甫庵『信長記』には慶長十六年（一六一一）末から翌年頃に出版された古活字版《こかつじばん》と、寛永元年（一六二四）に刊行された整版《せいはん》とがあるが、小栗ノ某の話は古活字版で、鳥井強右衛門の話は整版で加えられた。小栗ノ某は、もともと家康に仕えていたが勘気を蒙って浪人し、勝頼に仕えたが、敵情を探る使いを命じられ、家康方に帰参して赦され、勝頼に、信長の長篠出張はいつになるかわからないという偽情報を伝えて進軍を決意させる。他方、鳥井強右衛門は、武田軍に攻められた長篠城の奥平九八郎から、信長に注進をして後攻《ごづめ》を請うことを命じられ、岡崎に到着した信長に長篠城の状況を伝えて長篠に戻るが、勝頼方に捕らえられ、武田逍遥軒《しょうようけん》から、城中の親しき者に信長の後攻は思いも寄らぬから城を明け渡せと言えと頼まれ、逆に信長が二、三日以内に着くと伝えて命を落とす。小栗ノ某の話は、同時代の他の史料に見えないが、鳥井強右衛門の記事は大久保忠教《ただたか》の『三河物語』にもある。但し『三河物語』においては、強右衛門に信長は来ないから城を明け渡せと言えと命じたのは勝頼であり、また強右衛門は磔にかかった状態で城中の衆に信長の来援を伝えるといった差異も認められる。

家康の「三百挺」の銃隊は、信長の三千挺よりも活躍する。山県三郎兵衛、逍遥軒、馬場美濃守等が入れ替わりで攻めかかるが、甫庵『信長記』において、それらを撃退したのは悉く家康勢であった。徳川政権が成立後に出版されたため、家康に対する顧慮があったと理解できよう。

引き継がれる鉄砲三千挺

林羅山と四男読耕斎《どっこうさい》によって編纂された『織田信長譜』は、『将軍家譜《しょうぐんかふ》』と総称されるものの一部である。『織田信長譜』の長篠の戦いの記事は、おおよそ甫庵『信長記』にもとづく。例えば信長の岡崎到着は、牛一『信長公記』では五月十四日、甫庵『信長記』は同十五日であったが、「十五日岡崎《ニ》到ル」と記されている。

新戦術に関して言えば、鉄砲の数は「三千挺」とある。ただ、それを千挺ずつ交替で一斉射撃したことの記載はない。小栗ノ某の話はほぼそのまま採られていて、鳥井強右衛門の記事も見える。しかしながら後者において、強右衛門に、信長の救援は叶わない旨を城の知人に言えと命じたのは勝頼となっている。また、甫庵『信長記』では、勝頼は自らの意に従わなかった強右衛門を「義士也、助《タスク》ベシ」と述べたのに、強右衛門自身が「申シ請《コフ》テ」切られたとあったが、『織田信長譜』では、「勝頼怒《テ》強右衛門ヲ斬ル」とする。細部に関しては、修正が加えられていることがわかる。

家康の銃隊が「三百挺」であったという記載はない。『織田信長譜』において、家康は「大権現」と記されるが、「大権現諸将《ノ》」と「信長大軍《ノ》」は競って敵兵を撃ち、勝頼を大いに敗走させたと記す。

松平忠房《まつだいらただふさ》が著した『増補信長記』も、基本的に甫庵『信長記』の記事を踏襲する。新戦術については、信長と家康が「相計テ諸手ノ鳥銃三千挺ヲ撰テ」、「三分一交々玉薬込ベシ」と命じる。小栗ノ某の話も、甫庵『信長記』と同様である。

鳥井強右衛門の話は、甫庵『信長記』の話をもとにするが、若干の相違点が認められる。長篠城を取り巻く敵の囲みを出たところで「狼煙」を揚げている。また、強右衛門が意趣を言上した相手は、信長ではなく家康になっている。そして長篠城辺に至ると再び「狼煙ヲ三」揚げている。勝頼方は強右衛門を捕えると、武田左馬助が信長の援兵は来ない旨の謀書を矢に付けて城に射込む。さらに勝頼が強右衛門の助命を決めた上で、武田逍遥軒から、信長の救援は難しいと告げよと命ずる。そして強右衛門が城兵に信長の大軍の後攻を伝えると、勝頼の兵が強右衛門を害するのである。強右衛門の狼煙と武田方の矢文が取り込まれ、両者の間で情報伝達の駆け引きが行われたことになっているのである。

ちなみに狼煙は、家康の重臣・酒井忠次率いる鳶《とびの》巣《す》山砦《やまとりで》の武田軍への奇襲の際にも登場する。信長から「山ニ登ラバ則狼煙ヲ揚ゲヨ」と指示された忠次は、鳶巣山に至ると「煙ヲ揚ゲ」る。それに応じて城兵が門を開き、武田軍と戦うという展開が描かれている。

家康の銃隊は、甫庵『信長記』と同様「三百挺」である。敵の先鋒山県三郎兵衛の兵大半を討ったが、その後の馬場、内藤らの兵は、信長の鉄砲隊が倒している。家康勢の活躍は、やや抑制された形となっている。

なお、『増補信長記』には、信長進発と聞いた勝頼が家臣を招いて「軍ノ評談」をし、馬場美濃守、内藤修理、山県三郎兵衛らが「一戦を止ムベシ」と諫めたのに聞き入れなかったという話も付け加えられている。また、忠房は牛一『信長公記』も見ていたと思われる。信長の岡崎到着は五月十四日となっていて、設楽着陣時の「設楽郷凹ナル地なり、故諸陣ヲ隠シテ備エ」といった行文は、『信長公記』の記事に近いからである。

戦場の地名が「設楽原」に

元禄十五年（一七〇二）に刊行された『総見記《そうけんき》』（『織田軍記』）は、記事の分量がかなり増える。鳥井強右衛門の話、鳶巣奇襲、両軍の衝突は、章を分けて記されている。

新戦術については、「鉄炮ノ者三千余人」とする。そして「敵ス、ミ来ルトモ一度ニ放《ハナタ》ズ、千挺ヅ、三カハリニシテ、敵ヲネラヒ間近《マヂカ》ク引ツケ放《ハナ》スベシ」とある。注目すべきは、奉行の数が五人から七人に増えていることである。牛一『信長記』以来の佐々内蔵助、前田又左衛門、福富平左衛門、塙九郎左衛門、野々村三十郎に、丹羽勘助、徳山五兵衛が加わる。そして信長・家康が出張した場所として「設楽原《シダラノ》」、武田方が陣所・医王寺山から三十余町を隔てて隙間もなく備を立てた場所として「設楽原《シダラガ》」という地名が初めて登場するのである。

『総見記』には、小栗ノ某の話は見えない。以降の書物に、小栗ノ某は登場しなくなる。逆に鳥井（居）強右衛門の話は、増補されている。強右衛門は「鈴木金七郎と云フ、水練ノ勇士」とともに川の底の縄や鳴子網を切りつつ、くぐり抜けて、城の向かいの「カンボウ峠」で「烟狼」を揚げる。岡崎に着いて長篠の籠城の次第を申し上げた相手は、信長と家康の二人になる。帰りは鈴木と別れて、強右衛門は一人で長篠に向かい、武田方に搦め捕られる。勝頼は逍遥軒に事の子細を尋ねさせ、後にまた逍遥軒が強右衛門に、信長の後《ご》詰《づめ》は思いも寄らないから城を明け渡せと言えと頼む。強右衛門が城兵二人に、信長・家康の数万騎の勢が後詰のために出馬すると伝えると、勝頼は「敵ナガラモ、義士也、タスケヨ」と言うが、士卒らはそれを用いず、強右衛門を「ハタモノニ掛《カケ》テ」殺すのである。『増補信長記』にあった矢文の件は、本書には見えない。

また、鳶巣奇襲の際は、「敵ノ小屋ヲ焼《キ》立テ」たが、狼煙は揚げない。鳶巣奇襲に関しては、新たな逸話が加えられている。信長が諸将を集めて評定があった時に、徳川家の長臣・酒井忠次が末座から進み出て、今夜ひそかに兵を遣わし、勝頼の陣の後ろの鳶巣山の附城を攻めることを提案する。信長は「腹立《フクリウ》」し、「言上推参《スイサン》ノ由御シカリ」あって退出する。ところが、夜更けに家康に、酒井を召し連れて参れとの命があり、参上する。信長は、今日の意見は「道理《ダウリ》尤《モ》至極《シゴク》」であったが、評定の諸人のうちに敵と内通の者があって、万一敵に漏れ聞こえたら勝利を失ってしまう。それ故、わざと怒ったのだと明かす。その上で酒井に、今夜中に急ぎ先陣して鳶巣に押し寄せ、長篠城からも挟み立てて、「取出ノ人数」を討ち取れという指示が下るという話である。信長の用心深い思慮と酒井の面目が強調された逸話と言えよう。

家康の銃隊は、「スグリタル鉄炮ノ者五百人」とある。「鉄炮大将」の大久保忠佐《ただすけ》が兄の大久保忠世《ただよ》に「上方衆ニ先ヲセラレバ三州勢ノ不覚《フカク》成ベシ」と言うのを聞いた家康は、「ハヤ合戦ヲ始《メ》ヨ」と命じ、銃隊は真っ先に進んできた山県三郎兵衛を鉄砲で撃ち殺す。三千余人の本隊よりも先に大きな手柄を立てたことになっている。

信長と家康の設楽原出張に対して「一戦ヲ遂《トゲ》ン」と言った勝頼を、家老の馬場、山県、内藤らが諫めるが用いられなかった話は、『総見記』にも見える。さらに「一説ニハ」として、信長が佐久間信盛《のぶもり》から武田方に使者を派遣させて、自分は主君に恨みを含むことが多いので明日の合戦で謀叛を起こす、信長の旗本に突きかかるので必ず明日合戦なさるようにと申し入れさせたため、それを信じた勝頼が、家老の諫めに背いて合戦を急いだということが記されているのも面白い。

「神君」中心の記述

根岸直利《なおとし》編・木村高敦《たかあつ》校正の『四戦紀聞《しせんきぶん》』は、家康を「神君」と記す。そのうちの「参州長篠戦記」は、先行書の記載について頭注でふれながら、さらに記事を増補している。

本書の冒頭では、長篠城が武田軍に囲まれた際、「神君」が御家人小栗大六《おぐりだいろく》を岐阜に遣わして信長に援兵を頼むも応じなかったため、加勢がなければ勝頼と融和して尾州を攻め取ると大六に伝えさせたため、信長が軍兵を催したという話が記される。全体に信長よりも家康を、英雄として中心的に描こうとする色合いが強い。

　まずは新戦術の記事だが、「諸備ヨリ火炮ノ卒三千人ヲ撰ビ出シ」とある。そして信長は「神君ト相謀」って「間近ク引付ケ千挺宛立替々発スベシ」と命じる。奉行にあたる武将は『総見記』と同様七人だが、丹羽勘助氏次と徳山五兵衛則秀は「監軍」、ほかの五人は「砲卒ヲ掌《ツカサド》リ」というように、分けて記されている。また、勝頼は軍議の際に「敵設楽原ニ至リ張陣ス」と述べる。

　「参州長篠戦記」では、鳥居強右衛門の話は、『総見記』からさらに改変されている。本書では、強右衛門は鈴木金七郎と同行しない。一人で岩代川を潜って渡り、ガンボウ峠で「相図ノ烟」を発する。岡崎で「神君ニ拝謁」し、牛窪《うしくぼ》で信長と謁して「城中ノ艱苦」を説く。長篠に戻ると再びガンボウ峠で「三度烟ヲ揚」るが、武田方に搦め捕られる。勝頼は逍遥軒に事情を尋ねさせ、さらに穴山（信君）が信長の出馬は成りがたい旨を述べよと告げる。その後、強右衛門は朋友を呼んで、信長父子は岡崎来着、徳川父子は野田まで出陣と呼ばわる。勝頼は大いに憤り、強右衛門を磔にかけて殺す。また、武田方の「功臣等相謀」って、長篠城主奥平信昌《のぶまさ》の父貞能《さだよし》の筆蹟を似せた「矢文」で、信長の後詰は成りがたいと城内に知らせるが、強右衛門の三度の「狼烟《ノロシ》」と最期の言葉によって信じなかったという話も記されている。そして鈴木金七郎は、五月十八日の夜、「神君」へ手紙を届ける。城は堅固に守るので信長が着陣したからといって率爾に合戦する必要はない、緊急時には鐘を鳴らすから、という文面であった。

　鳶巣奇襲の提案に信長が怒った逸話は、本書にも見える。酒井忠次は、「鳶ガ巣久間山等」の「敵ノ附城」を急襲する策を「神君」に話した上で、信長の陣に赴く。武田の備が厳重であると聞いて恐れる上方衆を前にして、忠次は間諜《かんちょう》を入れたところ敵陣は「最モ小勢」だと言う。その後の軍議で忠次は鳶ガ巣攻めの謀略を述べると、信長は「大ニ怒」って席を立つ。信長は忠次を呼び返して、お前の計略は良いが、他に漏れることを恐れて偽り叱ったのだと言う。そして、早く「軍ヲ発スベシ」と、秘蔵の「瓢箪板ノ忍ビ轡」を下賜する。

家康の銃隊は、「先鋒ノ将」大久保忠世に「勇士ノ鉄砲ニ巧《タクミ》ナル者三百人ヲ勝《スグッ》テ」附属させたという形で記される。大久保忠佐が兄忠世に「上方勢ニ先ヲセラレンコト最モ御当家ノ瑕瑾《カキン》ナルベシ」と言ったので、忠世が言上すると、戦闘開始の「御許容」がある。大久保兄弟は騎士を率して山県昌景の陣に「火砲」を発する。「三百余挺ノ鳥銃」を操り撃って、山県勢は「若干死亡《ソコバク》」するのである。その後、信長方が頻りに「火砲」を発したので、山県勢は大半討たれたという流れになっている。

信長と家康の設楽原張陣を受けて「一戦ヲ遂《トグ》ベシ」と戦略を披露する勝頼に対して、馬場、山県、内藤以下の「古老ノ侍大将」達は、「誠ニ敗軍ノ相ナラン」と言葉を尽くして諫める。しかし佐久間信盛が信長の「密旨」を得て、勝頼の寵臣・長坂釣閑斎《ちょうかんさい》のもとに使節を遣わし、信盛が裏切って信長の本陣を討ち破ると伝えたので、釣閑斎が勝頼に戦いを勧めて一戦に及んだという話が、本書で完成した。

参謀本部による新戦術の公認

参謀本部編『日本戦史・長篠役』は、明治三十六年（一九〇三）に出版された（図1）。参謀本部は陸海軍軍事計画を司ったが、啓蒙活動を兼ねて戦国期の著名な戦いを扱った書物を出した。凡例には「本編記載ノ例及帝国大学ノ編年史料等ヲ参酌シタルコト総テ桶狭間役ニ同シ」とあるが、その内容は『総見記』以降の書をもとにしていると思われる。

新戦術については、信長が「全軍ノ銃手一万人ヨリ三千人ヲ選抜シ」、「千挺ツ、代ル々々発セシメヨ」と命じたとする。また、「佐々成政、前田利家外三人、野々村幸久、福富貞次、塙直政ヲシテ其司令タラシメ之ニ丹羽氏次、徳山則秀ヲ属ス」と七人の名が記されている。

鳥居強右衛門は、鳥居勝商《かつあき》の名で登場する。鈴木金七郎と同行しない点は、「参州長篠戦記」に一致する。

勝商は「急湍」を「游泳」して広瀬に達し、「雁峰山」に上って「煙」を揚げる。岡崎で奥平貞能と家康に謁して、長篠城の窮状を告げる。家康は勝商を信長に対面させる。長篠に戻ると「亦煙ヲ雁峰山ニ揚」げるが、武田方に捕らえられる。勝頼は信廉《のぶかど》（逍遥軒）に詰問させた上で勝商の縛めを解き、城兵に、援兵は来ないので速やかに降伏せよと言えと告げる。勝商は城門で、援軍は三日以内に城外に達すると叫ぶ。勝頼は大いに怒って、勝商を磔殺する。また、武田方が「城将ヲ誘降」しようとして「奥平貞能ノ書ヲ偽作」し、「箭」に付けて城中に送ったという記事もある。城主貞昌はそれが「贋筆」であることを知り、また勝商の言葉を聞いたため、計略は失敗する。さらに鈴木金七郎のことも記されている。金七郎は、貞昌の書状を家康に届け、急戦は望まないこと、逼迫したら鐘を鳴らすことを伝えたとする。

鳶巣奇襲の建議と信長の怒りの逸話も見える。酒井忠次は家康に「鳶ヶ巣及久間山ノ砦」を襲うことを建議すると、家康はこれを善しとして、信長に進言させると、信長は忠次を罵り「色ヲ作」す。後に密かに忠次を召して、その策を「大ニ善シ」と評価し、世に漏れるのを恐れたと述べて進軍を命じ、馬銜《うまぐつわ》を賜ったとする。

図1　参謀本部編『日本戦史・長篠役』
（国立国会図書館蔵）

家康の銃隊は、「大久保隊銃手三百人之ニ属ス」と記される。山県隊は大久保隊と抗戦し、大久保隊は「銃火ヲ以テ」「数十人ヲ殺」したとするが、上方勢に先駈けされては云々の件はない。

勝頼が「諸将士」を集めて、敵兵が設楽原の西に陣したのを受けて「一大決戦ヲ為スベシ」と述べたのに対して、諸将達が諫める話はある。馬場、内藤、山県に加えて、小山田信茂、原昌胤《まさたね》の名が加えられている。

以上のように、『日本戦史・長篠役』は、『総見記』や『四戦紀聞』の「参州長篠戦記」などで生み出された逸話を踏まえて記されたことが明らかである。ここに至って、鉄砲三千挺・三段撃ちの新戦術や「設楽原ノ決戦」は、いわば公認されたのである。

徳富《とくとみ》蘇《そ》峰《ほう》の『近世日本国民史』の織田氏時代は、大正七年（一九一八）から八年にかけて執筆された。その中篇第四章「長篠戦争」は牛一『信長公記』、『三河物語』を引用し、『改正《かいせい》三河《みかわ》後《ご》風《ふ》土《ど》記《き》』等を参観しているが、その骨格は『日本戦史・長篠役』に拠って書かれたと見受けられる。蘇峰は言う。

後世甲州流の軍学などと申すも、要するに耳食者《じしょくしゃ》の論で、当時においてさえも、信玄流の軍法は、信長の斬新なる戦術に比すれば、時代後《おく》れになった憾《うら》みがある。いかに推《お》し太鼓で、密集隊をもって、突撃し来るも、一斉射撃には敵すべからずである。鉄砲の威力を最善に利用したのは、当時において、実は信長をもって、その随一とせねばならぬ。約言すれば、長篠の一戦は、武器が人力に勝ったのだ。

「信長の斬新なる戦術」は、かくのごとく定説化され、広く知られることとなったのである。

●参考文献

金子拓「鳥居強右衛門の虚像と実像」（『iichiko』一一〇、二〇一一年）

金子拓『長篠の戦い　信長が打ち砕いた勝頼の覇権』（戎光祥出版、二〇二〇年）

藤本正行『信長の戦争』（講談社、二〇〇三年、原題『信長の戦国軍事学』ＪＩＣＣ出版局、一九九三年）

藤本正行『再検証 長篠の戦い「合戦論争」の批判に答える』（洋泉社、二〇一五年）

柳沢昌紀「長篠合戦をめぐる近世初・前期刊行軍書―甫庵『信長記』『太閤記』を中心に―」（金子拓編『長篠合戦の史料学　いくさの記憶』勉誠出版、二〇一八年）

●コラム

長篠合戦図屏風

▼金子　拓

戦国時代から江戸時代初頭にかけて起きたいくさの様子を屏風に描いた、いわゆる「合戦図屏風」と称される一群の絵画作品がある。これらのほとんどは江戸時代になってから制作されたものである。このうち、織田信長が関わるいくさを描いたものは、元亀元年（一五七〇）の姉川の戦いと天正三年（一五七五）の長篠の戦いの二件のみであり、意外に少ない。

合戦図屏風という絵画作品のかたちを考えれば、これらが制作された江戸時代において、それなりの立場、また相応の財力のある人間によって（彼らを注文主・制作主体として）作られた可能性が高いことは容易に想像できる。また後述するように、合戦図屏風の主たる制作動機が顕彰という点にあることを踏まえれば、姉川の戦い・長篠の戦いというふたつのいくさが屏風に描かれたということも示唆的である。いずれも徳川家康（徳川軍）が参加したものであったからだ。実際前者は徳川軍の戦いに光があてられており、信長は登場しない。

つまり合戦図屏風のうち、信長が登場する（描かれている）のは、長篠合戦図屏風一件のみとなる。長篠合戦図屏風は、いわゆる〝三英傑〟と呼ばれる信長・羽柴秀吉・家康がひとつの画面に描かれている唯一の合戦図屏風でもある（秀吉の長篠の戦い参陣は、太田牛一の『信長公記』に記載がある）。

さて、現在伝存が確認される長篠合戦図屏風は、付表のとおり一三点ある（このうち屏風に仕立てられておらず掛幅装のものが三点）。名古屋市博物館所蔵の1を除き、ほぼ同一の構図である。それらは、画面の右端（六曲のばあい第一扇・幅）あたりに長篠城が描かれ、同城をめぐる攻防戦と、武田勝頼軍が同城を攻めるために拠った付城のひとつ鳶巣砦を攻める酒井忠次を大将とした織田・徳川軍の戦いの様子が描かれる。

画面のほぼ中央（六曲のばあい第四扇・幅）に上から下へ流れる川（連吾川）が描かれ、連吾川を挟んで右側に位置する武田軍が、左側に布陣する織田・徳川軍へと右から左に攻撃を仕掛け、織田・徳川軍が

付表　長篠合戦図屏風所在一覧

	所蔵者	数量	長久手	備考
1	名古屋市博物館	6曲1隻		
2	犬山城白帝文庫	6曲1双	○	成瀬家旧蔵
3	同上	6曲1双	○	同上、2の副本
4	松浦史料博物館	6曲1双	○	松浦家旧蔵
5	長浜城歴史博物館	6曲1双	○	
6	個人（東京都）	6曲1双	○	
7	奥平神社	6幅		
8	東京国立博物館	6幅		
9	大阪城天守閣	6曲1双	○	
10	徳川美術館	6曲1双	○	尾張徳川家旧蔵
11	豊田市	6曲1双	○	浦野家旧蔵
12	徳川美術館	8曲1隻		
13	東京国立博物館	8幅		

※高橋修「【総論】長篠・長久手合戦図屏風」（金子編『長篠合戦の史料学　いくさの記憶』）所収の表を参考にした。
※「長久手」項の○印は長久手合戦図屏風と一双になっているものを示す。

構えた馬防柵の前後から鉄炮にて迎え撃つという構図である。信長・秀吉・家康の三者は、いずれも乗馬して後方から戦況を見つめている（秀吉・家康は六曲のばあい第五扇・幅、信長は第六扇・幅）。

いま述べたような構図のもとになっているのは、伝存作品から考えると、2の犬山城白帝文庫所蔵本であると考えられている。これは犬山藩主成瀬家において制作されたものであり、成瀬家では、他家に見せるための「貸出用」として副本も拵えている（付表の3）。実際にこの副本を借用して模本を制作したと考えられているのが肥前平戸藩松浦家である（付表の4）。

2は現在のところ一七世紀末頃までには描かれていたとされており、描いた絵師は不明ながら、狩野派絵師ではないかと推測されている。2はおなじ六曲の長久手合戦図屏風と一緒に、一双として伝えられており、そのかたちでの伝来形態になっているのは、ほかに七点が確認されている。先の4松浦史料博物館所蔵本もこれに含まれる。

成瀬家において長篠・長久手両合戦図屏風が制作された理由については、長篠屏風に成瀬正一（一斎）が、長久手屏風に、その子で犬山藩初代藩主の正成が描き込まれていることが挙げられる。家康周辺で長久手の戦いに高い価値づけがおこなわれ、それを背景に成瀬家で制作が構想・実現され、同様に徳川創業史のなかで評価の高い長篠の戦いが右隻として合わされ、一双とされたというのである。

これがある程度流布したのは、江戸時代後期における成瀬家や安藤家ら御三家付家老の譜代大名復帰運動のなかで、2の将軍家斉への上覧がなされ、幕府社会のなかでこの図像が広く知られるようになったからだとされる。このように、制作・流布を考えるうえで、政治的な動機を背景に据えた考察がなされた。

この説については、長篠屏風は本多家において、長久手屏風は井伊家において別々に原本が制作され、それを一双として合わせて模本を作成したのは尾張徳川家であり、この尾張徳川家の一双屏風（現存せず）をもとに、成瀬正成などが描き加えられて成立したのが2であるという異論も提示され、議論になっている。

この研究上の論争はなお決着をみないが、これらの研究により、長篠合戦図屏風制作について、図像の丁寧な観察をもとに、いくさに参加した武将の家における記録意識・先祖顕彰の問題や、その政治的背景などに目を配りながら、注文主と制作動機をめぐる考察が深化したことは注目される。これらの切り口は、ほかの合戦図屏風を検討するときにも有効であろうからだ。

長篠合戦図屏風を描くにあたって参考とされたとおぼしき文献として挙げられているのは、『松平記』・甫庵『信長記』・『甲陽軍鑑』などである。いずれも江戸時代初期に成立し、甫庵『信長記』と『甲陽軍鑑』は板本として広く普及したとされる軍記・兵書であり、「虚像と実像」という本書の主題から長篠合戦図屏風を考えるとき、これら文献との関係にこそ注目すべきなのだろうと思われる。

長篠合戦図屏風に描かれたいくさの様子を大雑把に捉え、言葉で表現すれば、騎馬で突撃してくる武田軍の武士たちに対し、鉄炮を構えて迎え撃ち、武田軍のおもだった武将が討死しているというものであり、これはそのままわたしたちの長篠の戦い像を規定しているということになろう。

こうした武田軍の突撃という様子は、太田牛一の『信長公記』を読むと脳裏に浮かぶ姿である。ただし『信長公記』には、それぞれの武将が率いる軍団ごとに入れ替り突入したように書かれている。また、『信長公記』を受けて成立した甫庵『信長記』になると、鉄炮三千挺による交替射撃がとくに注目され、勝因のひとつとされるに至った。いっぽうで『甲陽軍鑑』では、武田軍が闇雲に騎馬で突撃したとされている話を打ち消そうとしている。その意味では、いくさの描かれ方としては、かならずしも甫庵『信長記』や『甲陽軍鑑』に書かれてある様子を忠実に絵画化したわけではなかったと言うこともできる。『甲陽軍鑑』の編纂・成立に深く関わった小幡景《おばたかげ》憲《のり》に始まる甲州流兵法のなかで、長篠の戦いに限らず、いくさの布陣図（大雑把な地形を描いたうえに双方の武将の布陣した位置を示した絵図）が多く制作された。長篠の戦いの布陣図を見ると、一方の端に長篠城を描き、真ん中の川を挟んで両軍が対峙するという描き方が屏風のそれとほぼおなじである。

もとより長篠の戦いを布陣図に落としたり、絵画にしたりするとき、こうした構図にする以外の選択肢はないのかもしれないが、わたしたちの長篠の戦い像を図像という点から規定している長篠合戦図屏風がなぜあのような構図として描かれたのかを考えるとき、文献史料だけでなく、いま触れたような布陣図も含めて検討する必要があるのかもしれない。

●参考文献
金子拓「長篠の戦いにおける武田氏の「大敗」と「長篠おくれ」の精神史」（黒嶋敏編『戦国合戦〈大敗〉の歴史学』山川出版社、二〇一九年）
白水正「犬山城白帝文庫蔵「長篠合戦図屏風」」（同右書所収）
高橋修「【総論】長篠・長久手合戦図屏風」（金子拓編『長篠合戦の史料学　いくさの記憶』勉誠出版、二〇一八年）
原史彦「徳川美術館蔵「長篠合戦図屏風」」（同右書所収）

9 中国攻め（摂津播磨を含む）

天野忠幸×菊池庸介

天下統一の志半ばで斃《たお》れる信長。その遺志を受け継ぐ秀吉。軍記類による記述は、この歴史の結論からさかのぼって記述を行いがちである。勢い秀吉が前面に出て信長の影は薄くなる。反信長勢力の影に足利義昭《あしかがよしあき》がいたという黒幕の顕在化も、事態を整理して語る後世の欲望によるものであろう。秀吉の残忍な殲滅《せんめつ》戦も省略される。しかし、実際のところ、信長の戦略は、予想外の展開に、何度も変更を余儀なくされるものであった。歴史の現場にいるものに、ストーリーなどない。自分で立てた筋もまま期待通りにはいかない。しかし、後世の者は、ストーリーがあったはずだと考え、歴史の前兆に見えるものや、筋を阻む強敵の陰謀に飛びつく。史学と文学の関心の違いはここに明らかとなる。

9 中国攻め（摂津播磨を含む）

実像編 ▼天野忠幸（天理大学准教授）

天野忠幸（天理大学准教授）

織田信長の戦争において、中国攻めとは、自身が軍勢を率いて大規模な会戦を行ったこともなく、登用した羽柴秀吉が順調に領国を拡大していったように見られる。しかし、実際は予期せぬ失敗の連続であり、戦線が崩壊しかねない危機もあった。中国攻めは北陸攻めや武田攻めとは異なり、将軍足利義昭や本願寺顕如とも直接対峙することになり、複雑な様相を呈していた。

義昭幕府の一員として

永禄十一年（一五六八）、織田信長は足利義昭を擁立して上洛を果たした。ただ、その過程は信長の圧倒的軍事力によるものではなく、義昭と信長双方の綿密な外交戦略によるものであった。すなわち、義昭と信長は、浅井長政・松永久秀・三好義継・毛利元就と同盟し、将軍足利義栄《よしひで》を支持する畿内の三好三人衆（三好長逸《ながやす》、三好宗渭《そうい》、石成友通《いわなりともみち》）や四国の三好長治・篠原長房《しのはらながふさ》に対する包囲網をつくりあげていた。

義昭と信長が出陣すると、松永久秀は木津（京都府木津川市）に三好宗渭を、毛利元就は本太《もとふと》（岡山県倉敷市）に三好長治の軍勢を引き付けることで、側面支援する役割を果たしたのである。当初、義昭と毛利氏の取次は久秀が行っていたが（『吉川家文書』）、信長にとって元就は頼むに足る同盟相手であり、それは元就にとっても同様であった。
永禄十二年（一五六九）、豊後の大友宗麟《おおともそうりん》が主導し、備前の浦上宗景《うらがみむねかげ》や山陰の尼子勝久《あまごかつひさ》、山名氏が加わった毛利氏包囲網に苦しむ元就は、義昭や信長に対して出兵を求めた。この要請を受けた信長は八月に、羽柴秀吉らが率いる二万の軍勢を但馬に、木下助右衛門尉《すけえもんのじょう》らが率いる二万の軍勢を播磨に派遣するだけでなく、元就に縁組による同盟関係の強化を申し入れている（『益田家文書』）。信長にとって中国政策は、毛利氏との同盟を基調とするものであった。

義昭や信長にとって毛利氏が重要であったのは、上洛時やその翌年の本国寺の戦いの際に、決定的打撃を与えることができなかった三好三人衆や三好長治への対策であった。義昭はこの時期、毛利氏と大友氏の和睦を調停し、四国侵攻を命じていた。

ところが逆に、元亀元年（一五七〇）になると、三好三人衆が畿内に侵攻し、本願寺・延暦寺・朝倉氏・浅井氏・六角氏と共に、義昭・信長包囲網をつくりあげた。このため、義昭や信長は三好三人衆に和睦を申し入れる。これにより、元亀二年（一五七一）には篠原長房が将軍公認と称して、備前の毛利領に侵攻したのである。三好氏と大友氏に挟撃されることになった毛利元就は、勝手に三好氏と和睦し、こうした事態を招いた信長を激しく非難した（『柳沢文書』）。しかし、六月に元就が死去し、名実ともに毛利氏を率いることになった輝元にとって、大友氏や浦上氏、尼子氏、三好氏による毛利氏包囲網を切り崩すためには、和睦の仲介を依頼できる義昭や信長との同盟は必要不可欠であった。

義昭の処遇をめぐって

元亀四年（天正元年、一五七三）、将軍義昭は信長を見限り、武田信玄らと結んだ。義昭と信長の対立が明らかになると、荒木村重《あらきむらしげ》と細川藤孝《ほそかわふじたか》がいち早く信長に味方し、信長は村重に摂津一国の切り取り次第を、藤孝には西岡《にしのおか》（京都府向日市、長岡京市）の一職《いっしき》支配を認めた。これにより、信長の領国は初めて京都より西に拡大した。

七月、信長は挙兵した義昭を京都より追放した。この際、信長も義昭も輝元を頼りにしている。信長は羽柴秀吉を取次として輝元に状況を伝えたのに対し、輝元は信長に義昭との和睦を促した。

十二月には秀吉と毛利氏の外交僧安国寺恵瓊《あんこくじえけい》の間で、義昭の京都帰還に向けた交渉が行われ、その内容を恵瓊が毛利氏に報告した（『吉川家文書』）。それによると、信長は義昭の還京を認めたが、義昭が信長に人質を要求するなど強硬な態度を取ったため、和睦は破綻したという。ただ、信長は輝元に対して、来年の新年の御礼は義昭の息子の義尋にするよう伝えており、幕府体制を維持する方針を示した。輝元は義昭が毛利氏を頼って下向することを警戒しており、義昭にはっきりと受け入れを拒否していた。信長も、輝元が懸念する阿波の三好長治、但馬の山名氏、尼子氏家臣の山中幸盛《やまなかゆきもり》（鹿之助）を許容しないと明言し、双方とも同盟の堅持・強化を確認していたのである。

ところが、信長は輝元に進上するためと称し、輝元が支援する宇喜多直家と対立する浦上宗景に播磨・備前・美作を与える朱印状を発給した。信長がこの地域を自らの領国に組み込む意向を明らかにしたことで、同盟を維持したい輝元は苦悩することになる。

この影響は天正二年（一五七四）に現れた。備中松山（岡山県高梁市《たかはしし》）の三村元親が、毛利氏から離反したのである。信長の初代中国方面軍司令官となった浦上宗景と宇喜多直家の戦いが激化し、信長も輝元も表向きは静観を装う中で、代理戦争が進行していった。

毛利輝元の義昭擁立

天正三年（一五七五）、状況は変化する。山陽方面で、信長は浦上宗景と宇喜多直家の和睦を輝元の叔父吉川元春に提案した（『吉川家文書』）。しかし、輝元は直家への加勢を決断した。直家は六月に三村元親を滅ぼすと、九月には天神山城（岡山県和気町《わけちょう》）を攻め落として、敗走する宗景を追い、播磨に攻め込んだのである。宗景を司令官とする信長の中国政策は頓挫した。

信長は摂津の荒木村重に宗景を援助するよう命じ（『花房文書』）、戦線の立て直しを図る。二代中国方面軍司令官となった村重は、越前から急遽播磨に転戦し、動揺する播磨国人から人質を徴収した。そして、小寺《こでら》政職《まさもと》などを与力に従えて（『小寺家文書』）、宇喜多方の端城を奪うなど（『細川家文書』）、直家に対抗した。

輝元は安国寺恵瓊を派遣し、信長に直家の赦免執り成しを行った。その一方で、叔父の穂田元清《ほいだもときよ》に対して、直家が信長に寝返らないか警戒しつつも、対信長戦を想定し、直家を先手として信長に当たらせれば防ぐことができるという見通しを示している（『長府毛利家文書』）。

山陰方面では、毛利輝元が山名氏と同盟し、但馬を勢力圏に収めた。これに対して、信長は七月に輝元の叔父の小早川隆景に対して、山名氏との同盟を認める一方で、以前に但馬は織田氏領国にすると約束があったと述べている（『小早川文書』）。信長と輝元は同盟を維持したいことでは一致していたが、お互いの思惑がすれ違っていることが、徐々に明らかになってきたのである。

十一月、信長は権大納言兼右近衛大将に任官し、足利氏に代わって、武家の最高位に就く。また、信長は関東や東北の大名との取次を命じていた小笠原貞慶に対して、武田勝頼や越前一向一揆に勝利したことを伝える中で、毛利輝元や小早川隆景は既に家臣のように、自分に従っていると述べている（『小笠原系図所収文書』）。それを裏付けるように、小早川隆景は足利義尋の擁立を放棄した信長へ、任官の祝儀を贈り、毛利氏は天正四年（一五七六）の新年の御礼を信長に対して行っていた。

信長は中国の状況を楽観視していた。それに対して、輝元は和戦両様の構えを取っている。天正三年十月から、叔父たちと共に対信長戦の是非について相談を重ねる一方、翌年になっても信長と和睦交渉を続けていた。

こうした中、宇喜多直家と浦上宗景・荒木村重の衝突を見た将軍義昭は、天正四年二月、突如として毛利氏領国の鞆《とも》（広島県福山市）に下向した。

このまま義昭を受け入れては、信長との戦争は不可避になる。輝元は、信長と合戦にならなかった場合、直家が寝返ったらどうするのか、将軍義昭をどうするのか、同盟する味方はどうするのか、さらに合戦になった場合、毛利氏家臣団を維持できるのか、旧尼子氏領国を維持できるのか、直家を繋ぎとめることができるのかを討議した（『毛利家文書』）。周辺の諸領主が毛利氏に結集するのか、信長に寝返るのかが最大の関心事であったが、将軍擁立は諸領主を結集させる点では利点にもなる。信長との間で、直接的な領土紛争である直家問題と、国家構想の異なる義昭問題を抱え悩みぬいた輝元は、五月、ついに義昭を擁して、信長と戦う決意をした（『長府毛利家文書』）。約十年に及ぶ信長と毛利氏の同盟関係は終わりを告げたのである。

羽柴秀吉の登用

天正四年（一五七六）五月、信長も毛利輝元に追われた尼子勝久や山中幸盛を保護し、毛利氏に対抗する姿勢を明らかにする。そして、七月、毛利水軍は織田水軍を木津川（大阪府大阪市）の河口で撃破し、大坂本願寺に兵粮《ひょうろう》を送り込んだ。これで、信長が、将軍義昭・毛利輝元・本願寺顕如連合軍と戦う構図となった。

天正五年（一五七七）、宇喜多直家が播磨龍野《はりま》（兵庫県たつの市）に、毛利水軍が讃岐や播磨英賀《あが》（兵庫県姫路市）、淡路に進出した。毛利氏の攻勢に対して、信長は三代中国方面軍司令官に、それまで度々毛利氏との取次を担ってきた羽柴秀吉を登用した。十月に播磨に入った秀吉は、但馬にも転戦して、国人から人質を徴収した。そして、上月城《こうづき》（兵庫県佐用町）を落とすと、備前・美作との国境で籠城した婦女子を磔にかけ、幼児まで皆殺しにして、尼子勝久と山中幸盛を上月城に入れるなど、毛利氏に対して挑発的な態度を取った。信長は秀吉の功を激賞し、乙御前《おとごぜ》の釜を与えている（牛一『信長公記』）。

これを見た毛利輝元は自身出陣し、吉川元春と小早川隆景を上月城の奪還に差し向けた。信長も秀吉への援軍として、荒木村重・明智光秀・滝川一益に加え、織田信忠・北畠信雄ら息子たちを派遣する。ところが中国方面軍司令官の座を外された村重の士気は上がらず、秀吉も他の諸将をまとめきれなかったため、上月城を見殺しにした。

また、天正六年（一五七八）二月には、別所長治が秀吉に対する不満から、三木城（兵庫県三木市）に籠城した（『黒田家文書』）。

そして、十月には荒木村重までもが信長から離反し、有岡城（兵庫県伊丹市）に籠った。二代中国方面軍司令官であった村重に同調して、村重の与力であった小寺政職をはじめ、在田氏や櫛橋氏、宇野氏ら播磨国人も信長に背いたため、播磨は大混乱に陥った。また、村重の支配する摂津は、京都や安土に近く、信長の中国政策は危機的状態となっただけでなく、織田政権自体が崩壊しかねない状態になったのである。信長は村重が離反したことを信じられず、二度にわたって、望みがあるなら叶えると説得を試みると共に、天皇を通じて、本願寺へ講和を申し入れた。

こうした状況は、信長が村重に代わり登用した秀吉が、播磨国人の小寺政職から黒田孝高を、別所長治から別所重宗を引き抜こうとしたこと、上月城の籠城者に対して、残虐な態度で臨んだこと、毛利氏の主力には歯が立たず、尼子《あまご》勝久《かつひさ》らを見捨てたことなどが原因で引き起こされた。

毛利氏を追い詰める調略

天正六年（一五七八）十一月、追い詰められたかに見えた信長は、自ら劣勢を挽回する。第二次木津川河口の戦いで、毛利水軍を打ち破り、大坂本願寺への兵粮の補給を阻止した。また、信長は即座に出陣し、村重配下の中川清秀と高山右近の調略に成功すると、村重を有岡城、尼崎城（兵庫県尼崎市）、花熊城《はなくま》（兵庫県神戸市）に包囲することに成功した。

当面の危機は去ったが、信長は有岡城攻めを重視して、自身が度々出陣するだけでなく、織田信忠・明智光秀・滝川一益・丹羽長秀・前田利家など、上杉氏に備える柴田勝家、武田氏に備える徳川家康、本願寺に備える佐久間信盛を除く重臣をことごとく摂津に派遣した。その結果、羽柴秀吉はほぼ単独で播磨で戦うことを強いられた。

将軍義昭の下で「副将軍」となった毛利輝元は、天正七年（一五七九）一月、上洛の途につくことを予定していたが（『湯浅家文書』）、実際には動かなかった。同時期、大友宗麟《おおともそうりん》の調略を受けた杉重良が毛利氏から離反しており、輝元は自ら播磨や摂津に攻め入り、信長と戦っている最中に、宗麟に長門や周防を奪われることを恐れたようだ。

輝元は籠城する本願寺や荒木氏、別所氏の許に援軍を派遣し、兵粮などを補給したが、親征はついになかった。逆に信長は毛利氏を包囲するように調略を仕掛けていく。六月には宇喜多直家を、九月には伯耆の南条元続《もとつぐ》を味方につけ、十一月には大友宗麟の息子義統《よしむね》に長門と周防を与えることを約束した。これにより、輝元は援軍を派遣するよりも、本国の防衛を優先せざるを得なくなった。

村重は内陸の有岡城から兵站《へいたん》の要である海に面した尼崎城に移るが、十月に有岡城は落城し、天正八年（一五八〇）一月には三木城も降伏した。信長や秀吉はこの両城を落とした際、城兵や女子供を虐殺した（牛一『信長公記』『沼元家文書』）。これは本願寺顕如《けんにょ》への強い圧力となり、三月の勅命講和を受諾させることに繋がった。

しかし、大坂では顕如の子の教如《きょうにょ》が籠城し、尼崎や花熊では荒木村重や雑賀衆《さいか》が抗戦を続けた。これらの諸城には、本願寺の門徒、雑賀衆、荒木氏の家臣、毛利氏の援軍と指揮系統の異なる軍勢が籠っており、それぞれ単独で信長と講和することを難しくしていた。

同年五月、信長は輝元と停戦交渉を試みていた（『巻子本厳島文書』）。その条件は、信長が宇喜多直家を見放すこと、吉川元春の息子と信長の娘が婚姻すること、信長が義昭を西国の公方と認めることであった。信長は本願寺との講和に続いて、本気で毛利氏や将軍義昭も含めた全面講和を考えていたのか、摂津の諸城を接収するための方便であったのかは、七月から八月にかけて、尼崎城と花熊城を力攻めで落とし、教如が大坂を退去したため、不明である。しかし、対毛利氏主戦派の羽柴秀吉や、秀吉が誘降した宇喜多直家の外聞や面目を潰しかねない交渉を信長がしていたことになり、信長が秀吉を全面的に信頼していなかったことは明らかである。

そして、播磨を自力で平定した秀吉は、四月より城割《しろわり》と姫路城の修築を進め、九月には家臣だけでなく、信長より付けられた与力に対しても一斉に知行割を、十月には検地を行って独自の権力基盤をつくりあげていく。また、旧守護家の赤松則房を保護するなど、抜かりはなかった。

因幡《いなば》鳥取城・備中高松城攻め

天正八年（一五八〇）六月、鳥取城（鳥取県鳥取市）の山名豊国も信長に降伏したが、八月に山名氏家臣団の一部が毛利氏に通じ追放された。そこで、毛利氏は天正九年（一五八一）三月、吉川経家《つねいえ》を鳥取城に派遣する。これに対して、七月に秀吉は三木城と同様に付城を築いて、兵粮攻めにした。信長は丹後の細川藤孝を援軍として派遣し、毛利氏による日本海からの兵粮の搬入を防がせた。

毛利氏には大坂本願寺や荒木村重、別所長治に対して行ったような支援を行う力はすでになく、山陰方面を担当する吉川元春は因幡に入ることすらできなかった。信長もさしたる援軍を送っていないにも関わらず、鳥取城は十月には開城している。自害した経家は、城を死守することよりも、毛利方に味方した国人を見捨てないという姿勢を示す役割を背負わされていた。

毛利氏は鳥取城への救援よりも、裏切った宇喜多氏への攻撃を優先する。鳥取城を包囲していた秀吉の援軍を期待できなかった宇喜多直家はたまらず、輝元に和睦を申し入れたが、輝元は直家を許さなかった（『吉川家文書』）。直家は天正十年（一五八二）二月に死去し、後継者の秀家はまだ十歳の少年に過ぎなかった。秀吉は、三月に自らの養子で信長の五男の羽柴秀勝に備前児島で初陣を済まさせると、四月には岡山城（岡山県岡山市）に入って宇喜多氏を支え、備中侵攻を計画する。

五月七日、信長は四国平定の指針を三男の神戸《かんべ》信孝に告げた（『寺尾菊子氏所蔵文書』）。信孝には三好康長の養子となり、四国を攻めるよう命じ、信長自身も淡路へ渡海する予定であった。信長は、中国の支配を秀吉から秀勝に継承させ、四国の支配を信孝に任せるつもりであったのであろう。

信長の中国攻めは想定外の失敗の連続であった。当初結んでいた足利義昭や毛利輝元との対決自体がそうであったし、中国方面軍司令官に起用した浦上宗景の敗北、荒木村重の離反、羽柴秀吉の失態もそうであった。秀吉や宇喜多直家も信じきることはできなかった。しかし、ようやく状況が好転し始めた。

五月十七日、毛利方の清水宗治が守る備中高松城（岡山県岡山市）を水攻めにしていた秀吉から、輝元出陣の情報が届く。信長は急遽、明智光秀らに秀吉への援軍を命じた。そして、本能寺の変を迎える。

中国攻めには幕府再興から討幕へと転じた信長の国家構想や、信長の抱える家臣団編成の矛盾が凝縮されていた。そうした中から、将軍を目指さず、城割と検地を押し進める秀吉が台頭していくことになる。

●参考文献

天野忠幸『三好一族と織田信長』（戎光祥出版、二〇一六年）
天野忠幸『荒木村重』（戎光祥出版、二〇一七年）
金子拓『織田信長　不器用すぎた天下人』（河出書房新社、二〇一七年）
藤田達生『信長革命』（角川選書、二〇一〇年）
藤田達生『天下統一』（中公新書、二〇一四年）
光成準治『毛利輝元』（ミネルヴァ書房、二〇一六年）
森脇崇文「天正初期の備作地域情勢と毛利・織田氏」（『ヒストリア』二五四、二〇一六年）
山本浩樹『戦争の日本史12　西国の戦国合戦』（吉川弘文館、二〇〇七年）
山本浩樹「織田・毛利戦争の地域的展開と政治動向」（川岡勉・古賀信幸編『日本中世の西国社会1　西国の権力と戦乱』、清文堂出版、二〇一〇年）

9. 中国攻め（摂津播磨を含む）×実像編

9 中国攻め（摂津播磨を含む）

虚像編

▼菊池庸介（福岡教育大学教授）

中国攻めの発端は、木津川口における毛利水軍との海戦に求められ、『総見記』は、その背後にある足利義昭の存在を明示した。豊臣秀吉は三木城や鳥取城を兵粮攻めにするが、甫庵『信長記』は兵粮攻めの描写を簡略に済ませる。また、信長は、落命してしまうものの、中国攻めに参陣する予定であり、そこからはすでに天下を握っていながらなお行動的な信長の姿が読み取れる。

はじめに

信長による中国攻めは、天正五年（一五七七）十月二十三日に、豊臣（当時は羽柴）秀吉を播磨《はりま》平定に向かわせてから、天正十年（一五八二）の、秀吉による備中高松城攻めに至る、五年間の長期戦であった。高松城の水攻めを行っている最中に本能寺の変が起き、秀吉はすぐに毛利と和睦、いわゆる「中国大返し」を行っている（「中国大返し」については、前書『秀吉の虚像と実像』〈笠間書院〉で取りあげている）。その発端や、中国地方での合戦の歴史的事実については、織田と毛利との関係のみならず、畿内や周辺諸国における反信長勢力も視野にいれる必要があり、事情は複雑である。本章では、それら全てを取りあげることは困難なので、中国攻めのいくつかの合戦を例に、歴史的事実がどのように整理され、記されたかを、牛一『信長公記《しんちょうこうき》』や、あるいは多くの人びとに享受された甫庵《ほあん》『信長記《しんちょうき》』、『総見記《そうけんき》』の記事を中心にみていくことで、信長伝説における中国攻めを考えてみたい。

前哨戦としての木津川口船戦

織田と毛利とは、領国を接していないこともあり、長らく波風の立たない関係であった。そのような中、一連の中国攻めを信長が行うことになった背景には、種々の事情が考えられる。たとえば、足利義昭を京都から追放し、京都を中心とする天下の実権を掌握した信長が、西国へも支配力を強めようとし、毛利が警戒したこと――合わせて、天正元年〜三年（一五七三〜七五）にかけての、播磨・備前における、浦上《うらがみ》・宇喜多《うきた》・毛利などによる境目争いも関係する――が挙げられる。また、それと関連してやはり重要に思えてくるのは、足利義昭が、毛利を頼り、備後鞆《とも》の浦にいたことだろう。義昭はこの地から信長征伐（及び自身の帰洛）を求める御内書を、諸国にたびたび発給しているし、毛利輝元《てるもと》に対しても強く望んでいる。微妙な緊張感が、織田と毛利には漂いつつあった。

織田と、毛利をはじめとする中国諸家との一連の合戦の発端は、天正四年（一五七六）七月に起きた、摂津木津川口での毛利方と織田方との衝突に求めることができる。これは、反信長勢力の一翼を担っている大坂の石山本願寺に、毛利方の水軍が兵粮を運ぼうとして、それを阻む信長方の水軍と海戦となり、毛利方の圧勝となるものであった。

中国攻めの概略

翌天正五年十月の播磨攻めから、信長の中国進撃が本格化する。実戦の司令官である羽柴秀吉は、まず播州の所々において人質を取って国内を信長方につけ、十一月には但馬を攻撃、翌年二月には敵方に寝返った播磨三木《みき》城の別所《べっしょ》氏の攻撃を始める。後述するが、三木城が開城したのは天正八年（一五八〇）正月のこと

木津川口の船戦の場面。兵粮を積んでいる毛利方の船に、織田方の船が攻撃を仕掛けようとする（『鎌倉将軍記』のうち『織田信長記』巻十二・篠山市立青山歴史村所蔵本）。

である。その間、一度は攻略した播磨上月《こうづき》城が再び毛利方に奪還されたり（天正六年七月）、木津川口に再来した毛利水軍を織田方の九鬼嘉隆《くきよしたか》が破ったり（同年十一月）、備前岡山の宇喜多直家が織田方に降伏したり（天正七年十月）と、様々なことが起きる。

秀吉は、天正九年十月に鳥取城を開城させ、その翌月には毛利水軍の拠点である淡路岩屋城を攻撃する。翌十年五月には備中高松城の水攻めを始め、翌月四日、高松城攻略の中、本能寺の変を知り、急ぎ開城させて毛利方と和睦を結び、京都に引き返す。

信長はその間にも、大和松永久秀の反乱、摂津荒木村重《むらしげ》の謀反、武田勝頼《かつより》との長篠合戦など、諸所に兵を出し、自らも赴いている。それらを経て中国地方に向かおうとしたところで命脈が尽きるわけだ。

文芸にみる信長の中国攻め

ここでは、牛一『信長公記』、甫庵『信長記』、『総見記』などを手懸かりにして、中国攻めにおける特徴的なエピソードを取り上げてみていくことにする。なお、中国攻めは羽柴秀吉を中心とした書き方をする話が多く、戦地に赴かない信長の姿が描かれることは少ない。ここでは秀吉の話だけを取り上げるわけではないが、秀吉の指揮する合戦も信長伝説のひとつとして扱う。

①木津川口の船戦――足利義昭の陰謀

まず、木津川口の合戦から。牛一『信長公記』あるいは甫庵『信長記』、『増補信長記』においては、毛利方の水軍が織田方の軍勢を破ったことが記されるのみであるが、『総見記』には、次のように記される。

> 抑《そもそ》も中国勢大坂本願寺一味の由来は、前の公方室町殿源義昭、去る天正元年の夏横逆《わうぎやく》に依《より》て自滅の後、紀州高野、粉河、雑賀の辺を沈落せしめ、其後中国へ潜行して、備後国鞆の浦に蟄居《ちつきょ》し、芸州の太守毛利右馬頭大江輝元を頼んで、京都へ還入し公方家再興の計儀《けいぎ》を催さる、且《か》つ又廻文《くわいぶん》を以て紀州四国の味方、大坂の本願寺、播州の赤松、三木、浦上等に牒《てふ》じ合せ、大将家へ敵対の義を相《あひ》催さる、是に依て輝元等謀略を廻し、先《ま》づ大坂の城を堅固に持たしめ、中国より多勢を催し、海陸を攻め上るべき由《よし》、相企つるに依て、今度先づ大坂の城へ過分の粮米《らうまい》を相送り、入れしむる者なり、然る間大将家、今年より毛利家と合戦の儀相始めらるゝと云々（巻十六「安芸海賊与大坂本願寺一味事」、『総見記』は国立公文書館内閣文庫蔵のものを底本とし、ルビを振るなど適宜表記を改めた）

ここでは、毛利水軍と織田軍との海戦が、断片的な記事として取りあげられるのではなく、その背景にも踏み込んで記されていることに注意したい。この合戦および後の中国方との合戦のきっかけとなった人物を、信長によって追放された足利義昭であるとする。義昭の望みは、京都に戻り幕府を再興することであった。『総見記』において義昭は、毛利輝元を頼み、かつ紀州、四国、本願寺、播州などにも示し合うように廻文を行い、信長と敵対させようとする。輝元はそれがために、本願寺の備えを固める必要があるとして、兵粮米を送る謀略をめぐらしたとする。『総見記』にみえるこの記述は、毛利をはじめとする中国勢と本願寺との結びつきが、足利義昭によるものであることを明示し、読者への印象を植え付けるとともに、その後の信長の中国攻めの展開も暗示している。

②播磨出兵――羽柴秀吉の描かれ方

このような前哨戦の後、羽柴秀吉による播磨出兵となる。信長の中国進出の一歩である。秀吉は、はじめに播磨地域の諸城から人質を取る。その様子は牛一『信長公記』では次のように記される（本章における『信長公記』は奥野高広・岩沢愿彦校注、角川ソフィア文庫、一九九九年〈初版は一九六九年〉のものを用い、ルビを加除する等適宜表記を改めた）。

十月廿八日、播磨国中、夜を日に継いで懸けまはり、悉《ことごと》く人質執固《とりかた》め、霜月十日比には播磨表隙明《ひまあき》申すべきの旨、注進申上げられ候処、早々帰国仕るべきの趣、神妙に思食《おぼしめ》させられ候由、忝《かたじけな》くも御朱印を以て仰出され候。然りといへども、今の分にても差たる働きこれなしと、羽柴筑前守秀吉存知られ、直《すぐ》に但馬国へ相働き、先山口岩洲の城攻落し、此競《きをい》に小田垣楯籠る竹田へ取懸け、是又退散、則、普請申付け、木下小一郎城代として入置かれ候き（巻十）

秀吉は国中を駆け回って人質を取り信長に報告、帰国せよとの朱印を貰うが、「今の分にても差たる働きこれなし」と、但馬《たじま》へ進撃する。秀吉のこのような活躍は、天正五年八月の北国攻めの時に、秀吉が柴田勝家との意見の相違から独断で戦地から戻ってしまい、信長の怒りを買った不名誉を挽回しようとしたことによる（「羽柴筑前御届をも申上ず帰陣仕候段、曲事の由逆鱗なされ、迷惑申され候」）。

ちなみに、北国攻めにおける右のエピソードについて、甫庵『信長記』（本章における甫庵『信長記』は、神郡周校注、現代思潮社、一九八一年、上下二冊のものを用い、ルビを加除する等、適宜表記を改めた）では、秀吉の帰陣も、秀吉が信長の怒りを買ったことも記されない。信長が、領地を与えた柴田勝家に対し、人道を重んじる国主の心構えを説いて岐阜に戻るということが記され（巻八「越前国の余党幷一揆退治の事」）、いわば甫庵の理想的国主像を信長に語らせる場面となっている。

したがって、播磨攻めにおける活躍についても、自らの汚名をすすぐことは触れられず、北国からの帰陣との関連は記されていない。甫庵『信長記』ではさらに、秀吉は播磨国内での人質を取った後で、「願はくは中国一円に宛行はるゝ旨、御朱印頂戴仕り度きの趣」を、ひそかに楠長諳《くすのきちようあん》（甫庵『信長記』では長庵）まで申し入れる（巻十「羽柴筑前守秀吉卿播州拝領の事」）。信長も承知するが、長諳はなかなか御朱印を用意せず、秀吉が但馬も攻略し又も願い出るに至り、ようやく調える。いぶかる信長に長諳は、播州のみならず他国も攻め落としてから調えるつもりであったと答えるのである。これは先述の、北国攻めの折に信長の怒りを買った不名誉をすすぐためという話の代わりに、秀吉が中国地方を手中に収めるため、播磨・但馬攻撃に励んだというふうにしたのであろう。

③三木城攻め・鳥取城攻め——甫庵『信長記』にみえる簡略化

三木城攻めは、天正六年から攻略まで足かけ二年の歳月を費やし、羽柴秀吉による兵粮攻め（「三木の干殺し」）で知られる。籠城し、飢え疲れた敵方は秀吉方の説得に応じ、三木城を守る別所長治《ながはる》、吉親《よしちか》、友之《ともゆき》が、城内の諸卒らの命と引き替えに切腹した。このうち吉親のみは切腹を潔しとせず城に火をかけようとするのを殺害されるが、長治らは妻子を殺害したうえで切腹、後には長治、友之、それぞれの妻、吉親の妻、また別所に仕えた三宅肥前入道の辞世の歌が残される。近年の研究では、秀吉は必ずしも残された諸卒の命を救ってはいなかったことが指摘されている。

鳥取城攻めは播磨国を平定した秀吉が続いて因幡国に進撃し、そのうえで行ったものである。まず、天正八年（一五八〇）九月、三ヶ月にわたる籠城のすえ、城主山名豊国が降伏するが、その一月後に、降伏をよしとしない家臣中村春続《はるつぐ》や森下道誉《どうよ》らは豊国を追放し、毛利方の吉川元春《きつかわもとはる》と通じ、吉川から遣わされた牛尾元貞が、天正九年三月には吉川経家《つねいえ》が入城した。天正九年七月から秀吉は第二次の鳥取城攻撃を始め、鳥取城への補給路を断ち、三木城攻めと同様、兵粮攻めを行った。この兵粮攻めは非常に残酷なものであり、牛一『信長公記』や『総見記』では、城内に逃げ込んだ領内の人びとの、悲惨さが述べられる。「木草の葉を取り、中にも稲かぶを上々の食物とし、後には是も事尽き候て、牛馬をくらひ」「弱き者は餓死際限なし」「餓鬼のごとく痩衰へたる男女、柵際へ寄、悵焦《もだえ》」「叫喚の悲しみ、哀れなる有様、目も当てられず」（以上、牛一『信長公記』巻十四）などである。さらには鉄砲に撃たれた人に他の人びとが集まり、その肉を食べるという凄惨な様が語られ、牛一『信長公記』は「兎に角に命程強面《つれなき》物なし」（同巻）と、思うに任せぬ命のはかなさ、その命を奪おうとする別の命の無情さを端的に述べる。鳥取城は十月二十五日に開城となり、吉川経家はじめ三人の大将は切腹した。

さて、これら二つはともに兵粮攻めであり、牛一『信長公記』にせよ『総見記』にせよ、ある程度の分量を費やして戦いの悲劇を叙述するが、甫庵『信長記』では、いずれも簡略な記述で済ませている。今、該当する箇所を、右に引用する。

同（稿者注、一月）六日に播州三木城、落去の由注進ありければ、御感悦斜《ななめ》ならずして、速成の功最もの旨、中尾源太郎を差遣はされ、御書を以て仰せられけり。別所兄弟、諸士の命に替り快死の形勢委《くは》しく天正武記（『天正軍記』か—底本注参照）に在り。かるが故に之を記さず。（巻十三「三木城没落の事」）

同（稿者注、本文中に明示されず。六月か）廿五日に羽柴筑前守秀吉卿、三万余騎を率し因幡国に至って出勢し、取鳥《（ママ）》城幾重ともなく取巻く由注進あり（中略—高野聖の処罰など、他の話題がほとんどである）、同（稿者注、九月）廿六日に高山右近、因幡表より上着して、筑前守秀吉卿、取鳥城堅固に取巻き申すに依つて城中困窮仕りたる由、幷《ならび》に御諚《ごぢやう》忝なく存知奉る旨言上す。十月十日に取鳥城落去致す由注進有り。（巻十四「取鳥城打囲む事」）

牛一『信長公記』を承けて成立している甫庵『信長記』であるから、兵粮攻めの情報を知らないはずはなく、敢えて詳述を避けたと思われる。その理由は特定できないが、これらの戦が苛酷なものであり、記すに忍びなかったということがまず思い当たる。また、兵粮攻めについては、これより少し前の部分に、惟任《これとう》光秀の丹波国八上《やかみ》城攻めの場面があり（巻十二「波多野、誅せらるゝ事」）、そこに見える記述「城中粮《かて》尽きて、初めは草木の葉を食したるが、究つて牛馬を刺殺し食しけり。中々こらふべき了簡もつき果てければ、余りの事にや塀柵を無体に乗越し出でゝ切捨てらるゝ者も多かりけり」（『信長公記』の八上城攻めの部分を利用した記述である）が、牛一『信長公記』の三木城攻めの箇所「此度の籠城、兵粮事尽きて牛馬を食し」（巻十三）や、先掲の鳥取城攻めの箇所の記述と似ており、表現の重複を避けた可能性もあるだろう。

④備中攻め――信長の最期

鳥取城攻めの後、秀吉は淡路岩屋《いわや》を攻略し、毛利水軍の拠点を押さえる。その後いったん姫路に帰陣し、天正十年三月には備中に出撃する。諸城を攻め落とし、五月には高松城の水攻めを開始する。高松城の水攻めについては、前書『秀吉の実像と虚像』に取りあげたので、ここでは合戦の詳細は記さない。

さてこの時に安土の信長のもとへ、陣中の秀吉から、毛利輝元・吉川元春《きっかわもとはる》・小早川隆景《こばやかわたかかげ》の軍勢が後詰めとしてやって来て、秀吉らの軍と対陣したことが伝えられる。それに対する信長の反応は、牛一『信長公記』、甫庵『信長記』、『総見記』と相似している。一例に、牛一『信長公記』を次に掲げる。

> 信長公、此等の趣《おもむき》聞食《きこしめ》し及ばれ、今度間近く寄合ひ候事、天の与ふる所に候間、御動座なされ、中国の歴々討果し、九州まで一篇に仰付けらるべきの旨上意にて（以下略・巻十五）

「九州まで一篇に仰付け」は文意が取りにくいが、甫庵『信長記』に「其の後中国を打平げ、それより西国の果までも討随《うちしたが》へん事案の内なり」（巻十五上「家康卿御上洛の事」）とあるように、九州までを平定・信長の手中に収めようということである。足利義昭を追放し、天下の実務を単独で担うことになった信長は、京都周辺にいた反抗勢力を打ち破った後には、自らの天下の範囲の拡大を目指すことを考えるようになった。なお、『織田信長譜』や『鎌倉将軍記』巻十二では、信長の家臣の功績に報いるだけの領地が不足しており、それを得るべく西国を切り取るとまで記される。勢力拡大の野望をいだく信長の姿が徐々に顕在化してきていることがうかがえる。

続けて信長は、光秀や長岡藤孝《ふじたか》ら軍将を先陣として備中に赴くよう指示し、自らもまた戦地に向かう意欲をみせる。結果、六月二日の本能寺の変によってそれは叶わなかった。天下の実権を握る立場にいながら、実際に戦の場に赴くこのような信長の姿（これは北陸の合戦や畿内での合戦でもそうだが）は、やはり、行動力がありまたいっぽうでは「戦好き」の戦国大名の印象を形成するのに役立っているといってよい。

おわりに

中国攻めは、秀吉が中心となって行っているものであり、牛一『信長公記』はじめ甫庵『信長記』『総見記』等によっても、信長の姿はなかなか浮かび上がってこない。これらの書における、中国攻めや、それ以外の信長の事跡を含む一連によって形作られる信長の姿は、京都を中心とした天下の頂点の座についた信長の、指導者としての姿だろう。中国攻めに限らず、同時期に北国の上杉、畿内の本願寺や逆意を表した荒木村重、甲斐の武田などとの衝突があり、自らは安土や京都で指揮をし報告を受け、場合によっては戦地にも赴くなどする。個々の戦いには、必ず背後に信長の姿がある。そのいっぽうで鷹狩りや茶の湯に興じる姿もある。中国攻めにおける信長像は、天正年間におけるそれらの事跡と合わせてみていくことによって、現代にも受け継がれる、行動的な信長の姿が印象づけられていく。

●参考文献

池上裕子『織田信長』(吉川弘文館人物叢書、二〇一二年)
金子拓『織田信長〈天下人〉の実像』(講談社現代新書、二〇一四年)
谷口克広『信長と将軍義昭』(中公新書、二〇一四年)
堀新「三木合戦にみる古文書・軍記・合戦図の比較研究~「一人《いちにん》による犠牲死」を中心に~」(『軍記と語り物』五四、二〇一八年三月)

9. 中国攻め(摂津播磨を含む)×虚像編

●コラム

洛中洛外図屏風と安土図屏風

▼堀 新

中世末から近世初期にかけて、京都の市中（洛中）と郊外（洛外）の情景を六曲一双の屏風に描くようになった。洛中洛外図屏風は多数あるが、初期の作品は祇園祭の山鉾《やまぼこ》を大きく描き、京都の復興とそれを支えた町衆のエネルギーを躍動的に示した傑作とされてきた。近年は室町幕府による祇園祭再興が明らかになり、町衆が作品の主役ではないようである。米沢藩上杉家に伝来したものを上杉本というが、これは天正《てんしょう》二年（一五七四）三月下旬、織田信長が上杉謙信に贈ったものである。

上杉本を描いたのは、当代一流の絵師狩野永徳《かのうえいとく》とその工房である。しかし注文主は信長ではなく、十三代将軍足利義輝であった。義輝は上杉本の完成を見ることなく、永禄《えいろく》八年（一五六五）五月に横死する。永徳は同年九月に完成させたが（「謙信公御書集」）、義輝の父義晴に対する強い思いと、父の時代の古い政治体制に新興勢力を包摂しようとする政治構想を描いたとされる。そして将軍邸横の塗輿に乗った人物が上杉謙信であり、「謙信よ、上洛して幕府を支えてくれ」という義輝の思いが主題ともいう。ただし国持大名が簾を上げて乗輿《じょうよ》するのは代替わりの時であり（「常照愚草《じょうしょうぐそう》」）、まだ議論の余地はあろう。いずれにせよ義輝の思いを信長がどこまで理解していたのか、そのうえで謙信に贈ったのか、まだ謎は残されていよう。

義輝の死後、おそらく永禄十一年に義輝の弟義昭が信長とともに上洛すると、永徳は義昭に上杉本を引き取ってもらい、次いで天正元年七月に義昭を追放した際に信長のものとなったのだろう。信長は上杉本をすぐに手放したが、永徳の絵は気に入っていたらしい。天正四年に築城普請を開始した安土城には壮大な天主があるが、この座敷の全ての障壁画を永徳に描かせた。最上階の六階には三皇・五帝など中国の画題、五階には釈門十大弟子など仏教の画題が描かれている（「信長公記」）。信長はこれらに囲まれて日常生活を過ごしたが、別に中国や仏教への憧憬があったわけではない。天主以外にも本丸御殿、江雲寺御殿の障壁画、御幸《みゆき》の間など、安土城の全ての障壁画を永徳とその工房が描いたであろう。信長は天正七年五月十一日に信長は天主へ移っているから、この日までに天主障壁画が完成したはずである。

信長は引き続き、永徳に安土城とその城下町を屏風に描かせた。これが安土図屏風（以下「安土」と呼ぶ）である。信長は安土城とその城下を寸分違わず正確に描かせ、少しでも異なっていれば修正させたという（『一五八一年度日本年報』）。「安土」はおそらく六曲一双の本間《ほんけん》屏風で、右隻に安土城、左隻に城下町が描かれていたと思われる。紙本金地着色で上杉本

将軍邸横の貴人の行列（上杉本・左隻。米沢市〈上杉博物館蔵〉）

コラム　洛中洛外図屏風と安土図屏風

と同じ形式と考えて良かろう。安土を描いた先行絵画として、土佐光茂「桑実寺縁起絵巻」を参照した可能性もある。

翌天正八年八月に本願寺との戦いが終結するが、信長はその直前に完成した「安土」を持って上洛する。「安土」を天皇の上覧に供するためであろう。安土城は天皇行幸を強く意識した城だが、信長は「安土」上覧によって行幸計画を進めようとしたのだろうか。「安土」が気に入った天皇は、信長に宸翰《しんかん》を送って献上を求めたが（『御湯殿上日記《おゆどののうえのにっき》』）、信長はこれを断って安土へ持ち帰ってしまった。貴人に所望されたら断らないのが公家社会の礼儀だから、信長の行動はこれにやや反する。上杉本と同じく、信長は気に入ったものを他人に贈るが、完成したばかりの「安土」は手放す気になれなかったらしい。

翌天正九年七月頃、安土を訪問していたイエズス会巡察使ヴァリニャーノに「予（信長）の思い出となるもの」として、信長は「安土」を贈った。安土城下の修道院には大身の武士が「安土」を見るために来訪し、その中には信長の三男信孝もいた。信長は「安土」を秘蔵していたらしい。その後ヴァリニャーノ一行が九州へ下向する際、各地で多くの人々が見物に来た。その後「安土」は天正遣欧使節とともにヨーロッパに渡り、天正十三年三月にローマ教皇グレゴリウス十三世に献上され、すぐにヴァチカン宮殿の地図の画廊に飾られた。少なくとも七年間は飾られていたが、その後の行方は不明である。一七三六年にパリで刊行されたシャルルヴォア『日本の歴史と概況』に安土城の挿絵があり、「安土」はフランスに渡った可能性もある。昭和五十九年（一九八四）と平成十九年（二〇〇七）に安土町が調査団をローマなどへ派遣したが、「安土」は発見できなかった。安土城とその城下町に関する資料は少なく、狩野永徳の現存作品も少ないため、未発見なのは残念である。

●参考文献
河内将芳『祇園祭の中世』（思文閣出版、二〇一二年）
黒田日出男『謎解き洛中洛外図』（岩波書店、一九九六年）
杉森哲也「都市図屏風とイデア」（吉田伸之・伊藤毅編『伝統都市①イデア』、東京大学出版会、二〇一〇年）
瀬田勝哉『増補　洛中洛外の群像』（平凡社、二〇〇九年）
竹本千鶴「「安土図屏風」を描き遺したフランドル人」（『日蘭学会会誌』三四―一、二〇一〇年）
内藤昌『復元安土城』（講談社、一九九四年）

城は戦国にロマンを求める者の、よすがである。そうした見方は江戸時代から既にあった。しばしば絵を伴う記録から信長の「志」や「栄華」を想像し、現実における喪失を埋め合わせるように、ここがその土地だったという碑文が刻まれる。語り部のような存在が出てくるのも面白い。史学ではそれよりも、信長がその地を選んだ政治的・軍事的・経済的意味合いが、発掘調査のデータを踏まえて検討されている。信長の城が当初から近世城郭の性格を持っていたこと、安土に関しては、武将の居住を意識しない、突出した権力である信長の居城としての性格が見て取れることも浮かび上がってきている。ただし、信長が活動したその場に立ってみることは、両者をつなぐ行為でもある。土地の「記憶」とはそういうものだから。

10 信長の城

松下 浩×森 暁子

10 信長の城

実像編

▼松下 浩（滋賀県文化スポーツ部文化財保護課 主幹兼安土城・城郭調査係長）

信長の城といえば安土城が思い浮かぶ。豪壮華麗な天主を持つ安土城は、近世城郭の嚆矢として位置づけられ、新しい時代を切り開いた天下人信長のイメージとも重なる。しかしながら、信長のイメージの見直しが進む中、安土城の評価についても再考が求められている。また最近、安土城や、小牧山城や岐阜城など、信長の居城跡で発掘調査が進み、その実像が明らかになりつつある。調査成果にもとづいて信長の城の実像を明らかにし、信長がなぜ居城を移していったかを考察する。

居城を移す信長

織田信長は四十九年の生涯に四度居城を移している。家督相続前の移動を含めると六度になる。生涯にこれだけ居城を転々とした戦国武将は他に見られない。武田氏の躑躅ケ崎館《つつじがさきやかた》（山梨県甲府市）、北条氏の小田原城（神奈川県小田原市）、今川氏の駿府城《すんぷじょう》（静岡県静岡市）のように、戦国武将とその居城とは切っても切れない関係にあり、城は戦国武将のイメージを構成する重要な要素になっている。

対して信長は、天文三年（一五三四）に勝幡城《しょばたじょう》（愛知県稲沢市）に生まれた後、天文一三年（一五四四）頃に那古屋城（愛知県名古屋市）、天文二三年（一五五四）に清須城（愛知県清須市）、永禄六年（一五六三）に小牧山城（愛知県小牧市）、永禄一〇年（一五六七）に岐阜城（岐阜県岐阜市）、そして天正七年（一五七九）に安土城（滋賀県近江八幡市・東近江市）に居城を移し、天正一〇年（一五八二）の本能寺の変を迎えることとなる。信長はほぼ一〇年間隔で居城を移していることになるが、それはなぜであろうか。この疑問に答える前に、まずは信長の居城の姿をみておこう。

家督相続まで

勝幡城は信長の父信秀が本拠としていた城である。勝幡城を描いた『中島郡勝幡村古城絵図《なかじまぐんしょばたむらこじょうえず》』（名古屋市蓬左《ほうさ》文庫蔵）によると、城は本丸と惣構の二重構造で、惣構《そうがまえ》の東・南・北を河川が流れ堀の役割をはたしていた。本丸は幅の広い堀に囲われ、さらにその外側を細い堀が周囲をめぐり、最大三重の堀に囲われていた。建物の詳細は不明であるが、戦国期の平地城館の特徴を備えた城と考えてよかろう。

その後、天文七年（一五三八）に信秀は那古屋城（愛知県名古屋市）を今川氏より奪取し、勝幡から那古屋へと本拠を移している。そして信長の元服に合わせ、那古屋城を信長に譲り、自身は新たに古渡城（愛知県名古屋市）へと移っている。『信長公記』首巻には信秀が信長に四人の宿老を付けて那古屋城を譲り渡したことが記されている。

信長時代の那古屋城については、後に尾張徳川家の居城である名古屋城が築かれたため、その遺構を現況で確認することはできない。しかし、発掘調査が進む中で信長の時代の那古屋に関わる遺構が発見されており、その実態が明らかになりつつある。それによると現在の名古屋城三の丸付近で家臣屋敷と思われる館跡や堀跡が発見されており、その範囲は数百メートルに及ぶとされる。一方、城の中心は現在の二の丸あたりと考えられる。那古屋城についても築かれた時代を考えると。勝幡城同様、堀と土塁で囲われた戦国期の平地城館の姿をしていたものと考えられよう。

清須城　尾張の統治者として

父信秀の死後家督を相続した信長は天文二三年（一五五四）、尾張守護斯波義統《しばよしむね》の遺児義銀《よしかね》を旗印として守護代織田彦五郎を滅ぼし、四月清須城を奪取した。

清須（愛知県清須市）は、それまでの守護所であった下津（愛知県稲沢市）が応仁・文明の乱の中で焼亡した後、守護所となった所で、五条川沿いに形成された自然堤防や後背湿地上に立地している。

清須の構造は、天正一四年（一五八六）の織田信雄の改修によって大きく変化を遂げている。信雄による改修以前は、居館は五条川の東岸に位置していたが、信雄段階では五条川の流路が大きく東側に変えられ、城の本丸が川の西岸に位置するようになった。また、城下町全体が三重の堀に囲われ、巨大な惣構《そうがまえ》が出現している。

一方信長段階では、発掘調査の成果から、五条川東岸の方形居館《ほうけいきょかん》とその周囲に小規模な武家屋敷群が広がり、町屋と思われる短冊形地割が出現している様子がうかがえる。『信長公記』には清須の町が惣構で囲われていたように記されているが、遺構としては確認されていない。

信長が清須を居城としたのは、守護斯波義統の遺児義銀を擁立して清須方守護代勢力を駆逐し、実権を掌握した経緯からしても当然の結果と考えられる。尾張の有力国人領主として、まずは守護の権威をいただく上で、清須入城は必然だったのだろう。

清須入城を果たし、清須方守護代勢力の実権を握った信長は、残る岩倉方守護代織田伊勢守家を永禄二年（一五五九）に滅ぼし、尾張一国を統一する。翌永禄三年（一五六〇）には桶狭間の合戦の勝利によってその実力を広く世間に知らしめた。そして永禄四年（一五六一）、今川と結んだ守護斯波義銀を清須から追放し、尾張一国支配の実権を掌握する。戦国大名織田信長の誕生である。

小牧山城　戦国大名として自立

尾張一国を掌握した信長が次に攻撃目標としたのが隣国美濃である。美濃の戦国大名斎藤氏とは、道三の時代は娘の帰蝶《きちょう》が信長の正室となるなど、友好関係を結んでいたが、道三が長男義龍《よしたつ》と対立し、義龍によって滅ぼされると、美濃と尾張は敵対関係となる。道三が信長に美濃を譲ると認めた遺言状の写が数通伝わっているが、その真偽はともかく、信長が美濃攻撃の正当性を道三との関係に求めていたのは間違いないだろう。

そうした中、永禄六年（一五六三）、信長は清須から小牧山へと居城を移す。小牧山は、清須の北東約一一キロに位置する標高八五・九メートルの小山である。より美濃に近い位置への築城ということで、従来小牧山城は美濃攻略の前線基地と考えられてきた。しかし、近年城郭や城下町の発掘調査が進む中で、予想以上に整然とした大規模な城と城下町であったことが明らかとなり、尾張支配の拠点としての意味を持つ城であると評価されている。

信長が小牧山に居城を移したのは、美

濃攻略に本腰を入れはじめ、より美濃に近い地に拠点を移したということがあろう。しかしそれ以上に、尾張支配の新たな拠点城郭としての意味合いが強い。守護、両守護代を倒し、尾張支配の実権を握った信長としては、旧守護勢力の影響力の残る清須にかわる、新たな拠点を求めたのであろう。

小牧山城跡の発掘調査

小牧山城の構造は、大きく山頂部の遺構と山麓部の遺構とに分かれる。山頂部は主郭と考えられるが、中心部に現在小牧市歴史館が建っており、その様相は不明である。しかし山頂部の調査では注目すべき成果があがっている。それは主郭を取り巻く石垣が発見されたことである。現在は基底部から二、三石が残存しているだけであるが、そうした石垣が階段状に二～三段に積み上げられていたことが発見されている。

また、山麓から主郭部に向かって直線的に伸びる大手道が現状でも確認できるが、発掘調査では信長時代の大手道が同じルートの下層から発見され、石積みが用いられていることが確認された。

一方、山麓部からは土塁と堀で囲われた方形の郭が小牧山の東南麓から北麓にかけて山裾を取り巻くように並んでいることが確認された。中でも、もっとも大きな東南麓の郭が信長の居館跡ではないかと想定されている。

小牧山城は、天正一二年（一五八四）の小牧長久手の合戦で、徳川家康が布陣したため、その時の改修が想定され、永禄期の信長時代の遺構がはたしてどの程度残っているのか注目されていたが、発掘調査では天正期の改修は山復から山麓に限られ、主郭部は信長時代の遺構がほぼそのまま残っていたことが明らかとなった。また、天正期の改修は土を用いて行われ、石造りの部分は信長によって整備されたと考えられる。

信長時代の小牧山城は、石垣で覆われた山頂の主郭部と土造りの山麓郭群からなっていた。これまで、信長の城で石垣が確認されていたのは岐阜城がもっとも古かったため、それよりさらにさかのぼる時期に石垣が使われていたことが確認され、信長の城造りのルーツとして注目されている。

岐阜城　天下布武へ

永禄一〇年（一五六七）、信長は斎藤龍興《さいとうたつおき》を美濃から逐《お》い、その居城井口に入城した。そして、その地を岐阜とあらため、新たな居城とした。

岐阜城は、長良川の扇状地に隣接する標高三二九メートルの金華山上に築かれた。また、山麓にも居館があったことが岐阜を訪れた宣教師ルイス・フロイスの記録に記されている。そして扇状地部分に斎藤氏の城下町を引き継ぐような形で城下町が建設されている。

信長が岐阜城を居城としたのは、尾張・美濃を支配する上で、拠点としては両者のほぼ中央に位置する岐阜がふさわしいと考えたからではないだろうか。また、斎藤道三からの移譲を美濃征服の正当性としていることから、斎藤氏の居城を継承することで、美濃領国化を円滑に進めたかったのであろう。それとともに、翌永禄一一年（一五六八）の上洛を見据えて、居城を移動させたというのも見逃せない理由だと思われる。上洛支援を要請する足利義昭の書状は美濃攻略時から信長のもとに届いており、信長も美濃攻めのためしばらく猶予を求めつつも支援を約束する返事を出している。永禄一〇年に美濃攻めを果たし、いよいよ上洛が具体的になった段階で、より京に近い岐阜に拠点を移したのであろう。

永禄一〇年から信長は、有名な「天下布武《てんかふぶ》」の朱印を使用しはじめているが、義昭を伴って上洛を果たしたのちは、室町幕府を支える軍事力として「天下布武」の実現にまい進するつもりだったのである。ちなみに、「天下布武」とは武力による天下統一を指すのではなく、室町幕府の再興を意味する。戦国末期、京を追われた室町将軍を有力大名が支えて京都復帰を果たしたように、信長も義昭の京都復帰を支援したのである。そして京都復帰を果たしたのちは、将軍義昭を支える軍事力として室町幕府の政治秩序を復活させるため、在京と在国を繰り返すことになるだろうとして、より京に近い岐阜を居城としたのであろう。

発掘が進む岐阜城

岐阜城の構造については、発掘調査によって山麓部の居館跡の状況がかなり明らかになっている。まず、居館の入り口部分では、巨石を並べた石垣が発見された。フロイスの記述にも石で囲われた入り口についての記述がある。

入口を過ぎると、谷を中心に川が東から西に向かって流れ、その両側に郭が階段状に広がっている。谷川の南に広がるもっとも広い郭からは建物の痕跡が見つかっており、館の中心建物があったと想定されている。谷川の北側からは巨石を背景とする庭園跡が見つかっている。中央に大きな池があり、巨石を流れ落ちる二筋の滝と、池の際に石列や川原石を敷き詰めた州浜があった。谷川上流の東奥に位置するもっとも高い場所からも谷川を取り込んだ形で庭園が築かれており、あたかも山水画を現地に再現したかのような景色がみられる。また、中心建物の周囲からも庭園が確認されており、山麓居館跡で確認された庭園跡は全部で七ヶ所になる。

このように、山麓の居館跡は、巨石を多用した石垣づくりの館跡で、小牧山城に導入された石垣がさらに多く取り入れられている。また庭園が多く造られるなど、単なる軍事施設ではなく、来訪者をもてなす工夫がなされた迎賓館のような機能を備えていたことも注目される。ルイス・フロイス以外にも公家の山科言継《やましなときつぐ》や茶人の津田宗及《つだそうぎゅう》も岐阜城を訪れており、信長に歓待されたことが記録に記されている。

山頂部の遺構は、復興天守をはじめとする様々な観光施設によって調査が難しいため確認できないものが多いが、現状でも石垣造りの虎口《こぐち》や郭、堀切《ほりきり》や竪堀《たてぼり》などの遺構を見ることができる。

金箔瓦の謎

ところで岐阜城からは金箔瓦が発見されており、その年代をめぐって議論となっている。山上部でみつかった金箔瓦は遺構に伴うものではなく、年代を決定する決め手に欠く。岐阜城については、永禄一〇年の信長入城から、天正三年（一五七五）嫡男信忠への家督譲渡を経て、本能寺の変の後三男信孝が在城し、最後は信長の孫の秀信が城主となって、慶長五年（一六〇〇）の関ヶ原合戦の前哨戦で落城し、合戦後に廃城となる。およそ三〇年におよぶ期間にわたって歴代の城主によって手が加えられた可能性があり、信長段階とするのは早計である。私見であるが、信長が、息子たちの城も含めて金箔瓦を導入した時期は安土城以後であり、そう考えると信忠段階と考えるのが妥当であろう。

しかし最近の調査で、山麓の居館跡からも金箔瓦が発見され、にわかに信長段階での金箔瓦使用が現実味を帯びてきている。金箔瓦が見つかったのは、山麓居館跡のうち、谷川の南側に位置する中心建物付近からである。瓦の種類は飾瓦で、牡丹紋や菊花紋のほか、無紋の瓦も見つかっている。これらの瓦は建物の棟をかざった飾瓦と考えられ、無紋の瓦と花の紋の瓦が交互に葺かれていたと推測される。ただ、出土した瓦の総量から考えて、建物の屋根全部が瓦葺きではなく、桧皮葺きもしくはこけら葺きの屋根の棟の部分に瓦が用いられたと考えられる。

山麓居館跡で見つかった金箔瓦は、信長居館跡という遺構に伴うものであり、居館の建て替えの痕跡が見られないことから、信長時代に葺《ふ》かれていた可能性が高い。ただ、信長時代の居館を信忠が受け継ぎ、その段階で金箔瓦を葺いたとも考えられるため、いまだ議論は決着をみたとはいえないであろう。

安土城　天下人の城

天正四年（一五七六）、信長は次なる居城として安土城の築城を開始する。その前年の天正三年（一五七五）は五月に長篠の合戦で武田勝頼を撃ち破り、八月には越前一向一揆を鎮圧し、大坂本願寺と和睦するなど、強大な敵対勢力に打撃を与え、平穏を迎えていた。また、一一月には権大納言《ごんだいなごん》兼《けん》右近衛大将《うこのえたいしょう》に任官し、公家になるとともに、武官の最高位に就任し、天下人としての地位を名実ともに確立する。そして同じ月、嫡男信忠に織田家の家督を譲っている。もっともこの家督譲渡は信長が第一線を退いたのではなく、戦国大名としての地位を信忠に譲り、自身はそれより上位に立つ天下人となることを意味している。安土築城はこうした段階に着手されたのであり、まさに天下人の城として築かれたものだったのである。

安土城は近江国のほぼ中央に位置し、琵琶湖の東岸に湖に突き出た半島状の山である安土山に築かれた。標高一九九メートルの山頂部に建てられた天主を中心に山全体に石垣造りの郭が広がる石の要塞である。天主は五層七階とかつてない高層の城郭建造物で、屋根を金箔瓦が飾るとともに、内部は狩野永徳《かのうえいとく》による金碧《きんぺき》の障壁画や墨絵、当代最高の職人の手による飾り金具など、きらびやかな装飾で飾られていたことが『信長公記』巻九の「安土山御天主之次第」に記されている。

安土を築城場所として選んだのは、岐阜よりも京に近く、また、中世以来の湊と東山道が近くにあって、水陸両方の交通を利用できるという交通の要衝だったのが一番の理由であろう。天正五年（一五七七）に「安《あ》土山《づちさん》下《げ》町中《ちょうちゅう》掟書《おきてがき》」を城下町に発布して、楽市楽座をはじめとする経済振興策をとるように、戦略面よりも経済面を重視した選地だと考えられる。

安土城跡の発掘調査成果

安土城については、従来天主の復元研究が主体であったものが、平成の発掘調査によって城内各所の調査が進んだことで、あらためて安土城全体を議論する土台ができあがったといえよう。明らかになった事実としては、まず安土山南麓を直線的に延びる大手道の発見がある。通常、迂廻させ折り曲げて敵の侵入を困難にするのが城内道の定石であるが、安土城の大手道は城内道の中でももっとも規模が大きく、しかも直線で

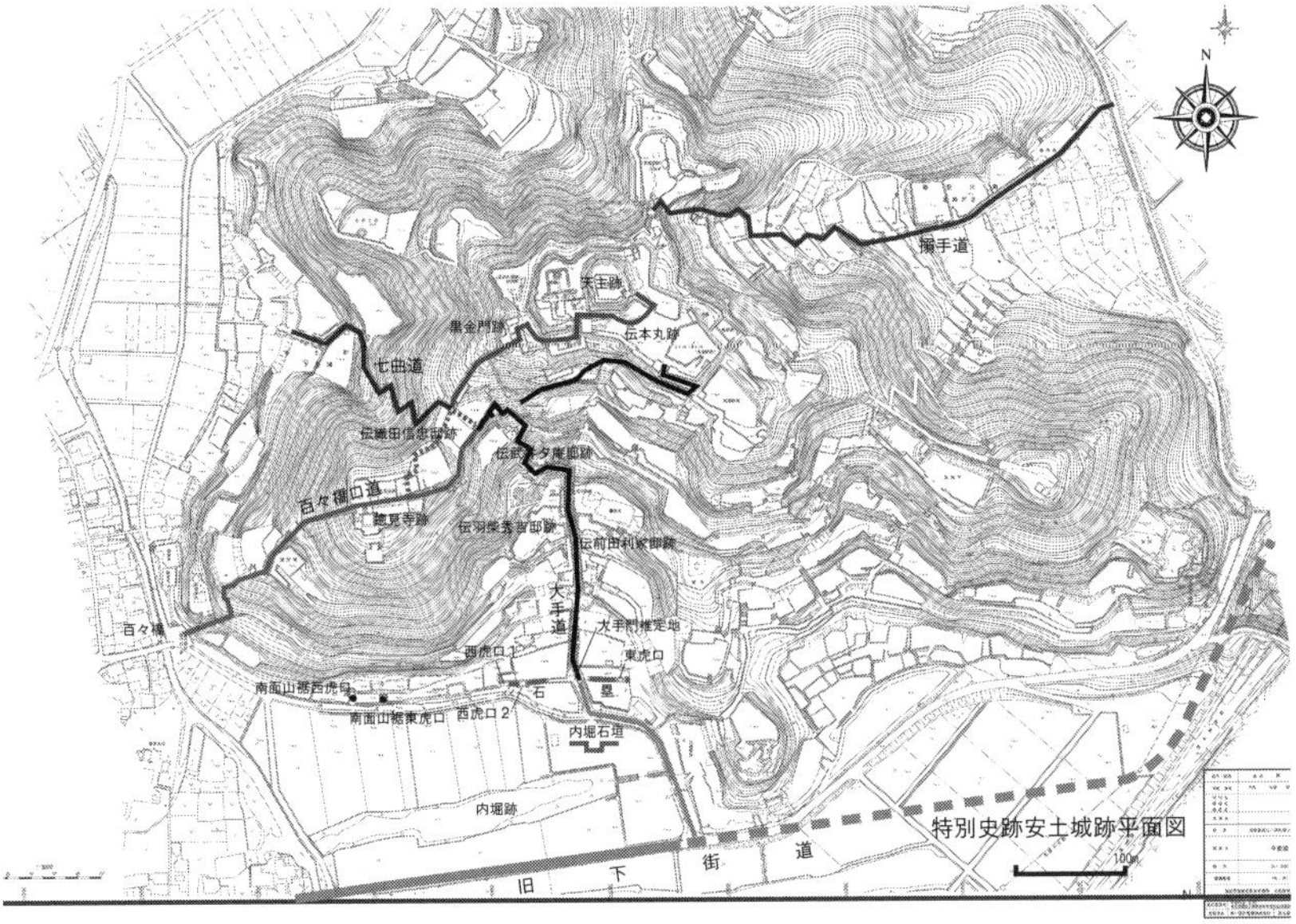

安土城跡平面図（滋賀県提供）

進むという定石とは真逆の道であったことが明らかとなった。

また、大手口から複数の虎口が発見されたのも特筆される。安土城の大手口周辺から、東西方向に約一〇〇メートル延びる石塁上に、三つの平虎口《ひらこぐち》と西端に一つの枡形虎口《ますがたこぐち》が発見された。三つの平虎口のうち中央の虎口から大手道が直線的に延びている。こうした直線的に虎口が並ぶという構造もまた、城郭の定石からは逸脱したものといえる。

この他、大手道の山麓部分の両側に伝羽柴秀吉邸跡と伝前田利家邸跡があるが、ここからは、建物の遺構が発見されている。しかし秀吉や利家の屋敷とする証拠は得られず、どういった性格の屋敷地であるかは不明である。

安土行幸

安土城の評価については、近世城郭の出発点とするのが一般的である。それは、安土城以前の中世・戦国の城が土づくりだったのに対し、安土城以降の近世城郭において石垣が導入され、天守が建てられたことによる。しかし安土城の発掘調査成果からは、単に城郭の歴史の流れの中に位置づけるにとどまらない評価の必要性が求められている。つまり、安土城にみられる城郭の定石では理解できない構造をどのように考えるのかという問題である。

中でも直線の大手道については、その象徴性からも安土城の性格を特徴づけるものとして安土城の評価の鍵を握る要素といえよう。その評価には、小牧山城の直線の大手道との類似性に注目し、信長権力の求心性の表れととらえるものもあるが、小牧山城段階と安土城段階の信長権力を同質ととらえることはできない。これまで述べてきたように、各居城はそれぞれの段階の信長権力のあり方を反映しており、戦国大名としての自立を目指す小牧山城段階と、戦国大名の立場を止揚して天下人としての立場を明確にした安土城段階では、居城に求めるものも異なっていよう。

そのように考えると、安土城にみられる特殊な構造を理解する上で鍵となるのが安土行幸《あづちぎょうこう》である。『信長公記』には、天正一〇年（一五八二）正月、完成した安土城伝本丸の行幸御殿《ぎょうこうごてん》を多くの人々に見学させた記事が見られる。また『言経卿記紙背文書《ときつねきょうきしはいもんじょ》』中の「えちせんより」と記された消息《しょうそく》によると、すでに天正五年（一五七七）から安土行幸計画は存在しており、安土築城にあたって、行幸への対応があったことは十分に考えられる。つまり大手口から直線の大手道をへて伝本丸の行幸御殿にいたるルートは、安土行幸のためのルートだと考えられるのである。

そう考えると、大手道の両側にある伝羽柴邸・伝前田邸もまた、家臣の屋敷ではなく、行幸のための施設と考えるのが妥当であろう。フロイスの記録には安土山には大身の家臣屋敷が階段状に並ぶとの記述があり、それをもとに、伝羽柴邸・伝前田邸も家臣屋敷とする見方があるが、大手道を行幸ルートと考えると、ルート沿いに家臣屋敷があったとは考えにくい。

居住空間としての安土城

安土城には行幸を迎えるための顔とともに、信長の居住する空間としての顔も存在した。『信長公記』によると、安土城天主はきらびやかに装飾された御殿であり、信長の住空間であったことがうかがえる。

しかし安土城には信長以外にも家臣たちが住んでいた。江戸時代の安土城跡を描いた「近江国《おうみのくに》蒲生郡《がもうぐん》安土《あづち》古城図《こじょうず》」（滋賀摠見寺蔵ほか）には堀久太郎、長谷川秀一・菅屋長頼・市橋下総守・福富《ふくずみ》平左衛門・森乱丸・織田信澄・織田信忠・武井《たけい》夕庵《せきあん》・羽柴秀吉・徳川家康・武藤助左衛門・江藤加賀右衛門・中条《ちゅうじょう》将監《しょうげん》といった名前が書かれており、城内に家臣の屋敷があったことがうかがえる。もっとも、この家臣名については、信憑性が無いとして否定的な見解が主流であるが、ここに記された家臣たちの信長権力内での位置づけは安土城内の家臣屋敷を考える上で重要な手がかりとなる。名前が記されているのは信長のそば近くに仕える馬廻りたちであり、柴田勝家や明智光秀などの大名クラスは書かれていない。おそらくは、当時の安土城にはそうした重臣クラスの屋敷は存在せず、信長のそば近くに仕えるものたちだけが暮らしていたのではないだろうか。この絵図は、そうした人たちの屋敷があったという記憶が映し出されたものと考えられる。唯一の例外は羽柴秀吉と徳川家康であるが、秀吉は本能寺の変の後、安土入城を果たしており、家康は本能寺の変直前に安土城で饗応を受けていた。そうした記憶が絵図の上に反映されているものと思われる。

信長権力と安土城

安土城が、信長の側近で固められ、大名クラスの家臣が屋敷を持たなかったことは、この頃の信長権力のあり方を反映しているものと思われる。信長は天下統一事業を推し進める中で、家臣のうち大名クラスのものたちは大名として自立する方向性を持たせていた。彼らに領国の支配を委ね、一国の主としての権限を与えていたのである。その一方でそれまで主従関係になかった遠国の戦国大名については、信長に従う限りその本領を安堵し、大名としての自立性を維持している。つまり、戦国大名と重臣クラスの家臣たちは、信長に従う独立した大名という立場に向かって、かたや信長とは距離を置く立場から、かたや信長に近く仕える立場から、全く逆のベクトルをもって同じ着地点に向かっていたのである。一方で信長は自身の周囲を側近集団で固めていた。安土城は、そうした信長権力の方向性を反映した構造を有していたと考えられる。

懸け造りの謎

最近の安土城天主復元研究の中で、新たに提唱されているのが懸け造り説である。発掘調査で、天主台西面石垣裾（伝二の丸東溜まり）から、石垣に平行して礎石列が検出されたことから、これを土台とするバルコニー状の張出が、天主にはあったとするのである。信長はその張出から天主の下に集まった人々に挨拶をしたというのであるが、そうした記録は見られず、また伝二の丸東溜まりには人々が集まることができるような広い空間は存在しない。また、伝二の丸東溜まりの発掘調査は天主台石垣裾部分でしか行われておらず、礎石列はさらに広がっている可能性は否定できない。現状の調査成果からみて、懸け造り説には再考の余地があると思われる。

京の城

上洛した後、ついに信長は、豊臣秀吉の聚楽第《じゅらくてい》や、徳川家康の二条城のような拠点城郭を京に持たなかった。元亀三年（一五七二）三月、上洛して二条妙覚寺に寄宿していた信長に対し、頻繁に上洛するのに屋敷がないのは不便であろうとして、武者小路にある徳大寺《とくだいじ》公維《きみふさ》邸の跡地を与え、足利義昭の命令により屋敷の建設工事が実施された（『信長公記』巻五・『兼見卿記』）。しかし、その後も信長は京都の寺院を宿舎としていることからすれば、あるいは完成にはいたっていないかもしれない。ただ一度、天正五年（一五七七）閏七月に二条《にじょう》御《ご》新造《しんぞう》を築いたが、天正七年（一五七九）一一月にそれを誠仁《さねひと》親王へ進上している。信長は、京にいる間は妙覚寺や本能寺といった日蓮宗寺院を宿所としていたが、最近の本能寺の発掘調査では、周囲に堀がめぐらされて城塞化していたことが明らかとなっており、寺を防御のために整備していたことがうかがえる。それでも最後には本能寺で明智光秀に討たれたように、敵から身を守るには不十分であり、拠点となる城を築かなかったことが命取りになったといえよう。

信長が京に城を築かなかったのは、京が平安時代以来の都であり、朝廷・公家衆などの様々な勢力の影響力が強い地域であることが理由としてあげられよう。また、安土を新たな拠点としたからには、京を拠点とは考えていなかったようである。

信長と城

信長が、このように居城を頻繁にうつしたのは、信長の出自が尾張の一国人であり、その後尾張統一、美濃征服を経て天下人へと信長権力自身が大きく変貌したことと深く関わっている。その時々の権力のあり方に応じてそれにふさわしい城を築いたということであろう。

●参考文献
木戸雅寿『よみがえる安土城』(吉川弘文館、二〇〇三年)
千田嘉博『信長の城』(岩波新書、二〇一三年)
仁木宏・松尾信裕編『信長の城下町』(高志書院、二〇〇八年)
松下浩「信長と安土城」(堀新編『歴史と古典　信長公記を読む』吉川弘文館、二〇〇九年)
松下浩『織田信長　その虚像と実像』(サンライズ出版、二〇一四年)
滋賀県教育委員会編『安土　信長の城と城下町　発掘調査二〇年の記録』(サンライズ出版、二〇〇九年)
『近世城郭のルーツ　小牧山城　石垣がかたる信長の城づくり　主郭地区発掘調査から』(小牧市教育委員会)
『国史跡　岐阜城跡』(岐阜市教育委員会、二〇一七年)

虚像編

▼森　暁子（お茶の水女子大学グローバルリーダーシップ研究所　特任アソシエイトフェロー）

少年期に主となった那古野城、元服《げんぷく》をした古渡城、上手く家臣を乗せて移動した小牧山城、地名を改めたことで知られる岐阜城（3章実像編参照）、合戦に際して築いた各地の要害《ようがい》（砦）…信長の物語は、数多くの城の名で彩られている。それらはどのように描写されていたか。そこにはどのような物語があるか。そして城（址）はどのような興味を持って見つめられたのだろうか。後世の人々のまなざしに注目し、織田家をまとめ上げ存在感を示した時代の清須と、天下人として心のままに作り上げた趣の安土の、二つの居城を取り上げてみる。

若き織田家棟梁の奮戦と飛翔――尾張国清須城

いくつもの居城が登場する信長の物語の中で、若き武将として頭角を現す舞台となったのが尾張国清須《きよす》（清洲）城である。「清洲と云ふ所は、国中真中にて富貴の地なり」と太田牛一『信長公記』に謳《うた》われ（首巻）、信長配下の道家尾張守の子息・道家祖看《どうけそかん》『道家祖看記』（寛永二十〈一六四三〉成）によれば、今川義元が攻めてきた時、家臣から「清須日本一の名城なれば」籠城すべきだ、と進言された城である。尾張国の中心にそびえ立っていた名城として、その名を諸書に残している。城郭の崩れた塀を秀吉が指揮して見事に修理したという小瀬甫庵《おぜほあん》『太閤記』巻一に端を発する話題や、信長死後の清須会議の舞台となったことでも有名である。

そもそも織田家と所縁《ゆかり》があったこの城を、信長は守護代・織田彦五郎一派を謀殺することで手に入れた。その直後に落命した共犯者の叔父・孫三郎（信光）は、敵をたばかるために書いた起請文《きしょうもん》の誓約を破った罰が当たったと噂されたといい、入城した発端から逸話に事を欠かない。甫庵『信長記』によればその死は、孫三郎の北の方と密通した近習《きんじゅ》によりもたらされたものだったという（巻一上）。また孫三郎は狂死したとの説もあり（林羅山『織田信長譜』寛永十八年〈一六四一〉刊）、地元ではそう語り伝えられていたと思しい（『塩尻』巻四〈元禄十年〈一六九七〉以降成〉）。

この城に入ってすぐ、家老・林佐渡守兄弟や柴田勝家が擁する、弟・勘十郎（武蔵守信勝）の謀反が起きている。敗北した勘十郎一派は、信長の母の取り成しもあり許され、剃髪《ていはつ》して清須城へ礼に赴いた。そして、再び謀反の志ありとの柴田からの注進で、信長が病と称して勘十郎を呼寄せて討ったのもまた清須城でのことである。甫庵『信長記』には、信長の寝所で一太刀を浴びた勘十郎は、母のいる方に逃げようとする途中、廊下でとどめを刺されたと、哀れな描写がある（巻一上）。『織田信長譜』では勘十郎が走って母の閨《ねや》に入ったという記述の後に廊下で殺されたことが記されており、母の目前で落命したとも読めていっそう劇的である。

また異母兄・三郎五郎（信広）が謀反を企んだのも清須城でのことである。牛一『信長公記』には、合戦で信長が不在の隙に、留守に置かれた配下を殺して城を乗っ取るつもりが、信長が察知して城を開けぬよう命じていたため未遂に終わったと記されている（首巻）。家督を継いで間もない信長をめぐる親族間の波乱の舞台となったのが、清須城だった。

そして桶狭間の合戦で大勝利を収め、信長が天下にその名を知らしめたのも、この清須に在城していた時代のことである（2章参照）。牛一『信長公記』には、敵の総大将・今川義元以下の首実検《くびじっけん》を、清須城に持ち帰って行ったことが明記されている（首巻）。甫庵『信長記』には、帰城した際に譜代の家臣たちから下々の僧俗の男女までが出迎えて祝し奉ったことが描かれ、信長を冠する清須城下の一体感が示されている（巻一上）。矢継ぎ早に起こる合戦に立ち向かい、天下取りへの道を鮮やかに駆け上っていく織田家の新当主・信長の居城として描かれてきたのが、清須城だった。尾張国出身の僧侶から、武田信玄が信長について根掘り葉掘り聞き出す逸話も（牛一『信長公記』首巻）、清須城主・信長の名が四方へ轟いていたことを物語っている。

清須城の名残

慶長年間に名古屋城に機能を移した後、清須城は廃城となった。しかしその存在は、後々までも人々に忘れられなかった。

尾張藩士で、藩命により『尾張風土記』の編纂に関わった天野信景《あまのさだかげ》は、その随筆『塩尻』に「高岳院《こうがくいん》の惣門は清須城の黒門なりしとかや」、「大島某が門は清須大手の門の扉なりしとかや」と、清須城から移築されたとされる建造物について記している（巻三十〈推定宝永五年〈一七〇八〉成〉）。

またそれから百年ほど後の寛政十二年（一八〇〇）、平戸藩主・松浦静山《まつらせいざん》は、領国から江戸へ向かう旅の途中で尾張国に立ち寄ったときに、好古《こうこ》趣味の知人から清須城跡の古瓦を譲られている。「清須廃跡の瓦は、もとより上古のものならねど、鞆絵のあるを見るに、古色愛すべし」、清須城跡の瓦は、そう大昔の物ではないが、巴（鞆絵）の文様に古い風情があって良い、と随筆『甲子夜話続篇《かっしやわ》』に記し、墨拓を残している（巻八十）。後世の人の憧れをかき立てる清須城の名残の品々は、僅かながら伝わっていた。

清須逍遥

先述の信景は『尾張風土記』編纂の際に藩命により所々で実地調査をしたと回顧しているが、後年、母親の供をして国府《こう》の惣社《そうじゃ》に参詣する旅の道すがら、当時廻った場所に再度立寄っている。仕事で携わった地に

『尾張名所図会』後編巻之三「清洲城墟」図（国立国会図書館蔵）
田畑が広がり遠くに鳥居の見える風景の中、松が鬱蒼と茂るのが清須城跡である。

母を案内するのは親孝行の一つでもあったろう。清須城に仕えた先祖の旧宅があったとされる辺を歩いて思いを馳せているが、その時の清須城跡は、「今天守の台及び大石二つ三つ残れり」という状況だったと記録している（『塩尻』巻二十一（推定宝永四年〈一七〇七〉成））。職務柄当地の歴史に通暁した信景は、清須城の成り立ちから廃城の旧跡となるまでの経緯を著作中に記しているが、中でも詳しく書きとどめるのは、やはり信長絡みの事績である。この場所に足を踏み入れた時に、まず頭をよぎったのは信長の物語ではなかったかと思しい。

そしてこの地を訪れて感慨に耽ったのは、ひとり信景に限ったことではない。近世当時のガイドブックとでも言うべき『尾張名所図会《おわりめいしょずえ》』後編（天保十二年〈一八四一〉成、明治十三年〈一八八〇〉刊）巻三に描写されている通り、尾張国の中央に位置する清須は城が廃された後も、「東海道より美濃路へ通ふ宿駅なれば、旅《たび》宿《やど》・休茶屋《やすみぢゃや》等軒をつらね、町並うるはしく」、貴賤を問わずこの地を通らず、足を留めない者はなく、「実に繁華《はんか》の一都会といふべ」き賑わいが続いていた。清須城跡を訪ねる旅行者も多かったらしく、同書はその説明にかなりの頁を宛てている。現状については「清須五条川の西畔《にしぐろ》にありて、古松樹数株残り、三重堀のあとはつかに存せり。もとその境地甚だ広大なりしを、年々歳々田にすき畠に墾《は》りて、今の如くなれり。されば天守台をはじめ、諸門・殿宇《でんう》・官舎・土居《どい》等の名、四方遠近の字《あざな》に残れり」という状況を記し、田畑の広がる中にこんもりと繁る松林の絵を載せる。

由来については城の成り立ちから城主の変遷、慶長十五年（一六一〇）に廃城に至るまでを一通り示すが、ここでも最も詳しいのは信長時代の説明である。清須城跡には碑文の類が無かったが、近年土地の人が志を起こし、古城の遺石に「右大臣織田信長古城跡」と刻んで建てたことも伝えている。また当地で発掘された「清洲古城残瓦」の図には、松浦静山が墨拓に残した巴紋のものと酷似したものを含む数点を載せるが、そこには信長の家紋のいわゆる「織田木瓜《もっこう》」の刻まれた瓦も二種見受けられる。

これらの記載が示唆するところを考えるに、やはり清須城は、若き信長の覇道《はどう》の始まりの城として人々の記憶に留まっていたと思しく、その夢の跡を訪ねる旅人が後を絶たなかったらしい。信長の下々への仁愛の一面を示す、踊りを披露した村人にいちいち言葉をかけ、手ずから団扇で仰いで茶を供した話（牛一『信長公記』首巻）も、ここを舞台としたのだと思い出されたことだろう。

天下人のおわした美の極致——近江国安土城

清須城時代に天下取りに名乗りを上げた信長が、小牧山城、岐阜城と移動して、最後に琵琶湖畔に築き上げた壮麗な城が、安土城である。家臣の尽力で一年足らずで建設されたというこの城は、見事な天主（天守、殿主）を有し、稀有な宝が集まっていたことで知られる（甫庵『信長記』巻九）。周囲は家臣の屋敷で埋め尽くされ、広大な山上山下に空地がないほどだったという。年末年始の豪勢な集まりの記録や、妻子を呼び寄せるよう家臣に厳命を下していたという話題の数々からは、安土城への権威の集中化が図られたことが透けて見える。名実ともに天下をその手に収めつつあった信長の、まさに王城である。

ここを居城とした時代にも、松永久秀や荒木村重等の謀叛、石山本願寺勢力との戦い、武田攻め、そして本能寺での最期と有名な出来事が目白押しだが、この城が今に至るまで名高いのは、何よりも周囲の情景も含めての美しさ、豪奢さの描写によるだろう。信長が書かせた『江州安土山記』はその見事さを格調高く讃え、秀吉配下・大村由己《おおむらゆうこ》『惟任退治記』（天正十年〈一五八二〉成）もその絢爛たる様を伝える。読む者の胸をときめかせるこの城の美の要素に注目してみる。

琵琶湖をめぐって

安土城周辺の風光明媚であることは、牛一『信長公記』に言葉を尽くして描かれる。

抑《そもそ》も、当城は、深山こう〳〵として、麓は歴々甍《いらか》を並べ、軒を継ぎ、光輝《ひかりかがやく》御結構の次第、申すに足らず。西より北は、湖水漫々として、舟の出入みち〳〵て、遠浦帰帆《えんぽきはん》、漁村夕照《ぎょそんせきしょう》、浦〳〵のいさり火。湖の中に竹生島とて名高き島あり。又、竹島とて、峨々《がが》と聳《そび》へたる巌《いわお》あり。奥の島山、長命寺観音、暁夕《ぎょうゆう》の鐘の声、音信《おとず》れて、耳に触る。海より向ふは、高山比良の嶽《たけ》、比叡の大嵩《おおだけ》、如意がたけ、南は、里〳〵、田畠、平〳〵、富士と喩へし三上山。東は観音寺山。麓は海道往還引き続き、昼夜絶えずと云ふ事なし。

御山の南、入江渺々《びょうびょう》として、御山下門を並べ、籟《らい》の声生便敷《おびただし》。（巻九）

牛一『信長公記』では「売買利潤、富貴の湊」と称される大坂（巻十三）と、同じく琵琶湖畔の虎御前山《とらごぜやま》城（巻五）と、この安土城の三箇所の風景が、特に細かく説明され称賛される。いずれにも美景と共に、陸路・水路の利便（のための処置）を示す記述があり、為政者の観点からそれぞれ優れた土地であることがうかがえる。

琵琶湖を中心に据えた交通・防備の、北と東の主要な拠点だったことが感じられる虎御前山と安土の記述には、近江八景や周辺の古寺、名山の名前も目立つ。古典に名高い情景を眺め渡す地に聳えていたという、光り輝く安土城の描写は魅力的である。天下人の優越として、名勝に王城を構える意図もあったのではないかと読める。安土城への後世のまなざしには、土地そのものの歴史と魅力への憧れも大きかったと推察される。

幻の画への憧憬

安土城天主を見物させる話題は繰り返し登場し、どれほど素晴らしかったものか想像をかき立てる。もてなしの一環で見物が許された者は、一生の思い出と述べている（牛一『信長公記』巻十二）。城の構造については謎が多いが、魅力的な天主内部の描写は牛一『信長公記』巻九に詳しく、柱数や部屋の配置、金具や彫物、置物などが細かく記載される。この記述は『江戸拾葉』等の考証随筆にも引用されており、後世の興味の程がうかがえる。

中でも目を引く描写は各階の部屋ごとの障壁画についてで、これはすべて当代きっての名画師・狩野永徳《かのうえいとく》が担当した。安土城の建造には京都・奈良・堺の大工、諸職人や唐人の瓦焼職人など大勢が関わったというが、その褒美に小袖が与えられた人々の筆頭に名が挙がるのが永徳である（牛一『信長公記』巻十四）。彼の描いた竜安寺法堂の天井の「抜竜」は、前の池で水を飲んでから失せたものだなどと後世に伝説が生じたほど（『笈埃随筆』）、その腕前は名高い。

障壁画は樹木、名勝、花鳥、神仙、人物など部屋により意匠が異なり、「岩の間」、「竹の間」というように、画題にちなんだ名の部屋もあった。「何れの間も、狩野永徳、筆勢を尽し画きたる賢聖の間、伊、傅、周、召、今眼前に謁するが如くなり」（甫庵『信長記』巻十五上）などと、天主の最大の見所として記されている。御殿も「三国の名所を、狩野永徳に仰せつけられ、濃絵《だみえ》に移され」たものだった（牛一『信長公記』巻十一）。

狩野永納《かのうえいのう》『本朝画史』（元禄四年〈一六九一〉刊）によれば、「怪怪奇奇」をおのずから得たという永徳の大画（対象を実物よりも大きく描いた画）は「粗ニシテ草（荒々しい）」な筆法で、「舞鶴奔蛇（鶴が舞い蛇がのたうつ）」の勢いがあったという。安土城に描かれたものもさぞや、と思わせる。大徳寺聚光院《じゅこういん》に現存する永徳筆の国宝「四季花鳥図襖」（大画）・「琴棋書画図襖」（これは細画〈細密に描かれた画〉）も、安土城の彩られ方に似たところがあるのではと、実例として想像をかき立てる。

永徳の失われた画については、京都の故実家・橋本経亮《はしもとつねあきら》『橘窓自語《きっそうじご》』（享和元年〈一八〇一〉成）の次の話題が興味深い。

> 天明の大火（※天明八年〈一七八八〉）の前まで、ある高貴な方の御殿に、襖障子と天井の画を永徳が手掛けた「空飛ぶ雁の間」という一室があった。襖障子には葦と雁が描かれ、雁の今飛び立たんとする一瞬を捉えたものもあった。天井には、空を行く雁の腹や翼の裏が下から見上げたように描かれていたため、「空飛ぶ雁の間」と称した由を、藤井維済という人から聞いた。円山応挙《まるやまおうきょ》などの孔雀の飛ぶさまを描いた画も巧みだが、この永徳の手並みには及ばない。

部屋の上部の空間まで巧みに用いた構成の様子がうかがわれ、これは安土城最上階七重めの、四方の内柱に上り龍・下り龍、天井に天人影向《てんにんようごう》の場面を描いたという記述を思い起こさせる。また二重めにあったという同じ水鳥の「鵝《が》の間」にも、このような趣向があったのではないかと思わせる。永徳の実作を目にすることのできた限られた人たちのみならず、このような伝承を耳にする人たちにとっても、永徳の画の数々で彩られたまばゆい安土城の描写は、興味を引くものだった筈である。

安土逍遥

湖畔の美景に聳え立つ安土城の盛大な年末年始の集まりの様子は、牛一『信長公記』・甫庵『信長記』に繰り返し描かれている。そのほかにも、神事の側面もあるだろう大規模な相撲の数々や馬揃《うまぞろえ》、灯りを沢山付けて飾り立てたことなど、賑やかな催しの話題は枚挙に暇がない。そのような時には家臣たちのみならず、周囲の村人たちも見物に来ていた様子が記される。華やかな活気に満ちあふれた晴れの舞台としても安土城は印象的で、心根の良いという安土の民が（甫庵『信長記』巻十四）、城主の信長を親のように慕っていた様子も垣間見える。

贅を尽くした安土城の美しさは本能寺の変直後の放火で失われ、ここもやがて廃墟となるが、やはり後世に足を運ぶ人たちがいた。京都の豪商出身で六部の僧（巡礼の僧）の姿で諸国を遍歴した百井塘雨《ももいとうう》は、古城跡の摠見寺を訪れている。方丈に座れば、琵琶湖を眼下に見て眺望は限りなく、遙か遠くに比良、比叡を仰ぎ、見下ろすとぽつんとした村がいくつか寄り集まっていて、湖上の水面に浮かぶ漁船は落葉のようであり、額に記された「湖海漫々下摠見寺」の文字通りの風景であること、信長のいた時代は大いに繁昌した城下町だったが、今は農家ばかりで、山上にも摠見寺が一つあるのみなことを記している（『笈埃随筆《きゅうあいずいひつ》』巻十）。

塘雨は、かつて京都で花見の時季に、手折った花を持つ人々の後ろに「花一本たもれ啼子《なくこ》（泣く子）にやらん、花をたもらばよき花たもれ」と言いながら付いていく子供たちを見かけて信長が感動し、安土に帰ってから城下の子供たちにこの言葉を教え、家士に命じて日々花を与えさせたので、いつしかそれがこの土地の風俗となった、という風流な言い伝えについても書き残している。塘雨が目にした鄙びた農村とは対照的な、かつての安土城下の繁栄を伝える話である。

『近江名所図会《おうみめいしょずえ》』（寛政九年〈一七九七〉刊）巻四「江東之部」も後世の安土の風景を伝えており、摠見寺から見下ろすと湖水が果てしなく広がり素晴らしいと、塘雨の感慨と同様に記している。城跡には天主の跡に信長の墳墓があり、城の石垣はまだ残っていたという。それらの石は築城の際の、「蛇石」という巨大な名石を一万余人で昼夜三日かけて引き上げた（牛一『信長公記』巻九）、家臣が競って大石を引き上げた（甫庵『信長記』巻九）などという記述を彷彿とさせたと思しい。

甫庵『信長記』等の文章を長々と引いて往時の情景を伝えているが、現在の風景については以下のようにも描写している。

> 今、この城墟《しろあと》を見るに、巌《いわお》は崔嵬《さいかい》として虬竜《きゅうりょう》の形を遺し、林樹《りんじゅ》は蓊鬱《おううつ》として暗く、天守の址《あと》には、惣見《そうけん》院殿《いんでん》の古墳のみ建てり。所々に石壁礎石あり。北の方は、湖水渺茫《びょうぼう》として船のゆきき、鳰《にお》てる沖には竹生島・多景島《たけしま》、はるかに向ふをみれば、比良嶽《ひらのだけ》・比叡の高根・如意の峯、むかし長等《ながら》の山列《やまつら》なり、遠く眺むれば嵯峨・あらしの嶺まで幽《かす》かに見えわたり、南《みんなみ》の方は田園隴々《ろうろう》として、三上山の風色、東には桑実寺《くわのみでら》・観音寺の古城、西に蒲生野《がもうの》荒蕪《こうぶ》として、みなこの城の眼下に遮る。

豪奢な城と、集っていた人々のさざめきは幻のように消えはてたが、そこから見える湖と山々の風景は変わらず残っている。古寺や、六角氏の居城で信長が攻め落とした観音寺城等も眺め渡すことができる。その情景に身を置き、旅人が天正の昔に思いを馳せた様子がうかがえる。

信長の城の道

信長自身が城を巡り歩いた描写があることも、後世の人が足を運ぶ契機となったと思しい。

信長が以前の居城を縫うように移動していた記述は、特に安土城時代に顕著に見られ、たとえば天正四年（一五七六）末には鷹野（鷹狩）に際して、安土、佐和山、岐阜、清須、吉良で鷹野、清須、岐阜、安土と往還している（牛一『信長公記』巻九）。これには領地を巡見したり、各地に居住する一門・配下を訪ねたりする意味、整備された安全な道を通行する利便といった実用的な理由があったためとみてよいだろうが、足繁く通ったのには、城主として過ごしたそれぞれの地に対する愛着もあったものと想像できる。

このような、信長が実際に通っていた（と見て不都合のない）「信長の城の道」の道程は、後世の人も同じように、琵琶湖上の水路も含め辿ることができた。かつての城主が通ったのと同じ道を辿って城の面影を求めに行き、当時に思いを馳せる巡礼の旅ができたこと、そのことも、後世まで信長の城の記憶を朽ちさせなかったのではないか。

●参考文献
今谷明『近江から日本史を読み直す』（講談社現代新書、二〇〇七年）
下坂守「安土の信長」（『図説　滋賀県の歴史』河出書房新社、一九八七年）
千田嘉博『信長の城』（岩波新書、二〇一三年）
松下浩「信長と安土城」（堀新編『信長公記を読む』吉川弘文館、二〇〇九年）
山本英男「狩野永徳の登場とその影響」（『別冊太陽　桃山絵画の美　天才、異才、鬼才の華麗なる世界』平凡社、二〇〇七年）
「浮世絵　戦国絵巻〜城と武将」展図録（太田記念美術館、二〇一一年）

戦国の女性たちには多様な役割があった。政略結婚により家と家をつなぐ役割、母として後継者の後ろ盾になる役割、家政や外交の補助をする役割等々。場合によっては、これらを一人で複数兼ねるケースもある。それに対して、武人の妻として、敗戦に殉じて戦い、亡くなっていくケースは、文芸でイメージが増幅する。その増幅の過程は、射程が長く、戦国に取材した文芸史そのものと言ってよい、拡がりと展開を見せている。それが斎藤道三《さいとうどうさん》の娘帰蝶《きちょう》であったという着地点は、道三の遺志を継ぐ信長や、主体的な女性像など、戦後の感覚の投影と見るべきなのだろうが、殉死に近い夫人の死については、信長の問題を超えてさらに追究されるべき背景があるようにも思われる。

11 信長と女性

桐野作人×網野可苗

11 信長と女性

実像編

▼桐野作人

前近代社会、とくに中世や戦国の社会にあっては、女性に関する史料は少ない。その肉声や人柄などはほとんど伝わっておらず、名乗りさえ不明であることも珍しくない。それは織田信長をめぐる女性たちも同様である。彼女たちは一族の内訌や政略結婚の不幸に直面した者が多い。母の土田御前は息子同士の殺し合いに遭遇し、妹お市の方は二人の夫を失った末に自刃している。長女五徳も夫を逆心の廉で失っている。信長とゆかりのある女性たちが信長とどのように関わり、戦乱の世をどのように生きたのかを紹介する。

信長ゆかりの女性たちの史料はそれほど多くない。そうした史料上の制約があるなかで、その出自、名乗り、生没年などの基本的な情報だけでなく、彼女たちの人となりや重要事件を取り上げる。信長の女性たちへの接し方は冷徹な面が多い。それとは対照的に、一部の女性には格別の愛情を垣間見せることもあった。

このテーマにおけるまとまった先行研究は、信長の娘たちを取り上げた渡辺江美子「織田信長の息女について」と、信長に限らず、父信秀、祖父信貞をめぐる女性たちも含めて網羅的に紹介した岡田正人編著『織田信長総合事典』が古典的な位置を占める。この二点を参考にしながら、その後の論考や知見を交えて述べてみたい。

まず信長をめぐる近縁の女性たちがどれくらいいるか、右二点を中心に見てみたい。生母は土田御前。伯叔母は四名、姉妹は十三名もいる。ほとんどが妹だと思われる。正室はよく知られた斎藤氏（俗に帰蝶、鷺山殿、濃姫）だが、側室も十一名を数える。息女は『寛永諸家系図伝《かんえいしょかけいずでん》』では六名、『寛政重修諸家譜《かんせいちょうしゅうしょかふ》』『系図纂要《けいずさんよう》』では十二名とかなり幅があり、史料の年代が下るにしたがって増える傾向がある。

これら四十名前後の女性たちのほか、親族・姻族ではないが、信長とゆかりが深く重要な役割を果たした女性たちもいる。ここでは紙数の都合から、信長との関係が深い女性や期せずして政治的な役割を果たした女性、そして印象的な逸話をもつ女性数名に絞って述べてみたい。

土田御前（一五一四？～一五九四）

織田信秀の正室で、信長と弟勘十郎信勝の生母とされる。美濃可児郡土田城主、土田政久の息女という（梅田薫『信長の中濃作戦』）。一方、土田家の出身地には清須城近くの土田ではないかという異説もある。「土田」の読みは「どだ」か「つちだ」かも不明である。

土田御前については、まず継室説があるのを紹介したい。これは信秀の地位上昇と関わって意外と重要だと思われる。先妻はだれだったかといえば、当時の守護代織田達勝《みちかつ》の女だという。熱田の有力者で信秀、信長と親しい賀藤（加藤とも）氏の記録に次のように書かれている（『熱田加藤家史』）。

信貞の子弾正忠信秀、勇武絶倫、其の主の女を娶り女婿となり、後漸く其の権主家を凌ぎ（後略）

信秀は主君の娘（名前不明）を娶ったというのである。信秀の弾正忠家（勝幡織田家）は守護代である織田大和守家の三奉行のひとつだった。この記録は一次史料ではないが、十分ありえる話だと思われる。信秀が守護代家を凌駕する勢力を築けたのは、この縁組で達勝の女婿になったおかげともいえそうだからである。なお、達勝は信秀が三歳だった永正十年（一五一三）に家督を継いでいることから、信秀よりだいぶ年長だったことがわかる。

では、信秀は先妻と離縁もしくは死別したのだろうか。また土田御前を迎えたのはいつで、どのような事情があったのだろうか。信長は土田御前の長男で、生年は天文三年（一五三四）である。この事実から逆算して、土田御前が信秀と縁組したのはその一、二年ほど前ではないかと推定される。

公家の山科言継《やましなときつぐ》は信長が生まれる前年の同二年（一五三三）七月、飛鳥井雅綱《あすかいまさつな》（権中納言）とともに尾張に下向して、信秀や達勝に歓待されている。『言継卿記《ときつぐきょうき》』七月十一日条に「三郎（信秀）は去年和談以後、始めて織田大和守方（達勝）へ同名與二郎（弟信康）と出頭」とあるのが注目される。つまり、信秀と達勝の間で去年和睦が成立したというのだから、それ以前は両者は対立、抗争していたことになる。その抗争が原因で信秀は先妻を離縁したのではないかと考えられる。

このように、土田御前が信秀の継室に迎えられた背景には、信秀と主家の抗争があったといえそうである。彼女はその後も信長の存命中、一族の内訌や戦乱に翻弄されていく。

彼女は信秀の死後、信勝（信長の弟）と同居していた。牛一『信長公記』首巻に「信長の御袋様、末盛の城に御舎弟勘十郎殿と御一所に御座候」とある。信秀の死去以降、彼女は嫡男信長と同居せず、二男の信勝と一緒だった。牛一『信長公記』首巻では、傾奇者《かぶきもの》で周囲から「大うつけ」と呼ばれた信長と、折り目正しい信勝が好対照に描かれている。

そのためか、彼女が信長を嫌って不仲だったともいわれているが確証はない。彼女が嫡男信長と別居しているのもその一端にみえるが、夫信秀の隠居城だった末盛に彼女が居住しているのはむしろ当然で、また同城は信秀から信勝に譲られているから、信勝と同居するのも自然である。一方、信長はすでに守護代の織田大和守家を追放して、その居城だった清須城にいたから、彼女との別居もそれほど不自然ではない。

弘治二年（一五五六）、信長が信勝と対立して稲生《いのう》の戦いで勝利すると、末盛城にあった土田御前は信勝のために詫びを入れようと、信長の側近である村井貞勝と島田秀満を呼び寄せ、信勝赦免の使者になってくれるよう依頼した。二人の釈明もあって、信長は信勝を赦免した。そのうえで、彼女は信勝やその家老で剃髪した柴田勝家らを同行して清須城に出向いて信長に礼を述べている。信長も母の懇願を無視できなかった。

ところが、永禄元年（一五五八）、信勝は再び信長に背いた。このとき、信勝に遠ざけられた勝家が信長に内通した。信長は一計を案じて仮病を装った。土田御前は何とか兄弟の再度の和解を願って、信勝に勝家とともに信長の見舞いに行くことを勧めた。勝家は信勝許さじという信長の心中をすでに知っていただろうが、彼女は病中の兄を弟が見舞えば、きっと和解できるだろうという、純粋に子を思う親心だったに違いない。信勝も母の説得を受け容れた。

しかし、信長は二度目の裏切りを許さず、信勝を清須城中で殺害してしまう（牛一『信長公記』首巻）。兄弟の血で血を洗う相剋を目の当たりにした母の心中はいかばかりであったろうか。

彼女はまた信長の政略に利用されたこともある。牛一『信長公記』巻十一によれば、天正六年（一五七八）十月、叛意を示して摂津有岡城にこもった荒木村重を出仕させるため、「御袋様」＝土田御前を人質にしようとしたこともあった。ただ、村重が出仕しなかったため、実現しなかった。

信長死後の彼女の動静は不明だが、信長二男信雄家中の知行高《ちぎょうだか》を書き上げた『織田信雄分限帳』に「□百四十貫文　大方殿様　如意ノ郷」（□は虫損で、異本によれば「六」だとする）という記事がみえる。「〜殿様」という最大級の敬語が用いられていることから、また孫の信雄のもとにいることから、土田御前だと判断してもよいと思われる。

天正十八年（一五九〇）、信雄が豊臣秀吉に改易されると、夫信秀の息子信包《のぶかね》（伊勢安濃津城主）のもとに身を寄せ、文禄三年（一五九四）一月七日、その地で死去したという。享年は八十前後か。夫や息子よりも長寿を保ち、戦乱の世を生き抜いた女性だった。

正室斎藤氏（帰蝶、濃姫、鷺山殿　一五三五?～?）

　信長の正室は斎藤道三の長女だとする（『寛永諸家系図伝』十二）。通称を帰蝶《きちょう》とか濃姫というが、たしかではない。帰蝶名乗りについては『美濃国諸旧記《みののくにしょきゅうき》』に「帰蝶の方」「鷺山殿」と呼ばれたとあることに基づく。濃姫の出典は江戸期の読本『絵本太閤記』や熊沢淡庵《くまざわたんあん》『武将感状記《ぶしょうかんじょうき》』などに登場する（両書とも濃姫の読みは「のひめ」とルビがあり、「のうひめ」ではない）。ここでは便宜上、帰蝶と呼んでおきたい。

　信秀は尾張随一の実力者となり、守護代家の権威を背景に「国中憑《たの》み勢」と呼ばれる国衆動員方式によって美濃や三河への外征を繰り返して勢力を拡大してきた。しかし、天文十三年（一五四四）の美濃侵攻で斎藤道三（当時は利政、以後、道三で統一）に敗北し、三河でも今川方に安祥《あんじょう》城を奪われた。しかも、信秀に軍事動員権や外交権を奪われていた守護代家がここぞとばかりに巻き返しを図って敵対したため、信秀は内憂外《ないゆうがい》患《かん》に陥ってしまった。

　同十八年（一五四九）になると、信秀はすでに重病だった。死期を悟っていたかもしれない。窮地を脱出するために永年抗争した道三との和睦を図った。その証として存命のうちに信長と道三の娘との縁組を望んだ。牛一『信長公記』首巻によれば、重臣の平手政秀が縁組に奔走している。縁組の時期については『美濃国諸旧記』に同十八年二月二十四日、帰蝶が尾張古渡城に入って婚礼をあげているとあるのが妥当だろう。ときに信長は十六歳。帰蝶は十五歳前後だろうか。同年十一月、熱田八カ村に宛てた信長の制札がある。信長の初見文書でもある（署名は藤原信長）。この前後に信長は信秀から家督を譲られた可能性があり、帰蝶との縁組が画期になったかもしれない。

　もっとも、帰蝶には再婚説がある。道三はこれに先立ち、帰蝶を美濃守護と思われる土岐頼充（頼純とも）

に嫁がせたが、頼充の急死により死別したという（横山二〇一二）。これに従えば、帰蝶は再婚だったことになる。

信長夫人となった帰蝶だが、その動静はあまり明らかではなく、信長関係の史料にほとんど登場しない。むしろ、二人の関係が必ずしも円滑ではなかったと思わせる事件がある。永禄十二年（一五六九）七月二十七日、たまたま岐阜に下向していた公家の山科言継《ときつぐ》が見聞した出来事である（『言継卿記』）。帰蝶は義姉にあたる斎藤義龍の未亡人を引き取っていたが、信長が義姉の所持する名物の壺を供出するよう日頃から所望し、ついに強制的に取り上げようとした。だが、彼女は壺は先年の美濃の戦乱で紛失してしまったと拒み、これ以上乞われると自害すると答えた。すると、「信長本妻」＝帰蝶をはじめ兄弟や女子十六人も自害すると訴え、斎藤氏ゆかりの美濃国衆十七人合わせて、三十数人が切腹すると主張したため、さしもの信長も諦めて和解したというのである。帰蝶を中心とする斎藤一族の結束が明らかになった事件だった。

同年五月頃、信長が京都の豪商たちから茶道具の名物を多数入手している（牛一『信長公記』巻二）。いわゆる名物狩りである。事件はその直後、信長が岐阜に帰ってから起きているので、時期的にみてこれも名物狩りの一環だったといえる。

さて、この事件から数日後の八月一日、言継は信長に会いに行った。すると岐阜城の門前で外出しようとする信長に出会った。信長の用事は「しうとめの所へ礼に行かる」とのことで、言継はその門前まで同道したという（『言継卿記』）。「しうとめ（姑）」とは帰蝶の母親であろうか。この女性は故・道三の正室か側室かもしれない。そうであれば、義龍未亡人一件で詫びを入れに行ったのか。信長の周辺には帰蝶のほか、道三未亡人（か側室）、義龍未亡人、道三子息の斎藤利治、同利尭といった斎藤一族が多数いた。信長としても、このように家中で相当な勢力を占める斎藤一門と旧臣衆との関係悪化は美濃支配の安定化のためにも避けたかったと思われる。

その後、信長が勢力を拡大するにつれて、帰蝶の動静はほとんど史料に現れなくなる。帰蝶は信長との間に子どもができなかったことと、信長に没落させられた実家の地位低下のため、正室としての地位が不安定だったのではないかと推察される。

そんななか、意外ながら重要なのが信忠を養子にしたという『勢州軍記《せいしゅうぐんき》』の説である。時期は不明だが、信忠のことを「これ御台《みだい》の御養子也」と述べている。軍記物だけに確実とはいえないが、信忠が側室生駒氏の子なので、正室帰蝶の養子という形で信長の家督継承者としての権威づけが行われると同時に、その養母として帰蝶の地位も強化しようとする試みだったとも考えられる。

最後に帰蝶の没年を考えたい。かつて彼女の没年は不詳とされていたが、近年になっていくつか仮説が登場した。岡田正人氏は安土摠見寺《そうけんじ》所蔵の過去帳に記された「養華院殿要津妙玄大姉」という法号の女性が慶長十七年（一六一二）七月九日を命日とし、「信長公御台」と付記されていることから、これを帰蝶の命日ではないかと指摘した。

これに対して、山田寂雀氏が信長側室お鍋の方の命日（同年六月二十五日）と極めて近いことから、これと混同しているのではないかと指摘した。ちなみに、養華院を追究した永田恭教氏によれば、養華院（養花院）は彼女を供養する大徳寺の塔頭で、玉甫紹琮《ぎょくほじょうそう》（細川幽斎の弟）が開山だという。大徳寺の『龍宝山誌《りゅうほうさんし》』には「養花院、信長寵妾《ちょうしょう》」と記されており、「寵妾」の語から明らかに帰蝶とは別人であり、またお鍋の方とも別人の信長側室だと思われる。

また、横山住雄氏が『快川《かいせん》和尚法語』（お茶の水図書館所蔵）に、天正元年（一五七三）十二月二十五日に逝去した「雪渓宗梅大禅尼」なる法号をもつ女性が「岐陽太守鐘愛」だったことを紹介した。「岐陽太守」は信長であり、その「鐘愛」の女性に該当するのは帰蝶しかいないと結論した。これに従えば、帰蝶は四十歳前後、おそらく岐阜で亡くなったのではないかと推定される。だが、まだその死期は確定には至っていない。

お市（小谷の方、一五四七?～一五八三）

『祖父物語』は、お市を「天下一の美人のきこへあり」と評している。現存している肖像画も美しく描かれている。一方、彼女が信長のいとこだという異説もある（『以貴小伝《いきしょうでん》』）。だが、妹とするほうが妥当だろう。

お市は前夫浅井長政を兄信長に、後夫柴田勝家を家来筋の羽柴秀吉にそれぞれ討たれた悲劇の人であり、自身もまた勝家に殉じたことは有名である。

お市の身上で諸説入り乱れているのは、浅井長政との婚姻時期である。宮島敬一氏によれば、永禄二年（一五五九）から同十一年（一五六八）まで、じつに十年近い幅がある。同氏は同二年から同六年までの間だと推定している。時期の確定は難しいかもしれないが、長政名乗りが信長の偏諱《へんき》授与だとすると、同四年六月頃、長政が賢政《かたまさ》から改名していることと関連している可能性はある。しかし、信長と長政が偏諱の授与・拝領をするほどの上下関係にあったとはいえないという見方もあるだろう。

夫長政と信長との同盟関係が維持されていた間はよかったが、元亀元年（一五七〇）、信長の越前攻めをきっかけに両者が決裂すると、お市は夫と兄の間で板挟みになった。とくに有名なのが小豆袋の逸話である。信長が越前に侵攻したとき、長政が朝倉義景に味方して挙兵し、信長の退路を断とうとした。このとき、お市は苦悩したが、信長に陣中見舞いとして菓子用の小豆を送った。それを見た信長は小豆袋の両側が縄で結ばれているのを見て、挟み撃ちにされたことを察し、急ぎ撤退したというものである（『朝倉家記』下）。真偽のほどは不明である。

天正元年（一五七三）八月二十九日、足かけ四年にわたって信長に抗戦していた小谷城もいよいよ最期のときを迎えた。久政・長政父子は切腹して果てた。その直前、長政はお市と三人の娘（茶々・初・江）を織田方に託した。なお、小谷落城のとき、お市は身重だったという説もある。末娘の江《ごう》（のち徳川秀忠夫人、崇源院）はまだお市のお腹の中にいて、のちに岐阜で生まれたともいう（『濃陽志略《のうようしりやく》』）。

その後、お市母子は信長の庇護下に置かれて岐阜にいたか、兄信包に預けられて伊勢上野城に住んでいたという説もある。

お市に再び大きな転機が訪れたのは同十年六月の本能寺の変である。六月二十七日に有名な清須会議で織田家の家督相続や遺領分配が行われた。それに伴い、お市は織田家重臣の柴田勝家に再嫁することになった。二人は岐阜で祝言を挙げ、三人の娘共々、越前北ノ庄に向かったという（『細川忠興軍功記《ほそかわただおきぐんこうき》』）。

しかし、二人の結婚生活は一年にも満たずに終局が訪れた。翌十一年四月、賤ヶ岳の戦いに敗れた勝家は北ノ庄城に立てこもったが、秀吉の猛攻を受けて陥落する。お市は娘たちを城外に退去させたあと、夫勝家と共に自害して果てた。お市の辞世が残っている。

さらぬだに打ぬる程も夏の夜の
　夢路をさそふ郭公《ほととぎす》かな

五徳（岡崎殿、一五五九〜一六三六）

五徳は童名で、「おごとく」とも呼ばれていた（奥野一九七九）。徳川家康の嫡男信康に嫁いだことで知られる。その時期は永禄六年（一五六三）三月で、ともにわずか五歳だった。桶狭間合戦から三年後のことで、今川家から独立した家康と尾張統一をほぼ成し遂げた信長との同盟の証だった。五徳は九歳になってから、信康のいる三河岡崎城に入輿した。そのため、岡崎殿と呼ばれている。

五徳はいろりなどで鍋や鉄瓶を掛ける鉄製の道具のことだが、信長はなぜ彼女にそのように風変わりな名前を付けたのか。『織田家雑録』が「岡崎殿の名を五徳と云う。是は信忠・信雄・岡崎殿三人一腹にて、五徳の足のごとくなりとて、五徳と名付けたり」と解説している。

信忠・信雄・五徳の三人はともに信長寵愛の側室生駒氏の子どもである。信長がこの三人を格別に処遇していたことを示している。なお、五徳は近江長命寺に化粧料田をもっていたともいわれる（奥野前掲論文）。

夫信康は信長から一字拝領した勇敢な武将だったが、粗暴な一面があった。父家康の命にも違背し、被官に非道な振る舞いをしたという（『当代記』）。そうした信康の性格が災いしたのか、五徳は信康と不仲になった。天正七年（一五七九）六月、家康が浜松から岡崎にやってきた。用件は信康と五徳の「中なをし」（仲直し）のためだった（『家忠日記』）。その後、家康は信康を岡崎城から追放し、二俣城に幽閉したあと、切腹させている。

いわゆる信康事件である。牛一『信長公記』諸本にはこの事件が記されているが、諸本のなかで成立が古い『安土日記』（尊経閣文庫《そんけいかくぶんこ》所蔵）の記述が事の真相をよく語っている。

去るほどに三州岡崎三郎殿（信康）、逆心の雑説申し候、家康并《ならび》に年寄衆上様（信長）へ対し申し、勿体なきお心持ち然るべからざるの旨異見候て、八月四日に三郎殿を国端へ追い出し申し候

ここにあるように、信康の「逆心」が事件の真相であり、生母築山殿が甲斐武田氏と内通したという噂とも関連していると思われる。それは家康と信康の父子対立であるとともに、浜松衆と岡崎衆の対立という徳川家中の深刻な内訌《ないこう》が背景にあった。

しかし、右諸本の記述は時代が下るごとに内容が希釈され、最後は事件そのものが消滅する。岩沢愿彦氏によれば、それは以下のような三段階を経て形成された。

①逆心…『安土日記』
②不慮に狂乱…『和学講談所本安土日記』『原本信長記』『安土記』『池田家本』など
③記載なし…『陽明文庫本』『我自刊我本』など

太田牛一がこのように叙述を変化させたのは、著述の時期が文禄年間から慶長年間であり、豊臣から徳川への政権移行期にあたっていたからである。家康と信康の父子相剋というデリケートな問題に触れるのを牛一が遠慮するようになったと思われる。

その後、『安土日記』の記事は後景に退いていく。江戸時代になると、それに代わって、徳川方の史料が主流となり幅をきかせていく。たとえば、五徳が夫に対する十二カ条にわたる讒言《ざんげん》を家老の酒井忠次に持たせて信長に披露したので、信長が信康に腹を切らせよと命じたとする『三河物語』などが典型的であり、一種の徳川史観成立の端緒といえよう。こうした徳川史観により、五徳は夫を父親に讒言して死に追いやった「悪女」というイメージを付加されることになったといえよう。

その後の五徳はどうなったのか。

信康と離別した五徳は実家に引き取られる。信長の死後、兄信雄に庇護され、尾張国小針（現・小牧市か）に七〇〇貫文を与えられた（『織田信雄分限帳《おだのぶおぶげんちょう》』）。同十二年（一五八四）十一月、小牧長久手の戦いで信雄が羽柴秀吉と和睦するとき、「妹岡崎殿」を人質に出している（『顕如上人貝塚御座所日記《けんしょうにんかいづかござしょにっき》』）。秀吉の下にあった五徳の動向は不明である。なお、五徳は信康との間に二人の女子をもうけたが、長女は小笠原秀政、次女は本多忠政にそれぞれ嫁いでいる。

同十八年（一五九〇）、信雄が秀吉に改易されると、五徳は母の実家である尾張小折村の生駒家に移っている。関ヶ原合戦ののち、尾張の国持大名となった松平忠吉も、五徳が亡兄未亡人だったことを配慮したのか、一七六〇余石の知行を与えている。

晩年は京都に住んだが、寛永十三年（一六三六）に没した。七十八歳と長寿だった。墓は織田家の菩提寺《ぼだいじ》である大徳寺塔頭《たっちゅう》の総見院にあるが、墓所正面に信長・信忠・信雄など織田家の男子が並ぶなか、五徳はその右端に大きな五輪塔を建てられている。信長の長女としての地位の高さを示しているといえよう。

側室生駒氏（?～一五六六）

かつて尾張丹羽郡の『前野家文書』をもとに編まれた『武功夜話』で、信長寵愛の側室吉乃として登場し、よく知られるようになった。だが、その名前は伝承にすぎない。

彼女は丹羽郡小折村の生駒家宗の娘で、はじめ、弥平治某（土田弥平次とも）に嫁いだが、夫の戦死により死別している。なお、兄家長は信長の馬廻だった。

信長は帰蝶との仲が必ずしも円滑ではなかったと思われ、子どももうけなかった。それと対照的に、生駒氏は二男一女をもうけている。よく知られているように、嫡男信忠、二男信雄、長女五徳である。信長がこの三人の子女をほかの子女よりも格別に厚遇したことから、生駒氏は側室とはいえ、その地位は高かったと思われる。

しかし、永禄九年（一五六六）五月十三日に他界しているようである（『織田家雑録』）。享年は不明だが、三十代半ばであろうか。

彼女は生駒家の菩提寺、龍徳寺に葬られ、法名は久庵桂昌である。のちに同寺はその法名を取って久昌寺と改称した。信雄は生母供養のために、同寺に寺領六六〇石を寄進している。

ツマキ（明智光秀妹　?～一五八一）

明智光秀の妹で信長のそば近くに仕える「ツマキ」という女性がいた。史料によっては「御ツマキ」「妻木」

「ツマ木殿」「爪木殿」などと表記されている。

彼女を「戦国時代の歴史を動かした存在」と重要視して、彼女が登場する『多聞院《たもんいん》日記』に拠って、本格的に論じたのは勝俣鎮夫氏である。同日記の天正九年（一五八一）八月二十一日条に次のように書かれている。

去る七日・八日の比《ころ》か、惟任の妹の御ツマキ死におわんぬ、信長一段のキヨシ也、向州比類なく力落とす也

光秀の妹「御ツマキ」が死去した。光秀も非常に落胆したとある。解釈が難しいのは「キヨシ」で、勝俣氏は「気好し」であり、信長のお気に入りだったと解した。ほかに摂津有岡城の戦いで戦死した近習万見仙千代について「万仙は一段、信長殿、儀ヨシにて」としている事例と同様ではないかとする永田恭教氏の説もある。ただ、「儀ヨシ」もその意味は勝俣説とさほど変わらないと思われる。あるいは「御旨」（思し召し）とも解せるか。思し召しには「異性を恋い慕う気持」という意味もある。

では、光秀の妹「ツマキ」はどのような地位・立場の女性だったのか。勝俣氏は「御ツマキ」を「御妻姫」と読んで信長の側室だったとする。その根拠として『細川家記』（『綿考輯録』一）を挙げ、永禄十年以前に明智光秀の親族の女性が信長の側室になったと解している。これはおそらく同書に光秀が細川藤孝に「我等、彼の室家《しっか》に縁あり」と語ったことを指すだろう。

しかし、これだけでは側室説は苦しいのではないか。「彼の室家」は信長の夫人（帰蝶）の意味だろう。また光秀の妹ならかなり高齢だと思われ、近年有力な光秀享年六十七歳説にならえば、信長よりだいぶ年長で還暦を過ぎているかもしれない。さらに『兼見卿記《かねみきょうき》』（天正七年四月十八日条）には「妻木［惟向州妹］」とあり、興福寺の記録『戒和上昔今禄《かいわじょうせっこんろく》』にも「惟任妹ツマ木」とあり、勝俣氏が側室の意味に解した「妻姫」は使われていない。これも推測だが、むしろ、「ツマキ」が美濃出身であることから、もともと帰蝶付きの女房だっ

たが、帰蝶の死後、信長の女房に転じたとも解することもできる。いずれにせよ、これらから「ツマキ」は信長のそば近くに仕える女房衆の一人だと考えたほうがよい。

「ツマキ」が関わり、信長が裁許した相論沙汰がある。天正四年（一五七六）から翌五年にかけて、奈良興福寺の一乗院に入室した尊勢《そんせい》（前関白近衛前久の一子）の受戒にあたり授戒の師僧にあたる和上の選出をめぐって、興福寺と東大寺の間で相論があった。信長は「近年の有姿《ありすがた》に申し付くべし」と先例重視の「御意」を示して、興福寺に受戒会の戒師を命じた。この信長の内命を尊勢の御乳人《おちのと》に伝達したのが「ツマキ」だった（『戒和上昔今禄』）。

この時期、武家政権や諸権門（朝廷や寺社など）との内々の交渉や事前折衝において、女性の使者が重要な役割を果たしたケースが少なくない。たとえば、永禄十二年（一五六九）、信長が伊勢の北畠氏を攻めて降伏させたことで将軍義昭と軋轢が生じたとき、義昭は上位の中臈、大蔵卿局を岐阜の信長に派遣して和解を図っている。朝廷と信長の間で官位推任の交渉があった天正九年三月の左大臣推任や翌十年五月の三職推任でも、朝廷の勅使は上臈局、大御乳人、長橋局など内廷上位の女官たちだった。「ツマキ」も同様に、興福寺や近衛家との内々の交渉に上使として関わっていることから、信長の奥向きでも地位が高く信任が厚かった女房だったと推定される。

余談ながら、「ツマキ」の死去によって、光秀が信長との有力なパイプを失ったことはたしかで、両者の関係に少なからぬ影響を与えたかもしれない。

最後に「ツマキ」＝妻木だとすれば、彼女は妻木名字を名乗ったのだろうか。中世では一般に既婚女性は婚家よりも生家の名字を名乗ることが多い。あるいは「御ツマキ」の事例から名字ではなく、通称、通り名だったかもしれない。ただ、婚家の名字を名乗る例もないわけではない。もし婚家の名字を名乗ったとしたら夫がいたと思われる。それは光秀家来の妻木藤右衛門広忠（明智名字も拝領）だろう（井口二〇二〇）。広忠は山崎の合戦ののち、天正十年（一五八二）六月十八日、明智家の菩提寺である近江坂本の西教寺《さいきょうじ》で自害している（『寛永諸家系図伝』三、『寛政重修諸家譜』五など）。

なお、西教寺塔頭《たっちゅう》實成坊《じっせいぼう》の過去帳には妻木夫妻と思われる戒名が並んで書かれている（中島一九九四）。

一友宗心居士　天正十年六月十八日没

濃州城主（妻木宗心殿）明智藤右衛門殿

長翁貞寿大姉　　明智惟任日向守殿御妹

「長翁貞寿大姉」が「ツマキ」だった可能性があるかもしれない。

以上、信長をめぐる女性たちを取り上げてみた。信長という強烈な個性をもった大名、天下人と縁があったために、これらの女性たちのなかには政略結婚や外交政略に利用されただけでなく、自害、処刑、離縁など苛酷な生涯を送った人も少なくなった。最後に、信長が感情の振幅の激しさを示した両極端の事例を紹介したい。

もっとも苛酷な運命を辿ったのは、信長の叔母で美濃岩村城主の遠山景任《かげとう》に嫁いだ女性である。夫の死後、元亀四年（一五七三）に武田信玄の部将、秋山虎繁に攻められて降伏したとき、彼女は虎繁と再婚した。その裏切りに激怒した信長は長篠合戦のあと、降伏した夫妻を岐阜に連行して処刑した。信長は叔母をみずから斬罪にしようとしたが、名刀なのになぜか彼女を斬れなかったという逸話が伝わる（『当代記』）。

まったく対照的なのが、晩年の信長が激しく恋したとされる女性である。天正九年（一五八一）の二月二十八日と三月五日、信長が洛中で大規模な馬揃えを挙行したことは有名である。正親町《おおぎまち》天皇や誠仁《さねひと》親王をはじめとした公家衆や多数の町衆が見学した。二回目の馬揃えのときである。『御湯殿の上の日記』三月六日条に興味深い記事がある。

三条所のあこゝといふもの、のふなかにてこかれたるよしさたあり（三条の所のあこゝという者、信長にて焦がれたる由沙汰あり）

馬揃えのパレード中、信長が桟敷席《さじきせき》にいたと思われる公家の三条家（三条西家か）の女性「あこゝ」を見そめて恋い焦がれたというのである。信長の恋の行方がどうなったかは不明だが、信長の生々しい感情が史料に残されたことが印象的である。

●参考文献

井口友治「女妻木と男妻木」（『天下布武』三〇号　織田信長家臣団研究会、二〇二〇年）
岩沢愿彦「安土日記・信長公記」（『新訂増補 国史大系』月報三六、一九六五年）
梅田薫『信長の中濃作戦』（美濃文化財研究会、一九九三年）
岡田正人「濃姫は生きていた!!」（『歴史読本』、一九九二年三月号）
岡田正人編著『織田信長総合事典』（雄山閣、一九九九年）
奥野高広「岡崎殿―徳川信康室織田氏―」（『古文書研究』十三号、一九七九年）
勝俣鎮夫「織田信長とその妻妾」（『愛知県史のしおり』資料編11・織豊1、二〇〇三年）
桐野作人「一乗院門跡尊勢得度と織田権力―「松雲公採集遺編類纂　記録」にみる信長の近衛家処遇―」（『歴史読本』二〇〇七年十一月号、新人物往来社）
中島眞瑞「明智光秀の３６５日」（『完全検証 信長襲殺』別冊歴史読本五四号、一九九四年）
永田恭教「養華院は信長の寵妾」（『天下布武』十四号　織田信長家臣団研究会、二〇〇〇年）
同右「光秀をめぐる知られざる女性たちとは？」（『ここまでわかった本能寺の変と明智光秀』洋泉社編集部編・刊、二〇一六年）

宮島敬一『浅井氏三代』（吉川弘文館、二〇〇八年）
山田寂雀「帰蝶の墓についての見解」（『郷土文化』二〇八号、二〇〇八年）
横山住雄『斎藤道三』（濃尾歴史研究所、一九九四年）
横山住雄『織田信長の尾張時代』（戎光祥出版、二〇一二年）
渡辺江美子「織田信長の息女について」（『國學院雑誌』第八十九巻第十一号、一九八八年）
和田裕弘『織田信長の家臣団』（中公新書、二〇一七年）

11 信長と女性

虚像編

▼網野可苗

信長を描く中で、その生涯を彩る女性として登場することの多い濃姫は、一次史料の乏しい謎多き人物である。しかし現代の私たちは、父斎藤道三譲りの凄みを備えた「マムシの娘」として、あるいは本能寺の変で夫信長とともに最期まで戦い抜く勇婦として、容易にそのキャラクターを想起することができる。それらの虚像がいかにして作り上げられてきたのか、ここでは江戸時代の文芸作品をもとに紐解いていく。

はじめに

織田信長は、彼の生きた戦国時代という性格上、NHK大河ドラマに登場することの多い武将である。『真田丸』（二〇一六年）で吉田鋼太郎が演じ、いわゆる「ナレ死」によって葬り去られた信長は措くとして、その二年前（二〇一四年）の『軍師官兵衛』で江口洋介が演じた信長の姿は記憶に新しいところであろう。その最期は、明智軍の襲撃に防戦しながらも、兵力差に為す術なく、炎に包まれる本能寺で「生きるも死ぬも一度限り。存分に生きたぞ」と言い残し自害するというものであった。

ところで、この本能寺の変の場面で信長とともに奮戦した女性がいた。名を濃姫といい、もと美濃の国主斎藤道三の娘であったが、織田家に嫁ぎ、信長の正室となった女性である。『軍師官兵衛』で内田有紀が演じた濃姫は、襲撃してきた明智軍の雑兵らを弓矢や刀で倒すものの深手を負い亡くなる。こうした大立ち回りの末に果てるという本能寺の変での最期は、二〇〇六年に放送された大河ドラマ『功名が辻』でも同様に描かれており、濃姫の最期として一般によく知られていよう。

ところが、濃姫が信長に輿入れしたことを記す太田牛一『信長公記』や小瀬甫庵『信長記』をはじめとした江戸時代前期までの資料からは、彼女の死に関する記事すら拾うことはできず、彼女の生涯はその一切が闇に包まれていると言ってよい。すなわち、今日当たり前となっている、本能寺において奮闘の末に命を落とすという濃姫の最期は、後代に付け加えられた設定であり、まさしく虚像に他ならないのであった。

こうした虚像は、歴史研究の側からすれば、創作の世界の話として閑却されてしまう類いの荒唐無稽なものに過ぎない。しかし、義女とも呼ぶべき濃姫像は現代に至るまで多くの人々の心を捉えて止まず、小説や演劇、ドラマなどに脚色されることによって、脈々と受け継がれていることもまた確かである。

それでは、こうした俗説はいつどのようにして生み出され、今日まで命脈を保つこととなったのだろうか。本稿では、謎多き濃姫という一人の女性に焦点を絞り、その俗説の成立と受容の様相を辿っていきたい。

濃姫像の濫觴《らんしょう》

天文十七年（一五四八）の末、前年から大垣城をめぐり争っていた斎藤道三と織田信秀が和睦することとなり、翌十八年春（一説に二月二四日）、その同盟の証として道三の娘が織田家に輿入れし、信長の正室となった。成立年未詳（寛永末以降）の『美濃国諸旧記』は美濃国の歴史や地理を扱った軍記であるが、そこには、

> 秀龍本室の息女を織田家に嫁せしめし事も、是縁辺に繋ぎ置き、一方の楯とする謀計と云々

と、あたかも道三側の計略の下に執り行われた縁組みであったとする記述がある。一方、江戸時代初期に成立した『信長公記』の首巻には、次のように記されている。

平手中務才覚にて、織田三郎信長を斎藤山城道三聟に取結、道三が息女尾州へ呼取り候き。

ここでは、信長の後見役であった平手《ひらて》政秀《まさひで》を顕彰するという文脈上、道三と信秀の和睦および信長の縁組みが政秀の才覚によるものとされており、美濃側と尾張側の史料の記述に齟齬が認められるものの、いずれにしても道三の娘が織田信長に輿入れした事実は確かなようである。

しかしながら、『信長公記』には道三の「息女」と記されるのみで、その名も、また婚儀の明確な日時も記されてはいない。また、当該記事以後、『信長公記』に濃姫は一切登場しないため、その生涯には謎が多く、信長との関係や最期などについて現在でも諸説紛々たる状況といってよい。そうした確たる実像の存在しない濃姫は、信長の正妻であるという『信長公記』の記事を唯一の拠り所としながら、とりわけこの「政略結婚」を中心に後世描かれていったようである。

まず目につくのは、和睦の意味を持つこの縁組みを表向きのものとして、その背後にさらなる策略があったとする展開である。読本『絵本太閤記』（寛政九年〈一七九七〉～享和二年〈一八〇二〉刊）に次のようなエピソードがある。夜な夜な寝所を抜け出す夫を怪しんだ濃姫に詰め寄られた信長は、道三との和睦は形だけで、実は道三の家老堀田道空・春日丹後と共謀し道三殺害を企てており、その合図である狼煙を毎夜待っているのだと打ち明ける。そこで濃姫は隙を窺い、美濃にいる父道三の許に告げ文をし、道三は無実の堀田・春日両人を斬罪にしてしまう。もちろんこれは信長の思惑通りの結果で、和睦と濃姫の輿入れを利用して美濃の弱体化を目論んだ信長の智謀を伝える逸話としてよく知られている。

ところで、この『絵本太閤記』刊行開始に先立つこと約七十年、竹田出雲による浄瑠璃『出世握虎《しゅっせやっこ》稚物《おさなもの》語《がたり》』（享保十年〈一七二五〉五月初演）にも、既に濃姫の輿入れにまつわる智略の応酬が描かれている。室町幕府が滅び、列国が国争いをしている折、平手政秀の媒によって小田信永（織田信長）と斎藤道三の娘万代姫

『絵本太閤記』三篇巻九の四ウ五オ「信長公自ら敵に的り給ふ図」（国文学研究資料館蔵）

との縁組みが決まる。意思を無視した縁組みに反抗する信永であったが、織田家を守るための計略であると打ち明けた平手政秀の説得により、祝言をあげる。一方の道三も信永を討つための謀をめぐらせていたが、その心底を悟った信永が妻である万代姫に心を許すことはない。夜毎寝所を抜け出す信永に万代姫がその理由を問うと、信永は内通した美濃の家臣からの狼煙を待っていると答えたため、万代姫はその謀略を美濃の道三に知らせようとする。

寝所のエピソードは前述の『絵本太閤記』と共通し、濃姫と信長の縁組みの背後には美濃・尾張双方の謀略があったとする一つの脚色パターンを見出せる。

さらに、こうした二人の政略結婚を踏まえつつ、濃姫が一方的に信長を慕っていたという設定も目立つようになる。右に見た『出世握虎稚物語』をもとに江島《えじま》其磧《きせき》が著した浮世草子『出世握虎昔物語』（享保十一年〈一七二六〉刊）では、道三の娘万代姫は、近隣諸国の歴々の縁組みを却け、風流の殿様と噂高い春永への見ぬ恋に焦がれる人物として登場し、父道三の家臣岩村源五の取り持ちによる今川義元との縁談をふいにして、平手政秀の手引きによって春永のもとに駆落ちする。

また、寛政元年（一七八九）二月初演の『木下蔭《このしたかげ》狭間《はざま》合戦《かっせん》』（若竹笛躬・近松余七〈十返舎一九〉・並木宗輔〈千柳〉合作）でも、道三の娘花形姫は小田春永毒殺という父道三の謀計を思い留まらせようと苦慮し、斎藤義龍の謀略をかいくぐり逃げ行く春永を慕って、追っ手から逃れながら清洲を目指す姿が描かれる。

以上のように、江戸時代の文芸作品における濃姫は、あくまでも『信長公記』に記された唯一の記事である「輿入れ」という事実を踏まえながら、斎藤家の陰謀のために信長に嫁いだ女性として、あるいは敵方信長に恋い焦がれるお姫様として描かれていたのである。

本能寺で戦う女性

ここまでみてきたように、現代一般に認識されているような、信長が最期を遂げる本能寺の変まで濃姫が寄り添い、ともに奮戦するという俗説を江戸時代の文芸作品からは見出すことができない。ところが、江戸時代も半ばを過ぎた十八世紀中葉になると、演劇や小説における本能寺の変の場面に、濃姫とは異なる、一人の女性が登場するようになってくるのである。ここでは、「本能寺で戦う女性」たちの系譜を辿ってみることにしたい。

『信長公記』や、『信長記』、また遠山信春『総見記』（『織田軍記』）など江戸時代初期から前期にかけて著わされた軍記には、前述のとおり奮戦する濃姫の姿は見えず、それどころか本能寺で信長らとともに明智方と刀を交え、最期を迎えたという女性についても一切記述がない。あるのはわずかに、明智の攻めによっていよいよ自害かという段になって、「女はくるしからず。急ぎ罷り出よ」と信長から仰せつかり本能寺を脱するまで、信長の傍に控えていたという「女共」の存在である。真偽はともかく、この記述により本能寺に侍女が同伴していたという認識はその後広く持たれていたものと思われる。

しかしそこに「女らが応戦した」という記述はなく、したがって本能寺の変における女性の武勇伝が虚構であることは明らかであるが、その契機は、実録『太閤真顕記《たいこうしんけんき》』に載る、本能寺の変から遡ること数年、信長の暗殺を試みた間鍋六郎大夫と、その妹でのちに女中頭として信長に仕えた阿能の局という二人の兄妹の話にあった。

金瘡《きんそう》の名医であった六郎は、丹波攻めの際に深手を負った患者の福井主水《もんど》から、一族を切腹に追い込んだ信長への敵討を依頼されるも、失敗し自害する。兄の六郎の亡骸が盗賊として曝されたとの噂を聞いた妹は、兄の汚名をすすぐため急ぎ安土へ赴く。信長の前に引き出された彼女は、堂々と顛末を語り、罪人の妹として潔く首を差し出す。その姿に感心した信長は太刀を止め、妹はその後、阿能の局と名乗り女中頭として信長に仕えたという。この阿能の局は本能寺の変の場面で再び登場し、織田勢が明智方の猛攻に抗戦一方となるなかで、信長へ槍を手渡す。その際に信長がかけた「快気有り。伝へ聞く、堀川の静女に類すべし。神妙なる心懸け」という賛辞に応えるかのように、彼女は明智方の軍兵十四五人を長刀で薙ぎ倒し、最期は腰を槍で突き通され亡くなる。

『太閤真顕記』において、このような本来の話の筋から外れた間鍋六郎大夫の話は一見唐突だが、この挿話により、阿能の局という本能寺で勇敢に戦う女性の設定が自然な形で出来上がったのである。

この『太閤真顕記』に材を取り作られたのが、『絵本太閤記』である。本作では「阿能の局」ならぬ「於能の方」という女性が登場し、本能寺で明智軍と戦うという「阿能の局」と同様の役割を担わされており、まさに『太閤真顕記』で描かれた「本能寺で戦う女性」という要素が継承された造型となっている。ところが『絵本太閤記』では、本能寺の変における阿能の局の登場を必然的なものとしていた間鍋六郎大夫の話が削除されており、結果として間鍋六郎大夫の妹という性格を持たない「於能《おのう》の方」という女房が突如姿を現わすという、設定上の欠陥を伴って登場するのである。

とはいえ、『絵本太閤記』に至って「於能の方」という呼称が与えられたことにより、音が通じる「於濃《おのう》」（濃姫の別称）を想起しやすくなったことは確かで、後代「本能寺で戦う女性」と濃姫とが交わる一つのきっかけとなったことは疑いないだろう。

さらに、『絵本太閤記』刊行開始二年後の寛政十一年（一七九九）七月十二日、浄瑠璃『絵本太功記』（近松柳・近松湖水軒・近松千葉軒作）が初めて上演され、好評を博した。本作は、鋭意刊行中の『絵本太閤記』に取材し、武知光秀（明智光秀）の尾田春長（織田信長）に対する謀反と、真柴久吉（豊臣秀吉）の鎮圧までを描いた作品である。

本作で春長とともに本能寺の変で奮戦するのが、阿野の局という女性である。彼女は「六月二日　本能寺の段」において、明智軍に対し果敢に斬り込むものの負傷。春長のもとに戻った阿野の局は、春長からまだ幼い孫三法師丸と家の重宝の旗を託され、久吉に「この無念をはらせ」と命じた春長の遺言を伝えるため、敵を斬り伏せ久吉のもとへ向かい、「六月五日　局注進の段」で久吉の陣にたどりつき、春長の死を知らせて絶命する。

本作については、明治期の解説で「春長の信長、阿野の局の於能の局、なるは云ふまでもなし」（『浄曲百段語り物の訳』其中堂、明治三十九年）と記されており、当然のことながら『絵本太功記』の「阿野の局」と『絵本太閤記』の「於能の方」とが対応しているものと認識されていた。それはその通りなのだが、一点補足しておけば、『絵本太功記』の阿野の局は、春長との親しい様子が描かれていたり、春長から孫三法師丸と家の重宝の旗を託されたりするなど、当初の、間鍋六郎大夫の妹で女中頭の女（『太閤真顕記』）や勇猛な一女房（『絵本太閤記』）から一歩進んだ、いかにも信長と特別な仲である様子を湛えており、ここに後に正妻濃姫と接合されることとなる人物造型の萌芽を認めることができよう。

　このようにして作り上げられてきた本能寺の変で信長とともに戦う女性像は、以後の文芸作品にも広く踏襲されていくこととなる。例えば、歌舞伎『八百八町飄単笄《はっぴゃくやちょうひさごのかんざし》』（寛政十一年〈一七九九〉初演）では、奮戦する阿能の局が明智軍と本能寺で差し違えて死に、また、歌舞伎『時桔梗出世請状《ときもききょうしゅっせのうけじょう》』（文化五年〈一八〇八〉初演）では、於濃（阿能・阿野）を意識した命名と目される「園生」なる女性が、本能寺で薙刀を振るって戦死する。さらに、八功舎徳水『絵本豊臣勲功記』（安政四年〈一八五七〉～明治十七年〈一八八四〉刊）は本能寺の場面を『絵本太閤記』によって脚色したものであるが、やはり阿能の局という女性の戦いぶりが描かれている。

　こうして、江戸時代の中頃まで描かれることのなかった本能寺の変における女性の大立ち回りという要素は、人気作『太閤真顕記』や『絵本太閤記』等に描かれ、それが広く人々に受容されたことで、後代に継承されていったのであった。明治に入り、豊原国周《とよはらくにちか》が描いた『善悪三拾六美人』（明治九年刊）シリーズのうちの一枚、「阿能局」の解説には、

> 阿能の局は織田家の臣真名辺六郎太夫の娘にして容色殊に勝れしかば、信長召て寵愛深く、時に天正十年六月六日明智日向守光秀西京西の洞院本能寺へ押寄、主君信長公を害せんとす。阿能局は夫と聞より、甲斐〳〵敷身支度なし、白柄の長刀取るより疾く群入る明智の兵卒を八方へ薙で廻り、十三騎討て落すに、最早本堂へ火の手揚れば、これまでと取てかへし、火中へ其身を投じて果たり。

と、信長の寵愛深き阿能の局が本能寺で白柄の長刀で明智の兵卒を薙ぎ倒した末、火中へ身を投げ果てたことが記されており、こうした女性の設定が、特定の作品世界を飛び越えて、広く人口に膾炙していたことが窺えよう。

　しかしながら留意しておきたいのは、右に挙げた作品群から、「阿能の局・於能の局・阿野の方」が信長

の正妻濃姫であるとする設定を見出すことができないということである。本能寺で戦う女性と濃姫とが結びつくには、もう少し時間が必要なのであった。

本能寺の変と濃姫

では、本稿の冒頭で述べたような、信長が最期を遂げる本能寺の変において濃姫が奮戦するという逸話が生まれたのは、いつのことなのだろうか。結論をあらかじめ述べてしまえば、それは『サンデー毎日』誌上で昭和三八年（一九六三）八月から昭和四一年（一九六六）六月まで連載された、司馬遼太郎の『国盗り物語』によるところが大きいと思われる。「阿能・於能・阿野」など濃姫を連想させる呼称が影響したか、あるいは信長に寵愛されていた女性が戦ったというイメージが影響したかはわからない。いずれにしても、近代以降、「本能寺の変で戦う女性」と濃姫とは急速に接近していくのである。だがその話に入る前に、本能寺で戦う濃姫像の先駆けともいえる存在として、江戸時代後期初演の歌舞伎のある演目を紹介しておきたい。

四世鶴屋南北作の『染替《そめかえて》蝶《ちょうに》桔梗《ききょう》』（文化十三年（一八一六）八月初演）は『双《ふたつ》蝶々《ちょうちょう》曲輪《くるわ》日記《にっき》』の書替え狂言で、いわゆる吾妻与次兵衛物の一であるが、本来世話狂言であるところを太閤（功）記という時代物に結び付けた点に特色があることは、早く渥美清太郎の評価するところである（『日本戯曲全集』第三十八巻解題）。本作では信長の妾として几帳という女性が登場し、春永の勘気を蒙った光秀・十次郎親子の執りなしをする。また光秀勢が攻め入り、春永が几帳を逃がそうとするも「これまでお側に附添うて、かゝる危ふき折にふれ、なに身を厭うて立退きませう。日頃のお情、今この時、云ふまでもなう、御先途を」と断り、春永と阿吽の呼吸で敵を切り伏せていく。また光秀の心底を知った几帳は、春永より預かった官符の印を光秀に渡し、そのまま自害する。

この几帳なる女性は、本作で妾とされてはいるものの濃姫とほぼ重なり合う人物であった。それは先行作品に信長の妻として「几帳」という名の女性が登場するためで、その初出は管見の限り『祇園祭礼信仰記《ぎおんさいれいしんこうき》』（宝暦七年〈一七五七〉十二月五日、大坂豊竹座初演、中邑阿契・豊竹応律・黒蔵主・三津飲子・浅田一鳥作）第二段に登場する「信長の御台几帳の前」である。彼女は信長の子を身籠もり、夫の浮気な心に嫉妬する妻でありながら、その実は兄として慕う九郎次郎（明智光秀）によって側仕えとして送りこまれ、信長の首を取ることを命じられていた女性であった。謀略にまみれた結婚という要素が濃姫像に根付いていたことは既に述べたとおりで、九郎次郎に「信長が寵愛にほだされ、大事を忘るゝ不所存者、徒者」と叱責されるも、結局信長を討つことができないあたりに、義女としての濃姫像の一面を見るようでもある。

ちなみに『染替蝶桔梗』『祇園祭礼信仰記』に共通する「几帳」という呼称に類似するもので他にも『美濃国諸旧記』「帰蝶」、『武功夜話』「胡蝶」が信長に嫁いだ女性の名として見える。ただし両書はその成立年や史料的価値に疑義が呈されており、これらを以て道三息女の名が「キチョウ」であったと証することはできない。しかしその発端がどうであれ、文芸作品においては少なくとも信長の妻（濃姫）を「キチョウ」と名付ける流れがあったことは確かである。もちろん「濃姫」という名も、よく知られた『絵本太閤記』や『武将感状記』で使用された呼称であったために広く浸透することとなったが、その意は「濃州の姫」という程度の通称に過ぎないことを言い添えておく。

こうして『太閤真顕記』などから登場しはじめた本能寺の変で活躍する女性は、信長にとって特別な人物へと脚色されていき、『染替蝶桔梗』において几帳という信長の正室というイメージを孕んだ名で登場するに至る。司馬が『国盗り物語』において本能寺で奮闘する濃姫を描いた素地は、既に江戸時代に出来上がっていたのであった。

紆余曲折がありながら、本能寺で戦った女性と濃姫とが確かに結びつけられた『国盗り物語』において濃姫は、たまたま信長にすすめられ、安土城を共に出て本能寺に滞在していたとされる。そしてそこに明智方が攻め入る。

> 彼女は即座に身支度をし、二重に鉢巻を結び、辻の花という大模様を染めた小袖に花田色の襷をかけ、白柄の薙刀をとって殿舎の広庭へ出、そこで戦ううちに明智方の山本三右衛門をいう者の槍にかかって崩れ、そのまま果てた。

この『国盗り物語』における濃姫の出で立ちや最期の描写は『絵本太閤記』於能の方の、

> 辻が花の衣着たる三十計の女房、（中略）二重の鉢巻綾にて結び流し、花田色の玉だすきをりゝしく引しめ、白柄の長刀掻込んで広庭に走出て、当たる敵をきらひなく匕ひ倒し薙落し、暫く挑み戦ひしが、山本三右衛門に渡合ひ、腰の番を突き通され、終に討死したりける。

という記述を参考にしたと思しい。もちろん女の戦装束には文学的定型があり、直接的な関係を即断すべきではないだろうが、例えば江戸時代に刊行され、明治期以降活字本としても流布した『真書太閤記』の

> 女は二重にたすきをかけ紅梅練の鉢巻し、長刀を水車にまはして走りかゝる。辻がはなの帷子の裾もほら〳〵はげしき働き

という描写と比べれば『国盗り物語』と『絵本太閤記』の類似は明らかである。

さらにいえば、本能寺で戦う女性という濃姫の虚像が現代まで継承されているのは、小説『国盗り物語』のみならず、それを基にした同名の大河ドラマ（一九七三年）が制作されたことも大きかったであろう。松坂慶子演じる濃姫は、信長が宗仁に女共を逃がすよう指示するところに薙刀を持って現れ、「お濃は残りますぞ」と決意のこもった眼差しで信長と見つめ合い、お互いが別れた後、庭先で奮闘するも背後から明智方に刺され、一言「殿」と言い残し絶える。原作小説に比べ、より「信長と共に戦った」という印象が強まった本ド

ラマ以降、『徳川家康』（一九八三年）や本稿冒頭に述べた『功名が辻』や『軍師官兵衛』などの大河ドラマにも戦う濃姫が描かれたことで、いつしかその虚像がまるで当然のものであったかのように、人々の抱く濃姫像に重なり交わっていったのであろう。

おわりに

本能寺で最期まで夫に寄り添う濃姫の姿は、確かに美しい。しかしその虚像を遡った先にあるのは、阿能の局という剛毅なる女性の虚像であり、さらには、弓弦切れ槍疵を負うまで信長の「御そはに女共付きそひて居り申候」（『信長公記』）と記された、名もなき幾人かの侍女であったかもしれない。

本能寺の変の報せが届いた安土城から日野城に移った者として、『信長公記』は「御上﨟衆、御子様達」とのみ記すが、『氏郷記《うじさとき》』の「信長公御台君達」や大村由己《おおむらゆうこ》『惟任退治記』の「北方」という記述を踏まえ、本能寺の変の時点で存命であったならば、濃姫は、本能寺ではなく安土城に居た蓋然性が高いと考えられている。

安土城で報せを受け取る濃姫（御台所）の姿は、奇しくも本能寺物人形浄瑠璃の先駆けである近松門左衛門『本朝三国志』（享保四年〈一七一九〉二月初演）に描かれていた。さまざまな憶測を呼んだ彼女の人生は、後世本能寺での劇的な終幕を用意されることになるが、その文芸作品登場の初発は、案外実像に近いものであったのかも知れない。

●参考文献

濱田啓介「『絵本太閤記』と『太閤真顕記』」（『近世文学・伝達と様式に関する私見』京都大学学術出版会、二〇一〇年）
原田真澄「太閤記物人形浄瑠璃作品に表われた謀叛人―『絵本太功記』の光秀を中心に―」（『演劇学論集　日本演劇学会紀要』

五五号、二〇一二年十一月）

＊『太閤真顕記』（写本）は別名『真書太閤記』ともされるが、栗原信充編『真書太閤記』（刊本）と区別するため、本稿では『太閤真顕記』に統一した。

11. 信長と女性×虚像編

12

信長と天皇・朝廷

堀　新×井上泰至

「権力」の掌握とは、強い力で敵を倒すことによるものだとだけ考えるのは、素朴に過ぎる。そんな危険な賭けを続けるよりも、人を信用させ納得させる心理的な効果を持つ「権威」を使って、地位を得、それから「権力」を発揮する方が現実的だ。信長と天皇との関係性についても、今までは信長の実力主義を過大評価しすぎていなかっただろうか？　信長・秀吉の時代は、「権力」が「権威」と一体化しながら、目標を海外にまで置いていく点にある。「権力」と「権威」が対抗するのではなく、補い合ってより強い「権力」を生む。天皇という日本独自の「権威」は、そのような問題を考える格好の対象なのである。

12

信長と天皇・朝廷

実像編

▼堀　新

戦後歴史学は、「信長は天皇制をあと一歩まで追い詰めた」とした。今でもそう信じている人は多いだろう。過去を振り返ってみると、むしろ信長は「勤皇」とされることの方が多かった。しかしいずれも虚像である。では実像はどうだったのか。

変わる信長像

「信長でなければ、誰が乱世を統一して皇室を再興できただろうか」。頼山陽《らい》『日本外史』（文政十二年・一八二九刊行）の一節である。これが江戸時代の一般的な信長評価である。幕末維新の志士たちは、信長が幕府を倒し、皇室を回復し、外夷《がいい》を攘《う》ち、戦国の世に終止符を打ったとして信長を賞賛した。明治以降の近代歴史学においても、信長は社会に広がる皇室尊崇思想を利用し、率先的に皇室を推戴《すいたい》して天下統一を進めたとした。また信長の「勤皇」として、御所修理、禁裏御料回復、禁裏貸付米制度の創設、公家徳政、朝儀復興などが例示された。戦時色が深まると、こうした信長の「勤皇」は方便ではなく真実とされていく。

皇国史観による反動から、戦後歴史学は天皇を無視する（天皇抜きで日本史を説明）か、否定すべき存在とした。古代的権威と戦う信長と天皇との対決は自明であった。しかし、具体例としては寺社勢力との対決のみで、天皇との直接的な対立は示せていない。

一九七〇年代の幕藩制国家論では、一向一揆との徹底的な対決（軍事面だけでなく思想面を含む）から強大な近世国家が成立し、織田権力をその起点とした。天皇・朝廷は国家に不可欠な「公儀の金冠部分」（権威の源泉）であるが、古代以来の伝統そのままではなく近世国家に適合的に変容されたとする（深谷一九九一）。その過程の軋轢として、信長の将軍任官願望とそれを拒む正親町天皇との対立がクローズアップされた。具体例として天皇譲位の強要、蘭奢待《らんじゃたい》の切り取りや京都馬揃による「圧力」が論じられた。信長は天皇（制）をあと一歩まで追い詰めたとされ、従来とは百八十度評価が逆転したのである。

しかし一九九〇年頃から戦国期の天皇権威浮上が主張され、老獪な正親町天皇との権力闘争に敗れた末、信長は自ら将軍任官を望んで天皇に屈服したとされた。「信長の勝利目前」から「惨めな敗北」という評価の大逆転が世間の注目を集めた。

以上のように、信長と天皇の関係に関する学説は二転三転してきた。その最大の原因は、公武対立史観と徳川史観（ここでは将軍史観と呼ぶ方が適切）が事実認識を歪めてきたことにある（堀二〇一一）。正親町譲位をめぐる史料を素直に読めば、明らかに天皇が譲位を望んでいる。しかし中世以降の朝廷研究の遅れが「天皇が自ら譲位を望むはずがない」という誤解を生み、そこに公武対立史観と将軍史観が加わって、将軍任官を拒む正親町に信長が譲位を強要したことになってしまう。そもそも信長が将軍任官を望んだ事実もない（堀二〇一九）。

このような誤った歴史認識の背景にはいくつもの問題点がある。筆者は武家社会（少なくとも南北朝以降）においても公武は相互補完的に存立して国家を構成しており、これを公武結合王権と主張している（堀二〇一二）。現在は、公武結合論を通説的見解とする評価（呉座二〇一八）がある一方で、公武対立論への執着も存在する（平井二〇一七）。「対立か協調か」の二者択一ではないという見解は、一般論としては理解できる。しかし「緊張を含んだ協調」（妥協による協力）という見方は、公武対立が前提になっていないか。

戦国期朝廷の実態

天皇研究はややもすれば観念的になるから、日常生活など実態を踏まえて等身大に議論する必要がある。そこでまず問題としたいのは天皇家の財政窮乏を意味する式微《しきび》論である。これは江戸時代から存在し、禁裏の築地が崩壊して狐や狸が出入りしていたとか面白おかしく語られる。式微反対論は、これらの逸話を江村《えむら》専斎「老人雑話」等の二次史料による誇張とした上で、一次史料には戦国大名などの献金事例や禁裏御料も広汎に存在すると指摘する。一次史料による立論だけに説得力がある。しかしこの場合は、二次史料を簡単に誇張・捏造として切り捨てて良いだろうか。

具体例を示そう。永禄三年（一五六〇）三月二十七日、雨の夜に常御所《つねのごしょ》の屋根が破損し、宮中女官たちは肝を潰した。朝廷は翌日応急措置をしたが、本格的な修理を幕府へ依頼した。ところが財政難の幕府にも対応できず、四月三日に雷雨、十一日には雨漏りがあっても、朝廷は幕府に依頼を繰り返すしかなかった（「御湯殿上日記」）。十四日を最後に依頼記事はなくなるので、この頃に修理されたのであろう。屋根の破損から実に半月以上後である。狐や狸の出入りは確認できないが、臨時の出費が難しい財政状況だったのは確かである。ちなみに信長政権下の天正元年（一五七三）九月一日に大風で「あなたこなた」が破損した時は、即日修理完了している（「御湯殿上日記」）。信長以前の状況では、朝廷は各地の戦国大名や寺社、有力者に経済支援を求めざるを得ず、それに応じて戦国大名などが献金する事例が一次史料に少なからずある。このことから天皇権威が地方や諸階層に拡大したとするのが戦国期の天皇権威浮上説であるが、天皇以下の朝廷にそのような手応えがあっただろうか。一次史料であれ二次史料であれ、実情に即した分析が必要である。

朝廷は伝統的な権威があっても、権力的には無力である。このような天皇無力論に対して、天皇を中心とする朝廷の「主体性」を主張する研究もある（神田二〇一一）。一次史料から多くの事実を提示し、「こんなに朝廷は活動していたのか」と確かに驚かされる。しかし、問題なのは量よりも質である。近世朝廷が十八世紀末から約八十年間に主体的な自己改革と「闘い」の結果、王政復古と近代天皇制を招来した（藤田一九九九）こととは本質的に異なる。やはり戦国期の朝廷は根本的に変質した解体状況にあった（池二〇〇三）。

ではなぜ信長や秀吉は、衰退した天皇・朝廷を滅ぼさなかったのか。公武対立史観でなくとも、多くの日本人が疑問に思ってきた。ここを出発点とすれば、滅ぼせなかった信長・秀吉権力の脆弱性と、しぶとく生き残った天皇・朝廷の強靭さに辿り着くしかない。またまた現実からかけ離れた信長・秀吉像と天皇・朝廷像である。これに対して公武結合論に立てば、信長・秀吉が衰退した天皇・朝廷を「再興」したことがすんなり理解できるのである。

太田牛一の描く信長「仁政」

以上のことを前提として、信長と天皇の関係を論じたい。既知の史料ばかりではあるが、筆者自身も含めて一次史料・二次史料ともに掘り下げ不足だったと思われるものを取り上げよう。

まず太田牛一「信長公記」である（コラム「太田牛一と信長公記」参照）。信長死後の編纂という意味では二次史料である。ただし牛一は史実に執着し、当時のメモだけでなく関係者に取材して著述しており、一次史料に近い評価が確立している。ここでは敢えて牛一の記述の不正確な箇所を取り上げ、だからこそ読み取れる牛一の主張や織田家臣団の実感を浮き彫りにしたい。なお使用する「信長公記」は、ともに牛一自筆の池田家本と建勲神社本である。

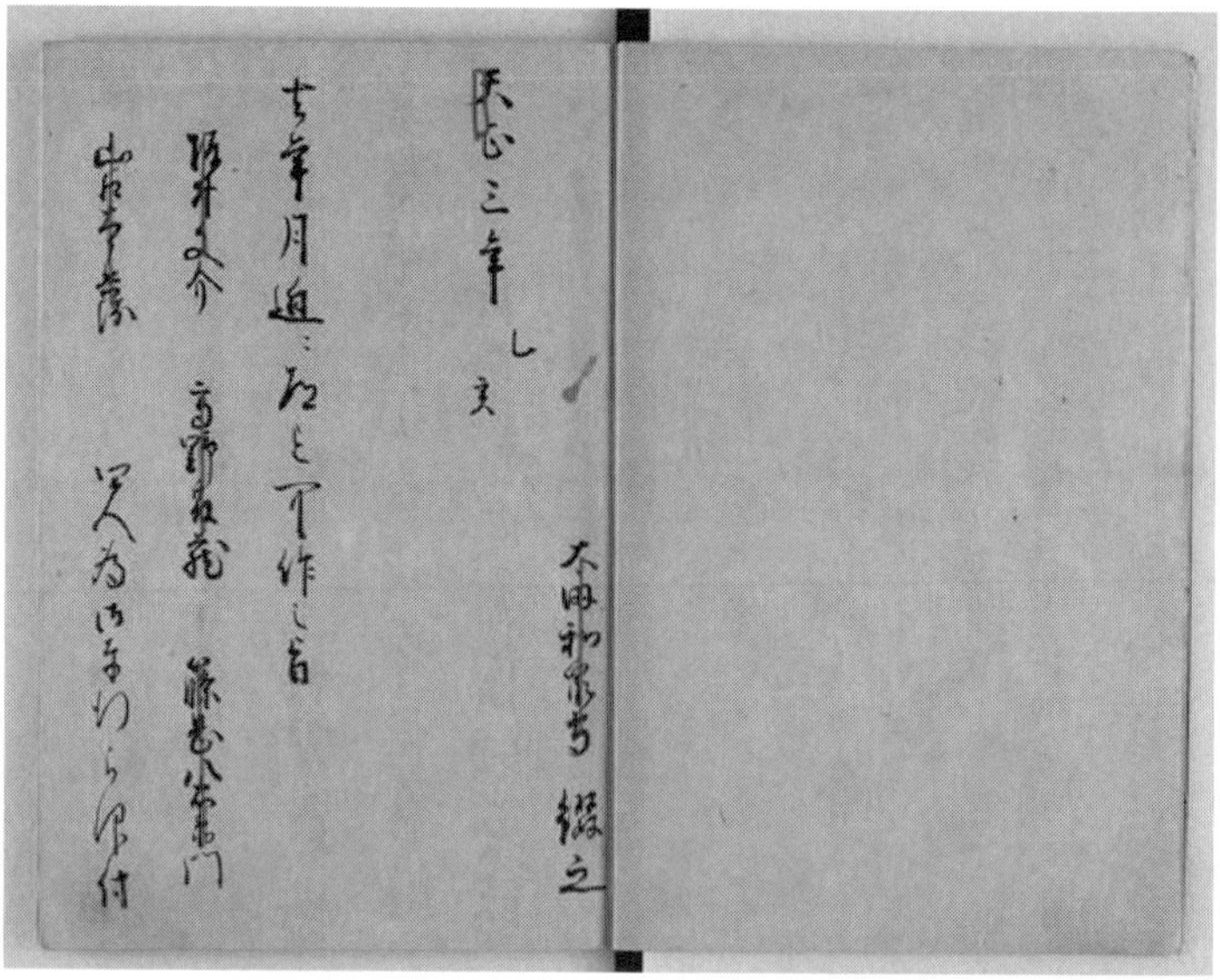

池田家文庫本・巻８（冒頭の道普請の記事。岡山大学附属図書館蔵）

「信長公記」は一年一巻だが、巻八（天正三年）はそれまでの巻よりも分厚く、重要な一年だったことがわかる。その冒頭に道普請完成を記すが、次のような無理や不正確さがある。

・前年末の道普請開始から記す。

・実際は尾張国内のみ（『坂井遺芳』）の普請だが、建勲神社本は「御分国」「国々」（池田家本は範囲を示さない）と誇張する。

・実際は道以外にも橋・水道普請もあった（『坂井遺芳』）。

・十月にも橋普請等が命じられており（『坂井遺芳』）、二月には未完成である。

　牛一は道普請奉行四名の家臣を正確に記しており、正確な情報を知らなかったとは思えない。信長の道路政策として、次の関所停止に繋げたかったのだろう。しかし関所停止記事にも無理がある。

　関所停止は永禄十一年（分国）、同十二年（伊勢）、元亀二年（分国）の政策である。

　牛一も「先年より」と記しているから、無理を承知での記述であろう。こうして無理に並べた信長の道路政策の結果、池田家本には「黎民烟戸《れいみんかまど》さゝ（鎖）す、生前の思い出、有り難き御代《みよ》なり」とある（建勲神社本は「御代」ではなく「次第」）。そして人々は尊卑ともに十指を挙げて信長を拝み、信長の寿命は東方朔《とうぼうさく》・西王母《せいおうぼ》（不老長寿を象徴）、幸福は須達《しゅだつ》（仏教に帰依し貧窮者を救済）と等しいことを誰もが知っているという。

竈《かまど》から上る烟《けむり》と言えば、仁徳天皇の逸話を想起する。人々の窮乏を知った仁徳は課役を免除して宮殿も修理しなかった。そして三年後に人々が豊かになり、課役と宮殿修理を再開した（『日本書紀』）。室町幕府滅亡から「三年」目、信長の道路政策しかあげられないが、牛一は信長の「御代」を仁徳の「仁政」になぞらえ、本朝・唐土《もろこし》・天竺の三国の聖賢に並ぶと賞賛したのである。

そしてこれも仁徳の宮殿修理を意識したのか、四月一日の記事として、「先年より」命じていた御所修理が成就したと記す。そして公家衆の売却地を無償返還させる徳政令ともあわせて「主上・公家・武家共に御再興、天下無双之御名誉」と絶賛する。この御所修理と公家徳政の記事にも、以下のような無理や不正確さがある。

・正月の洛中寺社本所領の保護（『立入文書』ほか）を記さない
・三月の公家衆への米分配を記さない
・公家領返還はうまくいかず、一部の借金破棄のみ（下村一九九六）
・四月一日の御所修理完成の事実はなく、三月十日に黒戸御所屋根の修理のみ（『御湯殿上日記』）
・御所修理が確認できるのは永禄十二年、元亀三年、天正元年
・荒廃した御所の修理は元亀元年にいったん終了（『御湯殿上日記』）

御所修理は『信長公記』に何度か出てくるが、この天正三年と元亀二年には本格的な修理の事実は見当た

らない。元亀二年は御所修理と関所停止の記事を、比叡山焼き打ちのすぐ後に載せており、信長の蛮行のイメージを薄める意図で「仁政」を強調したのが明かである。同様に天正三年にも、信長の「仁政」を印象づける必要があったのではないか。

なお天皇・朝廷はともかく、信長が滅ぼした「武家」（幕府）の「再興」は腑に落ちない。しかし信長は将軍義昭追放の直前まで「天下再興」に拘り、義昭が放棄した「天下」を信長が取り鎮めたという論理（「鎌田善弘氏所蔵文書」）からすれば「天下再興」なのであろう。いずれにせよ、「再興」が信長政治のキーワードである。

信長は五月に長篠の戦いで大勝利し、十一月に朝廷から求められて従三位・権大納言・右近衛大将に叙任する。ここに将軍義昭に代わる地位にあることが明確化した。牛一はそう実感したが、「飛躍」理由は「仁政」でなければならなかった。そこで前後の年から天正三年に「仁政」記事を移動させるが、五月の長篠の戦いよりも前でなければならなかった。「信長公記」の記述が正確か不正確かという視点だけでなく、牛一の著述意図を通じて、公武協調を背景とした信長家臣としての実感も浮き彫りにできるのではないか。

三条西実枝の描く信長「公家一統」

これに対して、朝廷は牛一よりも早くから信長の「飛躍」を容認していた。信長は上洛前から儲君《ちょくん》（皇太子）誠仁《さねひと》親王の元服費用、御所修理、禁裏御料所回復を依頼され、それをはたしてきた。以下は僧侶の記録だが、広い意味で朝廷勢力である。前年の天正二年三月〜四月に、信長が「近江（衛）殿」になって関白を譲られる（「尋憲記」）とか、「大正（太政）大臣」になる（「聚光院文書」）という噂が流れる。前関白近衛前久《さきひさ》は出奔中で、関白二条晴良《はれよし》が信長に関白を譲るというのである。太政大臣は天文十一年（一五四二）に近衛稙家《たねいえ》（前久の父）が辞官した後不在である。関白にせよ太政大臣にせよ人臣の最高位であり、噂の段階では無位無官だった信長が任官できるものではない。実際は従五位下に叙爵《じょしゃく》され、昇殿を聴《ゆる》されたのみである（金子二〇一五）。噂との落差は大きいが、室町将軍は将軍任官と同時に叙爵・昇殿した例もあり、武家の初官としては悪くない。室町幕府滅亡から一年も経たないうちに、朝廷は信長を室町将軍に代わる天下人として容認していたのである。

この頃は東大寺蘭奢待の切り取りがあったが、これは天皇への威圧ではない。天皇は信長から断片を受け取り、これをさらに細分化して九条稙通《たねみち》や勧修寺尹豊《ただとよ》に下賜している。信長に恥をかかされたという意識は微塵もない。この蘭奢待切り取りの前後に、正二位・権大納言の三条西実枝《さねき》（実澄《さねずみ》）を通して、「公家一統」というキーワードが示されている。かつて筆者はこれを公武結合の文脈で理解していたが（堀二〇一一）、この表現を使うのは実枝一人であるにも関わらず、実枝に即した検討が不十分であったので改めて検討したい。実枝が「公家一統」に触れたのは次の二通の書状である。

A　天正二年三月と推定　醍醐寺理性院尭助《りしょういんぎょうじょ》宛三条西実枝書状（「田中穣氏旧蔵典籍古文書」）

B　天正二年三月と推定　三条西実枝内奏状案（「京都御所東山御文庫記録」）

A・Bの内容に入る前に、実枝について述べておこう。三条西家は古今伝授の家であり、実枝は歌道書の他に故実書「三内口決《さんないくけつ》」を著すなど、当代随一の教養人である。元亀三年（一五七二）に六十二歳で権大納言を辞官した後、天正二年の蘭奢待切り取りの直前に還任《げんにん》する。同五年に正大納言、同七年に内大臣に昇進して死去する（『公卿補任《くぎょうぶにん》』）。

Aによれば、信長は「五百年以前のように「公家一統之政道」を行う」と朝廷に申し入れたが、これは理性院で同十四日に結《けち》願《がん》した太元《だいげん》護摩の法力によるという。この社交辞令は、信長の申し入れが十四日以降でないと成り立たない。おそらく十七日の上洛直後であろう。「公家一統之政道」は『太平記』巻十二にある表現である。一般的には建武の新政を指すが（「応仁別記」「豊内記《ほうないき》」等）、それでは五百年以前という年数と合わない。語感的には「朝廷の一体化」と取れなくもないが、山鹿素行《やまがそこう》は「古《いにしえ》ハ公家一統シテ天下平也《たいらなり》、頼朝卿以来ハ武家一統シテ又天下平也」（『謫居童問《たっきょどうもん》』）と述べている。語義としては「朝廷による国家支配」なのである。

「五百年以前」の朝廷による国家支配は、応徳三年（一〇八六）に開始された白河上皇による院政を指すのであろう。前年末に信長は正親町天皇の譲位を申し出て、天皇と公家衆は喜んだ。天皇が譲位して「院政」（規模はともかく）を行うのが中世天皇制の常態だが、寛正五年（一四六四）以来百年以上途絶えていた。この時天皇や公家衆がイメージしたのは院御所や院庁がある程度の百年前の院政であろう。しかし実枝の言う「公家一統之政道」は五百年前の朝廷による国家支配を真の院政で行うものなのである。ただし、これは太元護摩の法力のおかげというリップサービスの文脈での表現である。

従って、信長の申し出とは、せいぜい前年末に申し出た譲位を確認した程度だろう。また朝廷全体も真の院政を求めていないだろう。なぜなら院政期の上皇は若いうちに譲位して「治天《ちてん》の君」として君臨するが、正親町はこの時五十七歳だった。前代の天皇は三代続いて六十歳前後で死去しており、正親町が望んだのは隠居と隠居屋敷である院御所建設であろう。

すなわち、信長と天皇・公家衆は譲位による形式的な院政を「朝家再興」と喜んでいる。実枝もそれを十分に理解しつつ、太元護摩の法力のおかげで真の院政になったとヨイショしているに過ぎない。従って、「どこまで実情が反映されているかきわめて疑問」という見解（橋本二〇〇二）は正鵠を得ているが、要するに実枝の表現を真に受けてはいけないのである。「公家一統」と公武結合は区別しなければならない。

以上の分析を検証するため、Bを検討しよう。これは東大寺正倉院の三蔵《みつくら》（蘭奢待を安置）を勅許ではなく、関白二条晴良《はれよし》による長者宣《ちょうじゃせん》で開封しようとすることを非難する内容である。実枝の主張は、前例のない信長

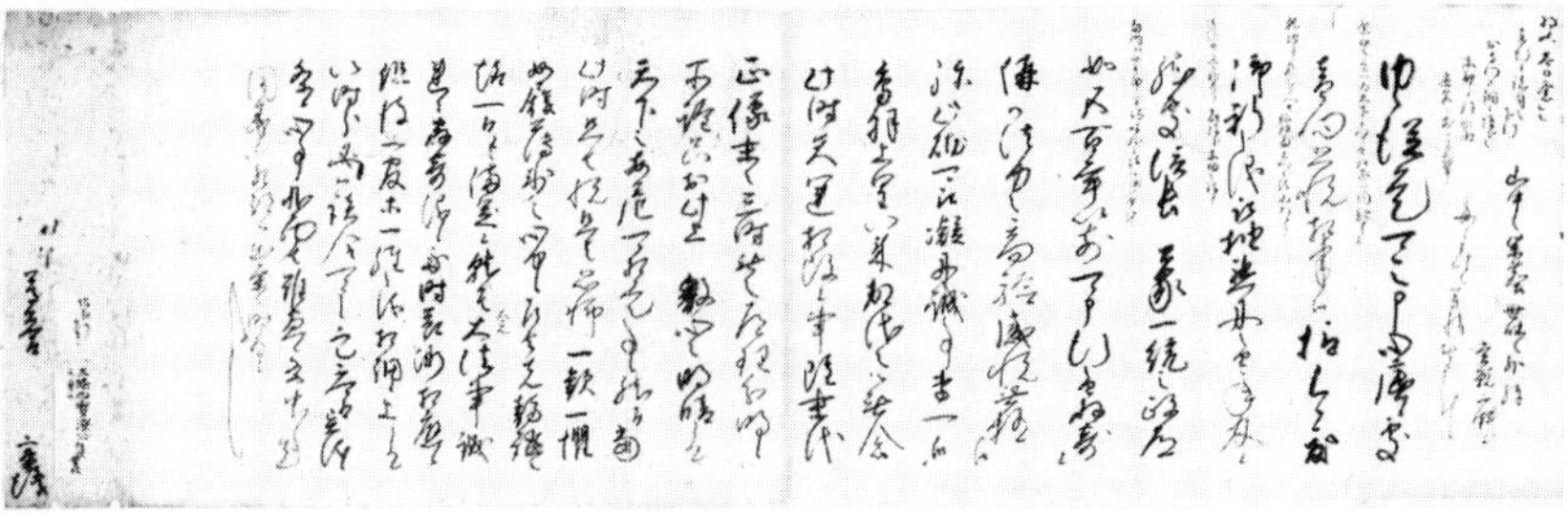

三条西実枝（実澄）書状（国立歴史民俗博物館蔵）

の申し出を認めるのは「御れうけん《了簡》なき」（何ともしようがない）ことだが、勅許する「しな《品》」（もっともらしい理由付け）が必要である。それを記した女房奉書案（現存せず、B①とする）の内容は「かくこ《覚悟》のほか《外》」「うつつ《空》なさ」であり、いま「くけ《公家》一とう《統》」の政務を始めようとする時にこの心構えでは行く末が心配だというものである。

実枝の批判は「たんかう《談合》」（協議）しない、「をの〳〵《各》にたつね《尋》」ない独断専行にあり、「公家一統」とは公家衆の合議による政務遂行とする説がある（金子二〇一五）。しかし、この時はまだ合議体制も整備されておらず、四ヶ月後に柳原資定が綸旨を偽作したほどである。関白二条が独断で決めて正親町に奏請したとしても、「しやうむ《聖武》てんわう《天皇》の御いきとをり《憤》、てんたう《天道》おそろし《恐》き事」と激しく非難するのは、当代を代表する教養人としては異常である。実枝の怒りは決定に到る手順ではなく、勅封ではなく長者宣による開封という誤った判断、B①の「しな《品》」のなさにあるのではないか。

ここで実枝がBと同時に作成した女房奉書案（「京都御所東山御文庫記録」、B②とする）に注目したい。従来ほとんど注目されていないが、B②はB①を書き換えて、実枝の考えるあるべき姿を示している。その内容は、三蔵開封は東大寺別当に命じるものだが現在は未補任なので、東大寺西室院に入寺している実枝の子（千世保丸）を別当に補任する。実枝は祖父実隆が別当公順（実隆の子）を後見した先例に従って後見せよ、というものである。呆れたことに、あるべき姿は実枝子の千世保丸を東大寺別当に補任し、実枝がこれを後見するというお手盛り人事なのである。現代とは価値観が異なるとは言え、実枝が後に「諸人の恨みが我身に集中する」と嘆く（「東寺百合文書」）のも致し方ない面があるのかも知れない。

こうしてみると実枝の激しい非難の背景にあるのは、当代を代表する教養人であり、有職故実に造詣の深い自分に「たつね《（尋）》」ないことへの不満ではないか。それは自惚れではなく、三条西家の当主であれば当然のプライドであろう。「をのく《（各）》にたつね《（尋）》」なくと言いながらも本音は「自分に相談もなく」という、いつの時代にもよくあるやり取りではないのだろうか。Bにおける「公家一統」とは、実枝が正親町と関白二条の誤った判断を責め、この誤った「かくこ《（覚悟）》」や理解では行く末が心配という意見を正当化するものである。ここでの「公家一統」は形式的な「朝家再興」を含みつつ、より本格的な真の意味での「朝家再興」を含んでいる。これは正論であるから誰も反論できないが、朝廷全体がそれを望んでいるかどうかは別問題である。いずれの「朝家再興」にせよ、実枝は自分の知識と教養が必要であると言いたいのである。

実枝の言う「公家一統」には誇張が含まれているが、真理も含まれていなければ成り立たない。実枝自身も意図的・作戦的に誇張している節がある。こうした背景に留意する必要があるが、牛一よりも早く天正元年末から、朝廷は信長の「飛躍」を容認していたことは読み取れるだろう。その理由は牛一の重視する御所修理と関所停止ではなく、実枝をはじめ朝廷は「信長公記」には記されていない譲位による「院政」再開、すなわち「朝家再興」だったのである。

公武結合と「朝家再興」

翌天正三年の絹衣相論、天正四年の興福寺寺務職相論によって、朝廷の腐敗ぶりが露呈した。信長は「五人之奉行」を設置して、朝廷の合議体制を整備しようとした（堀二〇一一、金子二〇一五）。「朝家再興」をさらに一歩進めたが、結局は機能しなかった。綸旨の偽作をした柳原資定の赦免を求めるなど、戦国期の解体状況から、公家衆の意識が変わっていないのが原因であろう。正親町譲位、安土行幸といった重要事項も、企画だけで実施されなかった。これらの理由を整合的に説明することはできていない。今後の課題である。

歴代の武家政権は「朝家再興」が基本政策であるから（河内二〇〇七）、信長の朝廷政策は特殊ではない。戦国期の解体状況から「朝家再興」の道筋を示したことが特徴と言えば特徴である。武家政権の長が将軍であれ関白であれ太政大臣であれ、公武結合王権の枠組みは変わらない。従って本能寺の変直前に朝廷が信長を「太政大臣か関白か将軍か」の三職推任を行ったが、信長の回答が政治史に与える影響はほとんどない。私見では、信長はこれを辞退し、天下統一後の大陸征服を視野に入れていた。これを〈日本国王〉から〈中華皇帝〉への展開と考えているが（堀二〇一一）、国内統一、東アジア情勢の変化だけでなく、イベリア・インパクトを組み込んで改めて考えたい。

●参考文献
池享『戦国・織豊期の武家と天皇』（校倉書房、二〇〇三年）
金子拓『織田信長権力論』（吉川弘文館、二〇一五年）
神田裕理『戦国・織豊期の朝廷と公家社会』（校倉書房、二〇一一年）
河内祥輔『日本中世の朝廷・幕府体制』（吉川弘文館、二〇〇七年）
呉座勇一『陰謀の日本中世史』（KADOKAWA、二〇一八年）
下村信博『戦国・織豊期の徳政』（吉川弘文館、一九九六年）
橋本政宣『近世公家社会の研究』（吉川弘文館、二〇〇二年）
平井上総「織田信長研究の現在」（『歴史学研究』九五五、二〇一七年）
深谷克己『近世の国家・社会と天皇』（校倉書房、一九九一年）

藤田覚『近世政治史と天皇』（吉川弘文館、一九九九年）
堀新「信長公記とその時代」（同編『信長公記を読む』、吉川弘文館、二〇〇九年）
堀新『織豊期王権論』（校倉書房、二〇一一年）
堀新「織豊期王権の論じ方」（『九州史学』一六四、二〇一二年）
堀新「正親町天皇と信長・光秀」（『現代思想　総特集明智光秀』、二〇一九年）

12 信長と天皇・朝廷

虚像編

▼井上泰至（防衛大学校教授）

天皇と信長の関係の解釈は、解釈する側の天皇観による。信長が心から天皇に忠誠を誓ったという解釈は、「天皇の世紀」たる幕末・明治に広がる。いや信長は天皇権威を利用したのだと言っても、それを好意的に捉える人とそうでない人では、権威の捉え方が違う。前者は天皇の権威による国家統一に、後者は武家政権の権威・権力に関心があった。天皇の語り方は、この国の政治の在り方を問う踏み絵だから、その流れは政治思想史そのものと言ってよい。

「勤皇家」信長

第二次大戦の時局中、「読売新聞」に連載されていた、吉川英治の『新書太閤記』（一九三九年一月一日〜一九四五年八月二十三日）では、信長は大変な勤皇家ということになっている。信長が亡くなる前年の天正九年（一五八一）二月二十八日、正親町《おおぎまち》天皇を招いての京都馬揃えについては、『信長公記』を踏まえながら、その規模の大きさ・行列の壮麗さ、特に信長自身とその扮装の美々しさ、加えて水際立った馬術を描いて、一つの見せ場となっているが、新聞小説らしい時局の投影も見落とせない。

まず、このペイジェントの意義を、平和の大祭でもあり、外国人宣教師の視線を意識したものでもあることにもふれながら、その最も重要な意義は、「親しく至尊の臨御を仰いで、兵馬の大本を明らかにしたこと」

にあったとし、日本は王朝時代から「純粋無垢な誇りと誓い」によって防人が集る国柄であったが、武門がその本質からはずれて皇室に威嚇まで行う室町の悪弊が蔓延《はびこ》るに至り、信長によってそれが本来の正しいあり方に直されたのだという。よって、信長は、外国にも鳴り響く「わが国振」の武威の行事として号令をかけ、馬揃えが終わった直後、勅使から正親町天皇の「龍顔」麗しく、前代未聞の壮挙であったと格別のご褒辞と労いのお言葉を受け、感激のあまり落涙している。

物語はこの後、西国攻めのため、京都を通過する折、この記憶を思い起こした秀吉が、南朝の末裔が倭寇となって大陸に武威を輝かしたかつてを思い起こし、その遺志を受け継ぐ大望を抱く（「潮声風語」）という流れとなる。ここには、海軍の協力者でもあった吉川英治が、秀吉を主人公にして何を書こうとしたか、その構想が見えて興味深いが、終戦によって、この小説は事実上中絶する。実際、秀吉は馬揃えの時、京都にはいないし、後で触れるように信長が感涙にむせんだというのは脚色である。

しかし、時局の物語として外征の「英雄」秀吉の物語を構想する時、信長の「勤皇」がその背景として置かれる、歴史解釈の「文脈」は、吉川英治ひとりのものではなく、十九世紀、遠く江戸後期に発するナショナリズムの問題として一つの潮流がある。今その淵源を確認し、図らずもその原資となった資料をも整理して紹介しておこう。その行為はさらにさかのぼって、江戸前期・中期に、なぜ信長と天皇との関係が、特に将軍職をめぐって問題とされなかったか、という問題をも逆照射するはずであるから。

信長の神格化――ナイーブな「勤皇」

戦前において、「勤皇家」信長像を一般に定着させたのは徳富蘇峰である。『近世日本国民史　織田信長』（一九一八～一九年）では、冒頭総論において「吾人が信長に対して、認識すべきは、（第一）日本をして、天皇の御国たらしめたことである」とした後、室町時代の朝廷儀礼と勤皇思想の衰微を指摘し、父信秀からの勤皇に触れつつ、信長の勤皇の特色は、積極的・徹底的・終始一貫・「自働」的である点にあり、「政治的に皇室の威厳を認め」、「皇室をもって、天下統一の中枢とし」たことがその本質であるという。マキャベリ的感覚が匂う蘇峰の記述には、信長が天下統一事業に天皇の権威を利用した側面を強調しており、吉川英治が描いたようなナイーブな勤皇家信長のイメージとは距離があるが、「皇室を中心とし、国家を統一し、その統一したる勢力を、世界に発揮する明治中興の皇謨の淵源は」「実に織田・豊臣時代にあり」とする史観は、全く同じと言ってよい。言い換えれば、信長・秀吉は、徳川氏や足利氏のように将軍となり、幕府を開かなかったことと、外征の志を持ったことが、勤王と国威の発揚という観点から評価されたのである。

徳川政権が始発した江戸時代前期にそのような史観が生まれるはずもない。こうした皇国史観と帝国史観の合わさった織豊《しょくほう》政権への評価の淵源は、まず本居宣長の『玉鉾百首《たまぼこひゃくしゅ》』〈天明七年〈一七八七〉〉末尾に収められた「あまり歌」と題する詠史歌に求められる。

かしこきやすめらみくさにいむかひてなやめ奉りしたぶれあしかが
いかなるや神のあらびぞ真木のたつあら山中にすみか御世経し
からくにゝこびてつかへてあしかがのしこのしこ臣御国けがしつ
天のしたとこ夜ゆくなす足利のすゑのみだれのみだれ世ゆゆし
いつまでか光かくらん久かたの天のいは戸はただしばしこそ
しづはたを織田のみことはみかどべをはらひしづめていそしき大臣
まつろはぬ国等ことごとまつろへて朝廷きよめし豊国の神
とよ国の神の御いつはもろこしのからのこくしもおじまどふまで

一読、吉川英治や徳富蘇峰と近しい、「勤皇家」信長の淵源が見て取れる。詳しくは前共編著『秀吉の虚

12. 信長と天皇・朝廷 × 虚像編

像と実像』「14秀吉の神格化　虚像編」で述べたのでそちらに拠られたいが、宣長の神学的外交論『馭戎慨《ぎょじゅうがい》言《げん》』（寛政八年〈一七九六〉刊）と、本居大平『玉鉾百首解』（寛政八年刊、前著で安永五年としたのは誤り）の強い影響力によって、幕末の対外的危機とナショナリズムの沸騰の中、この史観は流布した。

すでに平田篤胤は『玉襷《たまだすき》』（文政十年〈一八二七〉ごろ成立）で、「すべてこの公（信長）は小義に拘《かか》はらず、大義をつとめて、まづ天下に皇室の尊きを知らしめ給へり。いともいみじきいさをしならずや」と激賞している。長州尊攘派の思想的支柱だった久留米の神官真木和泉《まきいずみ》は、信長を頼朝以来の幕府を廃し、皇国の回復を図り、外夷を攘《はら》った救国の英雄と位置づけている（『真木和泉守遺文』）。寺田屋事件で暴発した有馬新七も同様の史観をその日記に記している（『都日記』安政五年〈一八五八〉九月九日）。岩倉具視もまた慶応元年（一八六五）六月、蟄居《ちっきょ》中に書いた建策書『叢裡鳴蟲《そうりめいむし》』で、朝権を堅固にした点で信長を評価している。こうした流れを受けて、明治二年（一八六九）の建勲神社創建の議に関して、木戸孝允・大久保利通といった志士あがりの首脳、および外宮の神官高矢主膳や長州系公家の五条為栄のような人々から、秀吉とともに祀るべき存在であるという建白があったことが報告されている。

神社は京都の北の船岡山に創建され、明治八年、湊川神社・豊国神社・東照宮・談山神社（藤原鎌足）・護王神社（和気清麿・広虫）に次いで、別格官幣社となった。秀吉は山崎の合戦の後、紫野の大徳寺において七日間に渡る盛大な大法要を営み、船岡山に寺を建立し信長像を安置しようとして正親町天皇より天正寺の寺号を得た。しかし、寺の竣工は中途に終わり（古渓宗陳《こけいそうちん》『蒲庵稿《ほあんこう》』「行状」）、明治維新に至っていたのである。江戸時代、伊勢神宮と並んだ扱いをされた東照宮を、豊国神社・建勲神社・談山神社と同格にして相対化することは、建武の中興を維新のモデルとした新政府にとっては喫緊の課題であった違いあるまい。

頼山陽と徳富蘇峰――戦略的「勤皇」

「勤皇家」信長像の一般化に大きな力を発揮した、もう一人が、頼山陽である。幕末から明治にかけて、その史論と詠史詩によって多大な影響力を持っていたことはよく知られるが、彼もまた、信長を「勤皇」の面から焦点を当てた。

> 吉法師。師とする所なし。地に堕ち鎧を抜《き》て緇《し》を披ず。心悟参ぜず古兵法。群豪を芟刈《さんがい》して九逵《き》を開く。日を擎《ささ》ぐ荊榛《けいしん》の底。再び挂《か》く扶桑の枝。袞芾《こんかつ》倒《さかしま》に輝く妙法の旗。恨なかれ盤根錯節に利剣の折るるを。後覇 盡《ことごと》く吉法師を師とす。（『日本楽府』「吉法師」）

吉法師とは信長の幼名である。ポイントは荊《いばら》の底から日を掲げる、即ち、失墜していた朝威を再興し、再び扶桑（日本）の枝に掲げたとするあたりだろう。「袞」は天子の礼服、「芾」は天子の膝掛けを指し、天皇の権威が増したのは、信長の力を示す南無妙法蓮華経の旗のお陰というあたり、国学者の評価とはズレるが、後に述べるように、江戸前期の低い信長評価を覆す理由が、朝廷の権威の復興にあったことは注意してよい。『日本外史』「徳川氏前記・織田氏下」の末尾、信長に関する総括の位置にある「織田氏論賛」でも、同様の視点は確認できる。江村専斎の『老人雑話』を引いて、皇室の荒廃を立て直した信長の功績を讃えるところから起筆する。その最後も同じで、朝廷を尊崇して四方に威をなす方法は秀吉も家康も、信長を見習ったのであり、そのおかげで今日の朝廷・将軍の隆盛があるとして、信長を現体制の源流として評価する。「吉法師」と同じ文脈であることは疑いがない。

ただし、一般に受け取られているように頼山陽が、尊王攘夷のイデオロギーの源流だったというのは誤解で、彼はあくまで徳川体制の側に与する人物だったが、後で詳しく紹介する林羅山・鵞峯のように、信長の人格の酷薄・驕慢を指摘して、本能寺の変を招いた失策を強調する否定的な評価を一部では認めつつも、朝廷による幕政の権威化という方法の祖として信長を評価してみせた点に山陽の特徴があったわけである。

山陽の信長評価で重要なのは、朝廷からの官位を辞退したことに注目して次のように分析する点である。

朝廷、その功に饋《むく》ゆるに及び、擬するに征夷の拝を以てす。則ち辞して受けず。蓋《けだ》し将家と王室と、倶《とも》に衰頽を極め、名重く実軽し。（中略）右府の志は、海宇を混同するに在り。遽《にわか》に虚名を冒すを欲せざるのみ。

信長が将軍職を授かる機会を得ながら、それを辞退したという、今日歴史家が問題とする一件の情報をどこで入手していたのかは不明だが、ともかく衰微した「実」の軽い将軍など信長にとっては不要で、後に秀吉との関連で語られるように「王を尊ぶの義、四方を経営するの略」の点で、信長の尊王は、現実的な立場にあり、後で分析するように「（源氏）将軍」の存在を絶対化する林家のような見方を取らない点に大きな特徴があったのである。

こうした現実的な「勤皇家」信長論の系譜にあるのが先に挙げた徳富蘇峰であった。蘇峰は信長を、「神秘的、歴史的、信仰的」な「勤皇」ではなく、政治的権威の源泉として人心を繋ごうとする、具体的・現実的な「経世的勤皇」家であると定義する。永禄十一年（一五六八）義昭を奉じて入京した際、朝廷に大金と丹波山国荘を献上、禁裏の修築を行ったことや、足利幕府の滅亡について、将軍本位でなく天皇本位に行動したとして、信長を近世日本の骨格を作った「経世」的大認識であったと激賞し、頼山陽の『日本政記』を引用、天正二年（一五七四）征夷大将軍とならず、参議・従三位を受け、明智光秀を惟任《これとう》に、丹羽長秀を惟住にと九州名家の氏姓を重臣に名乗らせるあたり、後述の新井白石による信長の政権運用の詐術説を退けて成功の秘訣たる「広告術」を心得ていたとする。天正四年から翌五年にかけて内大臣から右大臣へと飛躍的な官位上昇、知行・財宝の奉献と朝儀の復興・二条新邸の奉納を挙げた上、京都馬揃えを皇室の尊厳の回復とそれによる天下統一のデモンストレーションと位置づけ、紙数を割いて評価している。その後の三職推任の件には全く触れていないが、蘇峰は、明らかに山陽を意識して、明治の日本史の源流を信長に見て、『近世日本国民史』を構想したのであった。

詐術としての「勤皇」——新井白石

以上述べてきたことに比べて、江戸時代前期・中期に信長の評価は低い。江戸時代全体を通して最もよく読まれた通史、長井定宗編『本朝通紀』（元禄十一年刊）では、林羅山・鵞峰の次のような言説を引いて信長を総括している。

信長は天性刻薄の人也。（用兵に得意ながら、賞罰が過酷であったことを指摘して）虎を養ふてその讒《よこしま》を知らず、馬を飼ふてその樸を察せず。光秀が如き者は人を咥《か》むの虎也。

信長善く兵を用ゆ。乱世の雄たりといへども、其の性麁励《それい》にして深密ならず。故にしばしば敵に困しみ、難に遭へり。

すなわち、信長の峻厳・粗暴な性格が敵を増やし、家臣の裏切りを招いたというのである。文学作品に目を転じてみてもこうした見方の影響力が大きかったことは確認できる。怪談小説集として知られる『雨月物語』は一面、時代小説集でもあるが、その末尾に位置する「貧福論」では、戦国武将の評判を語り、信長を「任ずるものを辱《はづかし》めて命を殞《おと》すにて見れば、文武を兼ねしといふにもあらず」と、『本朝通紀』の信長評価をそのまま受け継いでいる。

その光秀との関係については、演劇で暴虐のイメージが増幅されてゆく。「絵本太功記」（近松柳・近松湖水軒・近松千葉軒作、寛政十一年七月大坂豊竹座初演）では、尾田春永から辱められた武智光秀は、ついに耐えられなくなって謀反を決意しこれを討ち、その後の光秀の苦悩に焦点が当てられる。歌舞伎「時桔梗出世請状《ときききょうしゅっせのうけじょう》」（四世鶴屋南北作、文化五年（一八〇八年）江戸市村座初演）では、主君小田春永から、勅使饗応の役を仰せつかった武智光秀は、実直に内装飾り付けを行うが、春永から不興を買い、無理難題を言われ叱責のうえ、森蘭丸によって鉄扇で討たれ、眉間を傷付けられ面罵された末に蟄居を命ぜられてしまう。本能寺の客間の場では、蘭丸のとりなしで春永は光秀に対面を許すが、またもや痛烈な悪口を浴びせた末、馬の脚を洗う盥に酒を入れてさしだし、飲み干すことを強要、果てはかつて貧苦の折、光秀の妻が髪を売った話を万座の興として暴露し、ついに光秀も復讐の念を燃やすに至るのである。

翻って、信長の評価はなぜ、林家の史書に代表されるように江戸前・中期には、低かったのであろうか。ここで、林家とはライバルであったとされる新井白石の存在が浮上する。白石の政治思想の核は、将軍と天皇という二人の「君主」が存立する現状をどう解釈し定位するかという、当時の学者が抱えた重大な難問に対して、天皇が「文」を、将軍が「武」を保持する単純な二元的王権論に解消してしまうことなく、文（＝礼楽）の源泉は天皇に属するが、徳川幕府が武家儀礼を改正し、武家の風儀を改善することで、「武」内部の「礼」を確立することを目論んだ思想家として今日注目されつつあるからである。そして、この研究動向からすれば、こうした朝幕論を江戸後期になって転回させたのが、対外的危機を意識した松平定信によって提出された大政委任論であり、これをうけて、中井《なかい》竹山《ちくざん》・会沢《あいざわ》正志斎《せいしさい》・頼山陽らによって、天皇を頂点とした身分制に基づく国家像や、天皇による民心統合論、政治的責任から乖離した天皇論など、天皇の再解釈による新たな位置づけが提出されるに至った、ということになる。

こうした興味尽きない王権論の細部に立ち入る余裕は今ないが、如上の新たなパースペクティブに立てば、信長と朝廷の関係について頼山陽が、権力をマキャベリ的に武家に集中させつつ、天皇には政治的機能とは無縁な存在として永続性を保つという二元論を展開して、結果として天皇の存在を浮上させる意味もよく理解できる。また、山陽の方向性をさらに推し進めた蘇峰が、たびたび白石の信長評価を批判する意味も見えてくる。すなわち、『読史余論』で、白石は、信長が足利義昭に対し、朝儀を懈怠していることを諫言し書式化したのは、義昭への忠節ではなく、その悪を喧伝するためのもので、「天子をさしはさみて天下に令す」機運がここに萌していると批判し、秀吉政権も同じ「暫時の詐謀」という姑息な手法を採ったのは、「其名を仮らんため」だったのだとし、このような家風は、徳川譜代の「忠臣義士」とは異なるとして批判している。

白石は、ライバルである林家が、源平交替説を意図して、延々と『織田信長譜』で、織田家の出自であるとされる伊勢平氏の記述を語るあたりを意識してか、忠臣平重盛の二男資盛の子孫だというのが「事実」だとすれば、たしかに重盛の「余慶」で家が存続したことになるが、むしろ信長の人事能力がその後の人材を残したことを家の存続の一因とする現実的な見方を記している。

『鎌倉将軍家譜』『京都将軍家譜』『織田信長譜』『豊臣秀吉譜』をセットにして『将軍家譜』として、林家が公定的な武家政権年表を出版した意義は、関東の武家政権をモデルに、徳川政権を神話的に保障する源氏将軍史観の伝播の基礎となった側面を否定できない。これらの「提要（=年代記）」を踏まえた刊行軍書は、その機能を大いに果たした。そこでの信長は、悪行を行う権力者であり、将軍ではなく右大臣となった点においても、「乱世の英雄」に過ぎず、徳川家康とは径庭のある存在だった、ということになる。

そうした徳川政権の神話性と家康個人の仁徳を強調する一方で、朝廷との関係について明確な定義を行わない林家の一種現実的な、別の言い方をすれば便宜的な歴史叙述に飽き足らず、徳川譜代の忠義と武家儀礼の内実化から政権の本質を解き、政策にも反映しようとする「原理的」な白石にとっても、信長は、天皇を小手先で政治利用したに過ぎない存在として批判の対象となった。

しかし、十九世紀の対外危機意識によって、天皇の存在を柱とする国家構想が問題化するに及んで、信長の評価は大きく転換していくことになったのである。なお、その時、歴史叙述の資源となったのが、通俗軍記の遠山信春編『総見記』（元禄十五年〈一七〇二〉刊）であった。上洛したばかりの信長が御所を再興しながら官位を求めようしない様や、馬揃えで純粋に天皇に仕える様が膨らんで描かれている。特に巻十五「将相昇殿拝賀事」では、天正三年（一五七五）十一月四日、禁中の造営とともに、右大将・権大納言を拝命して昇殿する記事では、合戦に勝って領地を奪い取るのは戦国の武士の習いだが、人としては高位高官に上って天下に号令することこそ本意であるとして、伊勢平氏の例にならい、足利家のように征夷大将軍にならなかったとするあたり、源氏将軍徳川家との弁別とも受け取れるが、後の勤皇家信長像の資源となったものであろう。

編者遠山信春は後に小林正甫《まさとし》と名を変えて、旗本になる人物で、その立場は特に勤皇というわけでもない。しかし、信長を主人公に物語を膨らませる軍記の記述が、十九世紀以降の信長像の転換の資料となったことは想像に難くない。本書は『日本外史』の参考書目にも挙げられ、近代になってからは通俗日本全史シリーズの一冊に収められ、活字版も広く行き渡っていったのであるから。

●参考文献

井上泰至「軍記への情熱の根源　小林正甫」（『サムライの書斎』ぺりかん社、二〇〇七年）

井上泰至「「いくさ」の時代のイメージ形成—源氏将軍史観と源氏神話」（「文学」一六・二、二〇一五年）

大川真『近世王権論と「正名」の転回史』（御茶の水書房、二〇一二年）

藤井貞文「明治維新と織田信長」（「国学院雑誌」四九・一一、一九四三年）

堀新『織豊期王権論』（校倉書房、二〇一一年）

堀新「徳川史観と織豊期政治史」（「民衆史研究」八九、二〇一五年）

森岡清美「明治維新期における藩祖を祀る神社の創建（続）—神社設立事情を手がかりとして」（「淑徳大学総合福祉学部研究紀要」四一、二〇〇七年）

武田《たけだ》信玄《しんげん》の武将としての評価が、江戸期の兵学の主流だった甲州《こうしゅう》流軍学によって高まるほど、滅亡した勝頼《かつより》は失敗者として、反面教師の役割を負わされる。実際には勝頼なりに合理的な対応もしていたのだが、兵学書や軍記では、奸臣の言葉に惑わされたイメージで語られてゆく。対する信長は、長篠《ながしの》以来勝利者として、英雄視される一方、恵林寺《えりんじ》の焼き討ちなどその残忍さを強調する読み物も残る。信長は、本能寺の変の直前まで、英雄と悪逆者の二つの側面に分裂しながら、その統一を見ないのである。

13 武田攻め（長篠以降）

柴辻俊六×森　暁子

13 武田攻め（長篠以降）

実像編　▼柴辻俊六（元日本大学大学院講師）

織田信長の東国支配は、天正十年（一五八二）三月に、武田氏を征圧滅亡させたことによって実現される。その契機となったのが、七年前の長篠合戦での勝利であり、それ以降、信長は東国へも関心を向けていった。武田勝頼を追い詰める戦略と共に、東国諸大名との外交策を展開しており、その実像と経過を追っていく。

はじめに

織田信長と甲斐・武田氏との関係は、元亀四年（天正元年、一五七三）四月の武田信玄の死去により、形勢が一気に逆転した。継嗣の勝頼は、信玄死去時の三年秘喪の遺言を遵守したため、当初は積極的な戦略を自重しており、その間に徳川家康によって、三河の長篠城（新城市）を奪還され、三河への侵攻を許している。しかし勝頼は東美濃の岩村城領（恵那市）の支配は確保しており、信長との対抗緊張関係は継続していた。

勝頼は翌二年二月に、東美濃に侵攻して明知城（恵那市）を攻略した後、さらに三河・遠江へも進攻して、四月に三河の足助城（足助町）・野田城（新城市）を攻略し、六月には遠江の高天神城（掛川市）をも攻略した。高天神城へは信長からも援軍や兵糧が送られたが、間に合わなかった。勝頼は家康への反攻を強め、服喪中の鬱憤を晴らしている。

この成果に自信を得た勝頼は、喪明けの天正三年四月、大軍を擁して再度三河へ出兵し、長篠城の奪還を試みるが、それを攻めあぐんでいる間に、家康・信長による後詰軍との決戦となり、五月二十一日に長篠城外の設楽ケ原で大敗を喫することになる。

小稿ではその長篠合戦以降、天正十年三月の武田氏滅亡に至るまでの、信長による武田氏攻めの経過を具体的に論述し、併せて武田氏側の対応の経過をもみておきたい。

長篠の戦いでの勝利と問題点

長篠の戦いについては、これまでにもかなりの研究史があり、論点もかなり整理されてきている。その最大の関心事は、織田・徳川連合軍の鉄砲隊の実態と、武田軍の騎馬戦略についての評価の問題である。まず織田の鉄砲隊の問題であるが、小瀬甫庵《おぜほあん》の『信長記』に、織田軍の鉄砲は三千挺が用意され、千挺ずつの三組に編成され、三組が交替で三段撃ちをしたとの記述である。これに対して武田軍は騎馬隊で突撃し、馬防《ばぼう》柵《さく》に阻まれて多くの犠牲者を出して敗走している。この状景は江戸時代になって描かれたいくつかの『長篠合戦図屏風』によってもよく知られている。

通説批判と論争

これが長いこと通説になっており、信長の戦術革命・軍事革命と評価されていた。しかし近年になってこの点に疑義が提示され、織田勢に鉄砲三千挺はなく、従って三段撃ちもなかったという。また武田側に騎馬隊は存在しなかったともいう。さらにその後この問題は、通説の否定説の再否定へと論争にまで進展しており、通説批判をした藤本正行・鈴木真哉氏は、通説が依拠した諸史料を史料批判して、良質史料ではありえない状況とした。これに反論した平山優氏は、信長の鉄砲隊と武田氏の騎馬隊について、主に同時期の関連文書を駆使して、一定の実態があったものとして、反批判している。

合戦理解の要点

他にもこの合戦の進行に即して、いくつかの問題点が提示されているが、同じ史料や文書の解釈の相違といった部分が多くあり、この論争には決着がついていない。とりわけ双方が論拠とする太田牛一の『信長公記』や『甲陽軍鑑』(以後、『軍鑑』と略称)の解釈と評価に相違点が多い。『軍鑑』については、近年その見直しが進められており、「是々非々」での利用が進んでいる。『軍鑑』は長いこと「史学に益なし」と評されて、二次史料としても使えないと評価されていた。ところが戦後になってその見直しと再評価が検討されるようになり、現在では二次史料としての利用が認知されている。

この合戦での要点は、一つには決戦前に勝頼が、大軍で長篠城を攻囲しながらも、数度の総攻撃で攻略出来なかった点と、長篠合戦後の問題として、織田政権の形成過程での同合戦の位置付けと評価の点や、武田氏領国でのその後の展開過程にどういった影響と結果をもたらせたかであり、これらの観点からすれば、従来の通説的な見解には、なお存在感があると思われる。

第二次の信長包囲網

信玄没後の天正元年(一五七三)七月、足利義昭が信長に反発して京都を脱出し、宇治の槇島城で挙兵したが、即時に信長に攻められて降伏した。義昭は三好義継の居城である河内の若江城(東大阪市)に避難した。これにより室町幕府は政権基盤を失い崩壊したが、義昭はなおその再興を目論んで、その後も多方面へ外交折衝を展開している。一説によると、勝頼による長篠の戦いは、信長に対抗していた本願寺支援の背景があったとされ、その背後には義昭の意向があったという。

天正四年二月、義昭は備後の鞆浦(福山市)へ移り、毛利氏に支援要請を行うが、その経過の中で、武田勝頼・北条氏政・上杉謙信へも働きかけ、「甲相越三和《こうえつそうさんわ》」の交渉を進めていたことが明らかにされている。具体的には、信長が長篠合戦勝利直後の同年十一月、東美濃の岩村城（恵那市）を攻略し、後顧の憂いを払拭している。その直前の十月には、越前の一向一揆を制圧した結果、本願寺の顕如より講和が求められ、誓詞を取って受諾している。しかし翌四年四月にはこの講和は破れ、信長による本願寺攻めが再開される。同年七月十三日には、毛利氏の水軍が兵糧を本願寺に運び入れようとし、木津川沖で織田勢と海戦して大勝している。こうして再び信長包囲網が形成されつつあった。

義昭の「甲相越三和」工作

その一ケ月後の八月末の義昭側近・真木島昭光《まきしまあきみつ》ほか宛の勝頼書状では（「大村家史料」）、それ以前より義昭側と交流があったことを述べ、毛利氏の信長への攻勢に呼応して、遠江に出兵したと伝えている。同日付けの毛利輝元宛の勝頼書状も残っており（同前）、それにはすでに本願寺や義昭と連携していると述べ、毛利氏との同盟を懇願している。さらに東国では、義昭の意向で「甲相越三和」交渉を進めているとも伝え、信長との対決を促している。

しかもこの義昭による「三和」調停は、前年の八月から始められたとし、北条氏政の真木島氏宛の交渉受諾文書も残されている（『戦国遺文』後北条氏編、一八六五号ほか）。この「三和」調停は、甲越間では同年十一月に一応成立していたが、謙信が北条氏との講和に応じなかったことから破綻していた。しかし長篠合戦敗北後に、義昭が主導して本願寺や毛利氏へも働きかけて、信長への対抗勢力が一時的に再結集したことは確かである。元亀年間の第一次信長包囲網に対して、この第二次包囲網は、織田政権の外交策により個別に撃破されていくが、長篠敗戦後の武田氏の動向としては注目される。

信長の東国経略策

信長は長篠での大勝利直後に、武田氏領へ進攻する予定で、上杉謙信に出兵を要請しているが、東美濃地域が武田氏に押さえられていたために断念している。しかし同年十一月に岩村城を攻略した直後には、再び武田氏攻めを予定し、武田氏領の周辺諸大名宛に協力を要請している。十一月二十八日付けで、常陸の佐竹義重・下野の小山秀綱・陸奥の田村清顕や、流浪していた信濃大名の小笠原貞慶らに、「彼の国に向って出馬せしめ、退治を加うべく候、此の砌に信長に一味し、天下のため自他のため、尤に候か」と呼びかけており（『信長文書』六〇七号ほか）、伊達輝宗宛では「東八州之儀は、是亦、畢竟存分に任すべく候」といって親交を求めている（関本与次平所蔵文書）。

しかしこの時には信長自身が出兵しなかったために、これらの書状は空手形に終わっているが、信長が本格的に東国との交渉を開始したものであり、その後も断続的にこれらの諸大名とは交渉を保っている。

武田勝頼の対応

武田氏側では、こうした信長による武田氏領への進攻を速くから察知しており、その危機感から、勝頼は天正三年八月十日に、伊那郡高遠城主（伊那市）の保科正直宛に二十八カ条に及ぶ伊那郡・木曽郡での諸城防衛を指示した条目を与え、防衛体制を強化している（『戦国遺文』武田氏編二五一四号）。

さらに十二月十六日付けの信濃国衆宛の「軍役条目」では、「来歳は無二に尾濃三遠に至るの間、干戈を動かし、当家興亡之一戦を遂ぐべきの条（下略）」として、武器指定までした十八ケ条の軍役条目を定めて（同前二五五五号）、信長・家康に再挑戦する準備を始めている。しかし現実問題としては、多くの宿将を長篠合戦で戦死させており、この徴兵制的な動員令が命令どおりに機能したとは思われず、その時の出兵は実現していない。

その後も信長自身は、加賀での上杉謙信との反目や、中国地域での毛利氏や本願寺との対戦などによって、東国に出兵する余裕はなく、家康のみが武田氏領への攻勢を続けており、遠江の二俣城（浜松市）や犬居城（春野町）を奪還している。勝頼はこうした状況に危機感を強め、天正五年（一五七七）正月に、北条氏政の妹を正妻として迎え入れ、甲相同盟の強化を計っている。

信長への和睦交渉

天正五年十一月、信長より勝頼に和睦を求める使者があったという。これは『軍鑑』にのみみえる記事であるが、信長が京都・六角堂の山伏輝善院を使者として、勝頼に和睦を持ちかけたが、勝頼は長篠敗戦後ゆえにそれを拒否したという内容である。他に徴すべき文書はないが、謙信との対決を直前にした信長の状況からすれば、可能性のある動向と思われる。

次いで東国での大きな政治的変革は、天正六年三月に急死した上杉謙信の後継者争いとなった「越後御館《えちごおたて》の乱」後の動向である。当初、勝頼は甲相同盟の立場から、北条氏政の弟で謙信の養子となっていた景虎を支援するために越後へ出兵していたが、景虎と景勝との和睦調停を進める過程で、景勝からの同盟交渉に応じてしまった。これによって甲相同盟は破綻し、北関東や駿河での北条氏や徳川氏との対戦が激化していく。景勝との同盟は信長・家康に対抗するためのものであったが、実際にはその後にほとんど機能していない。

勝頼は北条氏と北関東で対戦するため、天正八年八月、常陸の佐竹義重と同盟した（甲佐同盟）。その同盟交渉の過程で、勝頼は義重を通じて再度信長との和睦交渉を始めている。その交渉条件となったのが、岩村城攻略の際に武田方へ人質となっていた信長六男の御坊丸の返還であった。『軍鑑』には御坊丸（源三郎信房）に武田信豊の娘を嫁がせて、信長の元に送り返したとある。これに対して信長は尊大な態度で謝辞を述べただけで、勝頼の「甲江和与」交渉は全く無視している。勝頼側からのこの交渉は、翌九年になっても続けられているが、信長はすでにまったく取り合わなかった。

天正八年閏三月二十三日付けの小笠原貞慶宛の柴田勝家書状によれば、「甲州より御侘言の使者、御馬・太刀、去年より相詰といえども、御許容なく候」とあり（『信長文書』補遺二〇八号）、『軍鑑』の記述とは異なり、この「甲江和与」交渉は、勝頼の方から積極的に働きかけていたもののようである。天正九年に入って、勝頼が父祖の築いた甲府館と城下町を捨てて、韮崎の台地上に本格的な山城である新府城を構築し始めたのも、信長の来襲を実感してきたからであろう。

天正九年正月二十九日、信長は三河・刈谷城主の水野忠重宛の書状で（『信長文書』九一三号）、高天神城の攻略の近いことを伝え、遠江の諸城の攻撃を指令している。同年閏三月には、遠江支配の拠点城であった高天神城が家康に攻略され、勝頼はそれを救援することができず、家臣団の信望を失った。

武田氏征圧戦の経過

天正十年の正月を、勝頼は未完成の新府城で迎えている。『甲乱記』というほぼ同時期にまとめられた勝頼滅亡記によると、正月二十七日に親族の木曽福島城主・木曽義昌が信長に内通したとの一報が入り、勝頼は二月二日に木曽氏制圧のために出陣した。その翌日には、信長が嫡男信忠を大将とした先陣を木曽口と岩村口に向かわせ、武田氏制圧戦が始められた。ほぼ同時期に、家康も駿河に侵攻し、同月二十一日に駿府城（静岡市）に入っている。江尻城主の穴山信君は、城を明け渡して投降している。

鳥居峠合戦で大敗した勝頼は新府城へ戻り、三月二日に最後の軍議を行った。この段階ではすでに家臣団の逃亡者も多く、千余人の兵しかなく織田勢には対抗できないと判断し、城を捨て逃避するほかなかった。一旦、真田昌幸の岩櫃城《いわびつじょう》（中之条町）への避難と決したが、その後に重臣等の反対により郡内領主の小山田信茂の岩殿城（大月市）への避難と変更した。三月二日には、伊那郡で最後の砦となって唯一の抵抗をした高遠城（伊那市）が、織田信忠に攻略され、翌日、勝頼は新府城を焼き払い逃避行を開始した。しかし境目の笹子峠越えを謀反した小山田氏に阻まれ、日川を遡上して天目山（甲州市大和村）に向かった。その手前の田野で織田の追撃軍に追いつかれ、十一日にその地で一族・従者らと共に自害している。

信長の武田領仕置き

信長はようやく三月五日に安土城（近江八幡市）を出陣し、途中から先陣の武将宛に多くの書状を出しており、三月十三日付けで留守部隊の柴田勝家ほかに宛てた書状では、「武田四郎勝頼・武田太郎信勝・長坂釣竿（光堅）・典厩（武田信豊）・小山田（信茂）を初めとして、家老の者悉く討果し、駿・甲・信一篇の滞りなく、申し付られ候間、気遣いあるべからず候」と、武田氏攻めの終了した事を伝えている（『信長文書』九七七号）。とりわけ十七日付けで松井友閑に宛てた条目は詳しく、甲州攻めの次第がすべて記述されている（同前九七八号）。さらにこの経過は『信長公記』（巻一五）にも詳しく記述されており、その後、信長は三月十九日に上諏訪に到着し、法華寺を本陣として、そこで穴山信君ら投降者の挨拶を受けている。二十九日には武田氏旧領の仕置きを行い、その新たな知行割りと、十一ケ条にわたる「甲信国掟」を定め、東国支配のスタートを切っている。

まとめとして

武田氏領の仕置きを終えた信長は、四月二十一日に安土城へ凱旋している。五月には朝廷より信長に「三職推任」の沙汰があったが謝絶し、毛利氏と対陣中の秀吉よりの援軍要請に応えるため、その準備に取りかかっている。二十九日には上洛して本能寺に入り、六月二日未明に明智光秀の襲撃を受けて自害する（本能寺の変）。

信長の死を契機として、仕置きを終えた旧武田氏領へ入部したばかりの重臣等は、その対応に追われ、関東管領として厩橋城《まやばしじょう》（前橋市）に入った滝川一益をはじめとして、その多くは新領国を放棄して本領地へ逃げ帰っている。甲斐国を与えられた河尻秀隆のみは徳川家康に同調した武田旧臣らの一揆によって謀殺されている。

長篠合戦後の勝頼の評価に関して、信玄没後に領国規模を最大限の規模とし、主に信長・家康への対抗状況などから、その領国維持策を肯定的にみる見解と、逆に家臣団の不掌握や、外交策の不徹底や失敗などから、勝頼の政治力や資質を否定的にみる考えとが対立している。この点は大名としての信長と勝頼の諸政策と、その資質とを比較してみれば明らかなように、分権的な中世末から、統一政権期に移行する時代の変わり目への対処の仕方の差違として、結論は自ずと明らかである。

●参考文献

奥野高広『増訂　織田信長文書の研究』下巻（吉川弘文館、二〇〇七年）。以下、本書は『信長文書』と略記する。
柴辻俊六『武田勝頼』（新人物往来社、二〇〇三年）
柴辻俊六ほか編『戦国遺文』武田氏編（東京堂出版、二〇〇二〜二〇〇六年）、以下、本書は『武田遺文』と略記。
鈴木真哉『鉄砲と日本人』（洋泉社、一九九七年）
平山優『長篠合戦と武田勝頼』（吉川弘文館、二〇一四年）、同『検証　長篠合戦』（吉川弘文館、二〇一四年）
藤本正行『信長の戦国軍事学』（ＪＩＣＣ出版局、一九九三年）、同『長篠の戦い』（洋泉社、二〇一〇年）、同『再検証　長篠の戦い』（洋泉社、二〇一五年）
丸島和洋「武田勝頼の外交政策」（『武田勝頼のすべて』新人物往来朱社、二〇〇七年）
丸島和洋「武田・毛利同盟の成立過程と足利義昭の『甲相越三和』調停」（『武田氏研究』五三号、二〇一六年）

13 武田攻め（長篠以降）

虚像編

▼森　暁子（お茶の水女子大学グローバルリーダーシップ研究所　特任アソシエイトフェロー）

長篠合戦から総大将・勝頼の敗死に至る一連の武田攻めは、勝者である信長側の物語でどのように語られているか。近世初期から版を重ねた小瀬甫庵《おぜほあん》『信長記』と、それに先んじて成立し写本で流布した太田牛一《おおたうしかず》『信長公記』の記述を辿り、描き出された信長像を探る。敗者・武田氏側に心を寄せた書物の言説にも触れる。

長篠合戦から勝頼の死まで

信長と武田信玄子息・勝頼の戦いは、天正三年（一五七五）の長篠合戦で大きく動く。大敗を喫した武田方が滅亡へ向かうのに対し、勝者たる信長は東国の版図《はんと》を着実に広げていく。同七年（一五七九）には関東の雄・北条氏政が信長の幕下に属すと表明、同九年（一五八一）には高天神城《たかてんじんじょう》に籠る武田方の兵を信長旗下の徳川家康が討ち果たし、完全に手切れとなった勝頼から、信玄在世中に養子に遣わしていた信長末子・御坊（源三郎）が送り返される。そして同十年（一五八二）に、勝頼配下・木曽義昌《きそよしまさ》の謀叛を契機に信長が発向、信長子息・信忠による攻撃で思いのほか早く高遠城《たかとおじょう》を落とされた勝頼は新府《しんぷ》へ逃げ、さらに新府も捨てて脱出、徐々に味方が逃げ失せ、僅かな人数を連れ潜伏している所を発見されて自害を遂げる。そして信長は、

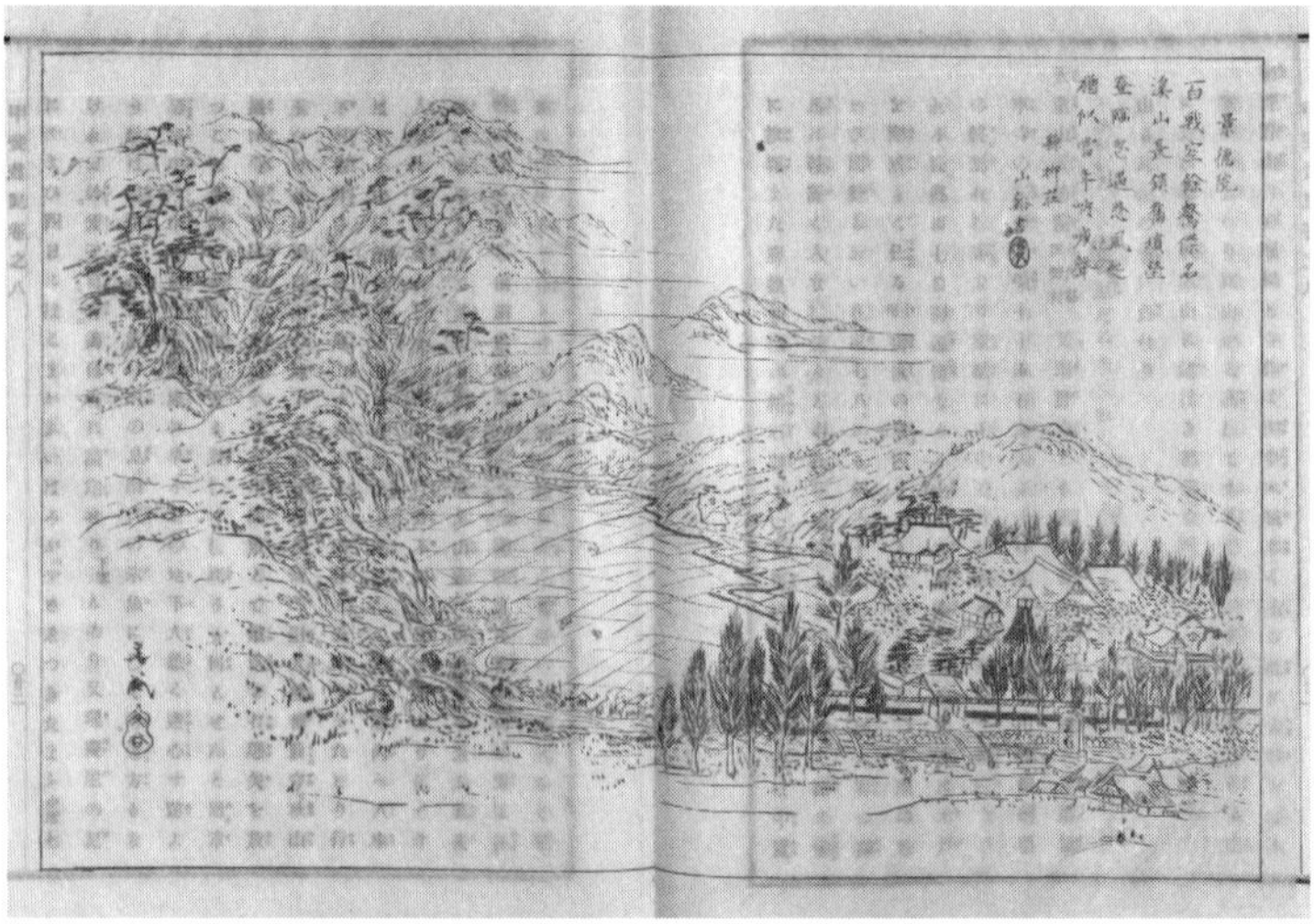

『甲斐叢記』巻之八（明治二十六年〈一八九三〉刊）「景徳院」図（国文学研究資料館蔵）
勝頼終焉の地で、寺と供養の碑がみえる。
著者・大森快庵は甲州の人で、本書には武田贔屓の記述も散見される。

自らの領地となった道を悠々と通って凱旋するのである。これが牛一『信長公記』・甫庵『信長記』が語る武田攻めの経緯である。

長篠合戦——鮮やかな戦略

家康方の奥平九八郎（貞昌、のち信昌）が籠る長篠城が勝頼方に囲まれ窮地に陥るが、後詰に出た信長が、家康と共に強力な騎馬兵を打ち破って勝利したというのがこの合戦である。

城中の危機を報せに出た鳥居《とりい》強《すね》右衛《え》門《もん》は、武田方に捕らえられながらも、信長の救援が来ることを堂々と城中に伝え、殺されてしまう。これは甫庵『信長記』巻八に合戦の発端として載る逸話で、忠義の話として名高い。勝頼は義士だから助けよと命じたというが、林羅山『織田信長譜』（寛永十八年〈一六四一〉刊）になると勝頼が怒って殺したことになる。この逸話の存在で、長篠における信長・家康が善玉、勝頼が敵役の構図が定着した感もある。

また甫庵『信長記』は、信長・信忠父子が参戦前に熱田神社で祈ると中で轡《くつわ》（馬の口に含ませて手綱を付ける金具）の音がする奇瑞があったとし、桶狭間合戦の前にも物の具（武具）の音がした、と勝利の予感を記す。今川義元を滅ぼした合戦と並べることで、長篠での勝利のみならず、いずれ勝頼を滅亡させることまで暗示していると読める。そして神の加護を示すことで、信長方が正義と表現しているようでもある。牛一『信長公記』巻八では長篠合戦の直後に、武田方の岩村城攻めの功績で信忠に院宣《いんぜん》が下った記事が続くが、そこでは天皇の存在により信長方の正義が表わされていると思しい。

この合戦には策略による勝利の様相が色濃い。出過ぎた勝頼方の背後に手勢を廻し、長篠城内の軍勢と一緒になって攻撃した動きや、騎馬で攻め込む武田の武将を順々に鉄砲で退けた手段などが丹念に語られる。甫庵『信長記』では勝頼の軍勢が大河を渡ってきたのも、家康の計略で、信長が参戦しないと勝頼に信じこませたためとする。こちらは有名な「鉄砲三千挺」の戦法も記し、五番目に馬場美濃守が攻め込んできた際に家康の命令で鑓を入れて激戦となり、敵方が崩れたところで信長が勝鬨《かちどき》を上げさせたなどと、合戦の推移の描写が詳しい。家康が主体の合戦の筈だが助力した信長の威光が讃えられ、「至剛《しごう》なる勝頼」ではあるが、「信長公堅《かたき》を破り、利《とき》を砕き、頃刻《きょうこく》に変化して謀《はかりごと》を廻《めぐ》らされければ」勝頼方は一度も利を得られず敗北したと、信長が戦略を駆使して勝利に導いた印象が与えられる。

勝頼については、信長も勝頼との合戦を一大事と思っていたと一目置く表現もある。しかしそのひどい負け戦の様子を、狼狽する武田兵の散々な末路を描き示している。牛一『信長公記』が、ここで勝頼秘蔵の馬を信長が得たと記すのも、信長の采配に翻弄された勝頼方の、余裕のない敗走を表わすだろう。

高天神城合戦――着実な勢力拡大

高天神城では、武田方が城を出て撤退しようとしたところに家康が攻め込み、ことごとく討ち果たした。

直接には家康が勝利した合戦だが、牛一『信長公記』巻十四は信長の威光もあってのことと記す。勝頼への痛烈な批判においても、甲斐・信濃・駿河の歴々の者たちを数知れずここで飢え死にさせ、後詰もせず天下の面目を失ったのは、信長の武辺に恐れたからだという。甫庵『信長記』巻十四にも、得た首を家康が安土に送り信長の目に掛けるくだりがあるので、家康の主君・信長の勢力拡大がまた一つ進んだものとして、この合戦を読むことができる。

甫庵『信長記』は、首を取られた主だった者たちは皆、名を重んじ一人も城を出ず、枕を並べて見事な散り様だったと称賛するが、もはや武田軍の強力さは表現されない。

信濃国発向――待ち望まれていた支配者

勝頼配下・木曽義昌が信長に寝返ったのを契機に、信長父子は信濃国に出陣する。勝頼父子の着陣した甲斐国諏訪の上原に攻め込む段では、信長の攻めた伊奈口を守る武田方の下条《しもじょう》伊豆守が、配下に謀叛を起こされるなどの動きも有利に働き、諸所で勝利を収める。そして穴山玄蕃《あなやまげんば》（梅雪《ばいせつ》）の寝返りを知った勝頼父子は、新府の館へ撤退する。

この時当地の民が我も我もと信長に帰服するが、牛一『信長公記』巻十五は、近年勝頼が課した重い負担や、賄賂や斬殺などの所業を上下共にうとみはてて、内心信長の支配下に入りたいと願っていたため、これ幸いと参上したと記す。信長を、正しい治世を行う新しい為政者として希求された存在に描く。

対する勝頼に人望のないことは、甫庵『信長記』巻十五上に顕著である。木曽の謀叛も勝頼の無理な言いつけが原因とし（『織田信長譜』は衰退した勝頼を見限ったことも理由に挙げる）、非道により家臣の心が離れたように描かれる。伊奈口を守っていた下条伊豆守は、悪政ゆえに配下に謀叛を起こされたとするが、その直後に挙げる家の滅ぶ前兆の話には、「長男を蔑如《ないがしろ》にして末子を寵愛す」などと、勝頼を寵愛し長男・太郎義信を死に追いやった信玄の暗示とみえる部分もある。続く勝頼への名指しの批判には、私欲ゆえに謀叛が重なった、『中庸』が説く主君の心得を実践できていれば恨まれなかったとあるが、その心得の一つにある親に親しむという条件は、実父を追放した信玄と真逆である。勝頼のみならず、名将とされる信玄も含め、今まで君臨していた武田氏が天下国家を治めるに値しない一族だったと暗に貶めているようである。

高遠城合戦――後継者の活躍

勝頼異母弟・仁科五郎（盛信）の立て籠もる堅固な高遠城は、信忠が攻め落とした。ここではその大将ぶりが際立っている。牛一『信長公記』巻十五は先に立って攻め込み下知をする勇ましい姿を描き、屈強な侍の籠る名城を一度に破り誉れを取ったと、言葉を尽くして称賛する。これまでにも松永久秀征伐における春日明神の意を受けたかのごとき戦い様など（巻十）、若武者・信忠の頼もしさは示されていたが、織田家の素晴らしい後継者としての存在感がここで強く打ち出されてくる。

一方、頼みの高遠が早々と落城してしまった新府の勝頼のもとには、信長方の諸勢力が向かっていると急を告げる報告が続くが、新府には合戦の備えが一切ない。そのため、女房子供を逃がす準備に人々が右往左往する様子が描かれる。甫庵『信長記』巻十五上は、勝頼の心中が思いやられて哀れと、もはや同情まで示す。

高遠城中の武田方の女房・若衆の奮戦も讃えられてはいるが、敗色が濃厚でなければ、本来いずれも前に立って戦う必要のない者たちである。信長の次代を担う信忠の成長が目立つのと対のように、信玄の後継者たる勝頼が弱体化していくさまが、この合戦に見て取れる。

勝頼の新府撤退――激しい追撃

勝頼は新府の館に火をかけ、大勢の人質を焼き殺して落ち延びていく。わずか三ヶ月ほど前に古府から移ってきた時の豪勢さと比べ、物も人もない侘しさが語られる。小山田信茂《おやまだのぶしげ》の館を目指すも無情にも入れてくれず、段々と家臣たちが一行から離散し、田子（甫庵『信長記』では田野）に着いた時には侍は四十一人しかいなかったという。

甫庵『信長記』巻十五上では、一度は勝頼が新府での決戦を考えるものの、信長父子の勢いは飛竜天に在るが如き激しさであると家老に反対される。信長方の動きは直接に描かれないが、その猛烈な追撃が着実に勝頼を追い込んでいる様子がうかがえる。

勝頼は甫庵『信長記』によれば、信忠への寝返りを企む小山田の言葉で行先を変更した末裏切られたという。勝頼が人質を始末した際の賞罰の手並へは、さすが長年数国を支配した人であるとの称賛もあるが、結局は多くの配下に見捨てられ、運の尽きた状況を描いている。牛一『信長公記』巻十五は、大勢の女房たちが自分を頼みについてきているが、その我が身一つすらどうしようもないという勝頼の心境を描き、信虎、信玄、勝頼三代の殺人の因果がここで廻ってきたと評し、さまよう勝頼を哀れむ。勝頼の思いが描かれるこの部分には、武田方の止めようのない落日の物悲しさが漂う。それは、ここで姿を見せない信長の強大さを浮かび上がらせてもいる。

勝頼の最期——織田家の正当性と安泰

信長も出陣し、信忠により武田の残党狩りが行われ、諸侍が信長方に下る中、勝頼の居所がつきとめられる。追い詰められた勝頼主従は女房衆と子供たちと共に死を遂げる。勝頼の若衆や嫡子・太郎信勝など、若い命もはかなく散る。また武田残党をかくまったかどでの、その後の苛烈な恵林寺《えりんじ》放火も語られる。

牛一『信長公記』巻十五は以上の経緯を淡々と記すが、甫庵『信長記』巻十五上には信忠のこれまでの活躍の報告に信長が喜ぶ描写がまずあり、勝頼滅亡後の記事には、来冬天下を譲ると宣言したことも記される。

優秀な跡継ぎを持ち安泰なことが示されている。また合戦後には、信長の人を見る目と、信長父子の政治の清らかさが称賛される。そして父子の出した東国法度には、上に立つ者が守るべき高い理想が掲げられており、あたかも信長方が正当であり、今まで統治していた武田氏三代は悪逆だったと示すかのようである。

勝頼については案内者が我も我もと加わり潜伏先を暴いたといい、その滅亡後には、土地の者が名のある武田方の首を競って取って来たともいう。勝頼を慕う者がなく、たやすく裏切られる様子が、ここでも繰り返し描かれる。勝頼に最後まで従った武士の討死は忠と讃えられるが、武田一門が一時に滅びたのは、信虎、信玄、勝頼のそれぞれの悪業ゆえと、罪が具体的にあげつらわれてもいる。勝頼父子の首を見た信長の狂歌「勝頼と名乗る武田の甲斐もなく軍にまけてしなのなければ」（勝頼は「勝つ」「頼る」という名を持ちながら、猛き武田家の甲斐もないことだ、軍に負けて甲斐も信濃も失い、品格がないので）の印象も相俟《あいま》って、非道の報いによりたやすく滅びた一族と読める。

なお牛一『信長公記』によれば、信長は勝頼退治の傍ら、信長父子が勝頼に討ち果たされたとの嘘の風説により、越中で蜂起した一揆衆を攻めさせている。味方に見捨てられた勝頼が僅かな配下と悲劇の最期を遂げた一方で、良将・信長方には、後継者の成長を祝い、他所に目を向けて策を講じ、人数をあてる余裕まであったというわけである。

信長の凱旋――王者の寄り道

勝頼父子を滅ぼした信長は、家康が心を尽くして整えた道を通り、所々でもてなしを受けながら悠々と帰っていく。牛一『信長公記』巻十五では、諏訪から富士の根方（山麓）を見物し、駿河、遠江と廻って帰ることを表明したとする。山間から雪の積もった富士を見て面白がった後、勝頼居城の新府の燃えた跡を見、古府では信玄旧居に仮の御殿を整えさせ滞在、富士見物の後は各地の名所旧跡、歌枕、城などをのんびりと通り、清須、岐阜を経て安土へ帰る。これが単なる観光でないことは、今川古跡の千本《ちもと》の桜について詳しく尋ねたことや、勝頼の抱えていた持舟城、信玄が大変な苦戦を強いられた花沢城を訪れたことからも明らかである。

富士を見るのには、もはや自分の領土となった天下の名山を眺める優越の意味があるとみえる。秀吉配下・大村由己《おおむらゆうこ》『惟任退治記』（天正十年〈一五八二〉成）には、信長には年来富士山を一目見たいという大望があったが、それを今や自分の山として叶えることができた、と大喜びしたことが記される。甫庵『信長記』巻十五上で地元の古老に富士の由来や漢詩文、和歌等を解説させ引出物を与えているのにも、自分の物となった富士を味わう雰囲気がある。大井川を渡ったところでも、再び甲斐の白根（富士）を見、「武威の遙かに及びぬる事（自分の武力による威勢が、このような遠方にまで及んだ事）」を喜んでいる。

新府・古府をはじめ自分が滅ぼした一族所縁の土地を廻るのには、現在の王者としての威を誇示する意図も透けて見える。甫庵『信長記』によれば、今川義元の千本《ちもと》の桜では四月なのに花がなかったのを見て、植えた主（義元）の繁栄もこのようになったと言い、「今川の流れの末も絶えはてゝ千本の桜散りすぎにけり」と貶める歌を詠んでいる。今の領主は自分なのである。

かつて居城とした清須、岐阜を通って安土に帰るのには、軍事上の安全など実用の意味のほかに、今回の勝利を民衆に知らせる意図もありそうである（10章虚像編参照）。甫庵『信長記』には、清須の町人が温かく親しげに戦勝を祝う様子が記される。愛着ある領土でことあるごとに存在感を示し、己の権力の安泰を見せるのもまた、為政者に必要な行いだったと読める。

帰途の雑人《ぞうにん》たちの台詞に、（各地に頑丈な橋をかけた）信長の慈悲深さのおかげで、諏訪を出てから大井川でしか足を濡らしていない、兵糧が下々まで行きわたり荷物が軽い、神や仏に等しい殿の御代が曾孫の代までも続くように、とある（甫庵『信長記』）。これは兵站《へいたん》の指揮に留まらず、信長が合戦以外の道路整備、食糧確保といった領民すべてに関わる治世にも優れていることを示す。その尊い王者が東国での勝利により天下の大半を手に入れ、悠々と居城へ帰ってくる—そういうめでたい風情が、ここには漂っている。

『甲陽軍鑑』における武田攻め

信玄・勝頼二代の軍記を中心とした武田の軍書『甲陽軍鑑』の武田攻めに目を転じてみる。長篠合戦については、良将を多く討死させたと特に残念な調子で繰り返すが、佞臣《ねいしん》長坂長閑《ながさかちょうかん》・跡部《あとべ》大炊助《おおいのすけ》が合戦を勧めたための敗北とし、大身の信長が若い勝頼を警戒してなかなか参戦しなかったことや、敗軍の際の家臣の活躍も示す（品五十二他）。高天神城合戦についてはみな家康に討たれたことを簡単に述べ、一人だけ切り抜けて帰ってきた家臣が与えられた褒美を殊勝な態度で返したことを美談として記す（品五十六）。木曽の謀叛から勝頼の敗死までのくだりでは、破滅に向かう中でも、太郎信勝の利発さや、落ちぶれても武士の矜持を失わない勝頼の言動、勝頼がかねての望み通り、切腹ではなく奮戦の末の死を遂げたことも語る。佞臣の言葉に従ってしまったため失敗を重ねたことが、繰り返し示される（品五十七）。なんとか良い話題を書きとどめ、責任は家臣に押し付けて大将・勝頼を庇おうとした気配がある。

信長については長篠合戦後に信玄に勝ったと吹聴したなど嘘が多く（品十四）、勝頼滅亡後の振舞は「猿犬《えんけん》（畜生のような者）英雄となりて道もなき事の繁昌する」様相だった（品五十八）とする。直後の本能寺であっけない最期も示し、死後に残った子息たちを長篠合戦後の勝頼より劣るとする（品五十九）。信長は合戦が巧みだったのではなく果報（運）が強かったとし、そのため敵対した信玄・謙信が死に至ったように示している（品五十三）。勝頼も、ただその運命に巻き込まれたため滅びたかのような印象である。

「武田攻め」観の多様化と信長像

『甲陽軍鑑』は滅亡した一族、敗北者の物語だが、江戸時代に重んじられ、読み物としても好まれた。それは、徳川幕府が武田家旧臣を多く抱えたことに関係があると推測される。恵林寺を家康が再興したことも、徳川と武田家旧臣の強い結びつきを示唆する。幕府が採用し隆盛を誇った武田流兵法も、『甲陽軍鑑』を根幹に据え、武田家旧臣の小幡景憲《おばたかげのり》が創始したものである。信長側の武田攻めの物語では、旗下の家康が武田家に長年苦労してきたことが語られ、勝頼との敵対も明確に示されているが、『甲陽軍鑑』では目立たない。信玄と家康が互いに認め合うような表現もある（徳川が政権を取った以降の加筆も疑われる）。幕府が武田家旧臣を従える意図もあり、この書物の浸透に一枚噛んだ可能性も考えられる。

いわば幕府の主導で武田方が持ち上げられたことで、武田攻めについても『甲陽軍鑑』の言説が重んじられるようになったと思しい。犬山城白帝文庫などの「長篠合戦図屏風」で武田方の軍勢の表現がこれに依拠していたり、信長側の物語である『織田信長譜』や遠山信春『総見記』（元禄十五年〈一七〇二〉刊）がその内容を取り入れていたりすることには、各勢力の記録を併せて鑑み正しい歴史を解明せんとする意識のほかに、『甲陽軍鑑』の強力な影響力もうかがえる。武田家が滅んだのは佞臣のせいだという認識は後世に一般的になり、勝頼最期の地も『甲陽軍鑑』に載る「天目山《てんもくざん》」が有名になる。

『甲陽軍鑑』の存在で武田側の言説が注目されるようになったことで様々な武田攻めの異説も広まり、一連の合戦の捉え方も多様化したことがうかがえる。田野で村民が一礼して通る場所をあやしみ問うと、勝頼父子の首があるのだと涙するので隠されていた首級《しゅきゅう》が見つかった、などと信長側の勝頼像と正反対の伝承が出てくるのは（神沢《かんざわ》杜《と》口《こう》『翁草』巻三十三）、その影響だろう。ただし勝頼は歴史物の浮世絵では専ら天目山での最期ばかり描かれ、川柳でも「勝頼は茶碗今川桶で死に（『柳多留』三十二編）」などと揶揄される（茶碗＝天目茶碗）。『甲陽軍鑑』は強い大将としての勝頼の姿も描くが、そちらはなかなか取り上げられない。信長方の物語に顕著な、今川家と同様に滅ぼされたかつての名家という印象と、『甲陽軍鑑』以下の武田側の物語でも描かれる悲劇的な最期の印象は根強かったらしい。

信長はというと、『甲陽軍鑑』では批判が散見される一方で信玄時代の四大将に数えられ、家康よりは劣るように言われても人を見る目や思慮深さが讃えられていたが、後続の武田寄りの書物では好意的な評価が消え失せ、その死が武田攻めと明確に関係づけられるようになる。『甲乱記』（正保三年〈一六四六〉刊）ではその死を、恵林寺での乱行の報いの如く描く。片島深淵子《かたしましんえんし》『武田三代軍記』（享保五年〈一七二〇〉刊）は信長を弱く臆病な佞人と口を極めて罵り、桶狭間および長篠合戦前の熱田神社の奇瑞もやらせだとして、その英雄性を否定する。また高遠落城の際には仁科に信長父子の破滅を予言させている上、信長が勝頼の首に対面した際の、後から行くから先に上洛して獄門で京童に見知られよという無礼な言葉（これは『甲陽軍鑑』にもあり）に、首が満足げに片眼を閉じた怪異も記している。写本で流布した『理慶尼記《りけいにき》』（信虎姪の名に仮託した擬作か）も、逆心した者を全て殺すと信長が約束すると、そむけた勝頼の首が前に向き直った奇事を記す。本能寺の変による信長・信忠の横死を、せめて武田を滅ぼした因果応報と主張することで、溜飲を下げたかった様子がうかがえる。

しかし武田方の書物でいかに謗《そし》られ、直後に終わりが待ち受けていようとも、武田攻めでの信長の圧倒的な勝利の印象が覆ることはない。彼が天下を取る物語はこの瞬間に最も輝いているのである。

●参考文献

高橋修「「長篠合戦図屏風」を読む」（堀新編『信長公記を読む』吉川弘文館、二〇〇九年）

13. 武田攻め（長篠以降）×虚像編

西原柳雨『川柳参尾志　一名川柳戦国史』（春陽堂、一九八二年）
森暁子「北条氏長『兵法問答』の合戦語り」（『近世文藝』一〇〇、二〇一四年）
森暁子「松田秀任と加賀―『武者物語』・『武者物語之抄』の記述をめぐって―」（国文学研究資料館「歴史叙述と文学」研究成果報告、二〇一七年）
「浮世絵　戦国絵巻〜城と武将」展図録（太田記念美術館、二〇一一年）

本能寺の変の原因は、「謎」のままである。ただ、信長・信忠がわずかな供をつれて滞京した一瞬の隙を、光秀は逃さなかった。信忠も討ち取られたことで、織田政権の命脈は絶たれた。明智光秀はその時点まで大成功している。また、信長の苛烈な戦い方を、忠実に見習っていたのが光秀であったことも明らかになってきている。他方、文芸の世界では、この「謎」こそ重要な資源であった。特に演劇では忠義の人光秀と将軍家に対する謀反人信長とを対置して、不忠の人光秀のイメージを一八〇度転換する描き方まで生まれている。そして、このドラマを成り立たせている一因は、「英雄」と「悪逆者」という信長の分裂したイメージに負うところが多いと気付かされるのである。

14

明智光秀と本能寺の変

福島克彦×原田真澄

14

明智光秀と本能寺の変

実像編

▼福島克彦（大山崎町歴史資料館館長）

明智光秀と言えば、天正十年（一五八二）六月、本能寺の変を起こし、織田信長を倒した武将として知られている。しかし、同じ織田系部将の羽柴秀吉に山崎合戦にて敗れ、信長の統一事業はそのまま光秀を通り越して秀吉へと継承されてしまった。彼の動向は、本能寺の変から山崎合戦に至るまで、すべて裏目に出たような評価をされており、悲運の武将という印象を与えている。実際の光秀とは、どのような武将であったのか。近年彼の文書が明らかになったことにより、彼が管轄していた近江国志賀郡（大津市）や丹波の国衆とのやりとりが確認されつつある。ここでは、こうした国衆たちとの関係から光秀の実像について考えてみたい。

光秀の出自とその飛躍

現在、光秀文書は、写も含めて約一七〇点確認できるが、確実なものは永禄十一年（一五六八）九月以降になる。言い換えれば若き日の光秀史料は皆無に等しい。『明智軍記』等によれば、光秀は美濃出身で諸国を遍歴した後、越前の朝倉義景の家臣になったという。その後朝倉氏に身を寄せていた足利義昭や細川藤孝と親しくなり、彼らと信長を仲介する役割を果たしたという。ちなみに『明智軍記』等によれば、光秀は「五十五年ノ夢」と記した辞世の句があり、享年五五歳であったという。ただし『当代記』には殺害された年が六七歳と記しており、そうであれば永正十二年（一五一五）頃に生まれたことになる。

光秀が美濃国に武家の親類がいたことは、記録から確認できる。元亀三年（一五七二）十二月、光秀は京都吉田神社の神官吉田兼和（兼見）に対して、光秀の「濃州親類」が山王社敷地に「新城」を築いた際、不快なことが起こるため、地鎮の祈念を依頼した（『兼見卿記』）。ここで美濃に親類がいたことがわかり、彼も美濃の武家の一族出身だったと考えられる。

次に越前に住み始める経緯についてみてみたい。寛永七年（一六三〇）に筆写された時宗の同念上人の記録『京畿御修行記』によれば「惟任方もと明智十兵衛尉といひて、濃州土岐一家牢人たりしが越前朝倉義景を頼み申され、長崎称念寺門前に十ヶ年居住」と記している。これは天正八年（一五八〇）、時宗の僧同念が奈良遊行を希望した際、光秀を通じて筒井順慶へ取り成しを願った梵阿という僧が、光秀と旧知の経緯を説明した箇所である。明智十兵衛光秀は土岐一族出身の牢人で、朝倉義景のもとで越前長崎（福井県丸岡町）の称念寺門前に十年間住んでいた。光秀が長期間越前に住んでいたことを伝えた史料といえる。

当時の義昭の周辺を記した『光源院殿御代当参衆并足軽以下衆覚』（『永禄六年諸役人引付』）によれば、「足軽衆」に「明智」という記述があり、光秀の可能性がある。これらは、あくまでも将軍位を目指す足利一族の「足軽」であり、薬師寺・柳本のように細川氏内衆・被官などの流れを組む一派、あるいは京都土倉沢村氏の名字も見える。そのため、応仁・文明の乱時に暴徒化したような足軽とは一線を画していたと思われる。また、山崎合戦直後の記事であるが『多聞院日記』天正十年六月一七日条には光秀が「細川ノ兵部（藤孝）太夫カ中間ニテアリシヲ引立之」とあり、もとは藤孝の中間だったとする。

近年、光秀が永禄八年（一五六五）以前に近江田中城（高島市）に籠城できるような武将として活躍していたこと、その当時から将軍側近の沼田氏や米田氏と関係が深かったこと、が注目されている。さらに後世の地誌から光秀が近江佐目（多賀町）出身だったという説も登場している。これらの議論は、青年期の彼が美濃に縁者を持ちつつも、その人脈・生活基盤がすでに畿内・近国に移っていた可能性を示唆している。前半生の光秀を考える際、永禄期以前の畿内・近国の諸史料を再検証する必要がある。

いずれにせよ光秀は、越前に入り、義昭、藤孝と出会い、そこで幕臣の「足軽衆」となった可能性がある。後に、藤孝らを通じて、義昭は尾張の織田信長と気脈を通じていく。永禄十年八月、岐阜に拠点を移した信長は、翌十一年七月頃、越前にいた義昭らを招聘した。この頃、光秀も信長と接触を持ったものと思われる。

永禄十一年九月、織田信長は足利義昭を奉じて上洛した。この頃から光秀文書が現れ、彼の活動が明らかになってくる。当時光秀は信長の家臣団（奉行衆）、あるいは室町幕府奉行人らとともに、京都周辺の政務、治安担当に抜擢された。さらに光秀は義昭と信長の中間的な存在でもあった。永禄十三年一月二三日、信長と義昭の間で交わされた条書がある（『成簣堂文庫所蔵文書』）。これによれば、義昭が諸国の大名に御内書を出す際は、必ず信長と相談することなど、五ヶ条が定められ、信長が将軍の自主性を制約する内容であった。条書の月日の下に信長の「天下布武」の朱印があり、袖には義昭の黒印が据えてある。信長の要求を義昭が承諾した形となっている。重要なことは、文書宛名が光秀と朝山日乗になっている点である。この両者は、義昭と信長の間において中立的位置にあり、契約における保証人的な存在であったと考えられる。

このように、光秀は義昭の「足軽衆」という身分から京都へ入り、義昭＝信長政権における奉行衆を担当していた。京都市政から政権中枢まで幅広く担当し、その実務能力を高めていった。以後、こうして培った能力を基礎に、近江志賀郡や丹波の国衆らと関わり、彼らを統率していくことになる。

光秀の志賀郡経営

永禄十三年に入ると、義昭、信長は禁中の修理、将軍の「御用」、そして「天下静謐」のため、畿内・近国の武家に「参洛」を求めた（『二条宴乗記』）。しかし、越前の朝倉義景は、これを黙殺したため、同年四月、信長は越前攻略を開始した。ところが織田方が金ヶ崎城（敦賀市）を攻めていた頃、突然近江北部の浅井長政が朝倉方へ寝返った。そのため、信長は退却を余儀なくされた。煮え湯を飲まされた信長は、同年六月に浅井方の横山城（滋賀県長浜市）を攻撃し、朝倉・浅井方の後詰を誘発した。徳川家康と連合した信長は、この姉川合戦において朝倉・浅井軍を撃破している。しかし、朝倉・浅井軍は退きつつも、次の事態に備えて軍勢を温存していた。同年九月、朝倉、浅井方は軍勢を立て直して、湖西路を経て近江志賀郡まで南下した。この南下作戦は大坂本願寺や三好三人衆と連携しており、摂津、あるいは京都にいた信長、義昭を挟撃する形となった。この志賀の陣では、朝倉・浅井軍は山門延暦寺の後援を受けて、山上から入洛をうかがった。信長、義昭は、十一月に湖西の拠点堅田（大津市）を攻撃して敵の補給路を断とうとしたが、この作戦も失敗し、信長も軍事的なカードを使いきってしまう。十二月、信長が正親町天皇に仲介を働きかけ、朝倉・浅井軍との和睦へ持込んだ。この和睦交渉時においても、山門は信長への警戒を解かず、交渉に後ろ向きであった。信長も、山門に対して強い不信感を募らせ、焼き討ちの機会をじっくり狙うことになった。

元亀二年（一五七一）一月より、信長は信頼し得る家臣たちを近江南部の城へ配置した。光秀には志賀郡を与え、宇佐山城（大津市）に入らせた。以後、光秀は、信長の意向に沿って、山門方の湖西の国衆たちを懐柔して自らの傘下に置こうとした。一般に「光秀縷々諫を上りて云う」（『天台座主記』）と言われるように、焼き討ちをやめるよう信長へ諫言したと伝えられているが、実際には比叡山膝下の国衆たちの調略に奔走していたのである。

これがわかる史料として、九月二日付、和田秀純宛、光秀書状（『和田家文書』）がある。雄琴（大津市）の国衆和田秀純へ送った長文の書状で、仰木（大津市）出身の国衆八木氏に対する生々しい懐柔の様子がみえて興味深い（以下、史料は読み下し）。

14. 明智光秀と本能寺の変 実像編

［史料1］明智光秀書状『和田家文書』

尚以て、てつほう《（鉄砲）》の玉薬一箱参り候、筒之事ハ路次心元なく候間、之《（これ）》を進せず候、八木帰られ候時遣わすへく候、返々愛宕権現へ今度之忠節、我等に対し候てハ無比之次第候、入城之面々よく名をかきしるし候て来られるべく候、又堅田よりの加勢之衆、両人衆の親類衆たるへく候か、左候共、此方への忠節あさからさるよし、よく申し届けらるべく候、又此方加勢之事、三人之内に一人つゝ、人数を副へ、かわり〳〵ニ置くべく候間、その分別かん用《（簡要）》候、万々目出度き推量あるべく候、八木に対面候て満足、書中には申し得ず候、以上、

御折帋拝閲せしめ候、当城《（宇佐山城）》へ入らるる候由尤も候、誠に今度城内之働き古今有間敷儀に候、八木方にあ《（逢）》ひ候てかんるい《（感涙）》をなかし《（流）》候、両人覚悟を以て大慶面目施す迄に候、加勢之儀、是又両人好次第に入れ置くべく候、鉄炮之筒并玉薬之事、勿論入れ置くべく候、今度之様躰、皆々両人をうたかい《（疑）》候て後巻なとも遅々の由候、是非なく次第に候、人質を出候上にて、物うたかいを仕候へは報果次第に候、石監・恩上江罷り上る候時も、うたかいの事をはやめられ候へ之由、再三申し納め候つる　案之《（の）》ことく別儀なく候て、我等申し候通、あひ《（逢）》候て一入満足し候、次でをさなき《（幼き）》ものゝ事、先登城之次ニ同道候て上げらるべく候、其間八木は此方に逗留たるべく候、弓矢八幡、日本国大小神祇我々うたかい《（疑）》申ニあらす候、皆々くち〳〵に何歟と申し候間、其くち《（口）》をふさき《（塞）》度候、是非共両人へハ恩掌《（賞）》之地遣わすべく候、望之事きかれ候て、越されるべく候、仰木《（大津市）》之事は是非共なてきりニ仕べく候、頓て本意たるべく候、又只今朽木左兵衛尉《（成綱）》殿、向より越され候、昨日志村《（東近江市）》の城□□ひしころし《（干殺）》ニさせられ候由、雨やミ次第、長光寺へ御越候て、惣人数□□謹言、

明十兵

九月二日　　　　　　　　　　光秀（花押）

和源（和田秀純）殿

日付は、有名な比叡山焼き討ちの六日前の内容である。光秀が、志賀郡の国衆たちを自らに服属させようとする様子が知れる。宛名の和田秀純のみならず、特に八木氏の帰参については感涙を流したことを記し、自らの感激ぶりを文面に記している。当時和田・八木両氏が本当に帰属したのか、明智方内部でも疑っている者がいたためであり、それが理由で彼らに対する「後巻」（籠城している味方に援軍を送ること）が遅れたことを光秀は正直に吐露している。そして和田、八木両氏が人質を提出することで、その心服ぶりを周囲に伝え、彼らに疑念を抱く者の口を塞ぎたいとまで述べている。和田・八木氏とも光秀の居る宇佐山城への「登城」する際、「をさなきもの」（人質）を連れてくること、八木については城に逗留すること、を命じている。

国衆の立場からすれば、光秀の離脱工作に乗って、安易に明智方を表明すれば、逆に山門勢力からの攻撃を受けることになる。実際、彼らは籠城を強いられていた。ところが、肝心の明智方も本当に両氏が服属したか疑念を持ち、いまだ補給物資（鉄炮、玉薬）を送らず、「後巻」にも向かわないという態度を取り続けていた。

敵方の国衆を調略する作戦は、織田権力のみならず戦国大名が使った常套手段である。しかし、実際には相互不信の根が深く、信頼を得るのには相当な時間がかかった。そのため、部将の光秀が、こうした国衆の帰順、心服を見極める必要があった。そして、彼らの心的反発を少しでも和らげるよう、書状ではくどいほど礼を述べている。懐疑している者の口を塞ぎたいという言い回しは、明らかに和田、八木方へ寄り添った書き方である。一方で、猶々書では、玉薬を現地へ送りつつも、鉄砲は路次が悪いので運送していないと表明し、宇佐山城へ逗留した八木方が帰る後に贈ると約束している。感激した文面を書きつつも、国衆たちに迎合することなく、冷静な対応をとっている。ちなみに文末には、敵対する勢力に対しては「なてきり」「ひしころし」など、強めの表現がみられる。

このように光秀により山門膝下の国衆たちの切り崩し政策が着々と進行していた。そして織田方は六月十二日に、本格的な比叡山の焼き討ちを実行に移す。上坂本から、比叡山上の東塔・西塔・無動寺まで、ことごとく放火され、僧俗男女三、四千人が討ち取られたという。

元亀三年閏正月六日、光秀は坂本における琵琶湖沿岸に坂本城を築いた。これは沿岸の下坂本に位置し、港を掌握できる立地であった。同年十二月には「城中天主作事」が進められている（『兼見卿記』）。

この時、比叡山を挟んだ洛東の国衆たちも、光秀の与力に入っている。同年十一月十五日、山中越えの領主、磯谷久次の息子の元服の際、光秀は名付親となった（『兼見卿記』）。後に磯谷はじめ、渡邊、山本といった洛東の国衆たちは義昭方についたため、明智に対して「別心」したと記述されている（『兼見卿記』）。つまり、彼らは信長や義昭ではなく、直接光秀の傘下に入っていたことになる。

国衆を次々と傘下に収める一方、光秀は浅井方を湖上から攻撃し、七月二四日には堅田（大津市）の猪飼昇貞とともに「囲船」と呼ばれる軍船から、湖北の漁村や竹生島に大筒や鉄砲を撃ち込んだ（『信長公記』）。

翌元亀四年二月、信長との対立を深めた将軍義昭は、大坂本願寺や朝倉・浅井氏と提携して、信長を攪乱しようとした。朝倉・浅井勢は京都周辺の国衆たちと手を結び、またしても湖西路を南下し始めた。前述したように、山本、渡邊、磯谷ら、洛東の国衆たちが一斉に義昭方に呼応した。こうした動きに義昭は「明智儀、正躰無く候」と豪語している（『牧田茂兵衛氏所蔵文書』）。この頃には義昭は、光秀が織田方に服属したものとし、敵対した認識していた。一方、光秀は二月十四日に朝倉・浅井軍の南下を木戸（大津市）で食い止め（『革嶋文書』）、さらに蜂起した堅田の町を囲船で湖上から攻撃して、これを制圧した。

この元亀四年の朝倉・浅井軍の南下は、かつての元亀元年の戦いを人々に思い起こさせた（『尋憲記』）。しかし、信長は元亀元年時の義景出勢の時は高島郡・志賀郡の「此方《織田方》之城宇佐山一城」のみだったが、今は「城々堅固ニ申付候上者、輒ち出馬候ハん事不実ニ候」と述べている。志賀郡に複数の城を構えたため、義景の出馬は無理だろうと冷静に分析した（『細川文書』）。光秀の志賀郡統治は、信長の期待に応えたことになる。

もっとも現場では、苦しい戦いが続けられていた。前述した二月の堅田の戦いは、光秀の勝利に終わったものの、多数の戦死者が出た。そのため、光秀は西教寺に対して十八人の「討死之輩」の供養米寄進状を送っている。これは「咲庵光秀」という署名で現在も西教寺に残存している（『西教寺文書』）。

こうした活動のなかで、光秀は前述した堅田の猪飼昇貞を麾下に置いた。猪飼氏は、従来琵琶湖の水運や漁業を統轄していた国衆であり、織田権力もその実力を見込んでいた。光秀の配下になった後も、琵琶湖における権限が維持され、独立性を持った与力ともいうべき存在であった。注目されることは、昇貞の嫡男である半左衛門秀貞が、天正八年（一五八〇）に「明知《智》半左衛門」と名乗り、茶会に参席していた点である。彼は「片田《堅田》之いかヰ《猪飼》事」であった（『津田宗及茶湯日記』二月四日条）。光秀は天正三年七月に朝廷から賜姓を受けて「惟任日向守」と称した後、服属した土豪に明智名字を付与する事例が散見される。

光秀の丹波攻略と国衆

元亀四年に信長は将軍義昭を追放した。義昭は備後鞆（福山市）へ移り、以後も反信長戦線を展開した。そのため、信長は義昭に同調した勢力の追討を進めていく。天正三年六月、光秀は丹波攻略を信長に命じられたが、これは義昭に同調した守護代内藤氏、あるいは宇津氏らを制圧するためであった（『小畠文書』）。

元来戦国期丹波は、細川京兆家が守護職を担当してきたが、信長の上洛以降、守護代職の内藤氏はじめ、波多野氏、荻野氏らが、義昭・信長に従った。元亀四年正月の丹波国は「信長衆」と認識されていた（『尋憲記』）。しかし義昭と信長の対立が表面化すると、荻野、宇津、内藤氏らが信長に抵抗を始めた。

信長は丹波の国衆小畠氏に、光秀を差し向けるので、これに従うよう命じている（『小畠文書』ほか）。小畠氏は十五世紀後半より北野社領船井荘（南丹市）の雑掌であり、さらに細川京兆家の被官としても活躍した勢力である。丹波攻略の際は、兄常好が船井郡の本貫地を守り、弟永明が明智方として従軍した。

丹波国衆に対する光秀の発給文書には、知行宛行や安堵、諸役賦課免除などが記されており、一部を除いて彼に強い権限が任されていたことが指摘されている。その一方で、光秀が攻略戦を始めた頃、丹波国衆に対する文書では書止文言は「恐々謹言」、宛名敬称では「殿」「御宿所」とあり、書札礼としては厚礼なタイプと言われている。つまり、光秀は強い排他的権限を行使しつつも、国衆らに対しては強圧にあたることなく、柔軟に接してしていたことがわかる。これらは、前述した近江国志賀郡の様相とも通じている。光秀は服属した丹波国衆によって、抵抗する同じ丹波国衆を制圧するという戦い方で挑んだ。

光秀は、信長の命があった同年六月段階において、丹波へ入国した（『大雲山誌稿』）。やはり内藤氏、宇津氏の攻撃を進めつつあり、同年と推定される七月二四日付小畠左馬進永明宛の光秀書状（『小畠文書』大東急記念文庫所蔵）では「宇津表」（京都市右京区京北町）への軍事行動に際し、永明に対して出陣を命じている。そして「鋤鍬其外普請道具」の用意と、領域の杣を徴発して「まさかりを持相連らるべく」と指摘している。大堰川の急峻な渓谷が続く宇津周辺へ軍勢を送るためには、道路などを切り開く工作部隊が必要だったのであろう。

ところが、八月に信長が越前国の一向一揆鎮圧のため出陣すると、光秀もこれに同行した（『信長公記』）。そのため、光秀は宇津攻めの直前で、その前線から離脱したことになる。八月二一日付の小畠永明宛の光秀書状（『小畠文書』大阪青山歴史文学博物館所蔵）では、滞在した越前から自らも隙があれば丹波の「宇津処」へ押し入りたいと述べている。光秀不在のなか、宇津の戦いは苦戦を強られ、永明も戦傷を受けたようである。光秀は「疵如何候哉、御心元無く候、其以後使者を以って成り共申入るべく処、遠路に付き音無く、誠に本意を失い候、能々養性御油断あるべからず候」と述べ、丁重な表現で永明の傷を心配し、養生を勧めた。さらに九月一六日付の書状（『小畠文書』大阪青山歴史文学博物館所蔵）では「仍って疵御煩之由、上京辺より申し越し候、如何御心許無く候、時分之儀候条、油断無く御養生簡《肝》要に候」と、再び戦傷の「御煩」を心配し、くどいほど養生を求めている。そして来る二一日からの作戦行動については「縦え能く候へ共、寒天に向かい候間、先ず遠慮あるべく候」と疵が癒えても、冬場になるので辞退してよいとし、万一呼寄せる場合は「乗物にても出陣あるべく候」と伝えている。繰り返し永明を労わる様子がうかがえる。

光秀が服属した国衆に対して丁重な文面で気遣っていた様子が理解できよう。丹波攻めの中、光秀が低姿勢で臨まざるを得ない状況がわかると同時に、前線から離脱した後ろめたさが作用したものと推察できる。

以後、光秀は丹波攻略に復帰し、十二月には荻野直正の籠る氷上郡黒井城（丹波市春日町）まで攻め入った。しかし、翌四年正月に波多野秀治の裏切りにあい、光秀の丹波攻めはいったん失敗する。この直後、信長と光秀は、方針を変え、同年四月敵対していた直正を赦免し、攻撃対象を波多野秀治に集中させた。

この間も、永明は、人質の連行、亀山城（亀岡市）の「惣堀」普請、大堰川岸への材木運搬、大坂本願寺の監視と、多様な活動に従事している。その際も光秀は「御越」「御大儀ながら」など、厚礼の書き方で指令していた。

本格的な丹波攻略は、天正五年の後半に再開された。翌六年四月には、荒木山城守の細工所城（篠山市）を攻撃したが、この時は、丹羽長秀、滝川一益、筒井順慶ら、織田系部将たちも助勢した（『信長公記』）。

ところが、同年十月頃に再び事態が急変する。すなわち摂津国有岡城（伊丹市）の荒木村重が、大坂本願寺と手を結び、信長に反旗を翻したのである。これによって、光秀は信長のもとで村重との交渉、作戦指示に奔走することになった。もっとも、村重が離反する直前の同年九月には、明智方による波多野秀治の籠る八上城（丹波篠山市）攻め準備が着々と進行し、丹波の国衆たちが周囲に付城を築造していた。したがって、光秀は、本人不在のまま再び永明らに前線を任せざるを得えない事態になった。

当時光秀が前線の永明に送った天正六年十一月一日付、および十一月十九日付書状（『小畠文書』大東急記念文庫所蔵）は、荒木村重との戦いの進捗を述べ、事態が好転に向かっていることを懸命に伝えている。ただし、丹波と摂津は隣国であり、反信長の荒木方と波多野方の連携が憂慮され、一歩間違えば、織田権力の畿内制圧が瓦解しかねない。光秀は波多野を攻める永明らに兵粮を送ること、万一荒木勢が攻めてくれば、光秀らも助勢に向かうことを約束している。とにかく前線の国衆の気持ちが離れないよう懸命であった。一方で、十一月一日付の書状の猶々書に「昨日酉刻之御状、今朝辰刻、京都に至而到来し、披見候、飛脚油断無く、祝着ニ候」とある。昨夜十八時の丹波八上城周辺の手紙が今朝八時に京都に着いたことを祝着だと評し、何気なく飛脚便のタイムを測っている。こうした点に、光秀の抜け目なさを見ることができる。

有岡城攻めが軌道に乗ると、光秀は十二月に丹波へ下向し、本格的な八上城の攻囲に着手する。『信長公記』には「四方三里がまはりを維任《（光秀）》一身の手勢を以て取巻き、堀をほり、塀・柵幾重も付けさせ、透間もなく塀際に諸卒町屋作りに小屋を懸けさせ」たという。そして「廻番を丈夫に、警固を申付けられ、誠に獣の通ひもな」い状況だったという。

厳重な攻囲に焦った八上城の波多野方は、積極的な反攻へ打って出た。翌七年正月、明智方の付城へ夜襲をかけ、永明らを討取っている（『泉正寺文書』）。

この直後、永明戦死を受けて、光秀は次のような案文を作成した。

［史料２］明智光秀判物案『小畠文書』東京大学史料編纂所影写本

案文
越前（永明）討死、忠節比類なく候、然而、伊勢千代丸幼少之条、十三歳迄、森村左衛門尉に名代申付け、然るべく之由、各訴訟之旨に任せ、承諾せしめ畢んぬ、幼年に至っては、家督之事、相違なく伊勢千代丸進退たるべく候、後証として一族中誓紙并に森村誓紙をもって、始末定め置き候、其意を得られ、相替らず馳走専用候、仍って件の如し

天正七年　　日向守
二月六日　　光秀判
明智伊勢千代丸殿
小畠一族中

光秀は、永明討死を「忠節比類無し」と賞した上で、彼の幼少の嫡男伊勢千代丸を一三歳まで、近隣の森村左衛門尉に「名代」を申し付け、成人後の家督継承を保証した。森村と小畠一族中の誓詞を交わさせ、この光秀判物が保証している。重要なことは宛名の伊勢千代丸にも「明智」が冠されている点である。父永明も天正六年頃、明智名字を付与されたため（『泉正寺文書』）、親子二代で明智を名乗っていたことになる。

光秀は、服属した国衆が討死した場合、その嫡男の家督保証をする態度で臨んだ。家督相続への介入であることは言うまでもないが、討死という不測の事態に対する保証でもあった。明智名字の付与も、その保証を補強するものだろう。これについては信長の権限が書面にみえず、光秀の判物で記されている。

永明に替わり、その兄で惣領家の小畠常好が替わりに八上城攻めに在陣した。

［史料３］明智光秀書状『小畠文書』大阪青山歴史文学博物館所蔵

些少ながら、初瓜一遣わし候、賞翫尤も候、已上
城（八上城）中調略之子細候間、何時に寄らず、本丸焼き崩れる儀之《これ》あるべく候、さ候とて請け取り候備を破、城へ取付候事、一切停止たるべく候、人々請取之所相支え、手前へ落来候者ハかり首之《これ》を捕るべく候、自余之手前へ落ち候者、脇より取合い討ち捕り候事有間敷く候、縦え城中焼け崩れ候共、三日之中ハ、請け取り候の陣取を踏むべく候、其の内ニ敵落ち候わば、捨て遣わせしめ討ち殺すべく候、さ候ハすハ、人数かた付け候、味方中之透間と見合わせ、波多野兄弟足之軽者共、五十・三十ニて切勝り候儀、これあるべく候、之《これ》より彼□相踏むべくと申事候、若し又々つれ出候ニをいてハ、最前遣し書付候人数之手わり、相励ますべく覚悟あるべく候、猶以て、城落居候とて彼山へ上り、さしてなき乱妨ニ下々相懸り候わば、敵討ち洩らすべく候間、兼々乱妨曲事たるべく之由、堅く申し触れらるべく候、万違背之輩においては、仁不肖に寄らず、討ち捨てたるべく候、敵ハ生物之類に於いて、悉く首を刎ねるべく候、首により褒美之儀申す付けるべく候、右之趣、毎日油断なく下々へ申し聞さるべく候、其の期に至って相残らず物に候、其意を得られるべく候、恐々謹言

五月六日（天正7年）　光秀（花押）

彦介殿

田中□助殿

小畠助大夫殿

宛名の小畠助大夫は永明の兄、常好である。田中□助は、丹波大村（南丹市）の田中氏の一族、また「彦介」は以前、討死にした永明とのセットで光秀から文書を出されていた人物である。

天正六年九月から続く八上城の攻防は最終局面を迎えていた。光秀は「調略」によって「本丸焼崩」れる

ことを確信しているが、まったく慢心が見られない。彼の関心はむしろ味方の兵に向けられていた。すなわち各自守備する「備」が乱れ、勝手に城へ攻め込むことがないよう命じている。明智方の兵にとっては、弱体化し気力を喪失した敵兵を容易に討ち取る絶好の機会である。功名にはやる兵たちは、名のある武者を討ち取り手柄を立てたい気持ちに駆られたはずである。光秀もそれを見越して「人々請取之所」をしっかり守り、「手前へ落来候者ハかり」首を捕るよう命じている。そして、持ち場を離れてはならないと厳命する。とにかく、波多野氏が逃亡しないよう攻囲の隙間をつくらないことが眼目であった。彼は「城落居候とて彼山へ上り、さしてなき乱妨ニ下々に相懸け候らば、敵討ち洩らすべく候間、兼々乱妨曲事たるべく之由、堅く申触らるべく候」と述べ、落城に際して味方の兵が濫妨（略奪）に走り、敵の討ち漏しを常々心配していた。忠実に働いていたとしても、丹波衆の実態は寄せ集めの軍勢だった。光秀は、攻防戦最後の局面において、軍勢が制御不能になることを強く懸念していた。

光秀は天正九年六月、家中軍法を制定したが（『尊経閣文庫所蔵文書』『御霊神社文書』）、その条文で彼は兵に対して下知を厳守させるなど、戦時の行動を規定していた。これらは、織田権力において唯一残存する軍法であるが、光秀は前述した八上城攻めをめぐる兵の実態を見る中で構想を練った印象を受ける。兵の持ち場である「備」という表現、「仁不肖に寄らず」厳罰に処す文言など、共通する言い回しも見られる。もっとも、この天正九年の軍法については、偶数条文や弓矢規定がないことから、不審とする意見もあるため、改めて検討する必要がある。ただ、明智「家中」として軍法がまとめられた点は注目しておきたい。

光秀は、書面から見る限り、服属した国衆に対して低姿勢であり、彼らに対する気配り、気遣いを発揮して、その心を掴もうとしていた。本来軍事動員に関する法的裏付けが曖昧な織田権力では、こうした部将による個人的資質が大きなウエイトを占めていた。もっとも、国衆を糾合しても、所詮は目先の手柄を求める寄せ集めの衆であった。その実態を見た時、光秀は、次の課題を認識したに違いない。すなわち「烏合の衆」を統率するため、新たな法的な規範を示す必要があった。現場の部将たちの側から軍役、軍法などの法的整備が進められるようになった。この点に織田権力の特徴がある。

明智分国の完結性

前述してきたように、信長の主だった部将たちは、元亀二年頃に近江の各郡、山城国乙訓郡などに配置された。しかし、柴田勝家は北陸方面の担当になると、従来保持していた近江野洲郡（野洲市ほか）の支配から外された。細川藤孝も天正八年の丹後入国にあたり、西岡支配を信長に返上した。しかし羽柴秀吉は播磨経営を任された後も、最初の分国近江北部はそのまま維持された。丹羽長秀も若狭経営に携わりつつ、近江佐和山城（彦根市）を維持していた。そして光秀も志賀郡と天正七年に平定した丹波と維持していた。このように秀吉や光秀、長秀などは、元亀二年段階から配分された郡単位の分国と、天正七年以降に得た一国単位の分国の両方を確保していた。注目したいことは、光秀の場合、京都を挟んで近江志賀郡と丹波という至近距離の二つの領域を分国とした点である。そのため、光秀も両者を一円的に捉えようとしていた。

［史料4］明智光秀書状『真田家文書』

佐川・衣川・穴太三ヶ所之人足来ず之由、唯今奉行共かたより路次迄申し越し候、曲事之儀ニ候、明日ひる（昼）以前ニ来ず候らば、普請所くわたい（過怠）として一はい（倍）あてへく候、其の意を得、夜中ニ成共人を遣わすべく候、志賀郡・丹州在々所々一人も残らず罷り出候処、彼三ヶ所参らざる之儀、是非なき次第に候、陣夫なとニいて申すべく候、其も大形罷り出るほど、分別せしめ候、残る者共老若一人も残らず罷り出るべく由、早々申し遣わすべく候、恐々謹言

六月十一日　光秀（花押）

大中寺
右郷中

年季は記されていないが、人足動員対象が志賀郡のみならず「丹州在々所々」とあるため、丹波攻略が成就した後の天正八〜九年の史料と考えられる。光秀の徴発指令に対して、佐川・衣川・穴太（大津市）という志賀郡の三集落が築城人足を出さなかった。業を煮やした光秀は「明日ひる以前」に来なければ、倍にすると警告している。重要なことは、光秀が「志賀郡・丹州在々所々一人も残らず罷り出候処」と述べ、近江志賀郡、丹波と、自らの分国では残らず人足徴発に応ずることを強調している点であろう。「夜中」であって人を遣わし、「老若」一人残らず罷り出るべき、と三集落に対して強圧的に指示している。前述してきたような、国衆たちに対する慎重な書きまわしは見られない。

このように、光秀は近江志賀郡、丹波という京都を挟む二つの領域を統合的に捉えていた。

光秀は自らの分国以外にも、信長の命によって大和や山城、京都においても、さまざまな職務をこなした。天正八年九月二五日には、滝川一益とともに大和へ派遣され、興福寺など、寺社、国衆に対して指出目録の提出を命じた。この頃、信長は一国単位で田畑の生産高、領有関係を把握しようとしていたが、これらの実務も光秀が担当した。同月二六日には指出目録提出の目的を「軍役」のためであると語っている（『仲文書』）。

翌九年一月二三日、信長は京都馬揃えを計画し、光秀に準備を命じた。光秀は畿内の織田系部将に触状を出した（『立入隆佐記』）。二月二八日の馬揃え当日、光秀は三番手として大和、上山城衆を従えて登場している。

光秀・斎藤利三の外交活動

天正七年六月、八上城は陥落し、波多野秀治は光秀に拘束された上、信長のもとで処刑された。また、同年十一月には有岡城の荒木一族、翌八年一月には三木城（三木市）の別所氏も投降した。さらに大坂本願寺も信長の勧告に応じ、同年三月には大坂退去が決定した。織田権力がほぼ畿内・近国を制圧するに至った。

この段階で、織田権力は、今まで反織田戦線を後援してきた毛利氏にどう向かい合うか、判断が迫られていた。当時毛利氏と対峙してきた織田氏の部将羽柴秀吉は、毛利方に服属していた備前の宇喜多直家を調略して、同七年三月頃に織田方に帰順させた。これによって一転宇喜多氏は、秀吉の後援の下、対毛利氏との前線を任された。そのため、織田対毛利の戦いは継続しているイメージで捉えられている。

しかし、織田権力は、別個のチャンネルで毛利氏との交渉を続けていた。近年、天正八年と比定された五月十二日付、厳島社人棚守房顕宛安国寺恵瓊書状（巻子本『厳島文書』）によれば、当時織田方が毛利氏と和睦交渉をしていた形跡が見られる。信長の部将丹羽長秀、同じく信長の側近武井夕庵は、毛利方に対して、宇喜多氏との戦いに専念することを勧めた上で、毛利方の重鎮吉川元春の子息と信長息女を婚姻させること、毛利氏が庇護する足利義昭を「西国之公方」として認めること、などを条件に和議の交渉を進めていた。この時、毛利氏は明智光秀に対しても「何も宇喜多表裏者にて候間、せめて此方（毛利方）を和談に調えられたく」という意向を示した。毛利方を裏切った宇喜多直家は「表裏」があり、当てにならず、やはり毛利方との「和談」の道を模索していた。ここで、畿内制圧を完了しつつあった光秀が毛利方との外交の一翼を担っていたことが理解できる。織田と毛利の戦いは決して必然ではなかったことになる。

もっとも、この後、秀吉の方針が受け入れられることになり、以後織田と毛利との戦いはそのまま継続する。天正九年十月、秀吉は毛利方の因幡鳥取城（鳥取市）を落とし、さらに同十年四月には、備中高松城（岡山市）を攻撃した。秀吉は、鳥取城攻めの際、信長の出馬を想定し、信長の「御座所」を築くよう命じている（『亀井文書』）。高松城攻めでも、信長の出馬があることを国衆たちに伝えており、毛利氏との全面的対決は不可避になりつつあった。

もう一方で、織田権力が抱えていた外交課題が、土佐の雄、長宗我部元親との関係である。元親は早くから信長と気脈を通じ、天正六年と推定される十二月二六日付、石谷頼辰宛の元親書状（『石谷家文書』）には「信御字拝領候」と記され、元親の嫡男弥三郎（信親）が信長の「信」の字の偏諱を受けたと記している。同じく、この偏諱のことを記す十月二六日付の信長書状（『土佐国蠹簡集』）には、信長と長宗我部氏とを取り次ぐ奏者として光秀があげられている。これは光秀の重臣斎藤利三の実兄である石谷頼辰の妹が元親に嫁いでいたことと関係する。この姻戚関係から、光秀と元親との間には強いパイプが存在していた。天正六年十二月と言えば、光秀が有岡城攻めと丹波八上城攻めを進めていた時期である。反信長戦線の勢力が結束するなか、光秀は長宗我部氏との外交関係で重用されていたことになる。同八年、大坂本願寺との戦いに終止符が打たれると、元親は、これを祝し、信長に鷹一六、砂糖三千斤を進上した。この時も光秀が「執奏」として両者を仲介していた（『信長公記』）。十二月にも、元親は「伊予鶴」五を信長に贈呈したが、信長の礼状には、やはり取次に光秀の名がみえる（『土佐国蠹簡集』）。

ところが、この頃から信長の四国政策は転換し、元親と不協和音が生じる。『元親記』によれば、元親は信長より「四国之儀は元親手柄次第に切取り候へと御朱印」を受け、三好氏がいる阿波への進出を誘発していたといわれている。しかし、後に信長は四国における国分の意思を表明し、阿波については、三好一族で天正三年から信長に従っている三好康長に宛てようとしていた。実際、天正九年正月の京都馬揃えでは、康長は「阿波へ遣わ」すため参加が免除された（『信長公記』）。これに対して、元親は当初「四国の御儀は某が手柄を切取り申す事に候、更に信長卿の御恩たるべき儀にあらず」と述べ、新しい領域は自力で獲得したものであり、信長の協力に拠るものでないと主張したという（『元親記』）。実際の文書では、信長が元親の弟で、阿波攻略を進めていた香宗我部親泰に六月十二日付の朱印状（『香宗我部家伝証文』）を遣わし、康長を仲介して、長宗我部氏に下った三好式部少大輔（康俊、康長の子息）との関係を修復したと報じ、両者の確執は表面化していない。もっとも織田方の康長、長宗我部方の親泰は、ともに前線にたって阿波の国衆を調略しており、各々腹の中に秘めたるものがあったであろう。さらに天正十年五月七日付の信長朱印状（『寺尾菊子氏所蔵文書』）によれば、信長は三男信孝に対して、第一に讃岐国を任せる、第二に阿波国は康長に任せる、第三に土佐、伊予については信長が淡路へ出馬した際に発表すると述べた。その上で「国人等の忠否」を糺し「政道」を申し付けると指示した。信長は、いよいよ四国国分についても積極的に言及し始めた。この朱印状には、元親に関する記述はなく、土佐の長宗我部氏も射程に収まり始めた。

緊迫の度が高まるなか、元親は織田方との和睦に一縷の望みをかけていた。近年確認された天正十年と推定される正月十一日付、石谷光政宛の斎藤利三書状（『石谷家文書』）には、利三が、頼辰の養父であり、元親に仕えていた石谷光政（「空然」）に「御朱印の趣も元親御ため然るべく候」と述べ、信長へ従うよう忠告した。さらに光秀も元親を疎略に扱わないと述べ、当時利三と光秀が歩調を合わせていたことを伝えている。同年五月二一日付、利三宛の元親書状（『石谷家文書』）では、織田方との衝突を回避したい元親は、一宮城（徳島市）、夷山城（八万城、徳島市）、畑山城（阿南市）、牛岐城（阿南市）を織田方へ譲渡すると約束し、信長の調停に応じる姿勢を示した。ただし土佐に近い海部城（鞆城、徳島県海陽町）、大西城（池田城、徳島県三好市）の二城だけは堅持したいと主張した。海部城は太平洋岸、大西城は吉野川上流で、ともに土佐との境界に近く「当国（土佐）の門」と評されている。その上で、信長が甲斐武田氏攻めから帰還した折には、彼に同心したいと記している。これらの文から、信長の四国国分構想を前にして、元親は条件付ながらも、これに応じ苦境打開を模索していたことがわかる。

このように天正十年五月頃、利三は元親とぎりぎりの交渉を進めていた。信孝による四国攻めが着々と準備されるなか、元親は信長との全面戦争か、それとも和睦が可能か、切迫した局面に立たされていた。利三、そして光秀には、相手側の長宗我部氏と、織田方の作戦行動という両方の情報が時々刻々と入り、緊迫した政治情勢を肌で感じ取っていたに違いない。まさしく、この直後の六月二日に本能寺の変を迎えることになる。

本能寺の変と秀吉への継承

天正十年五月、信長は中国攻めへ向かうため、わずかな手勢を率いて、安土（近江八幡市）を発し、京都本能寺へ逗留する。その直前を示す史料として、信長の嫡男信忠の書状が残っている。

［史料5］織田信忠書状『小畠文書』東京大学史料編纂所影写本

尚々、家康《徳川》は明日大坂・堺まかり下られ候、

中国表近々御馬を出されるべくの由候条、我々堺見物之儀、先ず遠慮致し候、一両日中ニ御上洛之旨候間、是に相待ち申し候、此旨早々御諚を得られ、申しこされるべく、委曲様躰使に申し含め候条、口上を申すべく候、謹言

五月廿七日　信忠《織田》（花押）

森乱《森蘭丸》殿

これは、在京する信忠が信長の側近森蘭丸に宛てた書状である。信長が中国表出陣で上洛してくるため、信忠は堺見物を「遠慮」し、これを京都で迎えるとしている。猶々書には、徳川家康が大坂、堺へ向かう旨も伝えている。まさしく、本能寺の変直前の信長、信忠の行動を示す重要な史料である。

これは丹波の『小畠文書』の東京大学影写本に収録されているが、原本は現在所在が不明である。前述してきたように、この『小畠文書』は明智名字を名乗った小畠一族の史料群である。『小畠文書』には、後世

に蒐集した史料も含まれているため、この信忠書状も後に何らかの形で手に入れたものであろう。しかし、こうした変直前の信長・信忠の動向を知り得る史料が、どのように『小畠文書』に入ったのか、謎である。

さて中国攻めの命令が下された光秀も亀山城に入っていた。同六月一日、光秀は「逆心を企て」明智秀満、次右衛門、藤田伝五、斎藤利三ら、側近を集めて「信長を討ち果たし、天下の主となるべき調儀」を伝えた。そして丹波西部へ向かう三草越えを取り止め、東へ転じ老の坂を越えて大山崎から摂津へ軍勢を進める旨を諸卒へ指令した（『信長公記』）。光秀の企ては側近のみに伝え、兵卒には一切知らされていない。

ただし、突然のルート変更に、従軍兵士の間では訝しく思う声があがっていた。フロイス『日本史』では「兵士たちはかような動きがいったい何のためであるか、訝り始め、おそらく明智は信長の命に基づいて、その義弟である三河の国主（徳川家康）を殺すつもりであろうと考えた」と記している。当時従軍していた丹波の武士本城惣右衛門も「いへやす《（家康）》さま御じやうらく《（上洛）》にて候まま、いえやすさまとばかり存じ候、ほんのふ《（本能寺）》寺といふところもしり《（知）》申さず候」（『本城惣右衛門覚書』）と述べている。日欧両史料の一致から考えると、兵卒のなかに光秀の行動を不審に感じる声があったこと、そして光秀の行動は徳川家康を討つためとする噂があがっていたこと、の二点が確認できよう。

光秀の軍勢は、二日未明本能寺へ襲い掛かり、信長を倒した。そして、二条御新造に移った嫡男信忠も攻撃しこれを自刃せしめている。

光秀が、なぜ信長に離反し、これを倒したか？　古来より、さまざまな説が取沙汰されてきた。天下人としての野望、信長に対する恨み、さらに朝廷や足利義昭との連携という意見も主張されている。

残念ながら、反逆をめぐる構想や思惑が当初から綿密に計画されていたか、現状ではわからない。光秀本人も本能寺の変が「不慮」（『細川文書』）のことと記しており、本人も決断の唐突感を否定していない。では、光秀がどのような条件下で、本能寺の変を思い立ったのか。それは、信長のみならず、嫡男信忠も同時期に京都にいたという点であった。主君とその嫡男が至近距離で滞在する局面に、光秀に反逆の意識を芽生えさせたものと思われる。前述したように、織田権力の外向的条件も彼は把握していた。襲撃の良し悪しは別として、光秀は千載一遇の機会を見逃さなかった。

元亀四年四月、将軍足利義昭は信長と対立し、上京にある義昭御所を出て、槙島城（宇治市）に籠城した。その際義昭御所の「御城御殿」は洛中洛外の住民の略奪を受けた。光秀は、このタイミングで、信長に対し、京都の北東にある吉田山に「当山御屋敷」の普請をするよう進言した。これは、京都近郊の丘陵上に拠点的城郭の必要性を感じたためであろう。そこで、信長は柴田勝家、木下（羽柴・豊臣）秀吉、滝川一益、丹羽長秀、松井有閑、前波七郎兵衛らに、現地を検分させた。しかし結果として「御屋敷に成り難し」と判断された（『兼見卿記』）。以後信長は京都において、二条御新造を築くことはあっても、明確な城は築かれることはなかった。信長は京都攻防戦を経験しながらも、洛中洛外に築城するという発想も持たなかった。逆に、光秀は義昭にかわる権力者になる以上、吉田山に「御屋敷」を建設するよう進言したのである。結果として、京都、洛中に本格的な城館を築いたのは、豊臣秀吉であった。天正十五年に聚楽、同十九年に御土居が構築され、その城下には武家屋敷が築かれることになる。

石高による軍役の賦課基準の設定も、光秀から秀吉へと継承されていく。以後、秀吉は、太閤検地を実施するなかで、こうした軍役体制が整備され、この後の全国統一、そして朝鮮出兵を可能にさせていった。その意味で、秀吉は信長の地位を継承しつつも、光秀から学んだ点も多かったのではないだろうか。

●参考文献

池上裕子『織田信長』（吉川弘文館、二〇一二年）
井上　優「『淡海温故録』の明智光秀出生地異伝と現地伝承について」（『滋賀県立琵琶湖文化館研究紀要』三五、二〇一九年）
黒嶋敏「光源院殿御代当参衆并足軽以下衆覚」（『東京大学史料編纂所研究紀要』一四、二〇〇四年）
小久保嘉紀「明智光秀の書札礼」（『明智光秀―史料で読む戦国史』八木書店、二〇一五年）
鈴木将典「明智光秀の領国支配」（戦国史研究会編『織田権力の領域支配』岩田書院、二〇一一年）
高柳光寿『明智光秀』（吉川弘文館、一九六七年）
谷口克広「元亀年間における信長の近江支配体制について」（『日本歴史』四七一　一九八七年）
谷口研語『明智光秀』（洋泉社、二〇一四年）
早島大祐「徹底追跡！明智光秀の生涯」（『ここまでわかった！明智光秀の謎』新人物文庫　二〇一四年）
福島克彦「明智光秀と小畠永明」（『明智光秀―史料で読む戦国史』八木書店、二〇一五年）
藤田達生「織田停戦令と派閥抗争」（『明智光秀―史料で読む戦国史』八木書店　二〇一五年）
藤田達生・福島克彦編『明智光秀―史料で読む戦国史』（八木書店、二〇一五年）
堀新「明智光秀『家中軍法』をめぐって」（『法令・人事から見た近世政策決定システムの研究』研究代表者　山本博文、二〇一五年）
山本浩樹「織田・毛利戦争の地域的展開と政治動向」（川岡勉・古賀信幸編『日本中世の西国社会』一　清文堂　二〇一〇年）

14

明智光秀と本能寺の変

虚像編

▼原田真澄（坪内博士記念演劇博物館　助教）

日本史上特筆すべき歴史の転換点である「本能寺の変」への興味は、その発生以後、江戸時代から現代まで尽きることはなく、無数の創作物が作られ続けている。本稿では、明智光秀が「本能寺の変」を起こした動機と対峙する信長との関係性に焦点を絞り、江戸時代の軍記類から演劇までを概観する。

はじめに

本能寺の変は、日本の歴史を変えた出来事の一つとして、現代でも多くの関心を集めている。夥《おびただ》しい数の書籍が本能寺の変の「真実」を明らかにしようと考察を重ねており、おそらくそれは今後も続くであろう。

明智光秀が本能寺の変を起こす動機は一体何であったのか。常々天下人となる野望を抱いていた光秀が、千載一遇の好機を見逃さずに賭けに出たのか。もしくは、過去の恨みが積もり積もって信長を討ったのか。または、信長に追放された足利義昭や朝廷などによる謀略で変が引き起こされたのであろうか。あるいは近年「石谷家文書《いしがいけもんじょ》」発見によって再注目された「四国説」、つまり光秀が調整を行っていた長宗我部元親《ちょうそかべもとちか》と信長の間の交渉の不調を契機とするものであったのか。

軍書・読本などや近世演劇（歌舞伎・人形浄瑠璃文楽）においても、「なぜ光秀が謀叛を起したのか」に興味を示した作品は多く、それらは必然的に光秀の造形と結び付いていきた。近世演劇において太閤豊臣秀吉の事績を主に取り扱う「太閤記物」が人気を増し成熟していくにつれ、光秀の人物造形も、権力を求めただけの単純な謀叛人から悲劇の主人公へと変化していく。同時に、その光秀に対峙する信長の造形は、智勇に優れた君主から短気な大将へ、さらには陰湿な暴君の側面も見せるようになっていったのである。

本稿では、文芸・演劇作品に見られる本能寺の変の理由に焦点を絞り、そこから見えてくる光秀・信長像の変遷を追うことで江戸時代の人々が「本能寺の変」と信長をどの様に捕らえていたのかを探る。

軍書類にみる本能寺の変とその理由

ここでは軍記類を中心として、どの様に様々な説が生まれ、展開して云ったのかを簡単に確認する。

比較的初期の軍書類では、本能寺の変の要因について詳しく触れられていないことも多い。例えば、大村《おおむら》由己《ゆうこ》『惟任退治記《これとうたいじき》』では、信長への怨みを匂わせるものの具体的な事柄は書かれず、本能寺の変の直前に行われた愛宕山での連歌の席で光秀が「ときは今あめかしたしる五月かな」（諸書によって語句に異同あり）と詠んだ歌が、謀反の志を示していたと述べるに留まる。同じように太田牛一の『信長公記』慶長一五年（一六一〇）では愛宕山での「ときは今……」の歌を載せた後、「信長を討果し天下主と」なるために謀反を思い立ったのだとする。いわば牛一『信長公記』では「野望説」をとっていると言えるだろう。当然ながら、『信長公記』などの比較的早い時期の「野望説」をとる書籍では、後の書物で詳述されるような光秀の怨恨には触れられず、従って信長の人間性にもあまり瑕瑾が見られない。

対して、小瀬甫庵の『信長記』（慶長一六年（一六一一）～一七年成立）では、本能寺の変前夜に光秀が重臣を集め「我等身ノ上ニ於テ信長公可被誅事数条有既ニ事急也ト覚ユ迚遁ヌ道ニ行迫リヌレハ企逆心ハヤト存也」

と謀反の決意を語っている。ここでは、信長に誅される要因が複数あり、遁れられぬので謀反を思い立ったと語っており、いわば前途に不安を感じたために思い立ったという「不安説」が挙げられている。また、同じ甫庵の手による『太閤記』（寛永二年（一六二六）序）には本能寺の変の詳細描写はなく、変をうけての秀吉の対応を描くことに主眼を置いている。甫庵の『信長記』と同じく「不安説」をとるのは、浅井了意の『将軍記』である。林羅山『織田信長譜』（明暦四年（一六五八）刊）の記述内容をほぼ受け継ぎつつ、「光秀が曰く、我れ信長公の為に、殺さるべき事近きにあり。遁れぬ道なれば、大事を思立たんと思ふと。」と、甫庵の『信長記』と同様の理由を述べている。この「不安説」は軍書類で多く見られて『総見記』（遠山信春、元禄一五年（一七〇二）刊）に採用された。さらには頼山陽の『日本外史』（天保一五年（一八四四）序）にも受け継がれ、幕末・近代の史書にも影響している。

しかし、近世の軍書類が「不安説」一辺倒であったわけではない。「怨恨説」も広く流布していた。早い例として、最終的に「野望説」を取りつつも、光秀の信長への遺恨を具体的に述べて恨みの深さを思わせた『川角太閤記《かわすみたいこうき》』（川角三郎右衛門、元和七（一六二一）～九年成立）がある。『川角太閤記』では、信長に折檻されたことや、家康饗応失敗への咎めなどへの遺恨を述べつつも、「老後のおもい出に一夜成とも天下の思出をすべき」と謀反に踏み切った心境を述べる。同じく、『豊鑑《とよかがみ》』（竹中重門寛永八年（一六三一）以前成立）も信長への恨みを持ちつつ、野心故に変を起こしたとする。また、近い時期に成立した『祖父物語』（柿屋喜左衛門著、寛永一九年（一六四二）頃）は、本能寺の変前の光秀の内心として、武田家を亡ぼした戦い以降信長の不興が続き、さらには家康の饗応役を変更されたことが「腹立ニ存ツメ」たのだと述べ、怨恨が変の要因であったと取れる書き方である。これらは、「怨恨説」と「野望説」の両面を持っており、信長への恨みが天下を望む野望の原動力にあったとする考え方である。

遺恨を本能寺の変の要因とする「怨恨説」としては、『明智軍記』（元禄一五年（一七〇二）刊）の存在が大きい。特に、同書の「惟任日向企謀叛事《これとうひゅうがのかみむほんをくわだつること》」では信長の命令で蘭丸が扇で光秀を打ち据えて流血させた件や、蘭丸が亡父森三左衛門の旧領である近江を欲していた件、関連して光秀の所領である丹波・近江を取り上げて敵地である出雲石見の切り取りを命じた件などを述べ立てた後、安土城を立ち去る光秀に「心知ラヌ人ハ何トモ云ヘバ云ヘ　身ヲモ惜マジ　名ヲモ惜マジ」との歌を詠ませている。これらの挿話は、光秀の謀叛が野心ではなく、むしろ遺恨に由来するという『明智軍記』の展開に説得力を持たせた。蘭丸の代理折檻による流血、所領取り上げなどの一件は印象的であり、信長の横暴さを強調する。実録『太閤真顕記《たいこうしんけんき》』（別名『真書太閤記』、白栄堂長衛、安永頃成立）と、『太閤真顕記』を大いに参考として作られた読本『絵本太閤記』（岡田玉山、寛政九年〜享和二年（一七九七〜一八〇二）刊）も、『明智軍記』の説を踏襲し「怨恨説」をとっている。さらに注目すべきなのは、これらの「怨恨説」を取る諸書では、それほどまでに恨まれるような将であった信長の「非」、信長の落ち度を挙げるようになることである。『太閤真顕記』の六篇巻之一七では、「織田信長公弐拾五悪の事」として、二十五もの信長の「非」を挙げ、その中には光秀への打擲も含まれている。『明智軍記』は歴史的裏付けのない記載が多く、俗書として敬遠される向きもある。しかし、創作性が高いためか印象的な、いわば面白い挿話が多く、蘭丸が近江の領地を所望した件などは、前述の『日本外史』などにも取り入れられており、後の書物に及ぼした影響は大きいと言わざるをえない。これら軍書類での描写をベースとして、人形浄瑠璃や歌舞伎などの近世演劇でも両者の人物描写は多様な面をみせていく。

演劇作品での本能寺の変

信長を描いた演劇作品は多く、特に寛政期（一七八九―一八〇二）は豊臣秀吉を描く太閤記物が流行し、秀吉とともに信長も数多く登場した。信長が登場する演劇作品一覧については、巻末の表「信長関連演劇作品初演年表（人形浄瑠璃・歌舞伎）」を参照されたい。この表には、近松門左衛門「本朝三国志」（享保四年（一七一九）初演）から福田恆存「明智光秀」（昭和三十二年（一九五七））までのテキストが刊行された作品、四十一作を挙げた。基本的に上演に際して戯曲が出版される人形浄瑠璃作品に比べ、歌舞伎作品では残念ながら伝本がない作品も多い。番付（チラシ）類の役名などから類推して信長が登場していたと考えられる作品を加えると、この三倍以上（管見の限り浄瑠璃・歌舞伎合わせて百四十作以上）の作品名を挙げられる。しかし、本稿では戯曲が伝存して内容が確認でき、また信長や光秀の人物造形について影響が大きい人形浄瑠璃作品を主に考察を行い、適宜重要な歌舞伎作品にも触れていきたい。

まず、人形浄瑠璃太閤記物の嚆矢として知られているのが、近松門左衛門作「本朝三国志」である。本作の光秀（作中の惟任判官光秀。演劇では幕府の上演禁止を避けるため、歴史的人物の名を変える事が多い。）は、信長の息子信忠（作中の城之介春忠）に放埒を勧めて主家の没落を計るなど、野心を持って謀事をめぐらせ、ついには信長（作中の平春長）父子を討ち取る。いわば「野心説」をとっているこの作は、本能寺の変の場面を直接は描かず、信長と光秀の間での劇的な対立葛藤はあまり深まらない。しかし、『明智軍記』などで知られた蘭丸による光秀折檻の際の流血事件を、本作で主に活躍する加藤清正に変えて取り入れる点に工夫が見られる。また、山崎の合戦後に落ち行く際に、亡霊の信長に祟られる夢を見るなど、シェイクスピアの「マクベス」を下敷きにした福田恆存「明智光秀」を先取りするような描写があるのは、謀反人の描き方として注目に値すると言えよう。

「本朝三国志」以後は、「出世《しゅっせ》握虎《やっこ》稚《おさな》物語《ものがたり》」（竹田出雲、享保十年（一七二五）初演）、「祇園祭礼信仰記」（浅田一鳥ほか、宝暦七年（一七五七）初演）などの出世していく秀吉を描く、いわゆる出世奴物が続く。これらの作品では本能寺の変は描かれないが、信長は卑賤の身から立身出世する秀吉を、身分に捕らわれずに重用しながら天下の動乱を鎮めていく理想的な武将として描かれている。次いで、本能寺の変を描く演劇作品として注目すべきなのが近松半二らの「三日太平記」（明和四年（一七六七）初演）である。本作では、光秀謀反の理由について、野心でも怨恨でも無く、演劇独自の設定として「敵討ち」を採用した。「三日太平記」での光秀は、実は謀反人松永久秀（作中の松永弾正）の息子であり、信長に誅された久秀の仇を討つために謀反を起こすというものである。もちろん荒唐無稽な筋ではあるが、光秀の謀反に「敵討ち」という当時の一般観客からみて道義的に受け入れやすい理由を付けた点が画期的であった。実際、本作の光秀は、勇猛果敢な猛将でありながらも息子への恩愛が深い描写があるなど、陰影に富んだ描写がされている。

「三日太平記」は、その後「出世太平記」などのタイトルで人形浄瑠璃・歌舞伎で近代まで上演されており、光秀一家の最期を描く「松下嘉平治住家《まつしたかへいじすみか》の段」は、ほぼそのまま鶴屋南北の歌舞伎「時桔梗出世請状《ときもききょうしゅっせのうけじょう》」（文化五年（一八〇八））に取り入れられた。この南北版「松下嘉平治住家の段」が、近年市川海老蔵の手によって復活されたことは記憶に新しい。（二〇一八年七月歌舞伎座所演「三國無雙瓢箪久《さんごくむそうひさごのめでたや》」）また、後続作への影響も著しく、先に挙げた南北の「時桔梗出世請状」だけでなく、安永二年（一七七三）初演の歌舞伎、奈河亀輔《ながわかめすけ》ほか「松下嘉平治連歌評判」や、寛政十一年（一七九九）初演、村岡幸治作の歌舞伎「八百八町《はっぴゃくやちょう》瓢簪《ひさごのかんざし》」などでも光秀を信長に亡ぼされた人物の子とする作がある。

近松半二は謀反人劇に長じた浄瑠璃作者であり、光秀という人物に強く興味を持っていたようである。この十三年後にも改めて信長と光秀に注目した「仮名写安土問答《かなうつしあづちもんどう》」（安永九（一七八〇）初演）を書いている。半二は、「三日太平記」では比較的よき大将として描かれていた信長を、本作では逆に足利将軍家に対する謀反を企む人間とした。光秀は、その謀反を止めるため、「不忠の忠義」のために信長を弑し、逆臣の汚名を来ることになった悲劇的人物として造形している点が著しく異彩を放っている。「仮名写安土問答」自身は「三日太平記」の様に再演を重ねることは無かったが、本作に影響を受けたと見られる作は何点か挙げられる。例えば安永九年初演、並木五瓶らの歌舞伎「帰命廓文章《あなかしこくるわぶんしょう》」での信長は、理由はありながらも仏教を迫害する悪人として描写されている。謀反人あるいは悪人の信長とその悪逆を諫めきれず謀反する光秀という筋の作品は、本作以後散見されるようになる。そして、この「仮名写安土問答」の光秀像が、現在でもかなり上演回数の多い人気作「絵本太功記」に影響していることは、既に内山美樹子の指摘がある。（末尾の参考文献リスト所載の新日本古典文学大系94『近松半二 江戸作者浄瑠璃集』解説・脚注を参照）

近松柳ほかの「絵本太功記」は、タイトルで明らかである様に読本『絵本太閤記』に依拠している浄瑠璃作品であるが、『太閤真顕記』も随所に活用している。「絵本太功記」では、光秀も信長も単純な悪人ではなく、また、両者の間に敵討ちの要素もない。「絵本太功記」の信長（春長）は、仏門の人物を処刑し、異見する光秀に対しては領地も召し上げるような苛烈な人物として描かれるが、将軍家などへ謀反を企んではおらず、また家臣などに恩愛も見せる大将の器を持つ人物としても描かれている。光秀は、謀反人の血を引くわけではなく、また天下を望む野望もない。信長に対しては忠義を以て接するが、なんとしても信長に信頼されず追い詰められて、ついには信長を討つ。本能寺の変後の光秀は、一度は自害を試みたが、家臣らの説得に思いとどまり、「一天の君」と「万民」のため自分が天下を治めようと志す。本作では、蘭丸による光秀打擲の上での顔面の出血や、領地取り上げなどの軍書類で描かれた件は、多少アレンジしながら取り入れているが、半二などが演劇として新しく創作してきた要素（敵討ちや信長が謀反人（悪人）であるとする設定）を敢えて排除して、改めて両者の関係を真っ向から捉え直そうとした作品と言えよう。

「絵本太功記」に大いに影響された歌舞伎「時桔梗出世請状」で南北は、「絵本太功記」で描かれた、どうしても相容れない信長と光秀の関係性についてさらに執拗に描写する。（図版1「時桔梗出世請状」初演時の五世

五世松本幸四郎演ずる武智（明智）十兵衛光秀（文化五年（一八〇八）七月市村座「時桔梗出世請状」所演、早稲田大学演劇博物館所蔵、作品番号：001-0089）

松本幸四郎演ずる光秀（作中の武智光秀）「絵本太功記」では懊悩する光秀に焦点が絞られていたが、「時桔梗出世請状」ではより信長（作中の春永）の存在が大きい。例えば、丹波近江の領地召し上げについては、「絵本太功記」では使者を送って通達していたが、「時桔梗出世請状」では本能寺で直接対面して申し渡している。さらに信長は追い討ちを掛けるように、光秀の昔の恥（生活に窮して妻が髪を切り売りした件）を満座の中で暴露する。「時桔梗出世請状」の光秀は、この切り髪を手にしてその場を辞する際、謀反を決意するように書かれ、演じられている。つまりは「怨恨説」をとるとも言えるが、本作では領地召し上げよりも、切り髪を渡されたことに対するより個人的な怒りと恨みが強く、歌舞伎らしく信長と光秀という二人の人間が対決する中で、本能寺の変が決意されていく様を劇的に描いている。人形浄瑠璃の「絵本太功記」、歌舞伎の「時桔梗出世請状」以後も信長・光秀が登場する演劇作品は散見されるが、両作以後、より印象的な信長・光秀像を創出し、現在まで舞台生命を保つ作品はない。「絵本太功記」、「時桔梗出世請状」双方共に、古典化する近世演劇の流れの中で再演を重ねながら、その時代時代の演者によって演技・演出が洗練されていくことになる。

まとめ

軍書類と演劇作品の両面から本能寺の変の理由、また信長と光秀の人物造形について確認してきた。初期の軍書類では、簡潔な記述ながら「野望説」をとるものが多く、後には「不安説」や「怨恨説」など様々な解釈を産んだ。特に『明智軍記』などが書いた「怨恨説」は、後の文芸作品に多分に影響を与えた『太閤真顕記』などにも引かれ、その余波は史書として書かれた『日本外史』にも及ぶ。概して、時代を下るにつれて信長や光秀の言動は細かく描写されることになり、従って謀叛人である光秀の人間性も陰影に富んだ描写をされるようになった。軍書類でも、光秀の人物描写が詳しくなり、また「不安説」・「怨恨説」が唱えられて信長への怨恨の数々が詳細に語られるようになるに従って、必然的に恨みを受ける側である信長も、優秀な武将であるという好意的な評価から、優秀であるが暴虐を奮う人物へと変化していくのが確認できた。

演劇でも近松門左衛門の浄瑠璃「本朝三国志」以後、歴史的大事件である本能寺の変は、しばしば取り上げられてきた。近松門左衛門は光秀を紋切り型の謀反人、信長を理想的な大将として造形したが、その後の世代の作者等の作品では、演劇ならではの自由な想像力によって二人の造形は様々に変化した。近松半二の「三日太平記」・「仮名写安土問答」では、敵討ち、あるいは謀反の信長を止めるという忠義のために変を決意するという、義ある光秀が登場し、逆に謀反人の信長もあらわれた。これらの忠義の光秀、あるいは悪人の信長像という逆転した特異な人物造形は、一定の観客の支持、あるいは共感を得たのであろう。後の演劇作品にも受け継がれていく。

しかし、浄瑠璃では太閤記物の流行の中で、当時の一般観客らにとっての「歴史書」である読本『絵本太閤記』に接近した「絵本太功記」が登場し、あらためて「歴史」的に真実味のある荒唐無稽ではない信長・光秀像が描かれた。南北はその「絵本太功記」や「三日太平記」をはじめとする先行する諸作品を良く取り入れながらも、太閤記物の集大成として本能寺の変を人間同士が対決する演劇として描ききったのである。

歴史書・小説などの書物にせよ、上演された演劇作品にせよ、本能寺の変という歴史的大事件に対する興味は近世以降、現在まで続いている。これからも本能寺の変の要因について、百家争鳴の議論がなされることであろう。近年では、歴史学の目覚ましい発展により、戦後の我々が抱いてきた中世的因習を打破する革新者である信長像が否定されつつある。足利将軍家を尊重し、朝廷を敬い、家臣の統率と外交に剛柔あわせた対応をとっていたとされる史実の信長は、不思議と比較的初期の演劇「本朝三国志」などで描かれた理想的かつ紋切り型な武家の大将である虚像の信長像に重なってくるように思われる。虚像は、一般大衆のイメージ上の「実像」にその時代が要求する色づけが行われて描かれる。今後は、どの様な信長像が描かれるのであろうか。現況では、近世にはすでに確立されていた優秀且つ苛烈な信長像と、その信長に堪えきれずに謀反を決意する光秀像という定型については、近年の大河ドラマなどでの映像作品でも中々更新されていないように思われる。むしろ、近世の俗とも称される軍書類や荒唐無稽と考えられてきた演劇作品の中にこそ、新鮮な信長像、光秀像が隠れているのではないだろうか。

附記：本稿をなすにあたって、井上泰至氏より多くの信長関連の軍書についてご教示を頂いた。篤く御礼申し上げる。また、本稿はSPS科研費17K18162の成果発表の一部である。

●参考文献

井上泰至『近世刊行軍書論』（笠間書院、二〇一四年）
上野典子「寛政年間上方歌舞伎にみえる「太閤記」の世界」（京都大学文学部国語国文学研究室編『国語国文』72—2号（通号822）、二〇〇三年二月）
内山美樹子・延広真治校注新日本古典文学大系94『近松半二 江戸作者浄瑠璃集』（岩波書店、一九九六年）

藤田達生・福島克彦編集『明智光秀　史料で読む戦国史』（八木書店、二〇一五年）
渡邊大門『本能寺の変に謎はあるのか？：史料から読み解く、光秀・謀反の真相』（晶文社、二〇一九年）
渡邊大門編『虚像の織田信長』（柏書房、二〇二〇年）

14. 明智光秀と本能寺の変 × 虚像編

●コラム

信長の肖像画

▼堀 新

我々のもつ信長のイメージを形成しているのは、ルイス・フロイスの言葉と肖像画である（フロイスの言葉は、本書コラム「信長とフロイス」を参照）。信長の肖像画は約三十点あるが、制作年代が明かな四点を取り上げたい。

まず最も著名な長興寺所蔵本（重要文化財）は紙《し》本《ほん》、肩衣《かたぎぬ》・袴姿である。下部の墨書によれば、信長家臣の余語《よご》正勝が信長一周忌に寄進した。裏打ちの下に「狩野」の署名と「元秀」の朱文壺印が捺されている。画面上部の賛とは異なる墨書、下部の墨書、紙本であることは不審とされてきた。しかし二〇一六年度の修復によって、材質が中国伝来の竹紙と判明した。竹紙は絵の具の経年劣化を抑える働きがあり、他肖像画にも使用例がある。墨書と落款印章の問題はなお残るが、ひとまず信憑性は確認されている。

寄進者（注文主）の余語正勝は三河国金谷城代で、長興寺を再興した。金谷城を含む三河国高橋郡は当時尾張の支配下にあり、信長死後の正勝は信雄《のぶかつ》の配下だったのではないか。弟勝盛《かつもり》は「織田信雄分限《ぶげん》帳《ちょう》」に名前がある。絵師は、落款《らっかん》の元秀は狩野甚之丞の諱《いみな》だが、その父宗秀《そうしゅう》（永徳の弟）も同じ印章を用いており、年代的に宗秀筆と考えられる。宗秀は永徳の安土移住の際に京都の家屋敷を預けられ（「古画備考」）、永徳の残した狩野派門人を指導した。天正十年正月には秀吉に招かれて播磨へ下向するなど（「那須忠良氏所蔵文書」）、織田家臣団での評価は高かった。

肩衣の左右前肩、袴などに桐紋が描かれ、小袖は桐唐草を織り込んだ白綾で、桐紋を胡粉《ごふん》で盛り上げている。着衣の配色桐紋や白綾は天下人にふさわしい権威を表象し、着衣の配色は京風である。

次は神戸市博物館所蔵本（安土摠見寺旧蔵、重要文化財）は絹本《けんぽん》で絵師は不明だが、後に大徳寺総見院の開山となった古渓宗陳《こけいそうちん》の賛がある。その日付は天正十一年五月上旬であり、一周忌の制作とわかる。束帯姿で右手に笏《しゃく》、左脇に腰刀を佩《は》く。束帯姿の信長肖像は多いが、御簾《みす》や帳《とばり》を描く大雲院所蔵本や泉野菅原神社所蔵本に較べれば、荘厳化・神格化の度合いは低い。二〇一四～一五年度の解体修理によって束帯の文様が鮮明となり、これは木瓜《もっこう》紋とされる。また佩刀の鞘尻《さやしり》には桐紋がある、なお大徳寺惣見院所蔵の等身大木像（重要文化財）は天正十年十月の葬儀の際に作成された二体の一つ（もう一体は棺に入れられた）と誤解されることが多いが、像底に天正十一年五月制作と朱書銘があり、やはり一周忌の制作である。

続いて大徳寺所蔵本は絹本に肩衣・袴姿で眉間に皺がある。狩野永徳筆と考えられている。軸木に天正十二年五月の墨書があり、三周忌の制作とわかる。注文主は不明だが、常識的には羽柴（豊臣）秀吉だろう。肩衣の左右前肩にはそれぞれ上に桐紋、下に木瓜紋が二つ並び、小袖にも多数の桐紋がある。二〇〇八～〇九年度の修理によって裏面に表面とは異なる色彩と図様が発見された。裏面が原図であり、表面はそれを書き改めたものであろう。裏面は目つきも鋭く、口髭の両端は跳ね上がっていた。表面は腰に脇指を差すのみだが、裏面は大小二本を差していた。また表面の小袖は両腕とも薄藍色だが、裏面は右が萌葱、左が薄藍色の「片身替り」という当時流行のデザインで桐紋も大きく描かれていた。右手に持つ扇子も裏面の方が大きい。裏面の原図は派手で威厳があるが、表面は地味にしている。このような大幅な描き直しは異例であり、注文主とは別の誰かが横槍を入れた可能性もある。それが秀吉であり、信長を超えられないコンプレックスが背景にあるという説もある。しかし秀吉はこの頃京大坂にはほとんど滞在していないうえ、「日本の治、頼朝以来」と豪語する秀吉の心情としてふさわしいだろうか。永徳は子光信が描いた信長の寿像（「桂林漫録」）を参考にしたというが、表面の方が寿像に近い。永徳には信長を地味に描き直すことはできず、光信の描い

桂川中良「桂林漫録」（早稲田大学図書館所蔵） 永徳の子光信が、信長の目前で書いた寿像の写とされる。

た寿像をそのまま取り入れたのだろうか。

最後に報恩寺所蔵本は紙本で絵師は不明である。画面上部に近衛前久が六字名号（なむあみだぶ）を頭にした追善和歌と天正十六年六月二日の日付があり、信長七回忌に近衛前久が制作させたものである。肩衣・袴姿で右手に扇子を持ち、左脇に腰刀を佩く。肩衣の左右前肩に桐紋があり、白小袖には大きめの桐紋がデザインされている。袴は半袴で素足が見え、襞も揃っていない。他肖像画に較べて顔がやや大きく、顎髭がなく、額・目元・首の皺が多く晩年の姿と思われる。鼻と左頬に黒子《ほくろ》があり、美化を抑えて信長のリアルな姿を写しているとも評価されている。

以上四点も含めて、肖像画に描かれた信長の容姿は細長い顔、広い額、大きめの鼻、口鬚の両端の跳ね上がり、薄い鬚などが共通する。また肩衣・袴、束帯姿もほぼ共通し、絵師による違いはあまりない。大徳寺本（永徳筆）の原図のみが派手な衣装と色彩であったが、この書き換えの意味は今後の課題である。

容貌に注目が集まりがちであるが、服装も重要である。四点のうち三点が肩衣・袴姿であるが、これは武家礼装としては最も格下であり、信長肖像としても少数である。しかし肩衣と袴の同地同色、袴の整然とした襞（報恩寺本を除く）は式正の礼装を表し、小袖の白綾は中納言以上に許さるもの、小袖と肌着の対比の強い異色の配色は当世風で京風を意識したものであった。また四点いずれもに桐紋が描かれており、信長の意外な「古さ」を示して注目される。

●参考文献

神谷浩「織田信長像」（『新修豊田市史』別編美術・工芸、二〇一四年）
河原由紀子「元秀筆織田信長像の着衣の解釈」（『美術史』一四二、一九九七年）
後藤嘉寿美「重要文化財織田信長像修理報告」（『豊田市郷土資料館だより』一〇〇、二〇一七年）
田村英恵「信長画像解析」（『激震織田信長』、学習研究社、二〇〇一年）
並木誠士「織田信長像」（『愛知県史』別編文化財2・絵画、二〇一一年）
藤本正行『本能寺の変』（洋泉社、二〇一〇年）
堀新「織田信長の桐紋拝領と「信長公記」」（金子拓編『「信長記」と信長・秀吉の時代』（勉誠出版、二〇一二年）
山本英男「大徳寺所蔵の狩野永徳筆織田信長像について」（『京都国立博物館学叢』三三、二〇一一年）

長興寺本（東京大学史料編纂所模本）下記から検索
http://wwwap.hi.u-tokyo.ac.jp/ships/shipscontroller
神戸市博物館本
https://www.kobecitymuseum.jp/collection/detail?heritage=365026
大徳寺本
https://www.musey.net/144/145
報恩寺本（東京国立博物館模本）
https://webarchives.tnm.jp/imgsearch/show/C0073506

付録

信長関連作品目録（軍記・軍書・史書・実録・史論・図会・随筆・小説）

●竹内洪介編

この目録は、本書で言及された信長関連の作品を時代順に掲出したものである。成立年が不明の作品は最後に纏めて示した。文書や日記の類、および信長が直接登場しないと判断した作品については原則として採用しなかった。また、秀吉や家康その他の伝記にも信長が登場（関係）することがあるため、それらについても目録に加えた。掲出した作品のうち、信長が中心的な役割を果たす（あるいは特に信長に関係する）と判断したものについては、書名の頭に○を付した。本書で言及されていない信長関連の作品については、本書の姉妹編『秀吉の虚像と実像』、および『戦国軍記事典　天下統一編』（和泉書院、二〇一一年一二月）を併せて参照されたい。なお、膨大な数の演劇作品については、別途原田真澄が目録を作成し、本目録に続いて掲載した。

この目録は、活字本がある場合、それを挙げ、それに加えてデジタル画像で見られるものは、データベースを挙げ、デジタル画像がないものは主な所蔵先を掲げた。以下はそのデータベースの出典と対応する目録上の略称である。

国＝国文学研究資料館（新）日本古典籍総合目録データベース
内閣文庫＝国立公文書館デジタルアーカイブ
国会＝国立国会図書館オンラインデータベース

書名	作者名	成立	活字本	デジタル画像他／備考
細川両家記	生島宗竹	天文一九年（一五五〇）上巻、元亀四年（一五七三）下巻	群書類従20	国・内閣文庫
惟任退治記（惟任謀反記）	大村由己	天正一〇年（一五八二）	続群書類従20下、改定史籍集覧13、戦国史料叢書『太閤史料集』	内閣文庫／『天正記』の一編
総見院殿追善記（豊臣公報君讐記）	松永永種	天正一〇年（一五八二）	群書類従29、日本歴史文庫5	国会／『惟任退治記』を仮名交じりに書き下したもの
日本史	ルイス・フロイス	天正一一年（一五八三）～文禄三年（一五九四）頃か	『完訳フロイス日本史』（中公文庫）	
足利季世記		天正末（～一五九二）頃か	改定史籍集覧13	国・内閣文庫
○信長公記（信長記）	太田牛一	慶長三年（一五九八）以前成立か	『信長公記』（角川ソフィア文庫）、改定史籍集覧19、戦国史料叢書『太閤史料集』	牛一自筆本である岡山大学附属図書館池田家文庫本（重要文化財）が岡山大学附属図書館デジタルアーカイブ古文献ギャラリーで公開／池田家文庫本以外にも、牛一自筆本として建勲神社本（重要文化財）、尊経閣文庫本がある（詳細は本書コラム「太田牛一と信長公記」を参照されたい）
大かうさまくんきのうち	太田牛一	慶長一〇年（一六〇五）頃か	斯道文庫古典叢刊3、戦国史料叢書『太閤史料集』	慶應義塾大学メディアセンターデジタルコレクション
○信長記	小瀬甫庵	慶長一六年（一六一一）末～一七年五月以前刊行	古典文庫58・59（現代思潮社）	国・国会
川角太閤記	川角三郎右衛門とされる	元和七年（一六二一）～九年成立とされる	改定史籍集覧19（嘉永四年〈一八五一〉版内閣文庫本）	国
三河物語	大久保忠教	元和八年（一六二二）～寛永三年（一六二六）頃	戦国史料叢書『家康史料集』、日本思想大系26	国・内閣文庫

書名	作者名	成立	活字本	デジタル画像他／備考
元親記（長曾我部元親記）	高島正重	寛永八年（一六三一）	続群書類従23上、土佐文学復刻集成第1巻、戦国史料叢書『四国史料集』、日本合戦騒動叢書6	国・内閣文庫
豊鑑	竹中重門	寛永八年（一六三一）	校注日本文学大系13、群書類従20	国・内閣文庫・国会（鶯宿雑記所収）
太閤記	小瀬甫庵	寛永一一年（一六三四）～寛永一四年刊	新日本古典文学大系60	国・内閣文庫・国会
勢州軍記	神戸良政	寛永一二年（一六三五）頃	続群書類従21上、三重県郷土資料叢書39・97集	国・内閣文庫
祖父物語	柿谷喜左衛門	寛永一六年（一六三九）以降	改定史籍集覧13	内閣文庫
道家祖看記	道家祖看	寛永二〇年（一六四三）	続群書類従20上、日本歴史文庫5、新訂増補史籍集覧23	内閣文庫
当代記	松平忠明とされる	寛永年間（一六二四～四四）か	史籍雑纂2	国・内閣文庫
美濃国諸旧記		寛永末（一六四四）以降～正保年間（一六四五～一六四八）頃成立か	国史叢書35	
甲乱記		正保三年（一六四六）刊	続群書類従21上、甲斐志料集成7、甲斐叢書2	国・内閣文庫
○新撰信長記	板倉重宗	明暦二年（一六五六）以前成立	『日本文芸論叢』（和泉書院）	国・内閣文庫
甲陽軍鑑		明暦二年（一六五六）刊	『甲陽軍鑑大成』（全7巻、汲古書院）、『改訂甲陽軍鑑』（人物往来社）、ちくま学芸文庫、古典資料類従20～23、甲斐志料集成9	国・内閣文庫・国会／成立は元和七年（一六二一）以前か

本朝百将伝（本朝有像百将伝）	伝林道春賛	明暦二年（一六五六）刊		国・内閣文庫・国会／『本朝武将伝』『本朝百人武将伝』『百人武将伝』など数種の改版あり
○織田信長譜（将軍家譜のうち）	林羅山・読耕斎	明暦四年（一六五八）刊		国・内閣文庫／同じく将軍家譜に収録された豊臣秀吉譜も信長関連作品
○増補信長記	松平忠房	寛文二年（一六六二）		国・内閣文庫
老人雑話	江村専斎・伊藤宗恕	寛文三年（一六六三）頃か	改定史籍集覧10、随筆文学選集11	国・内閣文庫
○本朝将軍記	浅井了意	寛文四年（一六六四）刊	『広島経済大学研究論集』20（その1）～20（その3）	国・内閣文庫
細川忠興軍功記（牧丞太夫覚書）	牧丞太夫	寛文四年（一六六四）	続群書類従20下、改定史籍集覧15	内閣文庫
本朝通鑑	林羅山・鵞峰	寛文一〇年（一六七〇）刊	『本朝通鑑』（国書刊行会）	内閣文庫
尾張大根（尾張名所記）	専隆	寛文一二年（一六七二）	仮名草子集成8、東海地方史学叢書第一集	内閣文庫
武家事紀	山鹿素行	延宝元年（一六七三）自序	『武家事紀』上～下（明治百年史叢書、原書房）、『山鹿素行全集』思想篇13（岩波書店）	内閣文庫
○総見記（織田軍記・織田治世記）	遠山信春	貞享二年（一六八五）	史籍集覧12、通俗日本全史7	国・内閣文庫
武徳大成記	林信篤等	貞享三年（一六八六）		国・内閣文庫
浅井三代記	遊山（雄山）	元禄二年（一六八九）刊	改定史籍集覧6	国
北畠物語		元禄七年（一六九四）刊		国・内閣文庫
本朝通紀	長井定宗	元禄一一年（一六九八）刊		国・内閣文庫
明智軍記		元禄一五年（一七〇二）刊	『明智軍記』（KADOKAWA）	国・内閣文庫／元禄六年（一六九三）刊と記す略本あり（名古屋市立鶴舞図書館蔵）

書名	作者名	成立	活字本	デジタル画像他／備考
四戦紀聞	根岸直利編・木村高敦校正	宝永二年（一七〇五）成立、弘化三年（一八四六）刊	日本歴史文庫2	国・内閣文庫・国会
室町殿物語	楢村長教	宝永三年（一七〇六）自序	東洋文庫380・384	国・内閣文庫
遺徳法輪集	宗誓	宝永八年（一七一一）刊	真宗全書65（国書刊行会）	国
読史余論	新井白石	正徳二年（一七一二）	岩波文庫、新井白石全集3、日本思想史大系35	国・内閣文庫
本願寺由緒通鑑	温科子	正徳五年（一七一五）刊	大日本仏教全書132	国・内閣文庫
武将感状記（砕玉話・近代正説砕玉話）	熊沢淡庵	正徳六年（一七一六）刊	博文館文庫208、武士道全書8、帝国文庫・常山紀談	国・内閣文庫・国会
陰徳太平記	香川正矩・景継	享保二年（一七一七）刊	通俗日本全史13・14、東洋書院	国・内閣文庫
○織田真紀	織田長清	享保三年（一七一八）刊		内閣文庫
武田三代軍記	片島深淵子	享保五年（一七二〇）刊	国史叢書22・23	国・内閣文庫
○出世握虎昔物語	八文字屋自笑	享保一一年（一七二六）刊	八文字屋本全集9	国会
武徳編年集成	木村高敦	元文五年（一七四〇）刊	『武徳編年集成』（名著出版）	国・内閣文庫
濃陽志略	松平秀雲（君山）	宝暦六年（一七五六）	『濃州徇行記』（大衆書房）	国・内閣文庫・国会
石山軍鑑	立耳軒	明和八年（一七七一）自序	早水恒利校訂注釈版（一九七一年）	国
雨月物語	上田秋成	安永五年（一七七六）刊	岩波文庫、角川ソフィア文庫など	国
太閤真顕記（真書太閤記）	白栄堂長衛	安永九年（一七八〇）		国／『訂正真書太閤記』（信濃出版会、明治16～17）の底本
大谷本願寺通紀	玄智	天明五年（一七八五）～寛政三年（一七九一）	大日本仏教全書132、真宗全書68（国書刊行会）	龍谷大学図書館所蔵（自筆稿本か）等
笈埃随筆	百井塘雨	寛政六年（一七九四）未完	日本随筆大成第2期第12巻	内閣文庫
絵本太閤記	武内確斎著・岡田玉山画	寛政九年（一七九七）～享和二年（一八〇二）刊	国書刊行会、有朋堂文庫、通俗日本全史8・9	国

続史愚抄	柳原紀光	寛政一〇年（一七九八）清書本成立	国史大系13～15	内閣文庫
○絵本拾遺信長記	秋里籬島著か、初編丹羽桃渓画、後編多賀如圭画	享和元年（一八〇一）～文化元年（一八〇四）刊		国
玉襷	平田篤胤	文政一〇年（一八二七）頃	新修平田篤胤全集6、平田篤胤全集4	国
○日本外史	頼山陽	文政一二年（一八二九）刊	岩波文庫、有朋堂文庫	国・内閣文庫
改正三河後風土記	成島司直改編	天保四年（一八三三）刊	中山和子翻刻・校訂『三河後風土記正説大全』（新人物往来社）、桑田忠親監修・宇田川武久校注『改正三河後風土記』上～下（秋田書店）	内閣文庫／原撰本の『三河後風土記』は正保年間（一六四五～四八）以降成立とされる
徳川実紀（御実紀）	林述斎・成島司直など	天保一四年（一八四四）	新訂増補国史大系38～47	内閣文庫
尾張名所図会	岡田啓・野口道直撰、小田切春江画	天保一五年（一八四五）前編、明治一三年（一八八〇）後編刊	版本地誌大系17、大日本名所図会第1輯第8編～第10編	国・内閣文庫
日本政記	頼山陽	弘化二年（一八四五）刊	頼山陽選集4、詳解全訳漢文叢書3	国・内閣文庫
松風雑話（小枝略翁『茶事集覧』所収）	稲垣休叟	嘉永二年（一八四九）刊		国・内閣文庫・国会
（重修）真書太閤記	栗原信充	嘉永五年（一八五二）～慶応四年（一八六八）刊か	国民文庫刊行会、帝国文庫	国
絵本豊臣勲功記	八功舎徳水著、初～五編歌川国芳画、六～九編松川半山画	安政四年（一八五七）～明治一七年（一八八四）		国・国会（8・9編のみ存）／天理図書館に稿本（欠本あり）が所蔵される。著者の八功舎徳水は桜沢堂山・柳水亭種清とも称した（『チェスター・ビーティー・ライブラリィ 絵巻絵本解題目録 解題編』勉誠出版、二〇〇二年、参照）

書名	作者名	成立	活字本	デジタル画像他／備考
明智光秀	小泉三申	明治三〇年（一八九七）	岩波文庫、小泉三申全集第1巻	全集第1巻には本書の他『織田信長』も所収
日本戦史	参謀本部	明治二六年（一八九三）～四四年（一九一一）	村田書店版、元眞社版、博文社版	国会
○近世日本国民史　織田氏時代・豊臣氏時代・家康時代	徳富蘇峰	大正七年（一九一八）～一二年（一九二三）	近世日本国民史刊行会版（1～13巻）、民友社版（1～13巻）	国会
新書太閤記	吉川英治	昭和一四年（一九三九）～二〇年（一九四五）	読売新聞、講談社吉川英治歴史時代文庫、吉川英治全集（講談社新版）19～23巻	
○織田信長	山岡荘八	昭和三〇年（一九五五）～三五年（一九六〇）	大日本雄弁講談社、講談社山岡荘八歴史文庫、山岡荘八全集（講談社新版）14～16巻	
○国盗り物語	司馬遼太郎	昭和三八（一九六三）～四一年（一九六六）	サンデー毎日、新潮社単行本、新潮文庫、司馬遼太郎全集（文藝春秋社）10、11巻	
新史太閤記	司馬遼太郎	昭和四三年（一九六八）	新潮文庫、司馬遼太郎全集（文藝春秋社）17巻	
朝倉家記				富山県立図書館蔵『朝倉家録』所収
江濃記			群書類従21	内閣文庫
○（江州）安土山記	南化玄興			東京大学および金刀比羅宮図書館所蔵／甫庵信長記に引用あり
伊東（東）法師物語	伊東法師		岡崎市立中央図書館古文書翻刻ボランティア会編『伊東（東）法師物語』	国立国会図書館および酒田光丘文庫所蔵

氏郷記（蒲生記）			新訂増補史籍集覧9、日本歴史文庫11	国・内閣文庫／蒲生氏郷記は別本
大須賀記	海老江里勝か			尊経閣文庫所蔵本など
○織田系図			続群書類従6上	内閣文庫
理慶尼記（武田勝頼滅亡記）			続群書類従21上、国史叢書23、江戸時代女流文学全集1、甲斐志料集成12	国・内閣文庫・国会
松平記			徳川合戦史料大成	国・内閣文庫
○織田家雑録				徳川昭武氏および彰考館文庫所蔵／東京大学史料編纂所に写真帳あり
武功夜話			『武功夜話』（新人物往来社）、松浦武・松浦由起『「武功夜話」研究と三巻本翻刻』、同「武功夜話：研究と二十一巻本翻刻」（1～3）武功夜話研究会	前野家文書
○桶狭間合戦縁起				名古屋市博物館所蔵
○桶狭間村合戦記				鶴舞中央図書館所蔵
○今川義元桶狭間合戦				国文学研究資料館所蔵／明治期の草双紙、東京辻岡屋文助刊

付録

信長関連演劇作品初演年表（人形浄瑠璃・歌舞伎）

●原田真澄編

本表は、織田信長に相当する人物が劇中に登場することが台帳などから確認できる近世演劇（人形浄瑠璃・歌舞伎）の初演年表である。番付など信長らしき人物（織田（小田）信長・春永・春長など）が確認できたとしても、台帳が現存していない作品は省き、また基本的には作品の初演のみを挙げ、同外題の再演（人形浄瑠璃から歌舞伎への移植も含む）は省いている。信長が登場しない作品も含む太閤記物主要作品については原田真澄「主要秀吉関連演劇作品一覧」（『秀吉の虚像と実像』笠間書院）を参照されたい。人形浄瑠璃と歌舞伎の別を「浄／歌」の欄に示し、「活字本等」欄には翻刻やデータベースの情報を記載した。なお、「早稲田大学文化資源データベース」は「早稲田」、「国立国会図書館デジタルコレクション」は「国会」と略記する。

主要参考文献：伊原敏郎著、河竹繁俊・吉田暎二編集校訂『歌舞伎年表　第1〜8巻』（岩波書店）、義太夫年表近世篇刊行会『義太夫年表　近世篇1〜8』（八木書店）、土田衞「「歌舞伎年表補訂考証　元禄篇1〜7、宝永編1・2、正徳編1・2、享保編1〜5、元文編、寛保編、延享編、寛延編、宝暦編、明和編」（『演劇研究会会報』27〜44ほか所収）、上野典子「寛政年間上方歌舞伎にみえる「太閤記」の世界」（『国語国文』72号（通号822））

浄／歌	初演年	西暦	月	上演劇場	作品名（よみ）	作者	活字本等
浄	享保四	一七一九	二月	大坂　竹本座	本朝三国志（ほんちょうさんごくし）	近松門左衛門	『近松全集　第11巻』（岩波書店）他
浄	享保一〇	一七二五	五月	大坂　竹本座	出世握虎稚物語（しゅっせやっこおさなものがたり）	竹田出雲	『義太夫節浄瑠璃未翻刻作品集成 1』（玉川大学出版部）ほか
浄	宝暦七	一七五七	一二月	大坂　豊竹座	祇園祭礼信仰記（ぎおんさいれいしんこうき）	中邑阿契・浅田一鳥ほか	『叢書江戸文庫37　豊竹座浄瑠璃集3』（国書刊行会）ほか
浄	宝暦一二	一七六二	二月	大坂　豊竹座	三好長慶碪軍談（みよしちょうけいきぬたぐんだん）	梁塵軒	「早稲田」
浄	明和四	一七六七	一二月	大坂　竹本座	三日太平記（みっかたいへいき）	近松半二ほか	『半二戯曲集』（国民文庫刊行会）、『続帝国文庫第14編　近松半二浄瑠璃集』（博文館）ほか
浄	安永一	一七七二	一二月	大坂　豊竹此吉座	後太平記瓢実録（ごたいへいきひさごじつろく）	菅専助・若竹笛躬	『菅専助全集　第2巻』（勉誠社）
歌	安永二	一七七三	八月	大坂　中座	松下嘉平治連歌評判（まつしたかへいじれんがのひょうばん）	奈河亀輔ほか	『歌舞伎台帳集成　第30巻』（勉誠社）
浄	安永五	一七七六	四月	大坂　豊竹此吉座	三国無双奴請状（さんごくむそうやっこのうけじょう）	安田阿契・若竹笛躬ほか	「早稲田」
浄	安永九	一七八〇	一月	大坂　竹田万治郎座	仮名写安土問答（かなうつしあづちもんどう）	近松半二ほか	『新日本古典文学大系94　近松半二江戸作者浄瑠璃集』（岩波書店）
歌	安永九	一七八〇	一二月	大坂　角座	帰命廓文章（あなかしこくるわぶんしょう）	並木五兵衛ほか	『歌舞伎台帳集成　第41巻』

浄／歌	初演年	西暦	月	上演劇場	作品名（よみ）	作者	活字本
浄	天明一	一七八一	二月	大坂　竹本座	時代織室町錦繍（じだいおりむろまちにしき）	近松半二	『続帝国文庫第14編　近松半二浄瑠璃集』（博文館）
歌	天明八	一七八八	一一月	江戸　中村座	唐相撲花江戸方（とうずもうはなのえどかた）	桜田治助ほか	「戻り駕」のみ『名作歌舞伎全集　第19巻』（東京創元新社）他、「国会」
歌	寛政一	一七八九	一月	大坂　中座	傾城北国曙（けいせいこしじのあけぼの）	奈河七五三助ほか	『日本戯曲全集　第43巻　京坂二の替狂言集』（春陽堂）
歌	寛政四	一七九二	二月	大坂　角座	舊土礎花大樹（めいしょづえはなのこのした）	奈河七五三助ほか	『日本戯曲全集　第34巻　太閤記狂言集』（春陽堂）、「国会」
歌	寛政四	一七九二	三月	大坂　角座	色競続箭戦（いろくらべのちのやあわせ）	奈河七五三助ほか	『日本戯曲全集　第34巻　太閤記狂言集』、「国会」
歌	寛政四	一七九二	四月	大坂　中座	雨下知桔梗旗上（あめがしたしるききょうのはたあげ）	並木五兵衛ほか	『演劇脚本』（館野緑太郎）、「国会」
浄	寛政五	一七九三	三月	大坂　北堀江市の側芝居	会稽故郷錦（かいけいこきょうのにしき）	近松柳ほか	「早稲田」
歌	寛政一〇	一七九八	七月	江戸　桐座	智仁勇三面大黒（ちじんゆうさんめんだいこく）	並木五兵衛ほか	『日本戯曲全集　第47巻　続舞踊劇集』（春陽堂）、「国会」
浄	寛政一一	一七九九	七月	大坂　若太夫	絵本太功記（えほんたいこうき）	近松柳・近松千葉軒ほか	『新日本古典文学大系94　近松半二江戸作者浄瑠璃集』、「早稲田」
歌	寛政一一	一七九九	一一月	江戸　森田座	八百八町瓢簪（はっぴゃくやちょうひさごのかんざし）	盛岡幸二	『日本戯曲全集　第34巻　太閤記狂言集』、「国会」

歌	寛政一二	一八〇〇	一一月	大坂　角座	恵宝大功記（えほうたいこうき）	奈河篤助ほか	
浄	享和一	一八〇一	一〇月	大坂　北堀江市之側座	日吉丸稚桜（ひよしまるわかきのさくら）	近松柳ほか	『日本名著全集　江戸文芸之部　第28巻　歌謡音曲集』、「早稲田」
浄	享和二	一八〇二	八月	大坂　堀江市の側芝居	日吉丸二度清書（ひよしまるにどのきよがき）	近松柳ほか	「早稲田」
歌	文化四	一八〇七	一一月	江戸　中村座	会稽雪木下（かいけいゆきのこのした）	瀬川如皐ほか	
歌	文化五	一八〇八	七月	江戸　市村座	時桔梗出世請状（ときもききょうしゅっせのうけじょう）	鶴屋南北	『歌舞伎オン・ステージ9』（白水社）、『鶴屋南北全集 第1巻』（三一書房）ほか
浄	文化九	一八一二	一二月	大坂　大西芝居	瓢馬印黄金千生（はでさしものこがねのせんなり）	梅下風・近松梅枝軒	「早稲田」
歌	文政二	一八一九	一一月	江戸　河原崎座	奴江戸花鑓（やっこやっこえどのはなやり）	瀬川如皐ほか	『日本戯曲全集　第47巻　続舞踊劇集』、「国会」
歌	弘化四	一八四七	三月	大坂　中座	大功出世染（たいこうしゅっせぞめ）	辰岡万作ほか	
歌	嘉永四	一八五一	一月	江戸　中村座	木下曽我恵砂路（きのしたそがめぐみのまさごぢ）	瀬川如皐ほか	
歌	文久二	一八六二	八月	江戸　中村座	時皐握虎券（ときはいまやっこうけじょう）	瀬川如皐ほか	
歌	文久三	一八六三	三月	大坂　中座	花幕瓢箪盞（はなまくひさごのさかずき）	金央楼・松嶋半治ほか	「国会」
歌	明治三	一八七〇	八月	東京　守田座	狭間軍記成海録（はざまぐんきなるみのききがき）	河竹黙阿弥ほか	『黙阿弥全集　第22巻』（春陽堂）ほか

浄／歌	初演年	西暦	月	上演劇場	作品名（よみ）	作者	活字本
歌	明治五	一八七二	一〇月	東京　守田座	三国無双瓢軍扇（さんごくぶそうひさごのぐんばい）	河竹默阿弥ほか	
歌	明治六	一八七三	一〇月	江戸　中村座	栬山錦木下（いろますやまにしきのこのした）	河竹默阿弥ほか	『默阿弥全集　第22巻』
歌	明治五	一八七三	九月	大坂　筑後芝居	申瓢黄菊月（さるひさごこがねのきくつき）	勝諺蔵ほか	「国会」
歌	明治一一	一八七八	六月	東京　新富座	松栄千代田神徳（まつのさかえちよだのしんとく）	河竹默阿弥ほか	『默阿弥全集　第27巻』
歌	明治一三	一八八〇	一〇月	大坂　角座	御文章石山軍記（ごぶんしょういしやまぐんき）	勝諺蔵ほか	「国会」
歌	明治一七	一八八四	一〇月	東京　市村座	種瓢真書太閤記（たねひさごしんしょたいこうき）	3世河竹新七ほか	「国会」
歌	明治三三	一九〇〇	一月	東京　明治座	義重織田賜（ぎはおもきおだのたまもの）	竹柴其水ほか	
歌	昭和二七	一九五二	一〇月	東京　歌舞伎	若き日の信長（わかきひののぶなが）	大仏次郎	『戦国の人々　大仏次郎戯曲全集』朝日新聞社ほか
歌	昭和三二	一九五七	八月	東京　東横ホール	明智光秀（あけちみつひで）	福田恆存	『福田恆存戯曲全集　第4巻』（文藝春秋）ほか

あとがき

堀　新

本書は『秀吉の虚像と実像』（笠間書院、二〇一六年）の姉妹編である。姉妹編の刊行後すぐに本書を企画したが、私の力不足が原因で、刊行が大幅に遅れてしまった。井上さんを初めとする執筆者、文学通信の皆様にまず深くお詫びしたい。

本書および姉妹編のコンセプトは、歴史学の側はおもに一次史料にもとづいて実像を追究し、文学側はおもに二次史料にもとづいて虚像の形成（という実像）を追究するものである。社会に流布する信長のイメージがどのようにして形成され、それのどこまでが事実でどこからが虚構であるか、その読み解きを楽しんでいただきたい。

何気なく一次史料・二次史料と記したが、その史料の成立時期による区分である。それぞれの史料的価値は同時性・当事者性によって判断される。この大凡の分類基準が、歴史学ではしばしば絶対的な基準となり、「二次史料を使ってはいけない」となる。いつ、どこで、だれがという点は、二次史料の誤りは枚挙に暇ない。しかし二次史料は二級史料ではない。一次史料と同じものを求めるのではなく、その時代の雰囲気や常識を知るには、二次史料の方が優れている面もあるのではないか。「一次史料がないから仕方なく二次史料を使う」という消極的・補助的な使い方だけではなく、より積極的な使い方を探るべきではないだろうか。二次史料を有効利用することが、歴史学の可能性を広げることになると思われる。

ところで、本書実像編・虚像編ともにたびたび使用した太田牛一『信長公記』は、前述した区分では二次史料である。それゆえ歴史学では「二次史料だからダメ」とする一方で、「一次史料並みの史料的価値がある」と相反する評価がある。いつ、どこで、だれがという点の正確性に鑑みて、後者の評価が妥当であろう。内容をみることなく、形式だけでレッテル貼りをしても生産的はないだろう。

そのうえで本書「信長と天皇」実像編では、牛一が巻七冒頭に意図的に記事を集中させたことを手がかりに、織田家臣団からみた信長政権像を浮き彫りにしようとした。牛一による「織田史観」とされることを逆手に取り、さらに公家からみた信長政権像と並べることで相対化を意図した。「信長公記」を年表的に使うだけでなく、二次史料だからこその読み解きが可能なのではないだろうか。

そのためには「信長公記」の基礎的研究、そのための環境整備が必要である。現在は牛一の自筆本である池田家文庫本・建勲神社本・永禄十一年記のいずれもが活字化されておらず、また写本としても重要な「安土日記」「信長記」(いずれも尊経閣文庫所蔵)も同様である。唯一、天理大学本「信長記」首巻が『愛知県史』に翻刻された程度である。その結果、半世紀前に刊行された角川文庫『信長公記』が今なお最良の刊本テキストとなっている。もちろんその後の研究で特に首巻の年代比定はかなり修正されているが、校訂・解説・索引の充実は今なお色褪せない。ただ底本の陽明文庫本が建勲神社本の写本であり、それを読み下しにしたものであるから、堀個人は研究論文で角川文庫を使用したことはない。唯一の例外は『信長公記を読む』(吉川弘文館、二〇〇九年)であり、歴史学・文学・思想史学の各分野にまたがる執筆者の共通テキストとして、角川文庫を使用せざるを得なかった。その後十年を経ても同じ状況であることに、改めて愕然としている。

信長をめぐる議論は百家争鳴で、実像は何か、歴史学においても様々な議論がある。近年の信長論は革新性・先進性を強く否定する傾向にあり、確かに何もかも全てが新しいはずはない。桐紋の愛用など保守的な一面もある。しかし、一代で全国の半分弱を従え、武田氏滅亡によって東国に大きく勢力範囲を広げた信長が、他戦国大名と同等、むしろ遅れているという評価は極端に過ぎるだろう。研究動向には一時の流行もあるが、振子の針が極端から極端に振れるばかりでは生産的ではない。

限られた史料のなかで過去の人物や出来事を理解する際に、「常識」や「合理性」を援用するのは当然であろう。しかし、その「常識」が過去と現代で大きく異なる場合もある。戦国時代の合戦は夜明けに始まるのが当時の常識である。ところが桶狭間の戦いの場合、信長は夜明けに清須城を出陣した。味方も知らなかったこの出陣を見事な情報統制、最初から義元の首だけを狙った作戦とすれば、確かに「天才的」「合理的」だろう。しかし、丸根砦・鷲津砦を救おうともせず、家臣の制止を振り切って今川の大軍に向かって正面から突撃するなど、冷静な作戦や勝算があるとも思えない。これを劇的な勝利と単線的に結びつけてしまうと、大きな誤解になってしまうのではないだろうか。結果をどう説明するかは歴史学の役割の一つであるが、予想外の大勝利には必ず冷静沈着な作戦や綿密な計画があるはずとは考えない方が良いだろう。

　信長の虚像と実像を述べれば、信長の全体像を提示できると目論んだ。その成否は読者に委ねるしかないが、虚像編も実像編も面白い。近世軍記が創造した信長イメージの影響力には驚かされる。そこから近代歴史学・戦後歴史学を経て積み重なった知識や誤解をいったん整理し、ここからまた新たな出発が始まる。もう歴史学・文学それぞれの枠の中だけで議論してはいけない。今後は美術史も含めて、さらに学際的な研究を進めていきたい。

　末筆になるが、文学通信の岡田圭介氏・渡辺哲史氏にあつく御礼申し上げる。

　本書は、二〇一八～二〇年度国文学研究資料館・共同研究（一般）「軍記および関連作品の歴史資料としての活用のための基盤的・学際的研究」（研究代表者・井上泰至）、科学研究費補助金・基盤研究（A）（一般）「戦国軍記・合戦図の史料学的研究」（研究代表者・堀新）の成果の一部である。

あとがき

堀 新

執筆者プロフール（執筆順）

堀　新［編者］（ほり・しん）→奥付参照のこと。

井上泰至［編者］（いのうえ・やすし）→奥付参照のこと。

谷口克広（たにぐち・かつひろ）戦国史研究家。著書に『織田信長家臣人名辞典　第2版』（吉川弘文館）、『織田信長合戦全録』（中央公論新社）、『天下人の父・織田信秀』（祥伝社）等がある。

湯浅佳子（ゆあさ・よしこ）東京学芸大学教授。著書・論文に『近世小説の研究—啓蒙的文芸の展開—』（汲古書院）、「『関ケ原始末記』とその周辺」（『かがみ』第四九号）、『仮名草子集成』第六三巻（東京堂出版）等がある。

土山公仁（つちやま・きみひと）元岐阜市歴史博物館学芸員。監修書に岐阜新聞アーカイブシリーズ『信長と美濃』（岐阜新聞社）『国盗り道三』（同）等がある。

丸井貴史（まるい・たかふみ）就実大学講師。著書・論文に『白話小説の時代—日本近世中期文学の研究—』（汲古書院）、「「白蛇伝」変奏—断罪と救済のあいだ—」（木越治・勝又基編『怪異を読む・書く』国書刊行会）等がある。

吉田　豊（よしだ・ゆたか）元堺市博物館学芸員。論文に「近世初頭の貿易商人」（『関西近世考古学研究』一七号）、「絵図でみる堺港」（『堺研究』三三号）、「堺駿河屋—西洋づくりの与謝野晶子生家—」（『堺市博物館研究報告』三六号）等がある。

執筆者プロフィール

石塚　修（いしづか・おさむ）筑波大学人文社会系教授。著書・論文に『西鶴の文芸と茶の湯』（思文閣出版）、『茶の湯ブンガク講座』（淡交社）、「『万の文反古』巻一の四「来る十九日の栄耀献立」再考―献立のどこが「栄耀」なのか―」（『近世文藝』一〇〇巻）等がある。

水野　嶺（みずの・れい）東京大学地震研究所特任研究員。著書に『戦国末期の足利将軍権力』（吉川弘文館）、論文に「武家伝奏飛鳥井雅教の登用とその背景」（『戦国史研究』七二号）等がある。

菊池庸介（きくち・ようすけ）福岡教育大学教授。著書に『近世実録の研究―成長と展開―』（汲古書院）、『明治の教養』（共著、勉誠出版）、論文に「敵討ち物実録「創作」の一方法―『荒川武勇伝』を例に」（『文学』一六巻四号）等がある。

桐野作人（きりの・さくじん）武蔵野大学政治経済研究所客員研究員。著書・論文に『織田信長―戦国最強の軍事カリスマ―』（KADOKAWA）、『明智光秀と斎藤利三』（宝島社新書）、「信長への三職推任・贈官位の再検討」（『歴史評論』六六五）等がある。

大澤研一（おおさわ・けんいち）大阪歴史博物館館長。著書・論文に『戦国・織豊期大坂の都市史的研究』（思文閣出版）、「「石山」および「石山本願寺」呼称の成立過程の再検討―近世大坂の地誌・真宗寺院の由緒書を中心に―」（『ヒストリア』第二六〇号）、「豊臣期の大坂城下町」（塚田孝編『シリーズ三都　大坂巻』東京大学出版会）等がある。

塩谷菊美（えんや・きくみ）同朋大学仏教文化研究所客員所員。著書に『語られた親鸞』（法藏館）、論文に「殖産興業と一向一揆―田中長嶺の描いた三河真宗―」（『俗化する宗教表象と明治時代　縁起・絵伝・怪異』三弥井書店）等がある。

金子　拓（かねこ・ひらく）東京大学史料編纂所准教授。著書に、『織田信長という歴史』（勉誠出版）、『織田信長〈天下人〉の実像』（講談社）、『織田信長権力論』（吉川弘文館）、『信長家臣明智光秀』（平凡社）等がある。

柳沢昌紀（やなぎさわ・まさき）中京大学教授。編著書・論文に「『大坂物語』延宝頃うろこがたや版の挿絵」（『中京大学図書館学紀要』第三九号）、『日本文化研究における歴史と文学―双方の視点による再検討―』（汲古書院）、『仮名草子集成』第六三巻（東京堂出版）等がある。

天野忠幸（あまの・ただゆき）天理大学准教授。著書・論文に『増補版　戦国期三好政権の研究』（清文堂出版）、『荒木村重』（戎光祥出版）、『松永久秀と下剋上』（平凡社）等がある。

松下　浩（まつした　ひろし）滋賀県文化スポーツ部文化財保護課主幹兼安土城・城郭調査係長。著書・論文に『織田信長　その虚像と実像』（サンライズ出版）、『覇王信長の海　琵琶湖』（共著　洋泉社）、「信長と安土城」（堀新編『信長公記を読む』吉川弘文館）等がある。

森　暁子（もり・あきこ）お茶の水女子大学グローバルリーダーシップ研究所特任アソシエイトフェロー。著書に『秀吉の虚像と実像』（共著、笠間書院）、論文に「松田秀任と加賀―『武者物語』・『武者物語之抄』の記述をめぐって―」（国文学研究資料館「歴史叙述と文学」研究成果報告）等がある。

執筆者プロフィール

網野可苗（あみの・かなえ）論文に「化け物としての分福茶釜」（木越治・勝又基編『怪異を読む・書く』国書刊行会）、「物くさ太郎の一代記─『物種真考記』にみる手法としての「実録」─」（『近世文藝』一〇四号）等がある。

柴辻俊六（しばつじ　しゅんろく）元日本大学大学院講師。著書に『戦国期武田氏領の地域支配』（岩田書院）、『織田政権の形成と地域支配』（戎光祥出版）、『戦国期武田氏領の研究─軍役・諸役・文書』（勉誠出版）等がある。

福島克彦（ふくしま・かつひこ）大山崎町歴史資料館館長・学芸員。著書・論文に『畿内・近国の戦国合戦』（吉川弘文館）、「中世大山崎の都市空間と『保』」（仁木宏編『日本古代・中世都市論』吉川弘文館）、「摂津伊丹城の復元的考察」（『伊丹城（有岡城）跡』伊丹市立博物館史料集一三）がある。

原田真澄（はらだ・ますみ）早稲田大学坪内博士記念演劇博物館助教。著書に『秀吉の虚像と実像』（共著、笠間書院）、論文に「平家物語の「世界」と近世演劇─人形浄瑠璃を主に─」（『楽劇学』二六号）、翻刻に『義太夫節浄瑠璃未翻刻作品集成（第五期）52物ぐさ太郎』（玉川大学出版部）等がある。

竹内洪介（たけうち・こうすけ）北海道大学大学院文学院博士後期課程・日本学術振興会特別研究員。論文に「太閤記物実録三種考─『真書太閤記』『太閤真顕記』『重修真書太閤記』の成立を辿って─」（『近世文藝』一一三号）、「天正二十年聚楽行幸考─新出『天正二十年 聚楽第行幸記』を中心に─」（『國學院雑誌』一二二巻九号）、「『太閤真顕記』異本系統考─九州大学附属中央図書館蔵本第五編を出発点として─」（『古代中世文学論考』四一集）等がある。

信長徹底解読

ここまでわかった本当の姿

編者

堀　新

（ほり・しん）

1961年生まれ。共立女子大学教授。著書に『信長公記を読む』（吉川弘文館、2009年）、『天下統一から鎖国へ　日本中世の歴史 7』（吉川弘文館、2010年）、『織豊期王権論』（校倉書房、2011年）、『戦国軍記・合戦図と古文書・古記録の学際的研究』（科研報告書、2019年）、共編著に『近世国家　展望日本の歴史 13』（共編、東京堂出版、2000年）、『消された秀吉の真実　徳川史観を越えて』（共編、柏書房、2011年）、『岩波講座 日本歴史 第 10巻　近世 1』（共著、岩波書店、2014年）、『秀吉の虚像と実像』（共編、笠間書院、2016年）などがある。

井上泰至

（いのうえ・やすし）

1961年生まれ。防衛大学校教授。著書に、『サムライの書斎　江戸武家文人列伝』（ぺりかん社、2007年）、『江戸の発禁本』（角川選書、2013年）、『近世刊行軍書論　教訓・娯楽・考証』（笠間書院、2014年）、共編著に、『秀吉の対外戦争　変容する語りとイメージ　前近代日朝の言説空間』（共著、笠間書院、2011年）、『秀吉の虚像と実像』（共編、笠間書院、2016年）『関ケ原はいかに語られたか』（編著、勉誠出版、2017年）、『関ケ原合戦を読む　慶長軍記翻刻・解説』（共編、勉誠出版、2019年）などがある。

執筆者

井上泰至／堀　新／谷口克広／湯浅佳子／土山公仁／丸井貴史／吉田　豊／石塚　修／水野　嶺／菊池庸介／桐野作人／大澤研一／塩谷菊美／金子　拓／柳沢昌紀／天野忠幸／松下　浩／森　暁子／網野可苗／柴辻俊六／福島克彦／原田真澄／竹内洪介

（執筆順）

2021（令和 3）年 2 月 5 日　第一版第二刷発行

ISBN978-4-909658-31-9 C0021

発行所　株式会社 **文学通信**

〒 170-0002　東京都豊島区巣鴨 1-35-6-201

電話 03-5939-9027　Fax 03-5939-9094

メール info@bungaku-report.com

ウェブ https://bungaku-report.com

ご意見・ご感想はこちらからも送れます。上記のQRコードを読み取ってください。

発行人　岡田圭介

印刷・製本　モリモト印刷

※乱丁・落丁本はお取り替えいたしますので、ご一報ください。書影は自由にお使いください。

文学通信の本

神田裕理編

『ここまでわかった 戦国時代の天皇と公家衆たち

—天皇制度は存亡の危機だったのか？　新装版』

日本史史料研究会ブックス 004

ISBN978-4-909658-33-3 C0221　新書判・並製・288 頁　定価 : 本体 1,350 円（税別）

法政大学江戸東京研究センター・小林ふみ子・中丸宣明編

『好古趣味の歴史　江戸東京からたどる』

ISBN978-4-909658-29-6 C0095　A5 判・並製・272 頁　定価 : 本体 2,800 円（税別）

地方史研究協議会編

『日本の歴史を解きほぐす　地域資料からの探求』

地方史はおもしろい 01

ISBN978-4-909658-28-9 C0221　新書判・並製・272 頁　定価 : 本体 1,500 円（税別）

久保田和彦

『六波羅探題 研究の軌跡　研究史ハンドブック』

日本史史料研究会ブックス 003

ISBN978-4-909658-21-0 C0221　新書判・並製・240 頁　定価 : 本体 1,200 円（税別）

黒田智・吉岡由哲編

『草の根歴史学の未来をどう作るか　これからの地域史研究のために』

ISBN978-4-909658-18-0 C0021　A5 判・並製・304 頁　定価 : 本体 2,700 円（税別）

海津一朗

『新 神風と悪党の世紀　神国日本の舞台裏』

日本史史料研究会ブックス 002

ISBN978-4-909658-07-4 C0221　新書判・並製・256 頁　定価 : 本体 1,200 円（税別）